AF566047

BEATE & WINRICH SCHEFFBUCH

DEN KUMMER SICH VOM HERZEN SINGEN

UND

DENNOCH FRÖHLICH SINGEN

LEBENSBILDER BEKANNTER LIEDERDICHTER

DEN KUMMER SICH
VOM HERZEN SINGEN
Band 1

SCM

Stiftung Christliche Medien

SCM Hänssler ist ein Imprint der SCM Verlagsgruppe, die zur Stiftung Christliche Medien gehört, einer gemeinnützigen Stiftung, die sich für die Förderung und Verbreitung christlicher Bücher, Zeitschriften, Filme und Musik einsetzt.

4. überarbeitete Auflage 2024 (7. Gesamtauflage)

Dieser Titel erschien zuletzt unter der ISBN 978-3-7751-4510-7.

Max-Eyth-Straße 41 • 71088 Holzgerlingen
Internet: www.scm-haenssler.de • E-Mail: info@scm-haenssler.de

Umschlaggestaltung: SCM Verlagsgruppe GmbH, Holzgerlingen
Illustrationen: Elisabeth Neun, Stuttgart
Satz: Satz & Medien Wieser, Aachen
Druck und Bindung: GGP Media GmbH, Pößneck
Gedruckt in Deutschland
ISBN 978-3-7751-5814-5
Bestell-Nr. 395.814

Vorwort

Es gibt Lieder, die nicht veralten. Wie schon die Psalmen in der Bibel. Sie sind erprobt und bewährt in vielen Jahrhunderten. Und wieder ganz zeitnah und höchst aktuell.

Warum sprechen uns Lieder der Väter und Mütter des Glaubens auch heute so unmittelbar an? Nicht die Töne sind entscheidend, sondern der Text. Die Kraft dieser Lieder liegt in dem, was sie sagen, im Wort Gottes, in der erlebten Wahrheit des Evangeliums.

Jedes Lied ist eng verwoben mit packenden Geschichten. In Kriegselend, Hungersnot, Pest und Leid erklangen sie erstmals. Es waren Vertriebene und Kranke, Beraubte und Elende, die eine angefochtene und bedrängte Gemeinde mit dem Wort Gottes trösteten. So wurden Schwermütige zuversichtlich, Trauernde fröhlich, Zweifelnde gewiss.

Viele Generationen haben mit diesen Jesusliedern Ängste überwunden und sich den Kummer vom Herzen gesungen. Uns bleibt der reiche Schatz bewährter Glaubenszeugnisse.

Darum werden sie auch morgen noch gesungen werden. Nein, wir leben nicht wirklich in einer anderen Zeit. Mehr denn je brauchen auch wir den Trost, mit dem andere in ihrer Bedrängnis von Gott getröstet wurden. Sie mahnen uns, aufzusehen auf Jesus, den Anfänger und Vollender unseres Glaubens.

Dem Verlag danken wir, dass er auf vielfachen Wunsch dieses Buch, das vor 20 Jahren erstmals erschienen ist, noch einmal neu aufgelegt hat. Mögen diese herrlichen Lieder noch viele Menschen trösten, ermutigen und im Glauben stärken.

Pfingsten 2017 *Beate und Winrich Scheffbuch*

Wohl dem Volk, das jauchzen kann!

Psalm 89,16

Wenn wir dich haben,
kann uns nicht schaden
Teufel, Welt, Sünd oder Tod;
du hast's in Händen,
kannst alles wenden,
wie nur heißen mag die Not.

Cyriakus Schneegass 1598

Inhalt Band 1

Rudolf Alexander Schröder und der wieder entdeckte Glaube

Wenn die Burgen dieser Welt um dich her in Trümmer brechen

Es war die Sinnlosigkeit des Ersten Weltkriegs, die selbst optimistische Menschen unheimlich tief erschütterte. Das massenhafte Sterben blutjunger Menschen und die grauenhaften Zerstörungen haben auch dem feinfühligen Künstler Rudolf Alexander Schröder eine völlig neue Weltsicht gebracht: Ich bin dahintergekommen, dass, wie die Schrift sagt, die Welt im Argen liegt; mit andern Worten, dass die Sünde eine große, ernste Wirklichkeit ist mitten in allem Schönen, Erfreulichen und Dankenswerten der Welt.

Dies war eine einschneidende Lebenswende für den Hanseaten Rudolf Alexander Schröder. 1878 wurde er in einer wohlhabenden Bremer Kaufmannsfamilie geboren. Als Freund der schönen Künste und Formen lebte er in einem Kreis berühmter Künstler. Er richtete als Architekt und Raumgestalter mehrere Räume auf dem Überseedampfer Bremen ein und entwarf das Grabmal für Hugo von Hofmannsthal. Daneben war er Maler, Buchgestalter, vor allem aber ein ganz hervorragend begabter Übersetzer, meisterhafter Sprachgestalter und Lyriker.

Seine klassische Übersetzung von Homers Odyssee veröffentlichte er schon mit 32 Jahren. Es folgten Übersetzungen. von Vergil und Horaz, später auch der Ilias, aber auch Molière und Racine, Shakespeare, Pope und Elliot. Mit Freunden gründete er die künstlerische Zeitschrift *Insel* aus der später der für schöne Literatur berühmte Inselverlag hervorging.

Doch dann gab Rudolf Alexander Schröder in diesem Verlag 1930 einen kleinen Gedichtband heraus mit dem Titel *Mitte des Lebens* und dem Untertitel *Geistliche Gedichte*. Dieses Büchlein sollte für Schröder zugleich die letzte Veröffentlichung in diesem Verlag sein. Was er hier publizierte, hatte den Rahmen dieses schöngeistigen Verlages gesprengt.

Nicht nur die bestürzende Realität menschlicher Sünde hatte Rudolf Alexander Schröder zu dieser Lebenswende geführt, sondern das befreiende Evangelium von Jesus Christus, das er lange Zeit verloren hatte:

Ich möchte gern gesunden:
Du bist ein Arzt der Kranken!
Das Wort hab ich gefunden,
dein Wort! – Darf ich dir's danken?

Unter der Last schwerer Todeserfahrung entdeckte Rudolf Alexander Schröder im Wort Gottes unendliche Ermutigung. Es war im Frühling des letzten Kriegsjahres. Einer der Freunde starb, und die Nächsten saßen um den Sarg. Ich nahm die Bibel zur Hand und habe uns die Auferstehungsgeschichten der Reihe nach vorgelesen. Da haben wir einen Trost verspürt, so gewaltig und fest, wie kein anderer je hätte sein können; und er ist mit mir gegangen bis heute und wird, so Gott will, mit mir gehn bis ans Grab und übers Grab hinaus.

In dem Lied *Wer kann der Treu vergessen* berichtet Schröder ganz unmittelbar und direkt, wie er die wunderbare Gnade Gottes erfuhr, als er noch im Ungewissen suchte:

So bin ich dein geworden,
eh ich mich selbst gewann;
du nahmst mich in den Orden
der Söhn und Brüder an.
Weil ich noch kaum vom Weiten
durch Dunst und Nebel sah,
warst über meinem Schreiten
du wie die Sonne nah.

Bist's noch zu allen Tagen,
auch wo ich dich nicht spür
und mein, ich ging durch Plagen
und Ängste für und für,
und wähn, ich müsst in Sünden
und Finsternis gesenkt,
mich in der Hölle gründen,
die dein mit Schrecken denkt;

dein, der die Welt bereitet
nach unbegriffnem Plan,
die Strauchelnden geleitet,
den Müden hilft voran,
der hinter Zeit und Maßen,
davor der Geist erschrickt,
gebahnt die schönen Straßen
zur Herrlichkeit erblickt;

zum Vorhof deiner Wahrheit,
zur erogen Gegenwart,
da die vollkommne Klarheit
sich allen offenbart,
da alles Seufzen mündet
in einen Lobgesang
und Stern den Sternen kündet
Fried, Freude, Preis und Dank.

Auch darüber, was ihm wieder den Weg zum Glauben gewiesen habe, gibt Rudolf Alexander Schröder Auskunft: Es sind Paul Gerhardts Lieder gewesen, an denen ich mit leiser Hand zurückgeführt worden bin, noch ehe mir das Wort der Schrift selbst wieder lebendig geworden war.

Wie wichtig die alten Lieder des Glaubens sind, erkannte Schröder noch viel mehr im rauschhaften Aufbruch des Dritten Reichs. Nicht nur junge Menschen ließen sich in jener revolutionären Zeit des Umbruchs vom Neuen begeistern und mitreißen. Schröder trat damals jenen entgegen, die meinten, man dürfe in solchen Zeiten jungen Menschen nicht mehr die alten Lieder zumuten. Aber gerade auf dem Hintergrund dieser neuen gesellschaftlichen Umwälzungen des 20. Jahrhunderts stellte Rudolf Alexander Schröder heraus, dass diese alten Lieder viel neuer und zukunftsweisender sind als alle modischen Neuerungen. Diese alten Lieder wirken deshalb so zeitnah und lebendig, weil sie mit der ihnen eigenen Kraft das Wort Gottes verkündigen. Darum sind die alten Choräle viel aktueller als jene von der modernen Zeit so faszinierten Menschen.

Das war Rudolf Alexander Schröder wichtig: Ohne das biblische Wort verdorrt das geistliche Lied. Der Choral muss Auslegung des Bibeltextes sein mit Mitteln der Dichtung.

Um dem Terror der Naziherrschaft zu trotzen, schloss sich Rudolf Alexander Schröder früh der Bekennenden Kirche an und brachte die *Lieder für Kirche und Haus* heraus. Seine geistlichen Lieder wurzeln ganz im Wort Gottes. Schröder wollte Bibeltexte gewissenhaft auslegen, sich fortwährend von diesem Wort prüfen und festigen lassen. Er hatte Sorge, mit Menschenworten der Wahrheit Gottes hinderlich zu sein. Darum wollte er in großer Treue dieses Wort unverfälscht und buchstäblich weitersagen. Das Wort, auf dessen Grunde das Lied steht, ist das Wort der Verkündigung, an dem ›grundsätzlich‹ nicht gedeutelt und um das nicht gemarktet werden darf. Somit soll das Kirchenlied nicht das Neue und Überraschende, sondern das Gewohnte und Bewährte vermitteln.

Schröder hatte das bleibende Fundament des Evangeliums entdeckt, von dem er immer reden musste. Ihm war wichtig, dass im Kirchenlied der gemeinsame Glaube bekräftigt und öffentlich bezeugt wird. Nach Schröder soll das Lied ganz bewusst vor allem anderen predigen, wenn um uns her die Welt in Trümmer fällt:

Es mag sein, dass alles fällt,
dass die Burgen dieser Welt
um dich her in Trümmer brechen.
Halte du den Glauben fest,
dass dich Gott nicht fallen lässt:
er hält sein Versprechen.

Es mag sein, dass Trug und List
eine Weile Meister ist;

wie Gott will, sind Gottes Gaben.
Rechte nicht um Mein und Dein
manches Glück ist auf den Schein,
lass es Weile haben.

Es mag sein, dass Frevel siegt,
wo der Fromme niederlegt;
doch nach jedem Unterliegen
wirst du den Gerechten sehn
lebend aus dem Feuer gehen,
neue Kräfte kriegen.

Es mag sein, die Welt ist alt,
Missetat und Missgestalt
sind in ihr gemeine Plagen.
Schau dir's an und stehe fest:
nur wer sich nicht schrecken lässt,
darf die Krone tragen.

Es mag sein, so soll es sein!
Fass ein Herz, gib dich drein;
Angst und Sorge wird's nicht wenden.
Streite, du gewinnst den Streit!
Deine Zeit und alle Zeit
stehn in Gottes Händen.

Es waren wild bewegte Jahre im Kirchenkampf, als die bekennenden Christen gegen den Terror der Nazis mutig ihren Weg suchten. Bezeichnend für Rudolf Alexander Schröder war, dass er sich sofort als Lektor und Prädikant in den Gottesdiensten zur Verfügung stellte. Er tat diesen wichtigen Verkündigungsdienst auch in den dunklen Jahren des Zweiten Weltkriegs. Er verstand sein Amt als Tröster, Seelsorger und Wächter. Nicht als lästige Pflicht tat er dies, sondern weil er einen Dank abstatten wollte für das, was er durch den Glauben an Jesus Christus empfangen hatte.

So beschreibt er es selbst in einem Lied:

Wir dienen, Herr, um keinen Lohn,
es wär uns selbst zu Schaden.
Doch stehen wir um deinen Thron
im Abglanz deiner Gnaden.

Auch fordert keiner Dank und Recht;
er wäre ja verloren:
Du hast den ungetreuen Knecht
dir selbst zum Sohn erkoren.

Bestellst uns in die Ritterschaft;
da ist uns schon gelungen,
was wir durch unsre eigne Kraft
in keinem Streit errungen.

Erneuerst täglich deinen Bund
in Jesu Christi Namen.
Wir stehn auf keinem andern Grund
als auf dem deinen. Amen

Schröder bedauerte auch, dass in unserer Zeit so wenig gesungen wird: Der heutige Notstand unseres Kirchenliedes erfließt zu einem sehr großen Teil daraus, dass wir aus einem singenden Volk zu einem Volk maulfauler, krittelnder und mit musikalischen Schleckereien aller Art überfütterter Hörer geworden sind.

Das reiche Leben Rudolf Alexander Schröders schloss 1962, wenige Monate vor seinem 85. Geburtstag, in Bayern ab, wo er schon lange seine neue Heimat gefunden hatte.

Weit verbreitet ist sein Abendlied:

Abend ward, bald kommt die Nacht,
schlafen geht die Welt;
denn sie weiß, es ist die Wacht
über ihr bestellt.

Einer wacht und trägt allein
ihre Müh und Plag,

der lässt keinen einsam sein,
weder Nacht noch Tag.

Jesu Christ, mein Hort und Halt,
dein gedenk ich nun,
tu mit Bitten dir Gewalt:
bleib bei meinem Ruhn.

Wenn dein Aug ob meinem wacht,
wenn dein Trost mir frommt,
weiß ich, dass auf gute Nacht
guter Morgen kommt.

Friedrich von Bodelschwinghs Ringen mit der Naziherrschaft

Keine Not, über die nicht Gottes Liebe leuchtet

Das Jahr 1933 war auch eine Schicksalsstunde für die evangelischen Kirchen in Deutschland. Der totale Staat der Nazis wollte nicht nur das politische, sondern auch das kulturelle Leben unter einer ideologischen Führungsmacht einen. Man sprach damals vom Gleichschalten aller gesellschaftlichen Kräfte.

So brach auch in den selbstständigen und zersplitterten evangelischen Landeskirchen, die nebeneinander existierten, wieder der Wunsch nach Bildung einer deutschen evangelischen Gesamtkirche auf. Besonders stark drängte in diese Richtung die Glaubensbewegung der Deutschen Christen, die sich aus Kreisen der Nazis zusammensetzte.

Andere mehr am Bekenntnis orientierte Kreise sahen in einer solchen zentralen Einigung der getrennten Landeskirchen eine große Chance, mehr Einfluss im Volk zu gewinnen.

War jetzt nicht die Stunde, in der man den Nazichristen zuvorkommen musste und die lang gehegten Pläne einer starken deutschen Einheitskirche verwirklichen konnte? Viele evangelische Kirchenführer suchten deshalb einen Kandidaten, der das breite Vertrauen der verschiedenen kirchlichen Richtungen und Strömungen besaß. So wollte man die Ernennung eines von der Nazi-Ideologie bestimmten Reichsbischofs verhindern.

Rasch wurde im Mai 1933 von den Landeskirchen eine gemeinsame Deutsche Evangelische Kirche gebildet, in der die Bekenntnisse unantastbare Grundlage waren. Die Wahl des Reichsbischofs, wie man ihn nannte, fiel nahezu einmütig auf den eher schüchternen Pastor Fritz von Bodelschwingh in Bethel bei Bielefeld. Der sagte gleich, er wolle lieber Reichsdiakon als Reichsbischof genannt werden. Und auch: Es würde nichts nützen, am äußeren Gewand der Kirche zu flicken. Von innen heraus muss sie erneuert werden. Das kann nur geschehen, wenn sie das Wort des Herrn Christus deutlich hört: Ändert euren Sinn! Sinnesänderung wächst heraus aus der Erkenntnis der eigenen Schuld.

Bodelschwingh war damals 55 Jahre alt. Von seinem neuen Amt als Reichsbischof musste er schon nach 27 Tagen zurücktreten. Die Naziregierung hatte diktatorisch einen Staatskommissar für die Kirchen der altpreußischen Union eingesetzt, der gleichsam Bodelschwingh übergeordnet war. So wollte der Staat kompromisslos seinen Einfluss auf die Kirche sichern.

Die Wahl Bodelschwinghs war schon von Anfang an durch die Partei der Nazichristen heftig bekämpft worden. Sie wollten mit allen Mitteln ihren Kandidaten, Wehrmachtspfarrer Müller, durchsetzen. Sie wurden dabei kräftig durch die völlig von den Nazis beherrschte Presse unterstützt. So war in vielen Zeitungen die Wahl

Bodelschwinghs nicht anerkannt worden. Ein schlimmes Kesseltreiben gegen den Pfarrer aus Bethel wurde angezettelt.

Diese lautstarke Gegnerschaft hätte Bodelschwingh vielleicht noch aushalten können, wenn da nicht jene Mittelgruppe gewesen wäre, die gutmütig und leichtgläubig meinte, mit dem totalen Anspruch der Nazis Kompromisse eingehen zu können. Die positiven evangelischen Kräfte waren zersplittert und damit schwach.

Mit der Einsetzung des Staatskommissars aber waren nun alle legitimen Gremien der Kirche endgültig entmachtet. An die Stelle Bodelschwinghs als Reichsbischof trat jetzt der ganz mit der Naziideologie verbundene Wehrmachtspfarrer Ludwig Müller. Viele weitere Gewaltakte in den Kirchen sollten folgen.

Pastor Fritz, wie er meist zur Unterscheidung von seinem Vater genannt wurde, war am 14. August 1877 als Jüngster von vier Kindern geboren worden. Die Eltern hatten vorher schon weitere vier Kinder innerhalb weniger Wochen durch Stickhusten verloren.

1910 übernahm Fritz von Bodelschwingh das Werk der diakonischen Anstalten mit vielen Tausend Kranken, das sein Vater nach dem Tod der ersten vier Kinder gegründet hatte. Pastor Fritz brachte das große Werk durch die schwierigen Jahre des Ersten Weltkrieges und der Inflation und baute die Anstalten sogar noch kräftig aus.

Bodelschwingh hatte echte geistliche Vollmacht, die sich bei ihm als Leiter bewährte, weil sie aus einer tiefen Liebe zu den Menschen kam. Er hatte die Gabe, auf Menschen seelsorgerlich und warmherzig zuzugehen, weil er ein zartes Einfühlungsvermögen besaß. Das hatte er im Umgang mit den Kranken gelernt, die er seine Zuchtmeister in Glaube und Liebe nannte: Es liegt nicht an den Kranken, sondern an uns Gesunden, wenn wir mit ihnen keinen Kontakt bekommen.

Unter strengster Verschwiegenheit begann Hitler im Herbst 1939 mit der Tötung des von ihm als lebensunwert bezeichneten Lebens. Man hat die Aktion mit dem Wort Euthanasie, also würdiges Sterben der unheilbar Kranken, umschrieben.

Sobald Anzeichen davon beobachtet werden konnten, enttarnte Bodelschwingh mit einer eindeutig klaren Denkschrift die heimlichen Machenschaften der Tötung Kranker. Er protestierte unbeugsam – aus Rücksicht auf seine Kranken aber nicht lautstark, sondern behutsam – Mitte 1940 zuerst bei Ministern und dann direkt bei Hitler gegen die geplanten Sammeltransporte und das heimliche Morden. Von Anfang an hatte er das Ausfüllen der berüchtigten neuen Fragebögen verweigert und sie unausgefüllt zurückgesandt.

Eine von den Nazis bestellte Ärztekommission besetzte die Verwaltung in Bethel und füllte selbst die Fragebogen aus. Der mit der Tötungsaktion betraute Leibarzt Hitlers besuchte mehrmals Bethel, dann wurde die ganze Aktion abgebrochen. Bodelschwingh kämpfte, wie er selbst sagte, den schwersten Kampf seines Lebens. Von den 6300 Kranken Bethels wurde fast niemand abgeholt.

In den letzten Kriegstagen, als schon die amerikanischen Truppen im Anmarsch waren, predigte Pastor Fritz beim Gottesdienst am Karfreitag in der Zionskirche in Bethel über die drei Kreuze auf Golgatha nach Lukas 23,39-43:

Still, ganz still stehen wir da. Das wilde Getümmel dieser Tage weicht für einen Augenblick zurück. Die weltgeschichtlichen Entscheidungen, die sich jetzt vollziehen, verlieren ihr Gewicht gegenüber der heilsgeschichtlichen Entscheidung, die auf Golgatha gefallen ist.

Was in den sechs Stunden auf Golgatha geschehen ist, das wirkt in alle Ewigkeit hinein. Gottes größte Taten sind für Menschen immer ein Geheimnis. Wir möchten gern, dass uns heute ein neuer Blick geschenkt wird in das Geheimnis von Golgatha.

Und dann sprach Bodelschwingh von der Schuld des Volkes und eines jeden Einzelnen: Wir empfangen, was unsre Taten wert sind! Diese Unterschrift dürfen wir gewiss auch unter das setzen, was wir in der Geschichte unserer Tage mit tiefem Schrecken erleben. Wie viel hat bei uns am verkehrten Platz gestanden! Nun streicht Gottes Gericht das alles durch. Nun rückt Gottes gewaltige Hand es zurecht. Wir beugen uns unter sein Gericht. Und er schloss dann mit der Mahnung: Sage von Herzen Ja zu dem gerechten Gericht Gottes, weil es immer heilig und darum heilsam ist.

Und dann: Die Karfreitagstrauer verwandelt sich in die Weihnachtsfreude. ›Heut schließt er wieder auf die Tür zum schönen Paradeis. Der Cherub steht nicht mehr dafür, Gott sei Lob, Ehr und Preis!‹

In diesem Gottesdienst hat Pastor Fritz von Bodelschwingh das heute viel gesungene Lied, das schon im Jahr 1938 von ihm gedichtet wurde, erstmals öffentlich vorgetragen:

Nun gehören unsre Herzen
ganz dem Mann von Golgatha,
der in bittern Todesschmerzen
das Geheimnis Gottes sah,
das Geheimnis des Gerichtes
über aller Menschen Schuld,
das Geheimnis neuen Lichtes
aus des Vaters ewger Huld.

Nun in heilgem Stilleschweigen
stehen wir auf Golgatha.
Tief und tiefer wir uns neigen
vor dem Wunder, das geschah,
als der Freie ward zum Knechte
und der Größte ganz gering,
als für Sünder der Gerechte in
des Todes Rachen ging.

Doch ob tausend Todesnächte
liegen über Golgatha,
ob der Höllen Lügenmächte
triumphieren fern und nah,
dennoch dringt als Überwinder
Christus durch des Sterbens Tor;
und, die sonst des Todes Kinder,
führt zum Leben er empor.

Schweigen müssen nun die Feinde
vor dem Sieg auf Golgatha.
Die begnadigte Gemeinde
sagt zu Christi Wegen: Ja!
Ja, wir danken deinen Schmerzen;
ja, wir preisen deine Treu;
ja, wir dienen dir von Herzen;
ja, du machst einst alles neu.

Die letzte Christvesper hielt Bodelschwingh 1945 nach 35 Jahren Amtstätigkeit in der Betheler Zionskirche. Dort steht im Blickfeld der vielen Kranken, Behinderten und anderen Gemeindegliedern in den Chorbogen das Psalmwort geschrieben: Wenn der Herr die Gefangenen Zions erlösen wird, dann werden wir sein wie die Träumenden!

Bodelschwingh stellte seine Gedanken unter den selbst gedichteten Vers:

Aus tausend Traurigkeiten
zur Krippe gehn wir still,
das Kind der Ewigkeiten
uns alle trösten will.

Am 4. Januar 1946 wurde Bodelschwingh, der viel kränker war, als die meisten wussten, heimgerufen in die Ewigkeit.

Dietrich Bonhoeffer – im KZ ermordet

Billige Gnade ist der Todfeind unserer Kirche

1937 schrieb Dietrich Bonhoeffer in seinem Buch Nachfolge: Der Ruf ergeht, und ohne jede weitere Vermittlung folgt die gehorsame Tat des Gerufenen. Die Antwort des Jüngers ist nicht ein gesprochenes Bekenntnis des Glaubens an Jesus, sondern das gehorsame Tun.

Für Bonhoeffer bedeutete Nachfolge Jesu angesichts der Machtansprüche der Naziherrschaft über die Kirche ganz konkret: aktiver Widerstand. Er schrieb: Nachfolge ist Bindung an den leidenden Christus. Darum ist das Leiden der Christen nichts Befremdliches. Es ist vielmehr lauter Gnade und Freude. Als theologischer Dozent an der Universität in Berlin beteiligte er sich am kirchlichen Protest gegen Gewaltherrschaft und Irrlehre, Judenverfolgung und das Führerprinzip in der Kirche.

Zu Breslau in Schlesien war Dietrich Bonhoeffer 1906 geboren worden. Seit 1912 lebte die Familie in Berlin. Der Vater war Arzt und Professor für Psychiatrie an der Universität. Dietrich Bonhoeffer studierte in Tübingen und Berlin, promovierte schon im Alter von 21 Jahren und habilitierte sich mit 24 Jahren. Auslandsaufenthalte zuerst 1928 als Vikar in Barcelona, dann 1931 als Privatdozent für Systematische Theologie in den USA und 1933 als Auslandspfarrer in England folgten. 1935 wurde Bonhoeffer Leiter des illegalen Predigerseminars der Bekennenden Kirche in Finkenwalde, bis es 1937 durch die Machthaber aufgelöst wurde. 1938 wies man ihn aus Berlin aus, 1940 bekam er Redeverbot, 1941 auch noch Schreibverbot.

Schließlich sah Bonhoeffer keinen anderen Weg mehr, als sich ganz aktiv an der politischen Widerstandsbewegung zu beteiligen.

Im April 1943 verhaftete ihn die Geheime Staatspolizei aus diesem Grund und überführte ihn schließlich Ende März 1945 mit anderen führenden Männern des Widerstandes in das Konzentrationslager Flossenbürg. Dort wurde er, wenige Tage vor Kriegsende, am 9. April 1945 erhängt.

Bonhoeffer erkannte, dass er den dunklen Weg unter dem Schatten des Kreuzes geführt wurde. Christen stehen bei Gott in seinem Leiden, schrieb er am 18. Juli 1944 aus dem Gefängnis. Das unterscheidet Christen von Heiden. ›Könnt ihr nicht eine Stunde mit mir wachen?‹, fragt Jesus in Gethsemane. Das ist die Umkehrung von allem, was der religiöse Mensch von Gott erwartet. Der Mensch wird aufgerufen, das Leiden an der gottlosen Welt mitzuleiden.

In den schweren Tagen der Gefängnishaft dichtete Bonhoeffer das letzte erhaltene Gedicht, das jetzt als Lied gesungen wird:

Von guten Mächten treu und still umgeben,
behütet und getröstet wunderbar,
so will ich diese Tage mit euch leben
und mit euch gehen in ein neues Jahr.

Noch will das Alte unsre Herzen quälen,
noch drückt uns böser Tage schwere Last,
ach Herr, gib unsern aufgescheuchten Seelen
das Heil, für das du uns bereitet hast.

Und reichst du uns den schweren Kelch, den bittern
des Leids, gefüllt bis an den höchsten Rand,
so nehmen wir ihn dankbar ohne Zittern
aus deiner guten und geliebten Hand.

Doch willst du uns noch einmal Freude schenken
an dieser Welt und ihrer Sonne Glanz,
dann wolln wir des Vergangenen gedenken,
und dann gehört dir unser Leben ganz.

Lass warm und still die Kerzen heute flammen,
die du in unsre Dunkelheit gebracht,
führ, wenn es sein kann, wieder uns zusammen.
Wir wissen es, dein Licht scheint in der Nacht.

Wenn sich die Stille nun tief um uns breitet,
so lass uns hören jenen vollen Klang
der Welt, die unsichtbar sich um uns weitet,
all deiner Kinder hohen Lobgesang.

Von guten Mächten wunderbar geborgen,
erwarten wir getrost, was kommen mag,
Gott ist mit uns am Abend und am Morgen
und ganz gewiss an jedem neuen Tag.

Gerhard Fritzsche – im Krieg verschollen

Die Freude über den Namen im Buch des Lebens

Junge Freunde aus Sachsen trafen sich in Berlin – wie man heute sagt – zum Workshop, um christliche Lieder zu schaffen. Neben dem sächsischen Leiter der Singewochen, Alfred Stier, war auch Samuel Rothenberg, der Singepfarrer der Bekennenden Kirche, und Johannes Petzold, der Kirchenmusiker aus dem Vogtland, dabei. Auch Gerhard Fritzsche gehörte zu diesem Kreis. Unter dem Titel *Schwert und Kelle* brachten sie ihre Lieder heraus.

Gerhard Fritzsche wurde als Sohn eines Strumpfwirkers 1911 in Dittmannsdorf im Erzgebirge geboren. Er arbeitete nach seiner Volksschulzeit zuerst am Webstuhl. Im Jugendbund für Entschiedenes Christentum kam er zum lebendigen Glauben an Jesus Christus.

Die schweren Auseinandersetzungen des Kirchenkampfs mit dem Nazi-Terror brachten viel Not und schweres Leid über das Leben des jungen Dichters.

Fritzsche war 1936 Jugendwart in Sachsen geworden. Aber schon 1933 hatte Hitler fast alle Aktivitäten der evangelischen Jugend, etwa Sport und Freizeiten, bei strengsten Strafen verboten. Sie waren ausschließlich der Hitlerjugend vorbehalten.

In diesem schweren Ringen machte Gerhard Fritzsche immer neue Erfahrungen des Glaubens. Er schrieb:

Dass wir deine Herrlichkeit
können recht erfassen,
wirfst du über uns das Leid,
führst uns dunkle Straßen.

Dass wir dir allein vertraun,
dir und keinem andern,
reißt du nieder, was wir bann –
und wir müssen wandern.

Wer noch nicht zerbrochen ist,
findet nicht die Türen,
die zu dir, Herr Jesu Christ,
in die Freude führen.

So wolln wir dir stille sein
und dir glaubend trauen,
denn wir sollen nach der Pein
alle Himmel schauen.

Oft wurde nach dem 2. Weltkrieg in den Jugendgruppen bei Treffen und Freizeiten das Abschiedslied von Gerhard Fritzsche gesungen:

Wir fahrn dahin.
Wirf helles Licht,
Herr Jesu Christ,
auf alle Straßen hin!
Auf dich wir glaubend trauen.
Beim Scheidegruß aufschauen
wir nun in festem Sinn.

Dein Wort die Fahn!
Herr Jesu Christ,
du Führer bist,
der Heerfahrt Ziel und Plan.
Geleit uns durch die Zeiten
und brich du selbst beim Streiten
der Botschaft freie Bahn.

Behüt euch Gott!
Bleibt allezeit
in Kampf und Streit
des Königs Aufgebot!
Im Dienst und harten Ringen,
schenk Gott euch sein Gelingen,
speis euch mit Lebensbrot.

Steht ihr allein
und trifft euch Not:
Der Herr ist Gott!
Herr Christus, bringe heim,
die treu den Kampf gestritten,
im Elend hart gelitten,
leucht uns mit hellem Schein.

1939 wurde Gerhard Fritzsche als Soldat eingezogen. Aus dem Lazarett schrieb er 1942 die bekannten vier Zeilen, unter der Überschrift *Sprüche vom Leben und Tod* verfasst, die bald als Kanon überall im Land gesungen wurden:

Alles ist eitel,
du aber bleibst –
und wen du ins Buch
des Lebens schreibst.

Das Lied *Gelobt sei deine Treu* entstand 1938 in den schweren Kämpfen mit den Nazis um die Jugendarbeit und geht auf das Wort aus den Klageliedern Jeremias 3,22f. zurück: *Die Güte des Herrn ist's, dass wir nicht gar aus sind, seine Barmherzigkeit hat noch kein Ende, sondern sie ist alle Morgen neu, und deine Treue ist groß.* In diesem Lied heißt die letzte Strophe:

Gelobt drum deine Treu,
die jeden Morgen neu
uns deine abgrundtiefe Liebe zeigt!
Wir preisen dich und bringen
dir unser Lob mit Singen,
bis unser Mund im Tode schweigt.

Seit 1944 ist Gerhard Fritzsche in Südrussland vermisst.

Jochen Kleppers Kampf um die Rettung von Frau und Tochter

Nicht klagen sollst du: loben!

Theologie hatte Jochen Klepper in Breslau studiert, das Examen aber nicht abgelegt. Er wollte nicht ins Pfarramt gehen, sondern arbeitete lieber als freier Schriftsteller bei Presse und Rundfunk.

Sein Theologiestudium hatte ihn abgeschreckt, den Pfarrberuf des Vaters zu ergreifen. 1931 heiratete er die jüdische Witwe Hanni Gerstel-Stein, die sieben Jahre später zum evangelischen Glauben übertrat. Zwei Töchter brachte sie mit in die Ehe. Der sensible, zu Verzweiflung neigende Klepper fand in der zehn Jahre älteren und klugen Frau einen starken Halt.

Neun Jahre lang kämpfte Klepper angesichts der Judenvernichtung durch die Nazis einen immer aussichtsloseren Kampf um diese Ehe. Ausführlich hat er alles in seinen Tagebüchern aufgeschrieben, die mit dem Titel Unter dem Schatten deiner Flügel viele Jahre nach seinem Tod veröffentlicht wurden und ungeheures Aufsehen erregten.

Neben seinen Romanen Der Kahn der fröhlichen Leute und Der Vater fand der kleine Gedichtband Kyrie, der 1938 erschien, große Aufnahme.

Wie wohl wenig andere Schriftsteller hat Jochen Klepper mit der Frage gerungen, was überhaupt ein Dichter schreiben darf: Wer vom Worte lebt, kann nicht vorüber am Wort des Lebens. Wer Bücher schreibt, vermag nicht, sich dem Buch der Bücher zu entziehen. So war die Bibel für Klepper das Fundament allen menschlichen Wortes, von dem alles hergeleitet werden muss.

Das entdeckte Klepper gerade in der Zeit der Naziherrschaft, die geprägt war von lautem Pomp, grandioser militärischer Prachtentfaltung und unvorstellbar siegessicherer Propaganda.

So dichtete er seine Lieder allein mit dem schlichten Klang biblischen Wortes. In dieser strengen Bindung an das Wort haben sie aber gerade ihre große Kraft, ihre gewaltige Ausstrahlung und ihre wunderbare Tiefe.

Die Lieder entstanden, weil Klepper in seiner persönlichen Ausweglosigkeit selbst nach Halt, Zuversicht und Hoffnung suchte. Er fand diesen Halt nur im Wort Gottes, das ihm zum hellen Licht in der ihn umgebenden unheimlichen Nacht wurde.

So sind Kleppers Lieder von diesem eigentümlich schroffen Gegensatz geprägt. Menschlich gesehen ist alles dunkel, und doch ist das helle Licht schon angebrochen für den, der sich ganz und völlig an Gott bindet und sich in ihm geborgen weiß.

So spricht Klepper in großer Gewissheit des Glaubens in seinem Weihnachtslied *Du Kind, in dieser heilgen Zeit:*

Wenn wir mit dir einst auferstehn
und dich von Angesichte sehn;
dann erst ist ohne Bitterkeit
das Herz uns zum Gesange weit.

Der Fixpunkt der großen Mut machenden Worte Gottes liegt in Jesus Christus selbst. Deshalb hatte er dem kleinen Bändchen seiner Liedersammlung den Titel Kyrie gegeben. Er wollte in der Gegenwart von Jesus stehen. Hier bin ich! Rede, Herr, dein Knecht hört.

Der du allein der Ewge heißt
und Anfang, Ziel und Mitte weißt
im Fluge unsrer Zeiten:
bleib du uns gnädig zugewandt
und führe uns an deiner Hand,
damit wir sicher schreiten!

So betet Jochen Klepper in seinem Neujahrslied *Der du die Zeit in Händen hast.*

Je länger aber die Naziherrschaft dauerte, umso dunkler und unheimlicher wurde die Zukunft des Schriftstellers Jochen Klepper. Seine Lieder dichtete er alle aus dem unerschöpflichen Vorrat der biblischen Worte und Bilder. *Ich liege, Herr, in deiner Hut* und *Ja, ich will euch tragen* sind solche Lieder des großen Vertrauens in die Zusagen Gottes.

Auf dem Hintergrund des 50. Kapitels des Propheten Jesaja schuf Klepper das Lied:

Er weckt mich alle Morgen,
er weckt mir selbst das Ohr.
Gott hält sich nicht verborgen,
führt mir den Tag empor,
dass ich mit seinem Worte
begrüß das neue Licht.
Schon an der Dämmrung Pforte
ist er mir nah und spricht.

Er spricht wie an dem Tage,
da er die Welt erschuf.
Da schweigen Angst und Klage;
nichts gilt mehr als sein Ruf!
Das Wort der ewgen Treue,
die Gott uns Menschen schwört,
erfahre ich aufs Neue
so, wie ein Jünger hört.

Er will, dass ich mich füge.
Ich gehe nicht zurück.
Hab nur in ihm Genüge,
in seinem Wort mein Glück.
Ich werde nicht zuschanden,
wenn ich nur ihn vernehm.
Gott löst mich aus den Banden.
Gott macht mich ihm genehm.

Er will mich früh umhüllen
mit seinem Wort und Licht,
verheißen und erfüllen,
damit mir nichts gebricht;
will vollen Lohn mir zahlen,
fragt nicht, ob ich versag.
Sein Wort will helle strahlen,
wie dunkel auch der Tag.

Klepper erkannte, wie das anbrechende Reich Gottes mitten in unserer Welt da ist. Auch wenn die unheimlichen Todesmächte alles so furchtbar überschatteten, wusste er doch aus dem Evangelium gewiss: Selbst Tod und Hölle sind vernichtet. Sein Wort ist Leben, Wirken, Siegen!

In dem kleinen Gedichtband Kyrie sind alle wichtigen Lieder enthalten, so auch das bekannte Adventslied, das im schicksalsträchtigen Jahr 1938 in der Vorahnung all dessen, was noch kommen sollte, entstand:

Die Nacht ist vorgedrungen,
der Tag ist nicht mehr fern.
So sei nun Lob gesungen
dem hellen Morgenstern!
Auch wer zur Nacht geweinet,
der stimme froh mit ein.
Der Morgenstern bescheinet
auch deine Angst und Pein.

Noch manche Nacht wird fallen
auf Menschenleid und -schuld.
Doch wandert nun mit allen
der Stern der Gotteshuld.
Beglänzt von seinem Lichte,
hält euch kein Dunkel mehr,
von Gottes Angesichte
kam euch die Rettung her.

In einem leider nur wenig bekannten Weihnachtslied dichtete Klepper:

Sieh nicht an, was du selber bist
in deiner Schuld und Schwäche.
Sieh den an, der gekommen ist,
damit er für dich spreche.
Sieh an, was dir heut widerfährt,
heut, da dein Heiland eingekehrt,
dich wieder heimzubringen
auf adlerstarken Schwingen.

Glaubst du auch nicht, bleibt er doch treu.
Er hält, was er verkündet.
Er wird Geschöpf – und schafft dich neu,
den er im Unheil findet.
Weil er sich nicht verleugnen kann,
sieh ihn, nicht deine Schuld mehr an.
Er hat sich selbst gebunden.
Er sucht: du wirst gefunden!

Wie schlecht auch deine Windeln sind,
sei dennoch unverdrossen:
Der Gottessohn, das Menschenkind
liegt doch darin umschlossen.
Hier harrt er, dass er dich befreit.
Welch Schuld ihm auch entgegenschreit –
er hat sie aufgehoben.
Nicht klagen sollst du: loben!

Im Herbst 1941, nachdem Jochen Klepper vom Militär als wehrunwürdig entlassen wurde, lasteten immer dunklere, ja verzweifelte Gedanken auf ihm. Die Lage für die Juden in Deutschland war ganz hoffnungslos. Sie mussten den gelben Judenstern tragen. Klepper wurde jetzt bewusst, dass schon seit seiner Soldatenzeit keine Lieder mehr entstanden waren: Lieder vermag ich nicht mehr zu schreiben… Liebe, Lob, Dank tragen also das Lied nicht;

es ist nicht möglich ohne das Vertrauen. Und hier ist dem Widersacher gelungen, mich zu zerstören.

Jochen Klepper spürte, wie im Vertrauen und im Gehorsam und in der Hoffnung ein Bruch ist. Er schrieb Anfang 1942 in sein Tagebuch: Den Weg zum Liede sehe ich überhaupt nicht mehr: Das Lied ist ohne die völlige Einwilligung in Gottes Willen nicht möglich.

Klepper kämpfte weiter um das Leben seiner Liebsten. Er sprach mit Adolf Eichmann, dem Leiter der Judenvernichtung, und bat um eine Ausreiseerlaubnis. Er suchte den Innenminister des Deutschen Reiches auf. Umsonst!

Als alle Chancen der Rettung für seine jüdische Frau und seine Tochter Renate sich endgültig zerschlugen, stand die grausamste und grausigste aller Deportationen in das Konzentrationslager vor ihnen. Gott weiß aber auch, dass ich alles von ihm annehmen will an Prüfung und Gericht, wenn ich nur Hanni und das Kind notdürftig geborgen weiß, schrieb der 39-jährige Klepper in sein Tagebuch.

Unter diesem furchtbaren Druck sah Klepper am 11. Dezember 1942 keinen anderen Ausweg mehr, als gemeinsam mit seinen Lieben in den Tod zu fliehen.

Otto Riethmüllers Kampf um die evangelische Jugend

Herr, mach uns still und rede du!

Das Kreuz über der Weltkugel war das Zeichen, unter dem Jugendpfarrer Otto Riethmüller seinen Dienst als Leiter der weiblichen evangelischen Jugend in Deutschland tat. Es waren aufregende Jahre zwischen den beiden großen Weltkriegen, geprägt von gewaltigen revolutionären Umstürzen und dem Kampf des Evangeliums mit der Nazi-Ideologie. *Wehr und Waffen* hatte Riethmüller

1935 die Sammlung von 50 Liedern der kämpfenden Kirche überschrieben.

Otto Riethmüller dichtete:

In die Wirrnis dieser Zeit
fahre, Strahl der Ewigkeit.
Zeig den Kämpfern Platz und Pfad
und das Ziel der Gottesstadt.

Ein neu entstandener Arbeiterbezirk in der Esslinger Südstadt wurde 1918 dem 29-jährigen schwäbischen Pfarrer zugewiesen. Der Stadtteil wurde dort, weil er vor den Toren der alten Reichsstadt lag, verächtlich Zigeunerinsel genannt. Die Gemeindeglieder gehörten zu einem beträchtlichen Teil der kommunistischen Partei an. Weil ein eigener Kirchsaal fehlte, sammelte sich die Gemeinde im ärmlich bestückten Kindergarten. Als Altar diente der zugedeckte Waschtisch der Kinder.

Riethmüller betrieb richtig Gemeindeaufbau. Welche Methode benützte er dabei? Im Mittelpunkt stand bei ihm das biblische Wort, das durch das Evangelium das Leben der Zuhörer verändert. Bald schon setzte ein großer Zustrom junger Menschen zum Gottesdienst ein. Ganz wichtig war Riethmüller die wöchentliche Bibelstunde, zu der bald noch mehr Menschen kamen als zu den Gottesdiensten, jeweils mehrere Hundert. Hier evangelisierte Riethmüller, sprach seelsorgerlich und gab Anleitung zum Dienst.

Auch die jungen Leute sammelte Riethmüller vor allem anderen in Treffen um die Bibel. Dann setzte er die Jugend mit ihren neuen Liedern zum Singen ein. Zuerst im Gottesdienst, dann aber in Hinterhöfen und auf öffentlichen Plätzen. Auch vor den mit politischen Demonstrationen besetzten Straßen schreckte er nicht zurück. Öffentlich sangen sie ihr Bekenntnis zu Jesus Christus.

1924, schon nach wenigen Jahren Gemeindearbeit, wurde Otto Riethmüller zusätzlich das Amt des Vorsitzenden der weiblichen Jugend Württembergs übertragen. Er erkannte, wie wichtig die Freizeiten für die Gemeinschaft junger Menschen sind. So baute er entschlossen das Jugendhaus Schmie bei Maulbronn auf. Neben der eindrücklichen biblischen Auslegung Riethmüllers zogen auch seine künstlerischen und dichterischen Gaben viele junge Menschen an.

Für Riethmüller grenzte es an Gotteslästerung, wenn ein Lied von der Geburt und dem Leiden des Herrn nach der Weise eines elenden Gassenhauers gesungen wurde. Er wollte starkes und naturhaftes Schwarzbrot, weil er erkannt hatte, dass die Jugend darauf wartet, dass man es ihr reicht. Er glaubte nicht, dass die christliche deutsche Jugend auf die Dauer an solchen uns anvertrauten Herrlichkeiten und Kleinodien unachtsam und verächtlich vorübergeht. Diese Torheit wollen wir uns nicht zuschulden kommen lassen.

Riethmüller hatte Sorge vor rein emotional aufwallenden Gefühlen. Wenn er dann auf junge Leute mit ihrer ganz natürlichen Begeisterung traf, warnte er sie. Nur auf die eine Begeisterung käme es an, sagte Riethmüller, dass Gottes Geist unter uns ist.

1928 folgte Riethmüller einem Ruf als Direktor des evangelischen Reichsverbands weiblicher Jugend und des Burckhardthauses in Berlin-Dahlem. Bei einer großen Reichstagung in Breslau wurde er in sein Amt eingeführt. Nun konnten sich die Gaben Riethmüllers in die ganze Weite entfalten. Große Treffen mit Tausenden von jungen Leuten oder überfüllte Tagungen mit Hunderten von Mitarbeitern riefen ihn als Sprecher. Hier erklang sein Lied:

Herr, wir stehen Hand in Hand,
die dein Hand und Ruf verband,
stehn in deinem großen Heer
aller Himmel, Erd und Meer.

In diesem Umgang mit jungen Christen schuf er den Brauch der fortlaufenden täglichen Bibellese, der Jahreslosung, der Monatssprüche und -lieder, die bis heute von Unzähligen weiter gebraucht werden. Wie stark hat allein durch diese Einfälle Otto Riethmüller unzählige Christen ganz tief in ihrem Leben geprägt!

Wetter leuchten allerwärts,
schenke uns das feste Herz.
Deine Fahne zieht voran;
führ auch uns nach deinem Plan.

Eben hatte Otto Riethmüller noch die Gebetsbitte um das Anbrechen der Königsherrschaft Jesu als Jahreslosung Dein Reich komme! ausgerufen, da forderte schon das Dritte Reich mit dem absoluten und totalitären Führungsanspruch der Nazis auch in der christlichen Jugendarbeit Unterwerfung. Riethmüller, um den sich alle evangelischen Jugendverbände scharten, verweigerte in vielen Gesprächen eindeutig die geforderte Gleichschaltung und Eingliederung der evangelischen Jugend in die Hitlerjugend. Doch umsonst. Der von Hitler eingesetzte Reichsbischof Ludwig Müller hinterging Riethmüller mit üblen Machenschaften und zwang durch ein Gesetz die freien Verbände zur Aufgabe. Damit war es den Nazis gelungen, alle organisierte evangelische Jugendarbeit in ihrer bisherigen Form zu zerschlagen. Riethmüller aber konnte sich unter keinen Umständen damit abfinden und kämpfte weiter zusammen mit der Bekennenden Kirche mutig und kompromisslos gegen das Unrecht.

Allein die Gemeinschaft unter dem biblischen Wort verband jetzt die zusammengeschmolzenen Jugendgruppen. Das Wort Gottes und die bekennenden Lieder wirkten mehr als staatliche Verbote.

Riethmüller sammelte die Verantwortlichen in Jahresrüsten. Er setzte für die evangelische Jugendarbeit die biblischen Leitsätze, die dann auch von vielen Erwachsenen übernommen wurden und das kirchliche Leben entscheidend beeinflussten.

Otto Riethmüller schenkte uns das Lied:

Nun gib uns Pilgern aus der Quelle
der Gottesstadt den frischen Trank;

lass über der Gemeinde helle
aufgehn dein Wort zu Lob und Dank.

Gib deiner Liebe Lichtgedanken
mit Vollmacht uns in Herz und Mund;
mach, woran Leib und Seele kranken,
durch deine Wunderhand gesund.

Schließ auf, Herr, über Kampf und Sorgen
das Friedenstor der Ewigkeit.
In deiner Burg sind wir geborgen,
durch dich gestärkt, zum Dienst bereit.

Zeig uns dein königliches Walten,
bring Angst und Zweifel selbst zur Ruh.
Du wirst allein ganz recht behalten;
Herr, mach uns still und rede du.

Für Otto Riethmüller, der keine Kämpfernatur war, wurde die zusätzliche Last als Vorsitzender der Jugendkammer der Bekennenden Kirche zu schwer. Unter großen körperlichen und seelischen Schmerzen schleppte er sich weiter und verbrauchte seine letzte Kraft.

In einer Predigt, die er zu der Losung des Jahres hielt, in dem er heimging, heißt es:

Wir sind nicht geboren, um zu sterben, sondern wir sterben, um zu leben, und zwar ein ganzes, ungetrübtes, volles Leben in der Gemeinschaft Gottes, in der Stadt Gottes, im Reich Jesu Christi.

Otto Riethmüller starb – wie seine Familie im Blick auf die schweren Kämpfe mit den Nazis sagte – an gebrochenem Herzen kurz vor seinem 50. Geburtstag.

In Stuttgart-Bad Cannstatt, wo er 1889 geboren wurde, war auch seine Beerdigung auf dem Uff-Friedhof. Es muss ein eindrücklicher Moment gewesen sein, als Jugendpfarrer Johannes Busch, ein Freund Otto Riethmüllers, seine Ansprache an die große Trauergemeinde mit der Strophe von Johann Gottfried Schöner abrupt schloss:

Himmelan wallt neben dir
alles Volk des Herrn,
trägt im Himmelsvorschmack hier
seine Lasten gern.
O schließ dich an!

Neue Lieder im Diakonissenmutterhaus Aidlingen

Freude, die Mauern durchbricht

Christa von Viebahn

Nicht viele Worte über sich möchten die Schwestern des Diakonissenmutterhauses in Aidlingen machen. Deshalb veröffentlichen sie auch keine Schriften über ihr Werk und ihre Arbeit. Viel wichtiger ist ihnen, von Jesus zu reden. Das tun sie bei unzähligen Diensten in aller Stille. In Krankenhäusern, Jugendgruppen, in Strafanstalten, unter Schaustellern, in Freizeitheimen, Schulen und an vielen anderen Orten.

Sonntags drängen sich regelmäßig viele Hundert Menschen im Mutterhaus auf dem Berg zur großen Bibelstunde. Überraschend viele junge Leute sind dabei. Was zieht sie denn bei den Diakonissen so an?

Aidlingen und junge Leute – das gehört an Pfingsten unlösbar zusammen. Seit vielen Jahren strömen weit mehr als 5 000 junge Leute an den Pfingsttagen ins große Zelt. Da sitzen sie zwei Tage lang dicht gedrängt und hören zu – morgens, mittags und abends, Wie dort von Jesus gesprochen wird, fröhlich, praktisch, einladend, das zieht junge Leute an. Auch wenn es in Strömen regnet, bleiben die jungen Leute da. Viele haben dort beim Jugendtreffen zu Jesus gefunden und leben seitdem mit ihm.

Das Wort Gottes in der Bibel ist von Anfang an besonders kennzeichnend für die Aidlinger Schwestern. Die Gründerin, Christa von Viebahn, übernahm die Redaktion für einen Bibellesezettel von ihrem Vater. Ursprünglich war diese Anleitung zur Bibellese für Soldaten gedacht. General Georg von Viebahn schrieb das Heft selbst. Seine Tochter Christa führte dann 1915 das Werk weiter.

Was so bescheiden Bibellesezettel genannt wird, ist ein gründlich ausgearbeitetes biblisches Auslegungsheft, das ganz praktisch zur persönlichen täglichen Stille über der Bibel hilft. In einer unglaublich großen Auflage von 90 000 Exemplaren wird die Broschüre vierteljährlich verbreitet. Daneben gibt es in Argentinien eine spanische und in Brasilien eine portugiesische Ausgabe. Seit Kurzem ist der Bibellesezettel auch in russischer Sprache als Jahrbuch erhältlich. Das Besondere bei dieser Bibellese ist, dass die Bibel nur mit der Bibel selbst erklärt wird. Eine Fülle von biblischen Verweisen hilft zum tiefen Verständnis oft nur eines einzigen Verses, den man dann in seiner ganzen Kraft und Bedeutung erkennen kann.

Christa von Viebahn war eine bescheidene Frau. In Stuttgart entstand durch sie ein Bibelkreis für Frauen. Daraus erwuchs 1924 eine Schwesternschaft, zu der heute mehrere Hundert Schwestern gehören. In der schönen Landschaft von Aidlingen bei Böblingen-Sindelfingen liegt idyllisch am Waldrand das moderne Mutterhaus. Dazu gehört auch die Bibelschule mit der Ausbildung für Katechetinnen. Daneben gibt es mehrere Freizeitheime.

Ebenso gehören auch viele neue Lieder untrennbar zu den Aidlinger Schwestern. 1957 war die dreißigjährige Krankenschwester Helga Winkel bedrückt von einer unheilbaren Krankheit. Mitten in den schweren Gedanken verfasste sie das Lied, das jetzt auch Eingang in Gesangbücher von Kirchen gefunden hat:

Herr, weil mich festhält deine starke Hand,
vertrau ich still.
Weil du voll Liebe dich zu mir gewandt,
vertrau ich still.

Du machst mich stark, du gibst mir frohen Mut;
ich preise dich, dein Wille, Herr, ist gut.

Herr, weil du jetzt für mich beim Vater flehst,
vertrau ich still.
Weil du zu meiner Rechten helfend stehst,
vertrau ich still.
Droht mir der Feind, so schau ich hin auf dich,
ein Zufluchtsort bist du, o Herr, für mich.

Ist auch die Zukunft meinem Blick verhüllt,
vertrau ich still.
Seitdem ich weiß, dass sich dein Plan erfüllt,
vertrau ich still.
Seh ich nicht mehr als nur den nächsten Schritt,
mir ist's genug: Mein Herr geht selber mit.

Eine andere Schwester war als Jugendreferentin im Schwarzwald eingesetzt. Schon nach wenigen Dienstjahren erkrankte die Diakonisse schwer. Lange hatte sie auf Genesung und Heilung gehofft, doch dann konnte sie schreiben: Wenn ich Jesus meinen Willen bewusst ausliefere, kann ich gelassen und getrost sein. Ich möchte den Weg, den er führt, mit ganzer Freude gehen. Dass nur Jesus durch uns verherrlicht wird!

Schon von der Krankheit gezeichnet, dichtete sie das Lied, das rasch den Weg in viele Jugendgruppen fand:

Jesus, die Sonne, das strahlende Licht,
Jesus, die Freude, die Mauern durchbricht!
Die auf ihn schauen, werden sein wie die Sonne,
wie sie aufgeht in ihrer Pracht!

Als um mich war ein Gefängnis
von Angst und Traurigkeit,
da führte aus der Bedrängnis
mich Gottes Freundlichkeit.

Für Gott ist doch nichts unmöglich,
er will mir Gutes tun.
Durch ihn allein bin ich glücklich,
kann bei ihm sicher ruhn.

Gott lässt meinen Fuß nicht gleiten,
nie schläft und schlummert er,
umgibt mich von allen Seiten
mit seinem Engelheer.

Es mögen sich freuen alle
und rühmen Gottes Gnad
mit fröhlichem Jubelschalle,
weil er gesegnet hat.

Jesus, die Sonne, das strahlende Licht,
Jesus, die Freude, die Mauern durchbricht!
Die auf ihn schauen, werden sein wie die Sonne,
wie sie aufgeht in ihrer Pracht!

Als plötzlich der Vater Hedwig von Rederns starb

Weiß ich den Weg auch nicht!

Eigentlich war es ein sorgloses Leben, das vor Hedwig von Redern lag, als sie am 23. April 1866 in Berlin geboren wurde. Wie stolz war sie auf ihren Vater in der hellblauen, silberbestickten Uniform! Er war zuerst Oberst, dann preußischer Regimentskommandeur und brachte es bis zum Brigadegeneral. Mit ihm war sie ganz besonders eng verbunden. Er widmete ihr mit zehn Jahren die erste eigene Bibel: Meiner geliebten Tochter zum fleißigen, täglichen Gebrauch.

Mit 20 Jahren durfte sie mit Tante und Schwester zu einer Reise in die Schweiz aufbrechen. Am Anhalter Bahnhof in Berlin verabschiedete der Vater die fröhliche Reisegesellschaft. Er rief der Tochter zu: Nütze es, lerne sehen, erlebe, reife!

Auf dein Rückweg im Hotel in München reichte der goldbetresste Portier den vergnügten Reisenden ein Telegramm: Vater plötzlich gestorben. Sie verstanden zuerst gar nichts. Wessen Vater? Ist es Großvater?

Dann plötzlich war es, wie wenn ein Blitz in ihr Herz schlägt, als sie begriff: Dein Vater, du bist gemeint!

Hedwig von Redern war wie betäubt. Alles ging wie im Traum an ihr vorüber. Die Fragen quälten: Was will Gott? Warum tut er das? Alles wehrte sich in ihr. Sie konnte mit niemand darüber reden. Das war ihre straffe Erziehung in einem Soldatenhaus gewesen: Nimm dich zusammen! Nur jetzt die Gefühle nicht zeigen, das wäre eine Schande!

In dem Wort Jesu fand sie erst Frieden: Sei still, du wirst es hernach erfahren, warum das alles so ist! Sie erkannte, dass Gott in seiner Liebe auch ein unerbittlicher Erzieher ist: Was ist der Gärtner treu, der den wahllos wuchernden Baum, dessen Saft sich in fruchtlosen Trieben aufbraucht, herunterschneidet bis auf die Wurzel, damit ein Neues emporwachse, was seine weise Voraussicht schon in dem verstümmelten Stumpf erkennt.

Wenige Wochen später brannte der geliebte väterliche Stammsitz in der Mark Brandenburg nieder, der seit 500 Jahren im Familienbesitz war. Das war besonders schlimm, weil zum Wiederaufbau die Mittel fehlten.

Nun war Hedwig von Redern heimatlos. Sie schrieb: Jetzt fällt alles zusammen, es wird kalt und dunkel. Trotzig lehnte sie sich auf gegen Gott. Liebe? Nein, die sah anders aus. Er verfolgte sie, ja er zertrat sie.

Da traf sie in Berlin mit Menschen zusammen, die Leben hatten und von denen Leben ausging. So hat sie es später selbst bezeichnet. Bei den gemeinschaftlichen Teeabenden lernte sie Graf Pückler kennen, der die große christliche Studentenarbeit in Deutschland ins Leben rief. Oder den fröhlichen und immer aktiven Forstmeister von Rothkirch, dem im Krieg ein Bein weggeschossen wurde. Er hatte in Berlin den CVJM gegründet und war dessen Präsident.

Musste Gott sie erst durch die schrecklichen Erlebnisse vertreiben, um sie dorthin zu führen, wo sie seine Liebe ganz neu erkennen konnte? Langsam, ganz langsam öffnete sich ihre Verkapselung. Sie gab ihren selbstsüchtig gepflegten Schmerz auf und schrieb voll Freude und Vertrauen in Gottes Güte ihre Verse nieder: Herr, du hast mir die Augen aufgetan!

Diesem Herrn wollte sie nun allein dienen. Sie half mit, wo sie nur konnte. Der Vorsitzende der Evangelischen Allianz, Graf von Bernstorff, hatte im Keller seines Hauses einen Saal eingerichtet, wo er mit seiner Frau Sonntagsschule hielt. Mutig, wenn auch noch ganz unerfahren, stand Hedwig vor frechen Berliner Jungs und erzählte ihnen biblische Geschichten.

Im Berliner Stadtteil Moabit, wo in Krankenhausbaracken viele Hundert Kranke lagen, machte die junge Frau Besuche. Sie verteilte Blumensträußchen in Sälen, in denen bis zu 30 Patienten zusammengepfercht waren. Dann sang sie Jesuslieder und sprach mit vielen über ihre Not. Daheim betete sie mit anderen regelmäßig und namentlich für ihre Kranken. Sie gründete auch eine Bibelstunde für die Krankenwärter im Haus des CVJM.

Das Gedicht entstand:

Hier hast du meine beiden Hände,
ich kann ja nichts aus eigner Kraft.
Du weißt den Weg, du weißt das Ende:
bring du mich durch die Fremdlingschaft.

Als sie bei einer Einladung Hudson Taylor, den Gründer der China-Inland-Mission, traf, sagte der spontan: Das brauchen wir, mütterliche Herzen für die Männer. Ich freue mich über dieses Bahnbrechen.

So richtete Hedwig von Redern neben ihren vielen Missions- und Sozialaufgaben auch noch Bibelkreise für Berliner Polizisten ein, die Schutzmannstunde. Wie stolz war sie, dass neben den verschiedenen evangelischen Bekenntnissen auch Katholiken daran teilnahmen. Alles war ganz bewusst ohne kirchliche Bindungen organisicrt. Man traf sich in einem neutralen Raum, einem kahlen Saal der Molkerei Bolle in Moabit, der kostenlos zur Verfügung gestellt wurde.

Es tat ihr sehr weh, als sie die Krankenhausarbeit aufgeben musste. Offensichtlich gab es in der Kirche Kräfte, die diese Arbeit unter eigener Kontrolle haben wollten. Ihr Bruder berichtete: Sie wollte Gehorsam üben auch im Entsagen, hatte Angst festzuhalten, wovon Gott sie löste.

Von großer Glaubensgewissheit zeugt ihr Lied:

Wir haben einen Felsen,
der unbeweglich steht.
Wir haben eine Wahrheit,
die niemals untergeht.
Wir haben Wehr und Waffen
in jedem Kampf und Streit.

Wir haben eine Wolke
von Gottes Herrlichkeit.

Hedwig von Rederns Lieder wurden weit bekannt. Spät an einem Abend brachte sie das Gedicht zu Papier:

Du stehst am Platz, den Gott dir gab,
dem Platz, den er dir zugedacht;
dort nur bleibt er dein Schild und Stab,
dort gibt er Frucht, dort wirkt er Macht.
Will er dich segnen, sucht er dich
nicht in der ganzen weiten Welt;
er sucht dich nur an deinem Platz,
dem Platz, wo er dich hingestellt.

Bleib auf dem Platz, den Gott dir gab,
und halte da in Treue aus;
ist es ein Kreuz, steig nicht herab,
ist's Schmelzerglut, weich ihr nicht aus!
Blick auch nicht seufzend rechts und links,
scheint er verborgen, irdisch, klein;
auf diesem Platz, den Gott dir gab,
will er durch dich gepriesen sein.

Was du versäumst an deinem Platz,
auch wenn es niemand ahnt und sieht,
das bringt um einen Segensschatz
vielleicht ein Gott geliebtes Glied.
Bedenk's, den Platz, den Gott dir gab,
kann niemand füllen als nur du;
es ist nicht gleich, ob du dort stehst,
denn grade dich braucht er dazu.

Herzogin Wera von Württemberg, eine russische Großfürstin aus dem St. Petersburger Zarenhaus, hatte dieses Gedicht immer in ihrer Tasche. Sie ließ es auch ins Russische übersetzen und verteilte es in der Hauptstadt an die Droschkenkutscher.

Nach dem Ersten Weltkrieg und dem Abzug der deutschen Truppen mit der flüchtenden baltischen Zivilbevölkerung übernahmen Revolutionäre Kriegskomitees die Herrschaft in der Stadt Riga. Es kam zu Verhaftungen, Hausdurchsuchungen und Metzeleien unter den wehrlosen Zivilisten. In vier Monaten wurden 3 654 Todesurteile vollstreckt.

Die an die Macht gekommenen Bolschewisten verhafteten viele baltische und deutsche Bürger. Im Rigaer Zentralgefängnis waren bis zu 30 Personen in einer Zelle qualvoll zusammengepfercht. In wenigen Tagen starb die Hälfte der Häftlinge an Typhus. Abends, wenn die Tore des Gefängnisses verschlossen und die Lichter gelöscht waren, sang die gerade 22-jährige Deutschbaltin Marion von Klot laut, damit es alle Gefangenen hören konnten, das wunderbare Lied von Hedwig von Redern:

> Weiß ich den Weg auch nicht, du weißt ihn wohl;
> das macht die Seele still und friedevoll.
> Ist's doch umsonst, dass ich mich sorgend müh,
> dass ängstlich schlägt mein Herz, sei's spät, sei's früh.
>
> Du weißt den Weg ja doch, du weißt die Zeit,
> dein Plan ist fertig schon und liegt bereit.
> Ich preise dich für deiner Liebe Macht,
> ich rühm die Gnade, die mir Heil gebracht.
>
> Du weißt, woher der Wind so stürmisch weht,
> und du gebietest ihm, kommst nie zu spät;
> drum wart ich still, dein Wort ist ohne Trug.
> Du weißt den Weg für mich, das ist genug.

Marion von Klot hatte das Lied zum ersten Mal im Gottesdienst ihrer Gemeinde in Riga gehört. Dort wurde es wieder angestimmt, als ihr Pastor von den Russen den Ausweisungsbefehl nach Sibirien erhielt. Man erlaubte ihm vorher noch einen Abschiedsgottesdienst, der zugleich die Konfirmationsfeier für den Bruder Marion von Klots war. Mit der alten englischen Melodie machte es ihr solch einen tiefen Eindruck, dass sie es als Solo am Grab eines jungen Verwandten vortrug, der von Wilderern erschossen worden war. Jetzt im Zentralgefängnis, in das man sie nach einer nächtlichen Hausdurchsuchung verschleppt hatte, konnte sie das Lied auswendig. Es begleitete sie durch die sechs schrecklichen Wochen der Gefangenschaft. Sie hätte vor der Machtübernahme durch die Bolschewisten auch leicht fliehen können. Wegen ihrer pflegebedürftigen Großmutter aber wollte sie in Riga ausharren. Ihrer Mutter und ihrer Großmutter konnte sie nicht mehr helfen, dafür aber unzählig vielen anderen Menschen durch das Lied, das sie so oft gesungen hat.

Als am 22. Mai 1919 die baltische Landwehr zum Sturm auf Riga antrat und eine Vorhut in den Gefängnisvorhof stürmte, bot sich ihnen ein grausiges Bild. 32 bekannte Frauen und Männer waren wenige Augenblicke vorher grausam gefoltert und ermordet worden. Der Hass der Bolschewisten wollte die Pastoren und die Mitglieder des baltischen Adels ausmerzen. Auch Marion von Klot war unter den Toten. Als sie zur Erschießung vor den Maschinengewehren antreten mussten, sagte sie noch: Jetzt nur nicht schwach werden!

Hedwig von Redern konnte nicht ahnen, was ihr Lied einmal diesen Märtyrern in den letzten schweren Tagen bedeuten sollte. Sie selbst musste lange und schwere Krankheitsjahre durchleiden, bis ihr Herr sie am 22. Mai 1935 heimrief. Ihr letzter Wunsch konnte erfüllt werden. Die von vielen verachteten und gehassten Zigeuner, die sie im Alter beim Evangeliumsdienst der Berliner Stadtmission noch mitbetreut hatte, sangen an ihrem Grab das von ihr aus dem Englischen übersetzte Lied: *Wenn nach der Erde Leid, Arbeit und Pein.*

Am Ende ihrer Selbstbiografie hatte sie geschrieben: Nicht Beraubung, sondern Bereicherung ist der Zweck der Wege Gottes mit den Seinen. Wohl allen, deren Wandel über diese Erde Frucht zum Leben bedeutet! Man kann es nicht nehmen oder sich aneignen; aber die unbegreifliche Gnade kann's wirken.

Ihr Bruder schrieb als Nachruf: Solange Gott sie auf Erden ließ, horchte sie auf Aufträge, die er für sie noch bereithielt. Als sie die Kräfte schwinden sah, hat sie sich auch darin vor dem Willen Gottes gebeugt und das Entsagen auf die große Hoffnung ihres Lebens gelernt.

Kein Geld für den Sarg beim Begräbnis Marie Schmalenbachs

Dass uns werde klein das Kleine und das Große groß erscheine!

In der Kirchengemeinde von Mennighüffen in Westfalen wirkte Marie Schmalenbach 36 Jahre lang an der Seite ihres Mannes als Pfarrfrau.

Sie war viel krank. Einmal hatten die Ärzte sie schon aufgegeben, da genas sie durch ein Wunder Gottes. Sie behielt aber ein nervöses Leiden, das ihr 25 Jahre lang das Sprechen, selbst mit den eigenen Kindern, fast unmöglich machte.

In ihrem Leben erlebte sie viel Schweres. Eine Tochter verlor sie im Alter von 23 Jahren. Einen Sohn musste sie schon als Kleinkind hergeben. Ihr Mann starb langsam und qualvoll an Gehirnschwund. 23 Jahre war Marie Schmalenbach Witwe.

Sie war 1835 in dem kleinen Dörflein Holtrup im Kreis Herford in einem Pfarrhaus geboren worden. Drei ihrer Geschwister starben dort. Nachdem ihr Vater nach Vlotho versetzt worden war, mussten dort noch einmal drei Kinder beerdigt werden. So hat die kleine Marie schon früh vom Leuchten der Ewigkeit gehört.

1882 gab sie das Gedichtbändchen Tropfen aus dem Wüstenquell heraus. Darin steht auch das Lied:

Brich herein, süßer Schein
selger Ewigkeit!
Leucht in unser armes Leben,
unsern Füßen Kraft zu geben,
unsrer Seele Freud.

Hier ist Müh morgens früh
und des Abends spät;
Angst, davon die Augen sprechen,

Not, davon die Herzen brechen;
kalter Wind oft weht.

Jesus Christ, du nur bist
unsrer Hoffnung Licht;
stell uns vor und lass uns schauen
jene immer grünen Auen,
die dein Wort verspricht.

Ewigkeit, in die Zeit
leuchte hell hinein,
dass uns werde klein das Kleine
und das Große groß erscheine,
selge Ewigkeit!

In der Inflation nach dem Ersten Weltkrieg verlor sie über Nacht alle ihre Ersparnisse und verarmte völlig. Als sie 1924 starb, wussten ihre Töchter nicht, wie sie den Sarg bezahlen sollten. Da sprang die Kirchengemeinde Mennighüffen ein und übernahm aus Dankbarkeit alle Kosten.

Wie die Lieder Julie Hausmanns bekannt wurden

Allein nicht einen Schritt!

Die im Baltikum lebende Julie Hausmann war in ihrer Art so bescheiden, dass sie von sich aus nie ihre Gedichte herausgegeben hätte. Sie nannte ihre Verse schwach und unvollkommen.

Ihre Freundin Olga von Karp aber wollte sie einem weiteren Kreis zugänglich machen. Deshalb schrieb sie an Pfarrer Gustav

Knak in Berlin, der 1832 erstmals das Gesangbuch Geistlicher Liederschatz herausgab. Gustav Knak war vielen Christen damals bekannt als ein beliebter und gern gehörter Prediger bei Missionsfesten. Er hatte als junger, 28-jähriger Pfarrer in Wusterwitz in Hinterpommern eine Erweckung in der verschlafenen Gemeinde ausgelöst. Er dichtete auch selbst sehr einfühlsame Lieder, etwa das heute noch gern gesungene *Keiner wird zuschanden, Wenn Gottes Winde wehen* oder *Lasst mich gehn.* Bis heute wird auch gern das Abschiedslied für Missionare gesungen: *Zieht im Frieden eure Pfade.* In Berlin betreute Gustav Knak als Nachfolger von Johannes Goßner die traditionsreiche Gemeinde an der Bethlehemskirche.

Gustav Knak war sehr beeindruckt, als er 1862 die Sendung der Lieder aus Riga erhielt. Er ließ sich die Adresse Julie Hausmanns geben und vereinbarte mit ihr, ein Gedichtbändchen mit 100 Liedern herauszugeben. Sie hatte in ihrem Brief an Knak geschrieben: Dass Sie meinen Namen verschweigen, brauche ich Sie wohl nicht zu bitten. So stand auf dem unscheinbaren Heft nur: Maiblumen. Lieder einer Stillen im Lande, dargereicht von G. Knak. Der Verkaufserlös war für ein Waisenhaus in Hongkong bestimmt.

Das Büchlein war rasch vergriffen. Weitere Auflagen folgten, aber auch andere Ausgaben mit weiteren Gedichten. Ein Lied von vielen hat rasch die Herzen in ganz Deutschland erobert:

So nimm denn meine Hände und führe mich
bis an mein selig Ende und ewiglich.
Ich mag allein nicht gehen, nicht einen Schritt:
wo du wirst gehn und stehen, da nimm mich mit.

In dein Erbarmen hülle mein schwaches Herz
und mach es endlich stille in Freud und Schmerz.
Lass ruhn zu deinen Füßen dein armes Kind;
es will die Augen schließen und glauben blind.

Wenn ich auch gleich nichts fühle von deiner Macht,
du führst mich doch zum Ziele auch durch die
Nacht:
so nimm denn meine Hände und führe mich
bis an mein selig Ende und ewiglich!

Dass dieses Lied gleich so beliebt wurde, war sicher auch auf die volkstümliche und einprägsame Melodie des schwäbischen Volksschullehrers Friedrich Silcher zurückzuführen, dem späteren Musikdirektor an der Universität Tübingen. Mit seiner außergewöhnlichen Begabung brachte er weiteste Teile des Volkes zum begeisterten Singen und förderte nicht nur das Volkslied, sondern auch die Bedeutung der Musik in der Gesellschaft überhaupt entscheidend. Er schuf viele leicht singbare, schöne Weisen, so auch die für Julie Hausmanns Lied, die ursprünglich zu dem Abendlied für Kinder gehörte: *Wie könnt ich ruhig schlafen.* Nun bewährte sie sich bei diesem Lied des Vertrauens besonders.

Sich nur von Gott führen zu lassen und still zu sein in Freud und Schmerz, entsprach auch ganz dem zurückhaltenden und sensiblen Wesen von Julie Hausmann. Von Kindheit an litt sie unter Kopfschmerzen und Migräne, die sie oft tagelang lahmlegten.

Julie war die zweitjüngste von sechs Schwestern in der Familie des Gymnasiallehrers Hausmann. Sie war 1826 in Riga geboren, später im kurländischen Mitau aufgewachsen. Damals herrschte dort noch ein kalter Vernunftglauben. Aber im Konfirmandenunterricht hatte sie einen Pfarrer, der das biblische Evangelium lebendig und unverfälscht weitergab. Julie war tief angesprochen, fasste eine tiefe, persönliche Liebe zu Jesus und bekannte sich dazu. Sie hatte in dieser Glaubensverbindung zu ihrem Herrn auch nie eine Krise.

Dieses Lied *So nimm denn meine Hände* hatte sie so überschrieben: Ich will dir folgen, wo du hingehst! Sie, die nichts von äußerlich anziehendem Liebreiz hatte, lebte 14 Jahre unstet und heimatlos als Erzieherin und Hauslehrerin in verschiedenen Orten Russlands und Kurlands.

Als sie 30 Jahre alt war, starb ihre Mutter. Den Vater versorgte sie später zusammen mit einer Schwester drei Jahre lang in Riga bis zu seinem Tod.

Heute kursiert auch eine bewegende Geschichte zur Entstehung dieses Liedes, das von einer angeblichen Verlobung Julie Hausmanns mit einem Missionar in Afrika erzählt, der dann plötzlich verstorben sei. Dabei erfährt man aber weder konkrete Namen der Person noch des Landes noch eine Zeitangabe, wann das geschehen sein soll. Auch findet sich in den Biografien kein Hinweis auf solch ein Ereignis. In ihrem Leben wollte sie mit einer merkwürdig bescheidenen Scheu nichts planen und bestimmen. Am liebsten war es ihr, wenn ihre Person überhaupt nicht bemerkt wurde. 1870 folgte sie der Einladung ihrer Schwester in die russische Hauptstadt St. Petersburg, wo sie bis zu ihrem Tod im Jahr 1901 lebte. In dem idyllischen Badeort Wösso am estländischen Ostseestrand starb sie im Alter von 75 Jahren.

Die überheblich belächelten englischen Lieder

Weltweit gesungene Freude über Jesus

Am Tag vor der Hochzeit ertrank die Braut. Nun stand wenige Stunden vor dem geplanten Fest der junge Bräutigam Joseph Medlicott Scriven ganz allein da. 1845 war er im Alter von 25 Jahren aus Dublin/Irland in das ferne Kanada ausgewandert.

In seinem großen Schmerz versank Joseph Scriven nicht in Verzweiflung und Trauer, sondern wollte sein Leben umso mehr in den Dienst Jesu stellen. Er gehörte zu jenen christlichen Versammlungen der Plymouth-Brüder, die mit besonderem Ernst in der Nachfolge Jesu stehen.

Der demütige und bescheidene Mann packte diese Hingabe für Jesus ganz praktisch an. Am liebsten kümmerte er sich um arme Familien oder half alten Menschen mit seinen handwerklichen Gaben. Meist im Arbeitsanzug, mit Säge und Werkzeug, sah man ihn in den Straßen des Ortes. Oft sägte er Brennholz. Die dankbare Bevölkerung errichtete ihrem Helfer später in der Nähe von Rice Lake bei Port Hope am Ontariosee einen Gedenkstein.

Während einer Erkrankung, die dann 1886 zu seinem Tod führte, stieß ein Nachbar Scrivens auf eine Abschrift des Liedes:

Welch ein Freund ist unser Jesus,
o wie hoch ist er erhöht!
Er hat uns mit Gott versöhnet
und vertritt uns im Gebet.
Wer mag sagen und ermessen,
wie viel Heil verloren geht,
wenn wir nicht zu ihm uns wenden
und ihn suchen im Gebet!

Wenn des Feindes Macht uns drohet
und manch Sturm rings um uns weht,
brauchen wir uns nicht zu fürchten,
stehn wir gläubig im Gebet.
Da erweist sich Jesu Treue,
wie er uns zur Seite steht
als ein mächtiger Erretter,
der erhört ein ernst Gebet.

Sind mit Sorgen wir beladen,
sei es frühe oder spät,
hilft uns sicher unser Jesus,
fliehn zu ihm wir im Gebet.
Sind von Freunden wir verlassen,
und wir gehen ins Gebet,

o so ist uns Jesus alles:
König, Priester und Prophet!

Der Nachbar war von dem Lied begeistert und fragte Scriven, wer es denn verfasst hätte. Bescheiden sagte der: Der Herr und ich taten es zusammen. Es muss wohl um das Jahr 1855 herum entstanden sein, um seine leidende Mutter zu trösten und aufzurichten.

Als Sonderdruck fiel es in die Hände des Juristen Charles Crozat Converse in Erie in Pennsylvania. Der Leiter einer Sonntagsschule von Erwachsenen hatte ihn um eine Melodie gebeten, weil er das schöne Gedicht gerne singen lassen wollte.

Schnell breitete sich das Lied in Amerika und England durch den beliebten Sänger Ira David Sankey aus. Er sang mit viel Erfolg bei den großen Evangelisationen mit Dwight Moody.

Ernst Gebhardt

In Deutschland sorgte, wie auch für viele andere Lieder aus der überseeischen Erweckungsbewegung, der Methodistenpastor Ernst Gebhardt für seine Verbreitung.

Dieser Ernst Gebhardt war als junger Auswanderer nach vier erfolgreichen Jahren als Landwirt in der Nähe von Valdivia in Chile wieder nach Deutschland in seine Heimatstadt Ludwigsburg zurückgekehrt. Dort war er 1832 geboren und hatte eine Apothekerlehre gemacht. Sowohl bei der Ausreise nach Chile wie auch bei der Heimreise war er bei Kap Hoorn an der Südspitze Südamerikas in einen furchtbaren Seesturm geraten. In den Todesängsten stellte er sich ganz Gott zur Verfügung.

Im Silvestergottesdienst 1859 in der Methodistengemeinde von Ludwigsburg wurde ihm klar, dass er sich jetzt ganz bewusst als Christ Gott weihen müsste. So beschloss er, das methodistische Seminar zu besuchen und wurde Prediger.

Als 1875 der amerikanische Fabrikant Pearsall Smith in der Züricher Tonhalle seine großen evangelistischen Versammlungen hielt, begleitete Ernst Gebhardt das Singen am Harmonium. Er selbst war damals Prediger der Methodisten in Zürich. In diesen Allianzveranstaltungen redete der Erweckungsprediger Pearsall Smith schlicht und eindringlich von der Heiligung des Lebens. Auch viele Lieder nahmen dieses Thema auf. Sie waren deshalb so leicht mitzusingen, weil die Strophen meist mit einem Kehrreim schlossen.

Als Gebhardt das Lied *What a friend we have in Jesus* erstmals in London von Sankey gesungen hörte, übertrug er es sofort in die deutsche Sprache.

Gebhardt leitete auch den Verband der freikirchlichen Chöre, den Christlichen Sängerbund. Er arbeitete in der Suchtbekämpfung des Blauen Kreuzes mit und schuf eine große Zahl von deutschen Übertragungen der sogenannten Heilslieder aus England und Amerika. Diese Lieder sind aus dem reichen Schatz evangelischen Singens nicht mehr wegzudenken. Unzählige wurden von diesen englischen Liedern mehr angesprochen als von manchen ehrwürdigen Chorälen. Durch sie haben viele suchende Menschen zum Glauben an Jesus Christus gefunden.

1899 starb Gebhardt in seiner Heimatstadt Ludwigsburg.

Der Schmerz der achtzehnjährigen Luise Hensel

Deine Gnad und Jesu Blut machen allen Schaden gut

Schon im Alter von zwölf Jahren hatte Luise Hensel ihren Vater, einen lutherischen Pfarrer in der Mark Brandenburg, verloren. Die verwitwete Mutter zog mit ihren Kindern nach Berlin. Es waren turbulente Jahre. Napoleon riss mit seinen kriegerischen Feldzügen Europa in großes Elend. Die deutschen Befreiungskriege forderten hohe Opfer. Für Mutter Hensel war es fast unmöglich, in diesen notvollen Hungerjahren mit ihrer kleinen und oft auch unregelmäßigen Witwenunterstützung ihre vielen Kinder zu versorgen.

Da traf kurz vor Weihnachten 1816 die erschütternde Nachricht bei Witwe Hensel in Berlin ein, dass ihre älteste Tochter Karoline, die in Stettin mit einem Offizier verheiratet war, bei der Geburt ihres zweiten Kindes gestorben sei. Mutter Hensel reiste sofort in das Trauerhaus, um die beiden kleinen Kinder zu versorgen. Ihre eigenen Kinder ließ sie in Berlin unter der Obhut ihrer Tochter Luise zurück.

Luise war damals 18 Jahre alt und litt sehr schwer unter dem Tod ihrer Schwester. Sie wurde körperlich und seelisch krank. Es wurde ein furchtbar trauriges Weihnachten und ein bedrückender Jahreswechsel 1816/17.

In ihrem unaussprechlichen Leid schuf Luise Hensel in einer dunklen Nachtstunde des 3. Januar 1817 ein Lied. Es wurde als

Kindergebet sehr weit bekannt und wird auch heute noch gern gesungen:

Müde bin ich, geh zur Ruh,
schließe meine Augen zu. Vater,
lass die Augen dein
über meinem Bette sein.

Hab ich Unrecht heut getan,
sieh es, lieber Gott, nicht an.
Deine Gnad und Jesu Blut
machen allen Schaden gut.

Alle, die mir sind verwandt,
Gott, lass ruhn in deiner Hand;
alle Menschen, groß und klein,
sollen dir befohlen sein.

Müden Herzen sende Ruh,
nasse Augen schließe zu.
Lass den Mond am Himmel stehn
und die stille Welt besehn.

Einige Monate später traf Luise Hensel mit dem berühmten 38-jährigen Dichter Clemens Brentano zusammen, dem Herausgeber der Volksliedsammlung *Des Knaben Wunderhorn*. Der war nach seiner unglücklichen zweiten Ehe völlig mit der katholischen Kirche im Zerwürfnis. Offenbar hat die junge Luise mit ihren Liedern den aufgewühlten Brentano tief angesprochen.

Er nannte diese Lieder den Schlüssel, den der Heiland zu seinem Herzen gebrauchte. Sie hätten die Rinde über seinem Herzen gebrochen. In ihrer Wahrheit und Einfalt seien sie ihm das Heiligste geworden. Und er bekennt: Noch nie hat mich ein menschlich Wort so gerührt.

So fand unter dem Einfluss der jugendlichen Luise Hensel nicht nur Brentano zum Frieden mit der katholischen Kirche, sondern ganz überraschend auch Luise Hensel. Schon zwei Jahre später trat sie in Berlin zur römisch-katholischen Kirche über. Was war der Grund für diesen Schritt? Luise Hensel war maßlos enttäuscht vom eiskalten Vernunftglauben, der weithin in der evangelischen Kirche herrschte. Hinzu kam das Ungeschick eines evangelischen Seelsorgers, der sie völlig unbegreiflich mit ihrer Bitte um eine Beichte vor den Kopf gestoßen hatte.

Luise Hensel muss mit ihrem attraktiven Aussehen und einer sympathischen und liebreizenden Art sehr anziehend auf Männer gewirkt haben. So erhielt sie unzählige Heiratsanträge. Nicht nur der Dichter Brentano selbst, sondern auch ein adliger Jurist, ein Komponist, ein Kreisphysikus und ein echter Prinz wollten sie heiraten. Sie sagte beharrlich Nein, weil sie sich schon im Alter von 21 Jahren durch ein Gelübde zur Ehelosigkeit verpflichtet hatte. Sie arbeitete lebenslang als Erzieherin und Pflegerin.

1876 starb sie im Alter von 77 Jahren in Paderborn.

Johann Christoph Blumhardts Kampf mit dunklen Mächten

Jesus ist Sieger!

In dem am Rand des Schwarzwalds gelegenen Dorf Möttlingen saß 1840 der junge Pfarrer Johann Christoph Blumhardt oft am Krankenbett der Gottliebin Dittus. Lange hatte sich Blumhardt zurückgehalten. Dann aber traf ihn der Vorwurf des Arztes Dr. Späth: Man könnte meinen, es sei überhaupt kein Seelsorger am Ort!

Zwei Jahre lang begleitete Blumhardt dieses kluge, aber scheue Mädchen mit seiner seltsamen Krankheit als Seelsorger. Die junge Frau wurde von merkwürdigen, unheimlichen Erscheinungen geplagt, die auf okkulte Praktiken im Dorf zurückgingen. Blumhardt erkannte die Verbindung mit dämonischen Mächten. Allein mit Gottes Wort und Gebet, unterstützt durch fürbittende Gemeindeglieder, nahm er den Kampf auf.

Blumhardt schrieb selbst: Mir war klar geworden, dass etwas Dämonisches im Spiel sei, und ich empfand es schmerzlich, dass in einer so schauderhaften Sache gar kein Mittel und Rat sollte zu finden sein. Unter diesen Gedanken fasste mich eine Art Ingrimm, und plötzlich kam's über mich: es war eine Anregung von oben. Mit festen Schritten trat ich vor, rief ihr in ihrem bewusstlosen Zustand ihren Namen laut ins Ohr und sagte: ›Lege die Hände zusammen und bete: Herr Jesu, hilf mir! Wir haben lang genug gesehen, was der Teufel tut, nun wollen wir auch sehen, was der Herr Jesus vermag.‹ Nach wenigen Augenblicken erwachte sie, sprach die betenden Worte nach, und alle Krämpfe hörten auf, zum großen Erstaunen der Anwesenden.

Als dann nach Stunden die Krämpfe doch wieder kamen und Stimmen sich vernehmen ließen, befahl Blumhardt den fremden Geistern, von ihr auszufahren. Der Durchbruch und die ganze Befreiung kam aber erst nach insgesamt zwei Jahren Beten und Kämpfen. Am Rand des Todes, mit dem Ruf Jesus ist Sieger! genas die kranke Frau und wurde später zur wichtigen Mitarbeiterin Blumhardts in seiner Seelsorgearbeit. Blumhardt war über diesem Erleben zum Glaubenskämpfer geworden, der Gottes sieghafte Macht bezeugen konnte.

Die wunderbare Heilung bestärkte Blumhardt in seiner biblischen Erkenntnis, dass auch heute im Namen Jesu große Taten zu vollbringen sind. Über diesem Erleben begann jetzt in Möttlingen, wo vorher schon der begabte Missionsmann Dr. Christian Gottlob Barth gewirkt hatte, eine große Bußbewegung. Viele Gemeindeglieder bekannten ihre heimliche Sünde und begehrten ernsthaft Buße und Vergebung. Blumhardt sah in grauenhafte Abgründe, von denen er früher nichts geahnt hatte. In der Gemeinde entstand ein großes Verlangen nach Gebet und Gottes Wort. Bibelgruppen bildeten sich. Es wurde kniend gebetet.

Die Nachricht von dem, was geschehen war, breitete sich im Land aus. Unzählige Menschen strömten nach Möttlingen. Blumhardt predigte nicht besonders aufrüttelnd, sondern schlicht und ruhig.

Unter der Handauflegung Blumhardts geschahen wunderbare Zeichen der körperlichen Heilung. Er traute sich selbst nichts, aber Jesus alles zu. Man konnte die Nähe Jesu erfahren. Am wichtigsten aber wurde Blumhardt das Gebet: Wir beten, sei es, was es wolle. Auf Gebet und Gebetserhörung weist uns die Schrift fast auf jeder Seite. Der Herr wird tun, was er verheißt.

Blumhardt wehrte sich aber dagegen, wenn Wunder als das Wichtigste im Leben eines Christen herausgestellt wurden. Für ihn blieb die Bekehrung das Wesentliche. So konnte er sagen: Ich habe die Angst, dass es einen Verzug im Wirken Gottes geben könnte, wenn man die Bekehrung der Leute nicht mehr zum Zentralpunkt macht.

Später meinte Blumhardt dazu: Der Anfang meiner Geschichte ist nicht eigentlich die Heilungsgeschichte, denn diese gehört in die Stille. Sondern es ist die Bekehrung meiner Gemeinde.

Blumhardt dichtete das Lied in der großen Sehnsucht nach der Erlösung der Welt von allem Bösen durch Jesus Christus:

Dass Jesus siegt,
bleibt ewig ausgemacht,
sein wird die ganze Welt;
denn alles ist nach seines Todes Nacht
in seine Hand gestellt.
Nachdem am Kreuz er ausgerungen,
hat er zum Thron sich aufgeschwungen.
Ja, Jesus siegt!

Ja, Jesus siegt!
Sei's, dass die Finsternis
im Trotzen wütend schnaubt,
sei's, dass sie wähnt, mit ihrem giftgen Biss
hätt sie ihm viel geraubt:
die Seinen lässt in Not und Grämen
sich unser Held doch niemals nehmen.
Ja, Jesus siegt!

Ja, Jesus siegt!
Wir glauben es gewiss,
und glaubend kämpfen wir.
Wie du uns führst durch alle Finsternis,
wir folgen, Jesu, dir.
Denn alles muss vor dir sich beugen,
bis auch der letzte Feind wird schweigen.
Ja, Jesus siegt!

Die württembergische Kirchenleitung, von Kritikern unter Druck gesetzt, erteilte Blumhardt einen Verweis: Er solle sich auf Trost und Erbauung beschränken, körperliche Heilung aber anderen überlassen. Bescheiden wie Blumhardt war, fügte er sich in diese Anordnung, auch wenn er sie schmerzlich empfand. Er war ja nicht der Kurpfuscher und Wundermann, den andere in ihm vermuteten. Seine zurückhaltende, gründliche Art ließ ihn weiter blicken. Er sehnte sich nach der neuen Heilszeit, wenn Gottes Geist über die Welt ausgegossen wird. Er lehnte auch fordernde und lang anhaltende Gebete ab. Die Bitte Dein Wille geschehe! war für Blumhardt bei jedem Gebet um Heilung immer eingeschlossen.

Johann Christoph war als Sohn eines Bäckers 1805 in Stuttgart geboren worden. Über die Begabtenförderung der württembergischen Klosterschulen bekam er den Freiplatz im Tübinger Stift und studierte dort Theologie.

Nach seiner Vikarszeit wurde er Missionslehrer am Seminar in Basel. Anschließend übernahm er die Pfarrstelle in Möttlingen.

1852 konnte Blumhardt vom württembergischen König das große Anwesen der Schwefelquelle in Bad Boll kaufen. Es wurde zu einer Zufluchtsstätte für Kranke, Leidende und besonders auch für Schwermütige.

Von Blumhardt stammt auch das Trostlied:

Sei still zu Gott, dem Gott, der helfen wird,
der dein zu sein verheißt.
Sei still zu Gott, der uns all unsre Bürd
durch Jesus bald entreißt.
Dein Heiland hat sie all getragen,

in seinen bittern Leidenstagen.
Sei still zu Gott!

Sei still zu Gott! Dein Heiland ist bei dir,
der nimmer dich verlässt.
Er sendet dir von offner Himmelstür
die Engel mauerfest
um dich und über dir zum Schutze,
dass dir's gelingt, dem Feind zum Trutze.
Sei still zu Gott!

Sei still zu Gott, der wunderbar zu sein
noch nicht vergessen hat.
Harr seiner fest und glaub's, dass er erschein
und zeige mit der Tat,
wie leicht ihm's ist, in allen Dingen
das Herrlichste noch zu vollbringen.
Sei still zu Gott!

1880 ging Blumhardt heim. Bevor er starb, rief er noch seinem Sohn zu: Ich segne dich zum Siegen!

Blumhardt sehnte sich nach der Erlösung für die ganze Welt. Als Beter wollte Blumhardt Jesus herunterwünschen vom Himmel in diese arge Welt, damit er allem Bösen ein Ende mache.

Bis heute klingt die Strophe Blumhardts weiter:

Jesus ist der Siegesheld,
der all seine Feind besieget,
Jesus ist's, dem alle Welt
bald zu seinen Füßen lieget,
Jesus ist's, der kommt mit Pracht
und zum Licht führt aus der Nacht.

Der Konkurs des Kaufmanns Friedrich Räder

Vor dem finanziellen Ruin

Für einen klugen Rechner kann es verlockend sein, durch günstige Geschäfte schnell zu Geld zu kommen.

So ging es in der Mitte des vorigen Jahrhunderts dem kaufmännischen Angestellten Friedrich Räder. Er war 1815 in Elberfeld geboren. In der Industriestadt, die heute zu Wuppertal gehört, hatte er durch großen Fleiß etwas Kapital zusammengebracht.

Im Alter von 30 Jahren war er fasziniert von der Idee, durch Spekulationen mit westindischem Indigo schnell reich zu werden. Weil man in Wuppertal viel Indigo zum Färben der Webstoffe brauchte, investierte er 1845 sein ganzes Geld im Indigogeschäft.

Es war ein reines Glücksspiel. Der Transport der teuren Güter auf den Meeren war damals nicht so sicher wie heute. Da konnte die Ladung verloren gehen, oder es gab plötzlich wieder ein Überangebot des wertvollen Stoffes. Man hatte damals auch noch keine drahtlose Telegrafie. Die Preise für Indigo schnellten mal in die Höhe, um dann wieder völlig zusammenzubrechen.

Räder konnte nachts nicht mehr schlafen. Er sorgte sich, ob er sein Geld jemals wiedersehen würde. Durfte er überhaupt beten, nachdem er sich in solch eine riskante Sache eingelassen hatte?

So saß er eines Nachts an seinem Schreibtisch und dichtete ein Lied. Als er es niedergeschrieben hatte, wich die Angst von ihm.

Erst viel später kam er durch die Hilfe seines Chefs aus diesem Geschäft wieder unbeschadet heraus.

Sein Lied ist der einzige Gewinn, der von dieser nervenaufreibenden Spekulation übrig blieb. Es hat unzählige getröstet. Andere haben es seitdem in großer Not gesungen:

Harre, meine Seele, harre des Herrn;
alles ihm befehle, hilft er doch so gern.
Sei unverzagt, bald der Morgen tagt,
und ein neuer Frühling folgt dem Winter nach. In
allen Stürmen, in aller Not,
wird er dich beschirmen, der treue Gott.

Harre, meine Seele, harre des Herrn;
alles ihm befehle, hilft er doch so gern.
Wenn alles bricht, Gott verlässt uns nicht;
größer als der Helfer ist die Not ja nicht.
Ewige Treue, Retter in Not,
rett auch unsre Seele, du treuer Gott!

Das Mediengenie Christian Gottlob Barth und die Mission

Nachts in der Hängematte des Arbeitszimmers

Die Berufung zum Missionar war für Christian Gottlob Barth eindeutig und klar, aber seine Mutter war dagegen. Als einfache und scharf blickende Frau fürchtete sie, ihr Sohn könnte sich in der weiten Aufgabe verlieren, Barth fügte sich gehorsam. Eine wirklich seltsame Entscheidung. Er hielt sie auch später als Single durch, als seine Mutter, die ihm nur wenige Jahre bis zu ihrem Tod den Haushalt führte, heimgegangen war.

An Weihnachten 1824 wurde Christian Gottlob Barth in seiner ersten Gemeinde Möttlingen als Pfarrer eingeführt. Bei seiner Antrittspredigt sagte er: Ich kann euch nichts bringen als den Heiland. Da habt ihr ihn, nehmt ihn hin! Ich suche nicht das Eure, ich suche euch! Der am Rand des Schwarzwalds gelegene Ort sollte später unter seinem Nachfolger Johann Christoph Blumhardt durch eine aufsehenerregende Krankenheilung eine Erweckung erleben und weit bekannt werden.

Barth predigte mit seiner Redegabe packend und mitreißend. Er wollte so viel Leute wie irgend möglich zu Jesus führen. Darum brannte sein Herz auch so für die Mission. In die Ecke seines Wohnzimmers hatte er eine einfache Bank genagelt, wo die Bauern sich richtig wohlfühlen konnten. Dort saßen abends die Männer. Und Barth erzählte ihnen lebendig und eindrücklich von den Siegen des Reiches Gottes in aller Welt.

Schon am ersten öffentlichen Missionsfest der 1815 gegründeten Basler Mission nahm Barth teil. Das hat sein missionarisches Feuer enorm angefacht. Wo er nur konnte, warb er für die wichtige Aufgabe der Weltmission. Seine Redegabe, aber auch sein Geschick, anschaulich und interessant zu erzählen, kamen ihm dabei zu Hilfe.

Zu dem Lied *Sonne der Gerechtigkeit* steuerte Barth die aufrüttelnden Strophen bei:

Weck die tote Christenheit
aus dem Schlaf der Sicherheit;

mache deinen Ruhm bekannt
überall im ganzen Land.
Erbarm dich, Herr.

Tu der Völker Türen auf;
deines Himmelreiches Lauf
hemme keine List noch Macht.
Schaffe Licht in dunkler Nacht.
Erbarm dich, Herr.

Gib den Boten Kraft und Mut,
Glaubenshoffnung, Liebesglut;
lass viel Früchte deiner Gnad
folgen ihrer Tränensaat.
Erbarm dich, Herr.

Christian Gottlob Barth war am 31. Juli 1799 in Stuttgart geboren worden. Sein Vater, ein Gipser und Maler, der wie die Mutter gerne sang und dazu musizierte, hat diese Gabe offenbar dem Sohn vererbt. Er starb schon früh, als Christian Gottlob elf Jahre alt war.

Nach der Schulzeit in Stuttgart wechselte Barth ans Tübinger Stift. Trotz mancher Zweifel ging er aus dem theologischen Studium mit einem gefestigten Glauben heraus. Zeitlebens war er Gott für diese Bewahrung vor einer Glaubenskrise sehr dankbar.

Schon in seiner Studienzeit gönnte sich Barth keine Ruhe, sondern arbeitete unentwegt mit großem Fleiß. Er stand schon um drei Uhr in der Frühe auf und hielt ausführlich seine Bibellese. Er benützte dazu hebräische, französische und holländische Bibelausgaben. Anschließend widmete er sich der klassischen Literatur in englischer, spanischer und lateinischer Sprache.

Der humorvolle Student schloss sich einem Bibel- und Gebetskreis an, zudem auch der spätere Erweckungsprediger Ludwig Hofacker gehörte. Dort schon setzte sich Barth sehr dafür ein, die Mission mehr zu unterstützen. Im Alter von 20 Jahren gründete er in Tübingen den ersten Studentenmissionsverein. Um Juden für Jesus zu gewinnen, beschäftigte er sich mit rabbinischen Studien.

In seinem Arbeitszimmer hatte er eine Uhr mit vier Zifferblättern, auf denen man die Zeit in den jeweiligen Erdteilen ablesen konnte.

Unentwegt schrieb er Briefe in alle Teile der Welt. Der Potsdamer Hofprediger Friedrich Wilhelm Krummacher sagte von ihm: Er hat von seiner einsamen Zelle aus die ganze Welt mit den Armen seiner missionarischen Liebe umspannt und unablässig – wie wohl nie ein Regent, Diplomat oder Botschafter – mit den Völkern aller Erdteile göttliche Reichsdepeschen gewechselt. Es dürften wohl nur ganz wenige Gebiete in der Welt gewesen sein, mit denen er nicht in direkter Briefverbindung stand.

Die Missionare draußen dankten Barth für sein Interesse mit Kisten von seltsamen Raritäten. Mit ihnen schmückte Barth sein Arbeitszimmer. Da waren afrikanische Fetische und asiatische Götzenbilder, kunstvolle Handarbeiten, die Keule und ein Wurfspeer eines Inselbewohners des Pazifiks, Felle von Affen, Leoparden, Seehunden und Löwen. Auch einige ausgestopfte Tiere waren dabei. Ob Chinesen, Zulus, Südseeinsulaner, Beduinen oder Papuas – alle hatte er so ständig vor Augen.

Es bedrückte Christian Gottlob Barth sehr, wie so viele junge, frische und kräftige Missionare draußen im ungesunden Afrika vom Fieber weggerafft wurden. Aber er meinte, es sei der Mühe wert, was für den Dienst des Herrn drangegeben wird: Freunde, es ist um nichts zu schade, was für Jesus geopfert wird!

Für das Missionsfest in Basel schrieb er das Lied:

Zieht fröhlich hinaus zum heiligen Krieg!
Durch Nacht und durch Graus erglänzet der Sieg.
Ob Wetter auch toben, erschrecket nur nicht;
blickt immer nach oben: bei Jesus ist Licht.

Und ob auch das Herz sich dunkel umzieht
mit trübendem Schmerz, der Friede entflieht;
wenn Missmut und Zagen die Freudigkeit bricht:
o stillet die Klagen! Bei Jesus ist Licht.

Wenn rings um euch bang die Götzennacht
steht und würd's euch zu lang, bis dass sie vergeht,
so sei euer Hoffen nach oben gericht';
der Himmel bleibt offen. Bei Jesus ist Licht!

Tief beeindruckt hat diesen tätigen Arbeiter die neu entstandene diakonische Einrichtung für verwahrloste Jugendliche in Beuggen bei Basel, die Christian Heinrich Zeller dort aufgebaut hatte. Von Möttlingen aus betrieb Barth nun selbst den Aufbau eines Freundeskreises zur Rettung verwahrloster Kinder. Die ersten zwölf Kinder, die aus völlig asozialen und zerrütteten Familien kamen, wurden zunächst in gemieteten Räumen in Stammheim bei Calw untergebracht. Schon 1829 konnte dort ein Neubau für 60 Kinder eingeweiht werden.

Barth war für sich selbst sehr anspruchslos. Schon in seinem Pfarramt in Möttlingen benützte er viele Jahre lang kaum sein Bett. Er befestigte einfach eine Hängematte in seinem Arbeitszimmer und schlief darin. Es war meist nur eine kurze Nachtruhe, weil er früh wieder aufstand.

Die vielen Dienste und die weit gespannte Arbeit konnten schließlich nicht mehr neben dem Pfarramt in Möttlingen her bewältigt werden. Die Arbeitsfülle war zu groß. So schied Barth 1838 aus dem Pfarrdienst aus und zog in das Schwarzwaldstädtchen Calw. Im gleichen Jahr verlieh ihm die Universität Greifswald den Titel eines Ehrendoktors.

In Calw war schon zehn Jahre vorher ein Bezirksmissionsverein entstanden, der aktiv die Weltmission durch freie Freundesgaben und durch Nachrichten im Calwer Missionsblatt unterstützte, das Barth 1828 begründete und leitete. Von Calw aus konnte er sich nun ganz dem Dienst der Mission und der großen Verlagstätigkeit im 1833 gegründeten Calwer Verlagsverein widmen.

Barth sah die Missionsarbeit in der weiten Welt als einen Hebel, um den Stein vom Grab unserer heimischen Kirche wegzuwälzen. Er erkannte richtig, dass ein Engagement in der Weltmission einer Heimatgemeinde ganz entscheidend zur Belebung und Vertiefung verhilft.

Lasst uns die ganze Hand bieten, wo wir bisher erst einen Finger reichten! schrieb Barth. Die Not wächst, lasst auch die Hilfe wachsen!

Barth blieb sein Leben lang unverheiratet. In seinem Studierzimmer herrschte dennoch mustergültige Ordnung. Jede Sache hatte pünktlich ihre Zeit, ob Mission, Kinderschriften, Verlagsverein oder Jugendblätter.

Wie wenig andere hatte der liebevolle und heitere Mann eine große Liebe zu Kindern. Begeistern konnte er Kinder durch seine hervorragende Erzählgabe. So entstanden neben vielen anderen Schriften die Erzählungen für Christenkinder, dazu die Jugendblätter für 12–18-jährige Jugendliche. Seine Biblischen Geschichten wurden zum Bestseller. In 22 Jahren erreichte dieses Buch 100, bis heute sogar die unglaubliche Zahl von 481 Auflagen.

Zunächst hatte Barth 1828 begonnen, englische Traktate ins Deutsche zu übersetzen. Später wurden seine Bücher, zuerst seine Kirchengeschichte, auch ins Englische übertragen. Die Traktatgesellschaft in England verbreitete sie.

Bald wurden seine Bücher auch in Bombay und Mangalore in Indien gedruckt. Hinzu kamen 70 Übersetzungen etwa in Chinesisch, Russisch, Arabisch, Armenisch, Zulu, Amharisch, außerdem in indische Sprachen und für Eskimos.

Die riesengroße Arbeitsfülle hat diesen fleißigen Mann stark geschwächt und mitgenommen. Schon in Möttlingen hatte er immer wieder mit seiner angeschlagenen Gesundheit Probleme. Bald nach seiner Übersiedlung in das Schwarzwaldstädtchen Calw konnte er, der so gerne Bücher und Briefe schrieb, mit der schmerzenden Hand kaum mehr die Feder halten. Seinen Humor verlor er aber nicht. Als der Arzt bei ihm wieder eine neue Krankheit feststellte, sagte er: Wo sechs essen, ist auch noch für den siebten Platz!

Wenn ihm jemand riet, sich doch mehr zu schonen, konnte er sagen: Mir ist nur eine einzige Bibelstelle vom Schonen bekannt. Und dort ist der Teufel dahintergestanden. Drüben wird es uns vorkommen, als ob unser bisschen Arbeit zu einer so langen Ruhe in gar keinem Verhältnis stehe.

In einem Brief an Missionare schrieb er: Meine Kraft ist gebrochen, und ich bereue es nicht, dass ich durch zu sehr angestrengte Arbeit diesen Zustand herbeigeführt habe. Er meinte, diese Leiden seien von Gott deshalb ihm geschickt, damit er sich darunter bewähre und seine Ungeduld und Wehleidigkeit besiege. Auch jetzt noch stand er morgens meist um 5 Uhr auf. Bis spät in die Nacht widmete er sich mit seinem sprühenden Humor den Besuchern.

Als Barth im Alter von 61 Jahren zum letzten Mal an einem Missionsfest in Basel teilnahm, sagte er in seiner Ansprache zu den neun Missionskandidaten: Die Sache Christi ist es wert, dass man dafür betet, arbeitet, opfert, leidet, stirbt. Wir wollen darin fortfahren, damit wir beim großen Missionsfest im Himmel zusammenkommen.

Dieses Ziel hat Barth schon bald erreicht. Am 12. November 1862 rief ihn Gott im Alter von 63 Jahren heim.

Darauf hatte er sich schon immer gefreut: wenn einmal aus aller Welt die vielen von Ost und West zum großen Abendmahl zusammenkommen. Er hat es in einem Lied so ausgedrückt:

Der du in Todesnächten
erkämpft das Heil der Welt
und dich als den Gerechten
zum Bürgen dargestellt,
der du den Feind bezwungen,
den Himmel aufgetan:
dir stimmen unsre Zungen
ein Halleluja an.

Im Himmel und auf Erden
ist alle Macht nun dein,
bis alle Völker werden
zu deinen Füßen sein,
bis die von Süd und Norden,
bis die von Ost und West
sind deine Gäste worden
bei deinem Hochzeitsfest.

Noch werden sie geladen,
noch gehn die Boten aus,
um mit dem Ruf der Gnaden
zu füllen dir dein Haus.
Es ist kein Preis zu teuer,
es ist kein Weg zu schwer,
hinauszustreun dein Feuer
ins weite Völkermeer.

O sammle deine Herden
dir aus der Völker Zahl,

dass viele selig werden
und ziehn zum Abendmahl.
Schließ auf die hohen Pforten,
es strömt dein Volk heran;
wo noch nicht Tag geworden,
da zünd dein Feuer an!

Verwahrloste Jugendliche um Christian Heinrich Zeller

Erziehung braucht liebende und demütige Menschen

Es sah heruntergekommen und übel aus im Schloss der ehemaligen Deutschordenskomtur in. Beuggen am Rhein, östlich von Basel. Das einst schöne und herrschaftliche Gebäude war Jahre leer gestanden. Dann hatte man es in den napoleonischen Kriegen als Lazarett benützt. Es gab unzählige Verwundete in den blutigen Befreiungskriegen, als die Österreicher, Bayern, Preußen, Sachsen und Württemberger das harte Joch Napoleons abstreiften.

Im Winter 1814–15 waren die Säle mit Kranken und Sterbenden überfüllt gewesen. Seuchen wie Pocken und Typhus wüteten. Die Pfleger wollten die Krankensäle nicht mehr betreten. Die Toten wurden in Massengräbern im Schlosspark beigesetzt.

Erst Ende 1815 war es wieder still geworden im Ordenshaus. Verwüstete und übel verschmutzte Zimmer mit verwesendem Unrat blieben zurück. Die alten Seidentapeten hingen in Fetzen von den Wänden. Ein schrecklicher Gestank füllte das Haus. Auf dem Boden lag verfaultes Stroh, mit Blut und Eiter beschmiert. Sogar Skelette Verstorbener, die man nicht mehr beerdigt hatte, lagen noch da. Fünf Jahre lang verfiel das einst so herrschaftliche Gebäude immer weiter.

Diese Zustände traf Christian Heinrich Zeller 1820 an. Er sollte hier in Beuggen an der Schweizer Grenze in der Nähe von Basel eine Erziehungsanstalt für arme Kinder und schwer erziehbare Jugendliche aufbauen. Hinter diesem neuen diakonischen Sozialwerk stand als unermüdlicher Motor Christian Friedrich Spittler in Basel. Dieser hatte vor allem die großen Aufbrüche in der Weltmission in die Wege geleitet. Jetzt aber, nach dem Ende des Krieges, bekümmerte ihn die verwahrloste Jugend im eigenen Land. So rief er seine Freunde in Basel auf, das neue Kinderheim mit alten Betten und gebrauchtem Hausrat auszurüsten.

Mit Christian Heinrich Zeller hatte er sich einen begabten Pädagogen aus Württemberg geholt. Zeller war auf Hohenentringen bei Tübingen als Sohn eines königlichen Hofrats 1779 geboren worden. In der Spur des Vaters hatte er in Tübingen Jura studiert und war dann Rechtsanwalt in Ludwigsburg geworden. Der Vater merkte aber schnell, dass sein Sohn Christian Heinrich nicht zur staatlichen Verwaltungslaufbahn taugte. Viel lieber wollte er Pädagoge und Lehrer sein.

So nahm Christian Heinrich Zeller zuerst eine Hauslehrerstelle in Augsburg an. Dass er dort nicht glücklich wurde, lag allein an der abstoßend großspurigen Art der adligen Familie. Mich ekelt dieses elende, großtönende Leben an, schrieb Zeller. Weitere Stationen waren eine Privatschule in St. Gallen und Zofingen im Kanton Aargau, wo ihm als Schuldirektor die ganze Erziehungsarbeit übertragen war. Hier begegnete Zeller zum ersten Mal dem berühmten Pädagogen Pestalozzi, der es sich zum Programm gemacht hatte, die geistigen Kräfte des Kindes zu wecken.

Für Zeller war es kennzeichnend, dass er sein ganzes Leben als Dienst für Jesus Christus verstand. Im Alter von 39 Jahren hatte er eine wichtige Entdeckung in seinem Glauben gemacht. Bei einer Passionspredigt fand er in einer bisher noch nie wahrgenommenen Tiefe im Kreuz Jesu Vergebung, den Frieden Gottes und das volle Heil: Mir fiel es wie Schuppen von den Augen. Ich schlug vor Freude die Hände über dem Kopf zusammen, dass meine Frau meinte, ich sei nicht recht bei mir.

Im Blick auf die Arbeit in Beuggen mit den verwahrlosten jungen Menschen im Alter von sechs bis dreißig Jahren wusste Zeller ganz genau, dass er selbst bei diesen schwer geschädigten jungen Leuten nichts erreichen konnte. Das Gebet wurde ihm zur wichtigsten Aufgabe in seinem Amt als Helfer und Begleiter der schwierigen Jugendlichen. Christian Zeller und seine Frau waren besonders befähigte Erzieher und hatten erkannt, wie praktische Arbeit, ob im Garten oder auf dem Feld, im Haus oder bei handwerklichen Tätigkeiten, die Gaben der Kinder auf beste Weise zur Entfaltung bringt.

Er schrieb einmal: Was in der Erziehung vom Menschen ausgeht, ist Pflanzen und Begießen; das Gedeihen gibt Gott. Wahre Erziehung fordert demütige Menschen. Wer nicht beten kann, vermag auch nicht zu erziehen. Durch die Fürbitte können göttliche Einwirkungen auf die Kinderherzen herabgezogen und Veränderungen bewirkt werden, die in keines Menschen Sinn stehen.

Zeller mühte sich zuerst darum, Kinder von den Banden der Sünde zu lösen. Er wollte ein Vorbild mit herzlicher Liebe zu den Kindern sein, das wie die Sonne leuchtet. Es war Zeller dabei immer bewusst, dass das Ideal Pestalozzis sich nicht erreichen lässt, dass die Kinder ihren Lebensunterhalt selbst verdienen können. Ihm war klar, dass solch eine diakonische Erziehungsanstalt immer auf beträchtliche Spenden und Zuschüsse angewiesen sein wird.

Als im Juli 1826 der berühmte Pädagoge Pestalozzi wenige Monate vor seinem Tod die Erziehungsanstalt in Beuggen besuchte, murmelte er immer wieder vor sich hin: Das war's, was ich wollte. Sein geniales Konzept, Kinder mit ihren eigenen Händen arbeiten zu lassen, war gescheitert. Tief enttäuscht über seine Misserfolge hatte Pestalozzi sich ganz zurückgezogen. Jetzt freute er sich aber umso mehr an dem, was Christian Heinrich Zeller gelungen war.

War Pestalozzi als Pädagoge noch ganz von den Lehren des freidenkerischen Rousseau geprägt, der Mensch sei gut und müsse nur seine edlen Triebe entfalten, so war Heinrich Zeller am meisten überzeugt von der prägenden Kraft der biblischen Morgenandacht. Er wusste aus dem Wort Gottes, dass des Menschen Herz böse von Jugend an ist. Darum suchte er nicht nur Aufklärung, Bildung oder moralische Belehrung, sondern Erlösung durch die Kraft Jesu. Erziehung ist kein Menschenwerk.

Weil die vielen Unternehmungen Pestalozzis am Ende seines Lebens geplatzt waren, wurde er offen für die wichtigen Entdeckungen seines Schülers Zeller. Der wollte nämlich die Erziehung eines Kindes in der Stille allein durch die Kraft des Wortes Gottes. Nach einer Morgenandacht in Beuggen kam Pestalozzi mit Tränen in den Augen zu Zeller und sagte: Hüt hänt ihr für mi gepredigt. Das isch für mi gsi.

In der Erziehung hatte für Christian Heinrich Zeller das Wort Gottes und das Gebet die entscheidende Bedeutung. Menschliche Erzieher können im besten Fall Handlangerdienste tun. In seinem Lied spricht er aus, wie des Wortes Kraft sich ganz besonders an schwierigen Menschen bewährt und sie neu schafft:

Treuer Heiland, wir sind hier
in der Andacht Stille;
unsre Sinnen und Begier
lenke sanft dein Wille.
Deines Wortes heller Schein
strahl in unser Herz hinein,
uns mit Licht erfülle.

Kehr, o Jesu, bei uns ein,
komm in unsre Mitte;
wollest unser Lehrer sein,
hör der Sehnsucht Bitte:
Deines Wortes stille Kraft,
sie, die neue Menschen schafft,
bilde Herz und Sitte.

Von dir lernen möchten wir
deiner Sanftmut Milde,
möchten ähnlich werden dir,
deinem Ebenbilde,
deiner stillen Tätigkeit,
deiner armen Niedrigkeit,
deines Wohltuns Milde.

Zeige deines Wortes Kraft
an uns armen Wesen;
zeige, wie es neu uns schafft,
Kranke macht genesen.
Jesu, dein allmächtig Wort
fahr in uns zu wirken fort,
bis wir ganz genesen.

O wie selig ist es, dir
kindlich zu vertrauen;
unerschüttert können wir
auf dich, Felsen, bauen.
Herr, wir glauben in der Zeit,
bis die selge Ewigkeit
uns erhebt zum Schauen.

Den Schritt vom Glauben zum Schauen tat Christian Heinrich Zeller am 29. März 1860. Er war 81 Jahre alt geworden. Bis in die letzten Tage seines Lebens hinein half er bei der Ausbildung von künftigen Lehrern. Das war ihm wichtig geworden, im Alter nicht unnütz zu werden, sondern mitten im Amt stehend zu sterben.

Bei seiner Beerdigung sagte der Basler Professor Auberlen über diesen Erzieher: Seine Große bestand darin, dass er klein blieb und in seltener Weise die Treue im Kleinen übte.

Insgesamt 65 Lieder hat Heinrich Zeller gedichtet, die er zunächst meist mit seinen Heimkindern sang. Als der begeisterte Patriot Max von Schenkendorf in dem berauschenden nationalen Geist der Befreiungskriege ein Anbetungslied an die Freiheit dichtete: *Freiheit, die ich meine,* hat Christian Heinrich Zeller eine Antwort darauf gedichtet, die nach der gleichen Melodie zu singen ist:

Freiheit, die ich meine,
kommt vom Zeitgeist nicht,
kommt vom Sohn alleine
und von seinem Licht.
Knechte des Verderbens
führen nicht zum Sohn,
und zur Zeit des Sterbens
müssen sie davon.

Der unerschrockene Freiheitskämpfer Ernst Moritz Arndt

Was in dem Grauen des Todes nicht als Staub verweht

1834 stand Ernst Moritz Arndt am Ufer des Rheins. Er musste miterleben, wie sein neunjähriger Sohn Gustav Willibald in den Wellen unter ein Floß geriet und ertrank. Jede Hilfe kam zu spät. Der Vater musste selbst die Leiche im Kahn nach Hause bringen.

Er schrieb kurz darauf: Sie können nicht wissen, was wir an dem Kind hatten, was namentlich ich an ihm besaß. Er war eine reich begabte Natur, still und tapfer, zärtlich und zornig, und, wie es schien, der begabteste meiner Söhne. Gott sei gepriesen für alles, was er einst uns in dem süßen Himmelsgast gegeben! Sein Wille ist der beste und gerechteste.

Dieser Ernst Moritz Arndt hat das Lied gedichtet von dem, was auch im Grauen des Todes ewig bleibt und es *Fels des Heils* überschrieben:

Ich weiß, woran ich glaube,
ich weiß, was fest besteht,
wenn alles hier im Staube
wie Sand und Staub verweht;
ich weiß, was ewig bleibet,
wo alles wankt und fällt,
wo Wahn die Weisen treibet
und Trug die Klugen prellt.

Ich weiß, was ewig dauert,
ich weiß, was nimmer lässt:
mit Diamanten mauert
mir's Gott im Herzen fest.
Die Steine sind die Worte,
die Worte hell und rein,
wodurch die schwächsten Orte
gar feste können sein.

Auch kenn ich wohl den Meister,
der mir die Feste baut,
er heißt der Herr der Geister,
auf den der Himmel schaut,
vor dem die Seraphinen
anbetend niederknien,
um den die Engel dienen:
ich weiß und kenne ihn.

Das ist das Licht der Höhe,
das ist der Jesus Christ,
der Fels auf dem ich stehe,

der diamanten ist,
der nimmermehr kann wanken,
der Heiland und der Hort,
die Leuchte der Gedanken,
die leuchten hier und dort.

So weiß ich, was ich glaube;
ich weiß, was fest besteht
und in dem Erdenstaube
nicht mit als Staub verweht;
ich weiß, was in dem Grauen
des Todes ewig bleibt
und selbst auf Erdenauen
schon Himmelsblumen treibt.

Ernst Moritz Arndt kam 1769 auf der Insel Rügen, die damals zu Schweden gehörte, zur Welt. Im gleichen Jahr wurde auf der französischen Insel Korsika Napoleon Bonaparte geboren, der einmal ganz Europa umwälzen sollte. Das Leben Arndts sollte später vom Kampf gegen Napoleon bestimmt sein. Auch prägte ihn zeitlebens, dass sein Vater sich noch aus der Leibeigenschaft freikaufen musste. Hinzu kam die Fremdherrschaft der Schweden über seine Heimat. So machten diese Umstände Ernst Moritz Arndt schon von früher Jugend an zum leidenschaftlichen Kämpfer für die Freiheit.

Zusammen mit acht Geschwistern wuchs er in der Familie eines Gutsbesitzers auf. Die Kinder konnten das ganze Jahr in der freien Natur leben. Arndt liebte ein Leben lang all die Schönheit der Welt. Sein Vater wollte die Kinder nicht in Watte einpacken. Sie wurden früh abgehärtet, lernten fest zu arbeiten und wurden zäh und widerstandsfähig.

Mit 17 Jahren kam Ernst Moritz Arndt auf das Gymnasium in Stralsund, der Hauptstadt Pommerns. Das war ein Wechsel, den er am besten selbst beschreibt: Der arme und blöde Landjunge erschien im schlechtesten Aufzug unter vielen. Mit welcher Gier fuhren die zierlichen Stadtpfauen über die so aufgeputzte Landkrähe her! Arndt litt am meisten unter den nur an Genuss und Lebenslust interessierten Kameraden. Er kämpfte darum, keusch und unschuldig zu bleiben. Schließlich flüchtete er aus dieser fremden Welt und verdingte sich als Knecht bei einem Bauern.

Es gelang dem begabten Arndt trotzdem, das Abitur zu bestehen und als Student nach Greifswald zu gehen. Er studierte Theologie, wollte dann aber auf keinen Fall Pfarrer werden.

So reiste er kreuz und quer durch Europa. Er sah die Menschen, erlebte auch die politischen Umwälzungen der Revolution in Frankreich und wurde über seinen europäischen Eindrücken zum deutschen Patrioten. Ihn begeisterte der Gedanke, endlich die zerfallenen deutschen Stämme zu einen.

1800 wurde Arndt Privatdozent, wenige Jahre später Professor für Geschichte. Seine Frau schenkte ihm einen Sohn, der sie – wie Arndt bitter feststellte – das Leben kostete. Das Kindbettfieber raffte nach nur einem Jahr Ehe die junge Mutter hinweg. Erst 15 Jahre später heiratete er wieder, und zwar die Halbschwester des berühmten Theologen Friedrich Schleiermacher.

Arndt gab seine ganze Energie in den politischen Kampf. Er prangerte das Unrecht der Leibeigenschaft an. Er nannte öffentlich Napoleon einen Mann des Verhängnisses, weil er freie Völker unterjochte. Aber das schlimmste Unglück war für Arndt der Verlust des Glaubens: Wer den Glauben zerstört, der zerstört die Welt! Als Napoleon sich mit seiner Armee die Herrschaft über ganz Deutschland sicherte, musste Arndt um sein Leben fliehen.

Im Alter von 37 Jahren kam er nach Schweden, wo er drei Jahre in der Fremdlingschaft blieb. Er wollte sich nicht von den Welschen wie einen tollen Hund totschießen lassen. Hier in der Stille des schönen Mälarsees kam es zu einer ganz entscheidenden Lebenswende. Seine Mutter hatte mit ihm als Kind die Bibel dreioder viermal durchgelesen. Das Gesangbuch hatte daheim auch fleißig zur Hand genommen werden müssen. Aber schon in seinen Jugendjahren in Stralsund und Greifswald flüchtete Arndt sich in eine andere Geisteswelt. Der sich allein an der menschlichen Vernunft orientierende Religionsunterricht, die Schriften Rousseaus, Goethes und Schellings brachten ihn ganz vom christlichen Glauben weg: Ich betete als Knabe mit Inbrunst, lachte und spottete als Jüngling mit Frechheit, möge dem Manne und Greise die Unschuld und Frömmigkeit der Religion nicht fehlen. Jetzt in Schweden entdeckte Arndt ganz neu den christlichen Glauben, die Kraft des Bibelwortes, und fand wieder zur absoluten Geltung der Bibel zurück. Dort in Schweden schrieb er auch das Weihnachtslied: *Du lieber, heilger, frommer Christ.*

Man hat bei Ernst Moritz Arndt immer wieder auch das von ihm gedichtete Lied der Befreiungskriege erwähnt, das heute wirklich kein Verständnis mehr finden kann:

Der Gott, der Eisen wachsen ließ,
der wollte keine Knechte,
drum gab er Säbel, Schwert und Spieß
dem Mann in seine Rechte;
drum gab er ihm den kühnen Mut,
den Zorn der freien Rede,
dass er bestände bis aufs Blut,
bis in den Tod die Fehde.

Zur Ehrenrettung Arndts muss hinzugefügt werden, dass heute etwa afrikanische Völker im Streben nach Freiheit auch häufig den Befreiungskampf und ihre Glaubensüberzeugung in eins setzen. Freiheit war für Arndt das höchste Gut, das er nur in der Demut vor Gott erkennen konnte.

Arndt sah aber auch ehrlich das Unheil der Waffen und nannte das Schwert ein fürchterliches Ding. Er erzählte mit Grausen von der in Russland geschlagenen Armee Napoleons: Welch ein Anblick! Zerrissene, erfrorene, bläuliche, unglückliche Pferdefleischfresser, schienen sie kaum noch Menschen. Vor unseren Augen starben sie in Dörfern und vor den Posthäusern. An den Straßen lagen die Leichen wie anderes Aas, unbedeckt und unbegraben. O Menschenschicksale; wie viele Leichen lagen so in Wäldern und Feldern, hinter Mauern und Zäunen, ja auf Misthaufen, unbeweint und unbegraben, über deren Wiegen einst auch glückselige Mütter gesungen, gebetet und gesegnet haben.

Enttäuscht war Ernst Moritz Arndt, dass die großen Erschütterungen der Befreiungskriege am Ende keine wirkliche Erneuerung des Volkes vor der Gegenwart und Macht Gottes brachten.

Weil Arndt seinen Protest öffentlich äußerte, wurde er wegen Teilnahme an demagogischen Umtrieben seines Amtes als Professor in Bonn enthoben. Der Geist der Zeit hat mir ein blaues Auge geschlagen, so kommentierte es Arndt. 20 Jahre musste er auf die Wiederherstellung seiner Ehre warten. Er schrieb darüber an seine Schwester: Diese Zeit, die Könige, Fürsten und Herren umhergetrieben hat, kann auch einen Professor einmal zu einem Bettler machen und ihn auf die Probe stellen, ob er den linnenen Kittel und Kartoffeln mit Salz ertragen kann. Die Frage ergeht dann, ob der Glaube standhält, dass in diesem kurzen Leben alles aufgegeben werden muss, nur nicht die Wahrheit und das Recht.

20 Jahre später schrieb er: Ich habe diese Demütigungen, nachdem ich mich über die ersten Plagen besonnen und gefasst hatte, wirklich so hingenommen als ein Verhängnis des ausgleichenden und gerechten Gottes, der mich für manche trotzige und kühne Worte hat bezahlen lassen wollen, und dies hat mich, wofür ich Gott noch mehr danke, vor jener Erbitterung und Verfinsterung behütet, wodurch die meisten in solche Geschichten verflochtenen Männer traurig untergehen.

Mit 71 Jahren wurde Arndt voll rehabilitiert und von den Professoren gleich zum Rektor der Universität Bonn gewählt. Im Alter von 80 Jahren ließ er sich noch als Abgeordneter in die Deutsche Nationalversammlung in der Paulskirche in Frankfurt wählen, gleichsam ein gutes altes deutsches Gewissen, wie er sich selbst vorstellte. Sein 90. Geburtstag wurde nochmals zu einem großen Fest. Wenige Wochen später starb Arndt.

Albert Knapp hat Ernst Moritz Arndt treffend als den alten christlichen Freiheitskämpfer beschrieben, der seine Ritterzeit in den Freiheitskriegen nicht vergessen konnte und bei dem das neutestamentliche Hosianna stets noch von dem Schlachttrompetenhall des Siegestages bei Leipzig durchdrungen war.

Warum Philipp Spitta kein Sudelkoch sein wollte

Vom kritischen Zweifel zur festen Gewissheit

Die größten Theologen waren immer die größten Zweifler, schrieb Philipp Spitta als Student aus Göttingen, weil sie Philosophen spielen wollen. Ihn befriedigte das rationalistische und oft von ihm auch als frivol empfundene Studium der Theologie nicht.

Vielleicht ging Philipp Spitta sein Studium schon deshalb anders an, weil er viel älter war als seine Mitstudenten.

Am 1. August 1801 in Hannover geboren, erkrankte er im Alter von zehn Jahren an Skofeln, einer heute seltenen Art von Tuberkulose. Als er endlich ganz genas, war an Schulbesuch nicht mehr zu denken. Seine treue jüdische Mutter, die Christin geworden war, steckte den gutwilligen Jungen in eine Uhrmacherlehre. Sein Vater, der aus einer aus Frankreich vertriebenen Hugenottenfamilie stammte, hatte als Buchhalter und Sprachlehrer nur wenig verdient und war bereits gestorben, als Philipp Spitta vier Jahre alt gewesen war.

In der Uhrmacherlehre brachte Philipp Spitta anfangs für seine Arbeit noch Interesse auf, verfiel dann aber immer mehr in Traurigkeit und Depressionen. Die technische Arbeit konnte ihn, den empfindsamen und feinfühligen jungen, nicht befriedigen. Trotzdem hielt Philipp Spitta bis zum Ende der Lehre durch und arbeitete auch im ungeliebten Beruf weiter.

Da ereignete sich ein tragischer Unglücksfall. Sein jüngster Bruder, der eigentlich Theologie studieren sollte, ertrank. So bedrückend das alles war, brachte es für Philipp Spitta doch eine ganz entscheidende Lebenswende. Er durfte das für die Ausbildung des verunglückten Bruders bestimmte Geld für seine Fortbildung verwenden. Endlich konnte er das machen, was er immer wollte. Es störte ihn nicht, noch einmal ins Gymnasium gehen zu müssen, um die fehlende Schulbildung nachzuholen. Selten hat sich wohl ein junger Mann so gefreut, seine Schule wieder zu sehen!

In seiner nachdenklichen Art hatte sich Philipp Spitta schon in seiner frühen Jugend viel mit der Frage beschäftigt, auf was denn Gott mit seinem Leben hinaus wolle. Das wurde noch durch das Studium der Theologie bei meist rationalistischen Professoren in Göttingen verstärkt. Ihn störten an der Universität die billigen Witze, die über Jesus und die Bibel gemacht wurden. Er schrieb an seinen Bruder: Wenn ich dazu das Beifallsgetrommel der Studenten höre, so möchte ich mir die Ohren verstopfen vor dem Gräuel.

Das Buch von Theologieprofessor August Tholuck, Des Zweiflers Weihe, brachte Philipp Spitta in tiefe Gewissensnöte. Er merkte, wie sein bisheriges Christenleben nicht genügen konnte. Dieser Seelsorger war es auch, der ihn nun durch die Höllenfahrt der Selbsterkenntnis zur Himmelfahrt der Gotteserkenntnis führte.

Spitta schrieb: Wie sträubt sich der Mensch gegen die Aufdeckung seines Inneren! Wie gern sucht er die schlimme Krankheit, die an der Wurzel seines Lebens nagt, zu verdecken! Und dann: Wie ward mir, als ich zum wahren Bewusstsein meiner selbst kam! Da fühlte ich ganz meine tiefe sündige Natur, aber in dem Augenblick auch das Heil der Erlösung. Wer die einmal geschehene Erlösung durch den Tod des Heilands ergreift und dann nicht fahren lassen kann, das muss ein seliger Christ sein!

In einem Lied drückt er es so aus:

Bei dir, Jesu, will ich bleiben,
stets in deinem Dienste stehn;
nichts soll mich von dir vertreiben,
will auf deinen Wegen gehn.
Du bist meines Lebens Leben,
meiner Seele Trieb und Kraft,

wie der Weinstock seinen Reben
zuströmt Kraft und Lebenssaft.

Könnt ich's irgend besser haben
als bei dir, der allezeit
so viel tausend Gnadengaben
für mich Armen hat bereit?
Könnt ich je getroster werden
als bei dir, Herr Jesu Christ,
dem im Himmel und auf Erden
alle Macht gegeben ist?

Wo ist solch ein Herr zu finden,
der, was Jesus tat, mir tut:
mich erkauft von Tod und Sünden
mit dem eignen teuren Blut?
Sollt ich dem nicht angehören,
der sein Leben für mich gab?
Sollt ich ihm nicht Treue schwören,
Treue bis in Tod und Grab?

Schon als Student fand Spitta Zugang zu einem Kreis von Künstlern. Zu dieser Burschenschaft gehörte auch der berühmte Dichter Heinrich Heine. Von ihm lieh Spitta sich 20 Taler, um sich eine Harfe zu kaufen. Damals schon dichtete er in jugendlichem Überschwang romantische und geistliche Lieder.

Nach Abschluss seines Studiums verdingte er sich für vier Jahre als Hauslehrer. Diese Zeit wurde für ihn sehr wichtig. Philipp Spitta fand bei Hausbibelgruppen weitere und tiefere Erkenntnis seines Glaubens. Nicht wegen der Liebe oder wegen der Werke erben wir das ewige Leben. Sondern durch den Glauben an das Kreuz Jesu werden wir vor Gott gerecht. Keiner soll sich selbst quälen. Die große Sünde darf uns nicht von Jesus wegziehen, sondern uns vielmehr zu ihm hinziehen. Er begriff die unverdiente Gnade Gottes und hängte sich daran. Und er fand den Frieden Gottes, nach dem er so lange gesucht hatte.

Der 23-jährige Philipp Spitta liebte als Hauslehrer die romantischen Abende unter den hohen Linden in Lüne bei Lüneburg. Da saß man in der Abenddämmerung und sang zur Begleitung von Gitarre oder Harfe Volkslieder, während der Herr des Hauses seine Pfeife rauchte.

In dieser Stille des Landlebens dichtete Spitta gerne Volkslieder, aber auch die meisten seiner geistlichen Lieder. In der schönen und harmonischen Gemeinschaft mit der Familie, in der er als Hauslehrer wirkte, schuf er das Lied *O selig Haus, wo man dich aufgenommen,* dessen letzte Strophe lautet:

> O selig Haus, wo du die Freude teilest,
> wo man bei keiner Freude dein vergisst!
> O selig Haus, wo du die Wunden heilest
> und aller Arzt und aller Tröster bist,
> bis jeder einst sein Tagewerk vollendet
> und bis sie endlich alle ziehen aus
> dahin, woher der Vater dich gesendet:
> Ins große, freie, schöne Vaterhaus!

Unter dieser Wandlung musste die enge Studentenfreundschaft mit Heinrich Heine zerbrechen. Immer wieder suchte Heine seinen Freund Spitta in Lüneburg auf. Spitta aber litt mehr und mehr unter der zynischen und satirischen Art und den derben Witzen Heinrich Heines, die dieser auch ungeniert in Gegenwart der Kinder machte. So fasste Philipp Spitta eines Tages den Mut und bat Heinrich Heine, ihn nicht mehr zu besuchen. Heine hat dies Vorgehen tief gekränkt. Er rächte sich dafür bitter an Spitta und höhnte öffentlich gegen ihn und seine Dichtungen.

Die beiden Männer passten nicht mehr zueinander, seitdem Spitta zum lebendigen Glauben durchgedrungen war. Spitta lebte gerne still und demütig zurückgezogen. Heine aber, der berühmte und gefeierte Dichter, nannte Demut eine Hundetugend.

In der Freude an der neu entdeckten Gemeinschaft der Christen dichtete Spitta:

> Es kennt der Herr die Seinen
> und hat sie stets gekannt,
> die Großen und die Kleinen
> in jedem Volk und Land;

er lässt sie nicht verderben,
er führt sie aus und ein;
im Leben und im Sterben
sind sie und bleiben sein.

Die Freude an der Schönheit der Welt hat Philipp Spitta nie verloren. Er dichtete das schöne Lied *Freuet euch der schönen Erde*. Da heißt die letzte Strophe:

Wenn am Schemel seiner Füße
und am Thron schon solch ein Schein,
o was muss an seinem Herzen
erst für Glanz und Wonne sein.

Spitta war damals oft krank. Er litt unter den heftigen Angriffen. Manche Leute verdächtigten ihn der Sektiererei. Auch bei seiner Kirchenleitung fand er nur kritisches Misstrauen.

Beim Examen wurde Philipp Spitta sorgfältig verhört, ob er nicht zu sehr die Liebe zu Christus hervorhebe und zu stark Jesus als den Sohn Gottes verehre. Er berichtete darüber seinem Bruder und meinte dazu: Unser Herr Jesus examinierte auch einmal einen Kandidaten für sein Hirtenamt. Aber er stellte nur eine Frage: Hast du mich lieb? Und als dieses Examen recht bestanden war, sagte er zu ihm: ›Weide meine Schafe!‹

Unter dem Druck und den Angriffen von vielen Seiten dichtete Philipp Spitta sein Lied:

Ich steh in meines Herren Hand
und will drin stehen bleiben;
nicht Erdennot, nicht Erdentand
soll mich daraus vertreiben.
Und wenn zerfällt die ganze Welt,
wer sich an ihm und wen er hält,
wird wohlbehalten bleiben.

Er ist ein Fels, ein sichrer Hort,
und Wunder sollen schauen,
die sich auf sein wahrhaftig Wort

verlassen und ihm trauen.
Er hat's gesagt, und darauf wagt
mein Herz es froh und unverzagt
und lässt sich gar nicht grauen.

Und was er mit mir machen will,
ist alles mir gelegen;
ich halte ihm im Glauben still
und hoff auf seinen Segen;
denn was er tut, ist immer gut,
und wer von ihm behütet ruht,
ist sicher allerwegen.

Ja wenn's am schlimmsten mit mir steht,
freu ich mich seiner Pflege;
ich weiß: die Wege, die er geht,
sind lauter Wunderwege.
Was böse scheint, ist gut gemeint;
er ist doch nimmermehr mein Feind
und gibt nur Liebesschläge.

Und meines Glaubens Unterpfand ist,
was er selbst verheißen:
dass nichts mich seiner starken Hand
soll je und je entreißen.
Was er verspricht,
das bricht er nicht;
er bleibet meine Zuversicht,
ich will ihn ewig preisen.

Nicht mehr träumerische Romantik prägte jetzt die Lieder Philipp Spittas, sondern biblische Nüchternheit, ohne jede Verzierung und Schnörkel. Er dichtete seine Verse auch nicht im Rauschen des Eichenwaldes auf Spaziergängen, sondern am Schreibtisch über der aufgeschlagenen Bibel. Er berichtet selbst: In der Weise, wie ich früher sang, singe ich jetzt nicht mehr. Dem Herrn weihe ich mein Leben und meine Liebe, so auch meinen Gesang.

Nach einer zweijährigen Vikarszeit kam Philipp Spitta 1830 als Prediger und Seelsorger für die Soldaten der Garnison und die Sträflinge des Gefängnisses nach Hameln.

Er war erschüttert, dass bei diesen an schwere Ketten geschmiedeten Gefangenen die gleiche trügerische Selbstgerechtigkeit herrschte wie auch sonst im Volk.

Spitta erzählt von einem grimmigen Gefangenen, der einen vergeblichen Ausbruchsversuch hinter sich hatte: Er lag in dem engen Gefängnis mit Ketten beladen, die einen Elefanten hätten zähmen können, auf einem Lager. Eine Lampe machte es spärlich hell. Ich heiße ihn sich aufzurichten und setze mich unter innerlichem Seufzen zum Herrn ihm gegenüber auf einen Block. Ich sage ihm: Er habe sich selbst aufgegeben, aber ich komme zu ihm im Namen des Herrn Jesus, der ihn nicht wolle verloren gehen lassen. So fing ich denn an, von dem Herrn Jesus zu predigen. Was ich ihm sagte, weiß ich selbst nicht mehr, es kam aber alles aus dem Erbarmen, das mir der Herr ins Herz gelegt hatte. In die Eisdecke über dem Herzen dieses Menschen schlug ich nicht mit dem Hammer des Gesetzes Löcher, sondern brachte sie unter die Gnadensonne des Evangeliums. Eine halbe Stunde hatte ich geredet und konnte bei dem spärlichen Schein der Lampe seine Miene dabei nicht erkennen. Da ging das Eis auf. Er fing laut an zu schluchzen und zu weinen, stieß dazwischen einige Worte von seinem Elend heraus, von seinem Verlangen nach Gnade. Nun aber war mir die Sprache ausgegangen. Ich nahm's als einen Wink vom Herrn: ›Geh, ich will selber mit dieser Seele reden!‹ Ich stand auf und gab ihm meine Hand, bekam eine von Tränen nasse Hand wieder und ging. Das war am Donnerstagabend.

Als ich am Sonntagmorgen zum Gottesdienst komme, tritt mir der Schließer entgegen und sagt: ›Der G. ist ein anderer Mensch geworden. Am Freitag hat er um eine Bibel gebeten, hat den Direktor, der ihn besuchte, ganz demütig und sanft empfangen und sich als Gnade ausgebeten, heute und künftig in den Betsaal geführt zu werden, von dem er früher unter dem Vorwand, er sei Katholik, ferngeblieben war.‹

Als ich auf die Kanzel trat, saß er vor mir, bleich und abgehärmt, aber der finstere Blick war hell und offen geworden. Am Schluss des Gottesdienstes ließ er die Übrigen hinausgehen und trat dann zur Kanzel heran, dankte und sagte: ›Was Sie mir da am Abend gesagt haben, ist mir durchs Herz gegangen.‹

Am Montagabend besuchte ich ihn wieder. Er hatte mich erwartet und mir aus seinem Handtuch ein Polster auf den Block gemacht. Da saßen wir nun einander gegenüber, seine Zunge war gelöst; da der Teufel ausfuhr, redete der Stumme. ›O, wie gut ist's‹, sagte er, ›dass mir's mit dem Entwischen nicht geglückt ist!‹ ›Da wärst du‹, sagte ich, ›deinem Gott entlaufen und dem Teufel erst recht in die Arme gelaufen.‹

Für Spitta war es die größte Freude, als dieser Gefangene ihm offen und freimütig bekannte: Wenn ich nun nicht den Heiland hätte, müsste ich jetzt erst recht verzweifeln! Und Spitta freute sich, zu entdecken, dass aus der Strafanstalt meine Heilsanstalt geworden ist. Er schließt seinen Bericht: Ja, lieber Freund, wir haben einen lebendigen Heiland!

Spitta dichtete das Lied von der Umkehr und der großen Chance des neuen Lebens:

Kehre wieder, kehre wieder,
der du dich verloren hast;
sinke reuig bittend nieder
vor dem Herrn mit deiner Last!
Wie du bist, so darfst du kommen
und wirst gnädig aufgenommen.
Sieh, der Herr kommt dir entgegen,
und sein heilig Wort verspricht
dir Vergebung, Heil und Segen.
Kehre wieder, zaudre nicht!

Kehre wieder! Neues Leben
trink in seiner Liebeshuld;
bei dem Herrn ist viel Vergeben,
große Langmut und Geduld.
Fass ein Herz zu seinem Herzen:
er hat Trost für alle Schmerzen,
er kann alle Wunden heilen,
macht von allen Flecken rein.

Darum kehre ohne Weilen
zu ihm um und bei ihm ein!

Kehre wieder, endlich kehre
in der Liebe Heimat ein,
in die Fülle aus der Leere,
in das Wesen aus dem Schein,
aus der Lüge in die Wahrheit,
aus dem Dunkel in die Klarheit,
aus dem Tode in das Leben,
aus der Welt ins Himmelreich!
Doch, was Gott dir heut will geben,
nimm auch heute – kehre gleich!

Schwierig war der Dienst an den Militärs. Bei den Offizieren war der Glaube verpönt. Man huldigte der Vernunft. Spitta hatte nur die Sorge, diesen Menschen nach dem Mund zu reden. Er betete: Bewahre mich, dass ich niemals ein Sudelkoch werde, der die himmlische Speise übersaucet und überbrüht, um sie der Welt schmackhaft zu machen! Wahrscheinlich waren deshalb seine Gottesdienste immer so voll.

Die Anfeindungen aber hörten nicht auf. Man nahm ihm seine Hausbibelabende übel, obwohl da nichts Geheimes passierte: Alle Sonntagabende habe ich Gesellschaft bei unverschlossenen Türen. Weil aber vier Unteroffiziere und ein Musiker sie besucht hatten, wurden sie aus der Armee entlassen. Die beiden Amtsbrüder von Hameln schrieben in einer Beschwerde an die Kirchenleitung, der Teufel spuke auf der Kanzel, Sektenversammlungen seien im Gang und hirnverbrannte Traktate würden verbreitet. In den Hannoveranischen Landesblättern erschien ein Hetzartikel gegen Spitta.

Spitta wusste, dass Kampf und Leiden um Jesu willen unvermeidbar sind. Er schuf manche Kampflieder. Dazu gehört das Pfingstlied *O komm, du Geist der Wahrheit* wo es heißt:

Unglaub und Torheit brüsten
sich frecher jetzt als je;
darum musst du uns rüsten
mit Waffen aus der Höh.

Du musst uns Kraft verleihen,
Geduld und Glaubenstreu
und musst uns ganz befreien
von aller Menschenscheu.

Es gilt ein frei Geständnis
in dieser unsrer Zeit,
ein offenes Bekenntnis
bei allem Widerstreit,
trotz aller Feinde Toben,
trotz allem Heidentum
zu preisen und zu loben
das Evangelium.

Spitta sah die große Not der Suchtkranken und Alkoholabhängigen. Deshalb schuf er einen Hilfsverein. Weil die neu entstandenen Missionswerke dringend Unterstützung brauchten, gründete er einen Freundeskreis für die weltweite Mission. Das Weitersagen der befreienden Botschaft des Evangeliums war ihm wichtig. In einem Gebetslied um die Gabe des Geistes bittet er um die urchristliche Freude zum öffentlichen Bekenntnis zu Jesus:

Geist des Glaubens, Geist der Stärke,
des Gehorsams und der Zucht,
Schöpfer aller Gotteswerke,
Träger aller Himmelsfrucht,
Geist, der einst der heilgen Männer,
Kön'ge und Prophetenschar,
der Apostel und Bekenner
Trieb und Kraft und Zeugnis war:

Rüste du mit deinen Gaben
auch uns schwache Kinder aus,
Kraft und Glaubensmut zu haben,
Eifer für des Herren Haus;
eine Welt mit ihren Schätzen,
Menschengunst und gute Zeit,

Leib und Leben dranzusetzen
in dem großen, heilgen Streit.

Gib uns der Apostel hohen,
ungebeugten Zeugenmut,
aller Welt trotz Spott und Drohen
zu verkünden Christi Blut.
Lass die Wahrheit uns bekennen,
die uns froh und frei gemacht;
gib, dass wir's nicht lassen können,
habe du die Übermacht.

In diesen Tagen der heftigen Auseinandersetzungen heiratete Spitta im Alter von 36 Jahren Maria Magdalena Hotzen, die Tochter eines Oberförsters. Es war eine sehr glückliche Ehe mit einem schönen Familienleben. Weil er morgens schon früh um fünf Uhr mit der Arbeit begann, nahm sich Spitta nach dem Abendessen immer viel Zeit für seine Familie, zu der sechs Söhne und zwei Töchter gehörten. Von dieser Freude spricht sein Ehe- und Familienlied:

Ich und mein Haus, wir sind bereit,
dir, Herr, die ganze Lebenszeit
mit Seel und Leib zu dienen.
Du sollst der Herr im Hause sein,
gib deinen Segen nur darein,
dass wir dir willig dienen.
Eine kleine, fromme, reine Hausgemeine
mach aus allen; dir nur soll sie wohlgefallen.

1837 wurde Spitta als Pfarrer nach Wechold bei Hoya versetzt, zehn Jahre später zum Superintendent in Wittingen berufen. Eine andere Berufung nach Barmen-Wupperfeld wie auch nach Elberfeld scheiterte. Man stieß sich dort an seiner exklusiv lutherischen Haltung und befürchtete Spannungen mit anderen pietistischen Gruppen. Spitta blieb aber zeitlebens ein Mann des Evangeliums und sagte nie Kirche, wo er hätte Jesus sagen müssen. 1853 ließ er sich nach Peine und schließlich 1859 nach Burgdorf versetzen.

Dort starb er am 28. September 1859. Einst hatte er selbst den Gebetswunsch gedichtet: dass ich fröhlich zieh hinüber, wie man nach der Heimat reist.

Sein Lied von der Ewigkeit klingt bis heute weiter:

Wie wird uns sein, wenn endlich nach dem schweren,
doch nach dem letzten, ausgekämpften Streit
wir aus der Fremde in die Heimat kehren
und einziehn in das Tor der Ewigkeit;
wenn wir den letzten Staub von unsern Füßen,
den letzten Schweiß vom Angesicht gewischt
und in der Nähe sehen und begrüßen,
was oft den Mut im Pilgertal erfrischt!

Wie wird uns sein, wenn wir vom hellen Strahle
des ewgen Lichtes übergossen stehn
und – o der Wonne! dann zum ersten Male
uns frei und rein von aller Sünde sehn;
wenn wir, durch keinen Makel ausgeschlossen
und nicht zurückgescheucht von Schuld und Pein,
als Himmelsbürger, Gottes Hausgenossen,
eintreten dürfen in der Selgen Reihn!

Wie wird uns sein? O, was kein Aug gesehn,
kein Ohr gehört, kein Menschensinn empfand,
das wird uns werden, wird an uns geschehn,
wenn wir hineinziehn ins gelobte Land.
Wohlan, den steilen Pfad hinangeklommen!
Es ist der Mühe und des Schweißes wert,
dahin zu eilen und dort anzukommen,
wo mehr, als wir verstehn, der Herr beschert.

Albert Knapps Lebenskrise im Studium der Theologie

Wenn ein Pfarrer selbst zum lebendigen Glauben kommt

Für viele junge Prediger ist der erste Schritt ins Pfarramt eine schwierige Schwelle. Natürlich wollen alle vor sich selbst ehrlich bleiben. Die Gemeinde aber erwartet von ihrem Seelsorger mit Recht Zuspruch und Stärkung aus dem Evangelium. Aber wie soll dies ein Prediger weitergeben, wenn er selbst in seinem Studium nichts Gewisses gefunden hat?

Der schwäbische Vikar Albert Knapp wurde am 25. Juli 1798 in Tübingen geboren. Seit seinem zweiten Lebensjahr wohnte er mit seinen Eltern, der Vater war als Jurist Amtmann, in Alpirsbach. So wurde der Schwarzwald mit den riesigen Tannenwäldern, mit Bergen und Tälern seine Heimat.

Die Mutter betete mit den Kindern und vermittelte auch ein Vertrauen in die göttliche Vorsehung. Mehr aber auch nicht. Im evangelischen Stift in Tübingen hatte Albert Knapp mehr schlecht als recht Theologie studiert. Die jungen Leute waren begeistert vaterländisch und stark national. Studenten trafen sich in Burschenschaften, wobei viel getrunken wurde. Am liebsten beschäftigte sich Knapp, der mütterlicherseits mit dem großen Dichter Ludwig Uhland verwandt war, mit der großen deutschen Literatur. Die damals vorherrschende rationalistische Wissenschaft konnte ihn nicht befriedigen. Später sprach Knapp von dieser Zeit als einem trostlosen, fürchterlichen Zwiespalt.

Nach seinem Studium wurde Knapp im November 1820 einem schwer kranken Pfarrer in Feuerbach zugeteilt. Mit Angst und Zittern nahm er seinen Dienst auf. Er spürte selbst, dass sein Predigen für die Gemeinde nichts hergab. Ihn bedrückte, wie er berichtet, die ungeheure Leere in seinem Innern: denn wenn ein Mensch keinen lebendigen Gott erkennt und keinen Heiland hat, was hat er dann? Die Gemeinde wartete aber auf seine Predigt. Albert Knapp fühlte sich als jämmerlicher Strohmann auf der Kanzel.

Schon einige Monate vorher hatte Knapp in Tübingen seinen ehemaligen Mitstudenten Ludwig Hofacker besucht, der nach einem Unfall schwer angeschlagen war. Um ihn aufzurichten, brachte er ihm eine Lobrede des Dichters Jean Paul auf den Literaten und Philosophen Johann Gottfried Herder mit. Hofacker meinte dazu: Das wäre alles ganz nett, wenn nicht der so gerühmte Herder auch bloß ein armer Sünder gewesen wäre.

Von Feuerbach aus konnte Knapp wieder den gleichaltrigen Ludwig Hofacker besuchen, der jetzt schwach und krank bei seinen Eltern in der Stuttgarter Innenstadt lebte. Hofacker merkte schnell, was seinem Freund Knapp fehlte, und schickte ihm wenig später mit einem Brief das Buch des katholischen Erweckungspredigers Martin Boos Christus unsere Gerechtigkeit und Heiligung. Diese Schrift eines Mannes, der selbst erst unter schweren Kämpfen das Evangelium entdeckt hatte, führte Knapp aus dem finsteren Labyrinth seines Zustands heraus. Tief bewegt betete er zum ersten Mal in seinem Leben Jesus, seinen König und Heiland, an.

Oft hat Albert Knapp noch seinen Freund Ludwig Hofacker besucht. Dieser durfte leider nur ein halbes Jahr an der Leonhardskirche wirken. Seine ins Gewissen zielende Predigt hatte riesigen Zulauf. Die klare biblische Botschaft des kranken jungen Mannes zog die Stuttgarter in ungeahnter Weise an. Die Kirchenleitung sah das nicht gern und versetzte ihn deshalb rasch ins abgelegene Rielingshausen bei Marbach am Neckar, wo er schon 1828 im Alter von 30 Jahren starb.

Hofacker stellte damals in ganz einmaliger Weise die wichtigen biblischen Aussagen über Jesus Christus in seinen Predigten heraus. Knapp war davon tief angesprochen. Damals war er noch ganz verkrampft im Streben nach selbst gemachter Erneuerung. Er wollte mit unendlichen und verzweifelten Gebeten ganz besondere Gefühlserlebnisse des Heils erzwingen. Dafür nahm er manche selbst erzeugten Qualen auf sich und sah schon in jedem heiteren Wort oder unbedachten Blick eine Sünde. Er sagte von dieser Zeit später, er habe seine Homer am Berg Sinai fürchterlich abgelaufen. Nun aber, unter dem Eindruck der Predigten Hofackers, schrieb er 1823, als Vikar in dem Dorf Gaisburg – heute ein Stadtteil Stuttgarts –, das weit verbreitete Lied vom gekreuzigten Jesus. Ein befreundeter Schlossergeselle hatte ihn um ein Lied für die Tochter seines Chefs zur Konfirmation gebeten.

Eines wünsch ich mir vor allem andern,
eine Speise früh und spät;
selig lässt's im Tränental sich wandern,
wenn dies Eine mit uns geht:
Unverrückt auf einen Mann zu schauen,
der mit blutgem Schweiß und Todesgrauen
auf sein Antlitz niedersank
und den Kelch des Vaters trank.

Ewig soll er mir vor Augen stehen,
wie er als ein stilles Lamm
dort so blutig und so bleich zu sehen,
hängend an des Kreuzes Stamm;
wie er dürstend rang um meine Seele,
dass sie ihm zu seinem Lohn nicht fehle,
und dann auch an mich gedacht,
als er rief: Es ist vollbracht!

Ja, mein Jesu, lass mich nie vergessen
meine Schuld und deine Huld!
Als ich in der Finsternis gesessen,
trugest du mit mir Geduld;
hattest längst nach deinem Schaf getrachtet,
eh es auf des Hirten Ruf geachtet,
und mit teurem Lösegeld
mich erkauft von dieser Welt.

Ich bin dein, sprich du darauf ein Amen;
treuster Jesu, du bist mein!
Drücke deinen süßen Jesusnamen
brennend in mein Herz hinein.
Mit dir alles tun und alles lassen,
in dir leben und in dir erblassen:
Das sei bis zur letzten Stund
unser Wandel, unser Bund.

In seinem Tagebuch schrieb er von diesem Aufblick zu Jesus, der ihn von allen gesetzlichen Kämpfen befreite: Ich besuchte den guten Ludwig Hofacker. Er redete mit mir vom Glauben ans Wort auch ohne Gefühl als vom sichersten Weg.

Mit Begeisterung verfolgte Albert Knapp jetzt auch die eben erwachende große Missionsbewegung in Württemberg. Als Vikar reichte das Geld nicht für die Reise nach Basel. So sandte er sein Lied zum großen Jahresfest der Basler Mission 1823 mit der Post in die Schweiz. Es war das Lied *Der du zum Heil erschienen*:

Drum kann nicht Ruhe werden,
bis deine Liebe siegt,
bis dieser Kreis der Erden
zu deinen Füßen liegt,
bis du im neuen Leben
die ausgesöhnte Welt
dem, der sie dir gegeben,
vors Angesicht gestellt.

So sprich dein göttlich Werde!
Lass deinen Odem wehn,
dass auf der finstern Erde
die Toten auferstehn;
dass, wo man Götzen frönet
und vor den Teufeln kniet,
ein willig Volk versöhnet
zu deinem Tempel zieht.

Wir rufen, du willst hören;
wir fassen, was du sprichst.
Dein Wort muss sich bewähren,
womit du Fesseln brichst.
Wie viele sind zerbrochen!
Wie viele sind's noch nicht!
O du, der's uns versprochen,
werd aller Heiden Licht!

Über Sulz am Neckar, Kirchheim unter Teck, Hospital- und Stiftskirche in Stuttgart kam Albert Knapp schließlich 1836 an die Leonhardskirche, wo einst sein Freund Ludwig Hofacker so eindrücklich gepredigt hatte. Obwohl Knapp auch in Verwaltungsfragen erstaunlich kundig und erfahren war, wollte er doch kein Komiteemann sein. Er hatte die weise Einsicht gewonnen, dass aus dem Unmaß konferenzlicher Debatten und Beschlussnahmen kein entsprechendes Resultat herauskäme. Je älter er wurde, umso mehr konzentrierte er sich auf den Kern seines Amtes. Die Mitte wurde ihm immer wichtiger, nämlich das Kreuz Jesu: Nichts in der Welt verträgt weniger unseren armseligen Redeschmuck als das Kreuz des Sohnes Gottes.

Wieder für ein Missionsfest der Basler Mission schrieb er das Lied *Einer ist's, an dem wir hangen:*

Nicht wir haben dich erwählet,
du selbst hast unsre Zahl gezählet
nach deinem ewgen Gnadenrat;
unsre Kraft ist schwach und nichtig,
und keiner ist zum Werke tüchtig,
der nicht von dir die Stärke hat.
Drum brich den eignen Sinn;
denn Armut ist Gewinn
für den Himmel;
wer in sich schwach, folgt, Herr, dir nach
und trägt mit Ehren deine Schmach.

Sieh auf deine Millionen,
die noch im Todesschatten wohnen,

von deinem Himmelreiche fern.
Seit Jahrtausenden ist ihnen
kein Evangelium erschienen,
kein gnadenreicher Morgenstern.
Glanz der Gerechtigkeit,
geh auf, denn es ist Zeit!
Komm, Herr Jesu,
zieh uns voran und mach uns Bahn,
gib deine Türen aufgetan.

Heiland, deine größten Dinge
beginnest du still und geringe.
Was sind wir Armen, Herr, vor dir?
Aber du wirst für uns streiten
und uns mit deinen Augen leiten;
auf deine Kraft vertrauen wir.
Dein Senfkorn, arm und klein,
wächst ohne großen Schein
doch zum Baume,
weil du, Herr Christ, sein Hüter bist,
dem es von Gott vertrauet ist.

Insgesamt 1 200 Lieder hat er verfasst. Viele ältere Lieder hat er bearbeitet und dadurch verbessert und verständlicher gemacht. In *Knapps Liederschatz*, einer von ihm 1837 erstmals mit 10 000 Exemplaren gedruckten Sammlung, sind 390 Lieder aufgenommen, die er aus insgesamt 80 000 unermüdlich zusammengetragenen Liedern auswählte. Waschkörbeweise mussten die Blätter dafür gesichtet werden.

Viele haben ihm übel genommen, dass er ältere Choräle stilistisch und dichterisch dem sprachlichen Verständnis der Zeit anpasste. Mag dieses Verfahren von der künstlerischen Seite her unerlaubt sein, so hat Knapp doch viele Lieder älterer Zeit dadurch erhalten und singbar gemacht. Als Beispiel mag das Morgenlied *Wach auf, mein Herz, und singe* von Paul Gerhardt dienen, wo Knapp Worte wie Heint; hat Satan mein begehret; Mein Kind, nun liege, trotz dem der dich betrüge; und Weihrauch und Widder so umdichtete:

Heut, als die dunklen Schatten / mich ganz umgeben hatten,
bedecktest du mich Armen / mit göttlichem Erbarmen.

Du sprachst: Mein Kind, nun schlafe, ich hüte deine Schafe;
schlaf wohl, lass dir nicht grauen, du sollst die Sonne schauen.

Du willst ein Opfer haben, hier bring ich meine Gaben:
In Demut fall ich nieder und bring Gebet und Lieder.

Knapp spielte meisterhaft Klavier, am liebsten Beethoven, und komponierte auch selbst. In seinem Haus verkehrten bekannte Leute, weil er auch das literarische Jahrbuch Christoterpe herausgab. Schubart und Schelling, Ernst Moritz Arndt und Wichern, ja auch der vom Weltschmerz angerührte ungarische Dichter Nikolaus Lenau standen mit Knapp in Verbindung. Nach seinem letzten Besuch bei Knapp schrieb Lenau: Zu Albert Knapp gehe ich nicht wieder. Er war liebevoll, aber er hat einen Frieden, den ich nicht habe, und das ertrage ich nicht. Wenig später wurde Lenau geisteskrank.

Albert Knapp musste aber auch schweres Leid ertragen. Seine Frau, die Generalstochter Christiane geb. von Beulwitz, die er im April 1828 heiratete, war viel krank. Nach der Geburt ihres einzigen Kindes, einer Tochter, gesundete sie nicht mehr und starb nach siebenjähriger Ehe in der großen Gewissheit: Das Blut Jesu Christi ist mein fester, einziger Lebensgrund, und durch seinen Geist weiß ich, dass ich ein Kind Gottes bin. Nun darf ich zum Heiland!

Auch seine zweite Frau und drei seiner Kinder musste Knapp beerdigen. Am schwersten traf ihn der Tod seines Sohnes Paul Stephan, der eben sein theologisches Studium begonnen hatte.

Die Trauer machte ihn krank und raubte ihm die Kraft. Die Erblindung seines rechten Auges behinderte ihn schwer und an einem Bronchialkatarrh wäre er fast erstickt.

Einst als junger Pfarrer in Sulz am Neckar hatte er das Lied gedichtet:

Dass ich dein auf ewig sei,
sei die größte meiner Sorgen,
dass ich einst verklärt und frei
steh am Auferstehungsmorgen:
diese Bitte, dieser Sinn
nehme mich, o Jesu, hin.

Alle Lebensfreudigkeit
ruhet nur in einer Frage:
ob ich dich in Freud und Leid
glaubensvoll im Herzen trage.
Hör ich hier des Geistes Ja,
dann ist volle Gnüge da.

Alle Sterbensfreudigkeit
ruhet nur in einer Frage:
ob du mich im Ehrenkleid
finden wirst an jenem Tage.
Hör ich hier des Geistes Nein,
dann ist alles lauter Pein.

Lass, o Herr, durch deinen Geist
mir die Antwort niemals fehlen,
dass, wie es dein Wort verheißt,
er im Grunde meiner Seelen
mir bezeuge klar und treu,
dass ich dein auf ewig sei.

Am Ende seines Lebens sagte er: Mein Leben liegt hinter mir wie eine zerbrochene Scherbe. Dann erinnerte er an das Glaubensbekenntnis von Jesus Christus und bekräftigte, dass er es auch jetzt in der vom Rationalismus geprägten Zeit aus der Tiefe seines Herzens ganz unterschreibe, denn ich bin ein verlorener Mensch, der Erlösung bedürftig.

Seine Freude war, dass Jesus Christus mit seinen Plänen des Heils in aller Welt zum Ziel kommen wird. Darum hatte er einst dem Missionslied von Karl Heinrich von Bogatzky *Wach auf, du Geist der ersten Zeugen* noch die Strophe hinzugefügt:

Du wirst dein herrlich Werk vollenden,
der du der Welten Heil und Richter bist;
du wirst der Menschheit Jammer wenden,
so dunkel jetzt dein Weg, o Heilger, ist.
Drum hört der Glaub nie auf, zu dir zu flehn;
du tust doch über Bitten und Verstehn.

Am 10. Juni 1864 verstarb Albert Knapp nach mehrjähriger Krankheit und Schwäche im Alter von 65 Jahren. Auf seinem Grabstein steht das Wort: Ich ruhe aus in Christi Blut.

Zu dem Lied *Der Herr ist gut* hatte er noch die Strophe gedichtet:

Der Herr ist gut und bleibt es bis zum Tod.
Wir sollen ihm in seinen Armen sterben;
er will uns führen aus der letzten Not
und alles, was er hat, uns lassen erben
und Ruhe geben, wie er selber ruht.
Der Herr ist gut.

Karl Bernhard Garve – als Lehrer gescheitert

Geborgen in den Armen Jesu

Mit 21 Jahren wurde Karl Bernhard Garve als Lehrer an das Theologische Seminar der Herrnhuter Brüdergemeine in Barby berufen. Der begabte und geistreiche junge Mann hatte eben seine Ausbildung im Seminar von Niesky abgeschlossen und wurde unmittelbar danach schon mit Lehraufgaben betraut. Er unterrichtete auch sehr gerne, besonders in historischen und philosophischen Fächern.

Schmerzlich und verletzend wurde es für Garve, als man ihn im Alter von 34 Jahren als Lehrer absetzte. Man kritisierte ihn offen und machte ihn für die Zustände unter den jungen Schülern verantwortlich. Diese jungen Leute waren an allem interessiert, nur nicht an einem späteren Dienst in der Herrnhuter Brüdergemeine. Garve muss dieses Misstrauen, dass er daran schuld sei, tief getroffen haben.

Frieden fand Garve nur im Schauen auf den gekreuzigten Jesus. Im Erkennen der Liebe Jesu schuf er das Lied der Nächsten- und Feindesliebe: *Liebe, du ans Kreuz für uns erhöhte Liebe*. Dort heißt es:

Du Versöhner, mach auch uns versöhnlich.
Dulder, mach uns dir im Dulden ähnlich,
dass Wort und Taten
wahren Dank für deine Huld verraten.

Lehr uns auch der Feinde Bestes suchen;
lehr uns segnen, die uns schmähn und fluchen,
mit deiner Milde.
O gestalt uns dir zum Ebenbilde.

Als Ersatz bot man Garve einen stillen Posten als Bibliothekar an der Universität von Zeist in Holland an. Als Dozent jedenfalls wollte man ihn nicht mehr einsetzen, obwohl ihm das doch besondere Freude machte.

Weil Garve aber lieber mit Menschen arbeiten wollte, als nur mit Büchern, ließ er sich schon bald als Diakon der Brüderkirche ordinieren. 1800 finden wir ihn als Prediger in Amsterdam, bald darauf als Inspektor der Erziehungsanstalt von Ebersdorf. Über die Gemeinde in Norden kam er nach Berlin, wo er einen weiten Wirkungskreis in der dortigen Brüdergemeine fand.

Durch die napoleonischen Kriege gab es damals viele verarmte Leute, Kranke und auch verwundete Soldaten. Garve baute für sie eine Anzahl von diakonischen Hilfsdiensten auf.

Sein letztes Gemeindepfarramt war in Neusalz an der Oder. Hier wirkte er 20 Jahre lang. Seine körperlichen Beschwerden und Schmerzen wurden im Alter immer schlimmer.

Tief mitgenommen hat ihn auch der frühe Tod seiner ersten Frau nach nur fünf Ehejahren. Als er wieder heiratete, war auch diese Frau sehr viel krank. In einem alten Bericht heißt es: Seine Ehe wurde zu einer besonderen Erziehungsanstalt fürs Himmelreich, in der sein Glaube hart und lang geprüft wurde, aber auch umso gründlicher geläutert.

Durch wie viel tiefe Kämpfe und Anfechtungen er in seinem Leben ging, davon spricht am besten das wahrscheinlich bekannteste und beliebteste Lied von ihm:

Stark ist meines Jesu Hand,
und er wird mich ewig fassen,
hat zuviel an mich gewandt,
um mich wieder loszulassen.
Mein Erbarmer lässt mich nicht;
das ist meine Zuversicht.

Sieht mein Kleinmut auch Gefahr,
fürcht ich auch zu unterliegen,
Christus reicht die Hand mir dar,
Christus hilft der Ohnmacht siegen.
Dass mich Gottes Held verficht,
das ist meine Zuversicht.

Wenn der Kläger mich verklagt,
Christus hat mich schon vertreten;

wenn er mich zu sichten wagt,
Christus hat für mich gebeten.
Dass mein Bürge für mich spricht,
das ist meine Zuversicht.

Würd es Nacht vor meinem Schritt,
dass ich keinen Ausgang wüsste
und mit ungewissem Tritt
ohne Licht verzagen müsste,
Christus ist mein Stab und Licht;
das ist meine Zuversicht.

Seiner Hand entreißt mich nichts!
Wer will diesen Trost mir rauben?
Mein Erbarmer selbst verspricht's;
sollt ich seinem Wort nicht glauben?
Jesus lässt mich ewig nicht,
das ist meine Zuversicht.

Trotz dieser anhaltenden Belastungen setzte sich Garve erst im Alter von 73 Jahren nach fünfzigjährigem Dienst in der Brüdergemeine zur Ruhe.

Der bedeutende Theologieprofessor und Philosoph Friedrich Schleiermacher war von den 300 Liedern, die Garve dichtete, ungewöhnlich tief angesprochen. Allein 36 nahm er in das 1829 entstandene Berliner Gesangbuch auf.

Das mitreißende Missionslied wird heute noch gerne in Gemeinschaftskreisen gesungen:

Reich des Herrn, Reich des Herrn,
brich hervor in vollem Tag!
Deiner Strahlen Macht erhelle,
was in Todesschatten lag.
Wolk und Zweifelsnebel fälle;
sende Licht und Wärme nah und fern,
Reich des Herrn, Reich des Herrn!

Welch ein Herr, welch ein Herr!
Ihm zu dienen, welch ein Stand!
Wenn wir seines Dienstes pflegen,
lohnt er unsrer schwachen Hand
armes Werk mit reichem Segen.
Wallen wir, so wallt sein Friede mit
Schritt für Schritt, Schritt für Schritt.

Bekannt bis heute ist auch das Lied *Dein Wort, o Herr, ist milder Tau,* in dem Garve die wirksame Kraft des Wortes Gottes besingt:

Dein Wort ist, Herr, ein Flammenschwert,
ein Keil, der Felsen spaltet,
ein Feuer, das im Herzen zehrt
und Mark und Bein durchschaltet.
O lass dein Wort noch fort und fort
der Sünde Macht zerscheitern
und alle Herzen läutern!

Ich suchte Trost und fand ihn nicht;
da ward das Wort der Gnade
mein Labsal, meine Zuversicht,
die Fackel meiner Pfade.
Sie zeigte mir den Weg zu dir
und leuchtet meinen Schritten
bis zu den ewgen Hütten.

Auf immer gilt dein Segensbund,
dein Wort ist Ja und Amen.
Nie weich es uns aus Geist und Mund
und nie von unserm Samen.
Lass immerfort dein helles Wort
in allen Lebenszeiten
uns trösten, warnen, leiten!

So sende bald von Ort zu Ort
den Durst nach deinen Lehren,
den Hunger aus, dein Lebenswort

und deinen Geist zu hören;
und send ein Heer von Meer zu Meer,
der Herzen Durst zu stillen
und dir dein Reich zu füllen.

Noch fünf Jahre lebte Garve still zurückgezogen in Herrnhut. Oft wurde er von schweren Anfechtungen geplagt, bis ihn Gott 1841 im Alter von 78 Jahren heimrief.

Sein Lied klingt bis heute fort:

Ach sei mit deiner Gnade
bei uns, Herr Jesu Christ,
auf dass uns nimmer schade
des bösen Feindes List.

Ach sei mit deiner Liebe,
Gott Vater, um uns her.
Wenn diese uns nicht bliebe,
fiel uns die Welt zu schwer.

Ach Heilger Geist, behalte
Gemeinschaft allezeit
mit unserm Geist und walte
du bis in Ewigkeit.

Das gar nicht fröhliche Leben des Johannes Daniel Falk

Durch Gottes Härte barmherzig geworden

Man schrieb das Jahr 1813. Es war eine schlimme Zeit. Die französischen Truppen Napoleons und ihre Verbündeten hatten Weimar besetzt. In Nachbarorten hausten spanische Truppen wie die Barbaren. Häuser wurden angezündet, Vieh geraubt und geschlachtet, der Hausrat geplündert. Die brutale Besatzung durch fremde Truppen brachte unvorstellbares Leid über die Bevölkerung.

Zu allem brach auch noch die Pest aus. Im Haus des Legationsrates Johannes Daniel Falk erkrankten alle sechs Kinder. Zuerst starb der einjährige Roderich, dann die zwei Monate alte Cäcilie. Wenig später war die sechsjährige Eugenie tot, zwei Wochen darauf auch der dreijährige Guido. Der kranke Vater lag wochenlang im Bett.

In dieser furchtbaren Verzweiflung und Trauer kam es zu einer durchgreifenden Wende im Leben Johannes Falks. Nachdem er sein Theologiestudium abgebrochen hatte, war er viele Jahre ein gefeierter Dichter und Literat in Weimar gewesen, ein Freund der berühmten Geistesgrößen Goethe, Wieland und Herder. Am liebsten dichtete er ironische und satirische Spottverse. Mehrere Bücher füllte er damit.

Unter dem Eindruck dieser erschütternden Erlebnisse schrieb er: Erst als ich merkte, wie hart Gott gegen mich sein musste, da bin ich barmherzig geworden. Der Mann der spöttischen Satire wurde zum feinfühlenden Helfer in der Not.

Jetzt kamen bei Johannes Falk auch alte Erinnerungen aus seiner Heimat Danzig wieder hoch. Seine Mutter war eine gläubige Frau und treue Beterin gewesen. Er aber hatte später mit dem christlichen Glauben ganz gebrochen.

In Danzig war Johannes Falk 1768 im Haus eines Perückenmachers geboren worden. Die Familie mit sieben Kindern war arm. So musste der Vater den jungen Johannes schon mit zehn Jahren von der Schule nehmen. Die Stadtväter von Danzig aber boten dem begabten Jungen den kostenlosen Besuch der Lateinschule an und finanzierten ihm auch später das Universitätsstudium.

Als Johannes Falk 1791 das Stipendium übergeben wurde, schärften ihm die Stadtväter ein: Geh mit Gott! Du bleibst unser Schuldner. Zahlen musst du diese Schuld. Wir haben dich als Kind mit Liebe gepflegt. Wenn ein armes Kind an deine Tür klopft, vergiss nie, wie arm du selbst warst!

Und jetzt in dem schlimmen Elend des napoleonischen Krieges irrten Tausende von Waisenkindern unversorgt und hilflos, bettelnd und stehlend durchs Land. Johannes Falk, tief getroffen vom schweren Verlust seiner Kinder, kamen die Mahnungen von damals wieder in Erinnerung. Da standen wirklich zerlumpte Kinder an seiner Tür. Jetzt nahm er sie bei sich auf.

Johannes Falk gründete den Verein der Freunde in der Not.

Bald mietete er ein leer stehendes Haus an. Seine Schriftstellerei war ihm plötzlich nicht mehr wichtig.

Er nahm die hungernden und herumstreunenden Kinder nicht nur auf, sondern fand bei diesen Kindern auch seine pädagogische Lebensaufgabe. Der hilflose Staat sperrte damals, weil er sich nicht anders zu wehren wusste, die streunenden Kinder einfach ein. Falk aber setzte auf Erziehung statt auf Strafe und begeisterte die Kinder mit Spielen, Liedern und seinen meisterhaften Erzählungen. Daneben baute er für seine Kinder eine eigene Schule auf und bemühte sich um Ausbildungsplätze für Lehrlinge in handwerklichen Berufen. Die damals unglaublich große Zahl von über 100 Kindern wurde versorgt. So hat Johannes Falk mehr als 500 Kinder für ihr ganzes Leben entscheidend geprägt.

Rückschläge blieben aber nicht aus. Das gemietete Haus musste zurückgegeben werden, weil ein rücksichtsloser Makler das Grundstück aufgekauft und gekündigt hatte. Noch acht Tage vor dem Kündigungstermin wussten Falk und seine Kinder nicht, wohin sie ziehen sollten. Schließlich bot man ihnen ein uraltes, ziemlich verfallenes Haus in der Luthergasse an. Obwohl Falk bis zum Schluss äußerte, nicht tot wünsche ich mich in dieses Haus, gab es keinen anderen Ausweg für ihn.

Schließlich nahm Falk es als Gottes Fügung an. Er gab dem neuen Heim den Namen Lutherhof und renovierte in jahrelanger Arbeit mit seinen Jugendlichen und anderen Helfern das halb verfallene Haus, das eigentlich unbewohnbar war. Da der Platz nicht ausreichte, entschloss er sich noch zu einem Neubau. Jetzt war in diesem Rettungshaus Platz für 200 Kinder geschaffen – gleichzeitig als Modell für andere pädagogische Anstalten.

Falk erkannte, wie wichtig es neben einer soliden Berufsausbildung ist, diese Kinder in einem lebendigen und tätigen Glauben zu Jesus Christus hin zu erziehen. Kinder von Räubern und Mördern singen Psalmen und beten, schrieb Falk. Knaben verfertigen Schlösser aus dem schmählichen Eisen, das für ihre Hände und Füße bestimmt war, und bauen Häuser, die sie früher nur aufzubrechen verstanden. Ja, es ist wahrlich so, wo Ketten und Fußblöcke, wo Peitsche und Gefängnis nichts vermögen, trägt die Liebe den Sieg davon.

Mittwochs und samstags gab es an den Nachmittagen die unvergesslichen Jugendstunden. Falk konnte meisterhaft erzählen. Er verarbeitete dazu Erinnerungen aus seiner Jugend an der Ostsee. Er erzählte von untergehenden Schiffen, Blitzen und tosenden Wellen und wie Gott betende Leute im Boot mitten im Sturm vor dem Untergang bewahrte. Die Kinder trugen ihre freiwillig auswendig gelernten Bibelworte vor. Dann wurden mitreißende Lieder gesungen, die Falk selbst für die Kinder gedichtet hatte. Wie sprechend ist das Bild der Männer im Seesturm:

Wie mit grimmgem Unverstand
Wellen sich bewegen!
Nirgends Rettung, nirgends Land
vor des Sturmes Schlägen!
Einer ist's, der in der Nacht,

einer ist's, der uns bewacht.
Christ Kyrie, du wandelst auf der See!

Wie vor unserm Angesicht
Mond und Sterne schwinden!
Wenn des Schiffleins Ruder bricht,
wo dann Rettung finden?
Keine Hilf als bei dem Herrn,
er ist uns der Morgenstern.
Christ Kyrie, erschein uns auf der See!

Nach dem Sturme fahren wir
sicher durch die Wellen,
lassen, großer Schöpfer, dir
unser Lob erschallen.
Lobet ihn mit Herz und Mund,
lobet ihn zu jeder Stund!
Christ Kyrie, ja, dir gehorcht die See!

Einst in meiner letzten Not
lass mich nicht versinken;
soll ich von dem bittern Tod
Well auf Welle trinken,
reiche mir dann liebentbrannt,
Herr, Herr, deine Glaubenshand.
Christ Kyrie, komm zu uns auf die See!

Das Leid lag weiter schwer über der Familie Falk. 1819 starb der 17-jährige hoffnungsvolle Sohn Eduard an Hirnhautentzündung, als er eben sein Studium an der Universität beginnen wollte. Im Tagebuch schrieb Falk: Den folgenden Tag kamen noch vier Kinder mit einem Empfehlungsschreiben ihres Pastors. Mein Sohn Eduard stand noch auf der Bahre. Wir haben sie nicht abgewiesen. Der Name des Herrn sei hochgelobt!

Bald nach dem Einzug im Lutherhof starb die sechsjährige Angelika, sein Sonnenschein.

Ich habe den Herrn Jesus erst recht unter dem Kreuz erkannt, schrieb Johannes Falk einmal. So geben meine Lieder einen anderen Klang als früher. Und ich freue mich, dass ich auch den Ton treffe, der den Kindern an das Herz geht. Ich freue mich an der Geschwindigkeit, mit der sie meine Lieder lernen.

Der Höhepunkt der Feste war der Weihnachtsabend. Aus den Werkstätten und Häusern kamen die Kinder durch den Schnee in den Saal, in dem drei Christbäume geschmückt waren. Auf der langen Tafel waren viele Geschenke.

Falk legte Wert darauf, dass nicht nur reiche Bürger der Stadt die Kinder beschenkten, sondern die Kinder selbst einander erfreuten. Geben ist seliger als nehmen! Nach diesem Bibelwort handelten die Kinder. Schon Monate vor Weihnachten dachten sie sich Überraschungen aus. Da wurde heimlich gewebt und gestrickt, gebastelt und gedrechselt.

Falk erzählte einmal: Nimmer hätte ich's geglaubt, dass mir mein Gott die Gabe der volkstümlichen, kindlichen Rede verliehen hätte. Ich danke ihm dafür von Herzen. Sie ist mir so wert, wie dem Schreiner der Hobel und dem Jäger das Gewehr. Mir gehen die Augen über, wenn nun die Kinder mit ihren glückselig strahlenden Augen das Lied anstimmen, das ich für sie gedichtet habe.

An Weihnachten 1816 war Johannes Falk krank. Für das Fest mit seinen Kindern hatte er nur die eine Strophe gedichtet: *O du selige, o du fröhliche, freudenbringende Weihnachtszeit.* Dazu kamen zwei weitere Verse für die großen christlichen Feste.

Der Pädagoge und Begründer der Inneren Mission, Hinrich Wichern, hat für seine Arbeit mit verwahrlosten Kindern in Hamburg viele Anregungen von Johannes Falk erhalten. Dabei hat er auch dieses Lied übernommen und erstmals als dreistrophiges Weihnachtslied umgedichtet.

Später brachte Heinrich Holzschuher, der früher bei Falk in Weimar in der Erziehungsarbeit half und dann als Fürsorger in Gefängnissen und Erziehungsheimen wirkte, das Lied in die jetzige Form:

O du fröhliche, o du selige,
gnadenbringende Weihnachtszeit!
Welt ging verloren, Christ ist geboren:
Freue, freue dich, o Christenheit.

O du fröhliche, o du selige,
gnadenbringende Weihnachtszeit!
Christ ist erschienen, uns zu versühnen:
Freue, freue dich, o Christenheit!

O du fröhliche, o du selige,
gnadenbringende Weihnachtszeit!
Himmlische Heere jauchzen dir Ehre:
Freue, freue dich, o Christenheit!

Johannes Falk starb 1826 im Alter von 57 Jahren unter großen Schmerzen an einer Blutvergiftung. Unweit der Gräber Goethes und Schillers findet sich auf dem alten Friedhof von Weimar der Grabstein mit der ungewöhnlichen Inschrift, die Falk selbst verfasste:

Unter diesen grünen Linden
ist durch Christus frei von Sünden
Herr Johannes Falk zu finden …

Bei seiner Frau Karoline geb. Rosenfeld, die nach Johannes Daniel Falks Tod das Kinderheim weiterführte, heißt es:

Während Gott ihr sieben der eigenen Kinder nahm, ward sie fremden Kindern eine Mutter. Gott wird abwischen alle Tränen von ihren Augen.

Matthias Claudius – der Literat in der Stille von Wandsbek

Wie Kinder fromm und fröhlich sein!

Zu den ganz großen deutschen Literaten gehört Matthias Claudius. Der berühmte Dichter Friedrich Gottlieb Klopstock oder der gefeierte Philosoph und Dichter Gotthold Ephraim Lessing zählten ihn zu ihren Freunden. Johann Gottfried Herder nannte Claudius gar das größte Genie, das ich kennengelernt habe. Mit Hamann und Lavater verband Claudius eine enge Freundschaft. Er schrieb vielbeachtete Kritiken großer Theateraufführungen. Er wurde ein erfolgreicher Schriftsteller. Goethe war gespannt, den berühmten Mann kennenzulernen.

Und doch stand das Leben von Matthias Claudius in einem ganz eigentümlichen Gegensatz zu jener bewunderten und glänzend aufleuchtenden Geisteswelt. Er wohnte abgeschieden in Wandsbek, dem dörflichen Vorort der Weltstadt Hamburg. Er freute sich wie wenig andere an seiner Familie, besonders an seiner Frau Rebekka, die er bewundernd ein Bauernmädchen nannte. Er tollte mit seinen Kindern auf der Wiese und sang staunend vom ersten Zahn seines Säuglings. Mit dem modisch Künstlichen und Gestelzten einer aufgeklärten neuen Zeit konnte er sich nicht befreunden. Ich bin ein Bote und nichts mehr! So schätzte er sich selbst ein.

Er freute sich an der schönen Welt in seinem Bauernlied, das in einer längeren Erzählung *Paul Erdmanns Fest* vorgestellt wird:

Wir pflügen, und wir streuen
den Samen auf das Land,
doch Wachstum und Gedeihen
steht in den Himmels Hand:
der tut mit leisem Wehen
sich mild und heimlich auf
und träuft, wenn heim wir gehen,
Wuchs und Gedeihen drauf.
Alle gute Gabe kommt her von Gott, dem Herrn,
drum dankt ihm, dankt, und hofft auf ihn!

Er sendet Tau und Regen
und Sonn- und Mondenschein
und wickelt seinen Segen
gar zart und künstlich ein,
und bringt ihn dann behende
in unser Feld und Brot:
es geht durch unsre Hände,
kommt aber her von Gott.
Alle gute Gabe …

Obwohl Claudius mit seinem juristischen Studium und seinen Verwaltungskenntnissen hätte hohe Stellungen bekleiden können, lebte er ein Leben lang finanziell äußerst beengt und doch immer fröhlich und fast sorglos. So drückt er es selbst aus:

Gott gebe mir nur jeden Tag
so viel ich b'darf zum Leben;
er gibt's dem Sperling auf dem Dach;
wie sollt er's mir nicht geben!

Tat sich eine sichere Anstellung auf, dann war er es selbst, der sich nach kurzer Zeit mit seinem freien Drang gegen diese enge Bindung sträubte.

So wurde er Schriftleiter des Wandsbeker Boten. Allerdings dauerte diese literarische Tätigkeit mit dem viermal wöchentlich erscheinenden Blatt nur vier Jahre. Als Claudius die Schriftleitung übernahm, war die Zeitung ein übles Klatschblättchen. Nun sollte Claudius ein geistvolles Niveau hineinbringen mit Rezensionen von philosophischen und mathematischen Büchern. Wen wundert es, dass ein Jahr nach seinem Amtsantritt das Blatt nur noch 400 Bezieher hatte? Was Claudius schrieb, war nicht nach der reißerischen Mode der Zeit. So musste das Blatt 1775 endgültig eingestellt werden.

Matthias Claudius war von Haus aus Niedersachse. Er wurde als Sohn eines Pfarrers am 15. August 1740 in Rheinfeld bei Lübeck geboren. Zusammen mit seinem Bruder Josias begann er das Theologiestudium in Jena, wandte sich dann dem Jurastudium und der Kameralistik, der Verwaltung öffentlicher Haushalte, zu. Am meisten interessierte ihn die Literaturwissenschaft.

Schwer erschütterte den jungen Studenten der Tod seines Bruder Josias, der an den Blattern starb. Tief musste Claudius dann viel später auch den grausamen Schmerz beim Tod seines Sohnes Matthias empfinden: Ich dachte lange schon, mein Glaube sei fest und stark; in der Stunde aber, in der ich meinen Matthias in den Sarg legte, da wollte Ergebung und Demut fast nicht halten. Der Glaube wurde hart geprüft. Da erst lernte ich verstehen, was es mit dem Menschenleben auf sich hat. Was vorherging, war nur ein Kinderspiel.

Und weiter schrieb er: Über kräftige Kirchenlieder geht nichts, es ist ein Segen darin, und sie sind in Wahrheit Flügel, darauf man sich in die Höhe heben und eine Zeit lang über dem Jammertal schweben kann ... So ein ›Befiehl du deine Wege‹ zum Beispiel, das man in seiner Jugend oft und andächtig mit der Mutter gesungen hat, ist wie ein alter Freund im Haus, dem man vertraut und bei dem man in ähnlichen Fällen Rat und Trost sucht.

Als 1796 die 20-jährige Tochter Christine starb, litt Matthias Claudius furchtbar an dem schweren Verlust. In seinen Briefen an Andres, wie er seine literarischen Plaudereien über Gott und alle möglichen Dinge der Welt nannte, schrieb er eindeutig von seiner Hoffnung auf Jesus Christus im Sterben:

Wer nicht an Christus glauben will, der muss sehen, wie er ohne ihn raten kann. Ich und du können das nicht. Wir brauchen jemand, der uns hebe und halte, weil wir leben, und uns die Hand unter den Kopf lege, wenn wir sterben sollen; und das kann er überschwänglich, nach dem, was von ihm geschrieben steht, und wir wissen keinen, von dem wir's lieber hätten. Die Zeit wird kommen, wo sie auch uns in den Sarg legen. Lass uns tun, was wir dann gern möchten getan haben, und unser Vertrauen auf Gott setzen.

Beim Tod seines Vaters 1773 dichtete Matthias Claudius die berühmten Zeilen *Bei dem Grabe meines Vaters*:

Friede sei um diesen Grabstein her!
Sanfter Friede Gottes! Ach, sie haben
einen guten Mann begraben,
und mir war er mehr;
träufte mir von Segen, dieser Mann,
wie ein milder Stern aus bessern Welten!
Und ich kann's ihm nicht vergelten,
was er mir getan.
Er entschlief; sie gruben ihn hier ein.
Leiser, süßer Trost, von Gott gegeben,
und ein Ahnen von dem ewgen Leben
diift' um sein Gebein!
Bis ihn Jesus Christus, groß und hehr!
freundlich wird erwecken – ach, sie haben
einen guten Mann begraben,
und mir war er mehr.

Viele meinten es gut mit Matthias Claudius und wollten ihm freundschaftlich helfen. So auch, als ihm die ehrenvolle Stellung als Oberlandkommissarius in Darmstadt angetragen wurde. Nach kurzer Zeit ödete ihn die Atmosphäre der Amtsstuben an.

So wechselte er und schrieb seine Beiträge für eine hessische Landzeitung. Aber auch diese Arbeit empfand er als einen Frondienst. Als seine Vorgesetzten ihn zurechtwiesen, litt er unsagbar darunter und kündigte.

Aber konnte Claudius nach so kurzer Zeit wieder als ein Gescheiterter vor seinen Freunden in Hamburg erscheinen? Wer bezahlte die Kosten der Heimfahrt? Claudius erkrankte schwer. Durch die seelischen Demütigungen stand er am Rand des Todes.

Matthias Claudius dankte Gott, wie er ganz knapp dem Tod entrinnen konnte: Wie sollt ich Gott nicht loben? Im Vertrauen auf Gott fand er wieder Ruhe. Er bekam eine Stelle als Revisor der

Holsteinischen Bank. Daneben blieb viel Zeit für seine Schriftstellerei. Unter dem Namen des Wandsbeker Boten schrieb er seine Gedanken nieder. So kehrte er in sein kleines Häuschen nach Wandsbek zurück, das für viele Freunde gastfrei offen stand, und versorgte seine sechsköpfige Familie.

Hier entstand sein schönstes Lied:

Der Mond ist aufgegangen,
die goldnen Sternlein prangen
am Himmel hell und klar.
Der Wald steht schwarz und schweiget,
und aus den Wiesen steiget
der weiße Nebel wunderbar.

Wie ist die Welt so stille
und in der Dämmrung Hülle
so traulich und so hold
als eine stille Kammer,
wo ihr des Tages Jammer
verschlafen und vergessen sollt.

Seht ihr den Mond dort stehen?
Er ist nur halb zu sehen,
und ist doch rund und schön.
So sind wohl manche Sachen,
die wir getrost belachen,
weil unsre Augen sie nicht sehn.

Wir stolzen Menschenkinder
sind eitel arme Sünder
und wissen gar nicht viel.
Wir spinnen Luftgespinste
und suchen viele Künste
und kommen weiter von dem Ziel.

Gott, lass uns dein Heil schauen,
auf nichts Vergänglichs trauen,
nicht Eitelkeit uns freun;

lass uns einfältig werden
und vor dir hier auf Erden
wie Kinder fromm und fröhlich sein.

Wollst endlich sonder Grämen
aus dieser Welt uns nehmen
durch einen sanften Tod;
und wenn du uns genommen,
lass uns in Himmel kommen,
du unser Herr und unser Gott.

So legt euch denn, ihr Brüder,
in Gottes Namen nieder;
kalt ist der Abendhauch.
Verschon uns, Gott, mit Strafen
und lass uns ruhig schlafen.
Und unsern kranken Nachbarn auch!

Schon zu Lebzeiten von Claudius wurde dieses Abendlied in das Glaucha-Hallesche Gesangbuch übernommen. Leider aber hat das damals sich so fortschrittlich und aufgeklärt wähnende Geschlecht die Tiefe der Aussagen von Claudius nicht verstehen können. So wurde der eindrückliche Satz sind eitel arme Sünder verfälscht in das nichtssagende wir fehlen mehr und minder. Dabei hatte Claudius genau diese arroganten Zeitgenossen mit seinem Wort zur Besinnung bringen wollen.

Ob es vielleicht mehr als eine Vernunft nun gibt? Ich kann in die heutige mich nicht hineinfinden. Sie nennen Dinge vernünftig, die ich unvernünftig, und Dinge unvernünftig, die ich vernünftig finde. Da bin ich nun zwischen Tür und Angel, und weiß nicht, ob ich eine unvernünftige Vernunft oder eine vernünftige Unvernunft vorziehen soll.

So kritisch stand Claudius der neuen aufgeklärten Zeit gegenüber. Gottes Offenbarung nach der Vernunft zu meistern, erinnerte ihn an Leute, die den Lauf der Sonne nach ihrer hölzernen Wanduhr richten wollten.

Claudius war kein Freund neuer theologischer Auslegungen und hielt fest am Wort der Heiligen Schrift. So schrieb er in seinen Briefen an Andres:

Da nehmen sie alles zu Hilfe, Gelehrsamkeit und Redekunst, Altertümer und Sprachgebrauch, Angleichung und babylonische Teufel, Volkssinn und Volksunsinn, um den offenbaren Verstand und die klaren Worte der Heiligen Schrift unmündig und aus Schwarz Weiß zu machen. Und andere, die noch wohl lieber beim Weißen blieben, laufen mit, weil sie den Wert ihrer Sache nicht kennen und es ihnen an Kraft und Mut fehlt, den Verdacht der alten Einfalt und des Zurückbleibens auf sich zu laden.

Aber du bist der Meinung, es sei immer solcher Unfug gewesen; man solle schweigen und zusehen, bis auch dieser Schwindel vorübergehe und sie aus Schaden klug werden.

Der Meinung bin ich aber nicht. Schweigen ist freilich das Sicherste und Bequemste, auch die meiste Zeit das Gescheiteste; aber ich denke, in einer Sache, die alle Menschen so nahe angeht, kann man nicht zu früh und zu viel widersprechen; ich denke, in einer solchen Sache darf kein ehrlicher Mann schweigen.

In seinem Valet an seine Leser schrieb er: Das Zeitliche und Sichtbare an uns selbst hat nicht Bestand und Wert, ist nur ein brechlicher Verschlag, und inwendig wohnen wir. Was unsichtbar und geistig ist, das nur ist fest und ewig, und der Art sind auch die rechten Schätze, die der Rost nicht frisst. Und die sammelt der Glaube. Aber Glaube ist in der gelehrten Welt ein unbekannt Ding.

Immer mehr rückte Claudius deshalb schon in seinen früheren Briefen an Vetter Andres Jesus Christus in den Mittelpunkt. Man muss sich dabei vergegenwärtigen, dass die Gebildeten damals kaum mehr eine Bibel in die Hand nahmen. So erzählte Claudius ihnen von den herrlichen Taten Jesu aus dem Neuen Testament.

In seinem 75. Lebensjahr nahm die Lebenskraft von Matthias Claudius rasch ab. Kurz zuvor hatte er noch als mittelloser Flüchtling Hamburg verlassen müssen, als die französischen Truppen unter Napoleon in der Stadt eine Schreckensherrschaft errichteten. Jahre früher hatte er das bekannte Motet geschrieben, das so beginnt:

Der Mensch lebt und bestehet
nur eine kleine Zeit;
und alle Welt vergehet
mit ihrer Herrlichkeit.
Es ist nur Einer ewig und an allen Enden
und wir in seinen Händen.

Am 21. Januar 1815 ging Matthias Claudius in Hamburg friedlich heim zu seinem Herrn.

Friedrich von Hardenbergs Leben im Schatten des Todes

Die romantische Liebe eines Künstlers zu Christus

Ausgerechnet Friedrich von Hardenberg haben viele wegen seiner Lieder verdächtigt, ihm sei das Weitersagen des Evangeliums nicht wichtig gewesen. Man hat dazu einfach nur eine einzige Zeile seines Liedes bis zum Überdruss zitiert: Lasse still die andern breite, lichte, volle Straßen wandern. So ist ihm bis heute unter Christen der Makel eines bösen Egoisten geblieben, der nur an seinem eigenen Heil interessiert sei.

Genau das Gegenteil entspricht aber der Wahrheit. Friedrich von Hardenberg, der sich selbst nach einem seiner Familiengüter Neubruch = Novalis nannte, hatte in besonderer Weise die Gebildeten und Künstler seiner romantischen Zeit erreicht. Seine Lieder glühender Jesusliebe waren ganz anders als die kühlen Weisen, die man früher sang. Hardenberg sprach Menschen durch sein warmes und unmittelbares Gefühl tief an. Viel wurde bei ihm lebendig, was er in seiner Kindheit in der Herrnhuter Brüdergemeine gelernt hatte.

Dass das missverständliche Zitat allein so nicht stehen gelassen werden darf, das zeigt etwa das Lied *Was wär ich ohne dich gewesen?* Dort geht Hardenberg kühn werbend und herzhaft einladend auf andere zu:

O geht hinaus auf allen Wegen
und ruft die Irrenden herein,
streckt jedem eure Hand entgegen
und ladet froh sie zu uns ein.
Der Himmel ist bei uns auf Erden,
im Glauben schauen wir ihn an;
die eines Glaubens mit uns werden,
auch denen ist er aufgetan.

Oder im Osterlied:

Ich sag es jedem, dass er lebt und auferstanden ist,
dass er in unsrer Mitte schwebt und ewig bei uns ist.

Ich sag es jedem, jeder sagt es seinen Freunden gleich,
dass bald an allen Orten tagt das neue Himmelreich.

Friedrich von Hardenberg wurde 1772 als Sohn eines adligen Landbesitzers in der Grafschaft Mansfeld geboren. Er studierte bei Friedrich Schiller Geschichte und Philosophie, begeisterte sich für alles Schöne und Gute und legte ein juristisches Examen ab.

Im Alter von 22 Jahren lernte er die damals noch keine 13 Jahre alte Sophie von Kühn kennen und verlobte sich heimlich mit ihr. In heißer Liebe verehrte er sie, auch nachdem sich ihre schwere Erkrankung eines gefährlichen Lebergeschwürs herausstellte. Zwei Tage nach ihrem 16. Geburtstag starb das geliebte Mädchen, wenig später auch ihr Bruder. Novalis war tief getroffen und erschüttert.

Jetzt vertiefte er sich umso mehr in seine Dichtung, in philosophische und naturwissenschaftliche Betrachtungen. Er war ein Universalgenie und studierte weiter. In der Salinenverwaltung, wo schon sein Vater als Direktor tätig war, bekam er als gelernter Bergbauingenieur eine Stellung.

Begeistert schrieb der Literat Friedrich Schlegel an den Theologen Friedrich Schleiermacher über Novalis: Auch christliche Lieder hat er uns gelesen; die sind nun das Göttlichste, was er je gemacht hat. Die Poesie darin hat mit nichts Ähnlichkeit als mit dem Innigsten und Tiefsten unter Goethes früheren kleinen Gedichten. Schon wurden Pläne eines neuen Gesangbuches mit den Liedern von Novalis entworfen. Es kam aber nicht mehr dazu.

Seine Gesundheit war schon schwach und angeschlagen. Novalis starb 1801 im Alter von 28 Jahren an Tuberkulose.

Sein wohl bekanntestes Lied:

Wenn ich ihn nur habe,
wenn er mein nur ist,
wenn mein Herz bis hin zum Grabe
seine Treue nie vergisst,
weiß ich nichts von Leide,
fühle nichts als Andacht, Lieb und Freude.

Wenn ich ihn nur habe,
lass ich alles gern;
folg an meinem Wanderstabe
treugesinnt nur meinem Herrn,
lasse still die andern,
breite, lichte, volle Straßen wandern.

Wo ich ihn nur habe,
ist mein Vaterland;
und es fällt mir jede Gabe
wie ein Erbteil in die Hand.

Längst vermisste Brüder
find ich nun in seinen Jüngern wieder.

Wenn ich ihn nur habe,
ist der Himmel mein;
ewig wird zu süßer Labe
seiner Liebe Flut mir sein,
wenn er wird in Freuden
mich auf grünen Lebensauen weiden.

Der geistreiche Prediger Johann Kaspar Lavater in Zürich

Für Leute, die ganz von Gott verlassen zu sein glauben

Eine furchtbare Katastrophe brach am 11. November 1755 über die portugiesische Hauptstadt Lissabon herein. Ein Erdbeben vernichtete in wenigen Augenblicken ein Drittel der schönen Stadt. 30000 Menschen kamen in den Trümmern ums Leben.

Wie kein anderes Ereignis hat dieses plötzliche Erdbeben die Menschen aufgeschreckt und tief erschüttert. Wie kann Gott das zulassen? Die aufgeklärte Religion des bloßen Vernunftglaubens war angetreten, alle unheimlichen und dunklen Dinge zwischen Himmel und Erde verständlich erklären zu können. Jetzt aber konnte die Vernunft keine sinnvolle Antwort mehr geben.

Auch Johann Kaspar Lavater, damals ein 14-jähriger Junge, wurde durch dieses erschütternde Unglück aufgewühlt. Später, im Alter von 30 Jahren, veröffentlichte er als Pfarrer in Zürich unter der Überschrift Stärkung in tiefer Dunkelheit das Mut machende Christenlied:

Fortgekämpft und fortgerungen,
bis zum Lichte durchgedrungen
muss es, bange Seele, sein.
Durch die tiefsten Dunkelheiten
kann dich Jesus hinbegleiten;
Mut spricht er den Schwachen ein.

Bei der Hand will er dich fassen;
scheinst du gleich von ihm verlassen,
glaube nur und zweifle nicht!
Bete, kämpfe ohne Wanken;
bald wirst du voll Freude danken,
bald umgibt dich Kraft und Licht.

Weg von aller Welt die Blicke!
Schau nicht seitwärts, nicht zurücke,
nur auf Gott und Ewigkeit;
nur zu deinem Jesus wende
Aug und Herz und Sinn und Hände,
bis er himmlisch dich erfreut.

Aus des Jammers wilden Wogen
hat dich oft herausgezogen
seiner Allmacht treue Hand.
Nie zu kurz ist seine Rechte;
wo ist einer seiner Knechte,
der bei ihm nicht Rettung fand?

1771 war ein schlimmes Jahr für die Schweiz. Durch Missernten brachen Hungersnöte über das Land herein. Immer mehr Bauern verarmten. Bald sollte in Frankreich aus diesen sozialen Unruhen heraus die Französische Revolution losbrechen. Lavater schrieb zu seiner Sammlung mit 50 Liedern, die er veröffentlichte, als Vorwort: Dies sind Lieder für Leute, die von Gott verlassen zu sein glauben und keines heiteren Gedankens, keines Trostes fähig sind.

Bis heute findet sich in den Gesangbüchern das Lied:

Von dir, o Vater, nimmt mein Herz
Glück, Unglück, Freuden oder Schmerz,
von dir, der nichts als lieben kann,
vertrauensvoll und dankbar an.

Ist alles dunkel um mich her,
die Seele müd und freudenleer,
bist du doch meine Zuversicht,
bist in der Nacht, o Gott, mein Licht.

Verzage, Herz, verzage nie;
Gott legt die Last auf, Gott kennt sie.
Er weiß den Kummer, der dich quält,
und geben kann er, was dir fehlt.

Oft sah ich keinen Ausweg mehr;
dann weint ich laut und klagte sehr:
Wo bist du, mein Gott? Schauest du
denn meinem Elend gar nicht zu?

Dann hörtest du, o Herr, mein Flehn
und eiltest, bald mir beizustehn;
du öffnetest mein Auge mir,
ich sah mein Glück und dankte dir.

Und helfen will er, zweifle nicht.
Er hält getreu, was er verspricht:
Nicht lassen will ich, Seele, dich;
sei guten Mutes, glaub an mich!

Der Andrang zu den Predigten Lavaters in Zürich, zuerst in der Waisenhauskirche, dann an der Peterskirche, war riesengroß. Unerschrocken stellte er sich gegen die aufgeklärte Vernunftmode seiner Zeit. Leidenschaftlich kämpfte er, der den Leuten nicht nach dem Mund redete, gegen ein christusloses Christentum und eine vernunftlose Schwärmerei. Ihm ging es um Jesus Christus allein, der sein Alles und Einziges war.

Der geistreiche und originelle Johann Kaspar Lavater war der Anziehungspunkt für die bekanntesten Kulturgrößen, Künstler, Philsophen und Ärzte seiner Zeit. Goethe nannte den Besuch in Zürich die oberste Spitze der ganzen Reise, auch wenn er ihn später wegen seines christlichen Glaubens als Stachel im freigeistigen Gewissen empfand. Lavater selbst verstand sich als Literat, Dichter und Philosoph, aber auch als Forscher und Entdecker. Vor allem aber wollte er evangelischer Pastor sein. Bis tief in die Nacht hinein wandte er als feinfühlender Menschenkenner viel Zeit an Seelsorge, Predigt und Hausbesuche.

Seine großen Hoffnungen auf die Französische Revolution wurden durch die blutige Realität in Paris und die überhebliche Gottlosigkeit, die die Freiheit anderer brutal zertrat, bitter enttäuscht. Jetzt schrieb Lavater das Wort eines freien Schweizers an die große Nation: Irreligion, die Gräuel häufte, sei ein Gräuel uns!

Ob dies der Grund war, dass Soldaten der französischen Besatzungstruppen Lavater 1799 in Zürich ermorden wollten? Wir wissen es nicht. Lavater wollte den siegreichen Truppen Frankreichs an seiner Haustür Wein bringen. Zwei Nachbarsfrauen waren zuvor von den Soldaten bedrängt worden. Ob er von denen als der Verfasser eines Aufrufs gegen die Französische Revolution erkannt wurde, wie manche meinen? Wir wissen es nicht. Jedenfalls richtete einer der Franzosen sein Gewehr auf den Pfarrer und drückte völlig unerwartet und grundlos ab.

Ein schweres Siechtum folgte, von dem sich Lavater nicht mehr erholte. Der sterbende Pfarrer verbot, den Namen des Täters zu erforschen. Ich verzeihe ihm von Herzen; ich verdanke meinem jetzigen schweren, unsäglichen Leiden viel. Für Lavater war jedes Leiden und jeder noch so schwere Schmerz nur ein immer neuer Ruf, in die Fußstapfen des gekreuzigten Jesus zu treten und sich seiner Liebe zu erinnern.

Johann Kaspar Lavater, 1741 in Zürich als Arztsohn geboren, starb Anfang 1801 an den Folgen des Attentats.

Karl Friedrich Harttmann legt unter Protest sein Amt nieder

Im Schmelztiegel heftiger Leiden und Schmerzen

Eigentlich begann alles mit einer ehrenvollen Berufung, als 1774 der württembergische Herzog Karl Eugen Vikar Karl Friedrich Harttmann zum Prediger und Professor an der neu gegründeten Akademie und Militärschule auf Schloss Solitude ernannte. Die Predigten in der Schlosskapelle waren regelmäßig überfüllt. Viele Stuttgarter wanderten sonntags durch die Wälder hinaus auf die Solitude, um den jungen Prediger zu hören.

Nach kurzer Zeit wurde die später Hohe Karlsschule genannte aufgeklärte Bildungsstätte, hauptsächlich für Kavalierssöhne, in die Kasernen unmittelbar hinter dem Neuen Schloss in Stuttgart verlegt. Auch der Dichter Friedrich Schiller gehörte zu den Schülern Harttmanns.

Die freimütigen Predigten Harttmanns mit ihrer offenen Kritik an dem maßlos freizügigen Luxus waren aber für den absolutistisch regierenden Herzog unerträglich. Mit seiner liberal aufgeklärten Religiosität empfand der hemmungslose Fürst den biblisch gewissenhaften Harttmann immer mehr als unbequeme Last. So versetzte der diktatorisch regierende Herzog Karl Eugen Harttmann nach drei Jahren Lehrtätigkeit kurzerhand hinaus in die Provinz, in das Dorf Illingen.

Man war meiner Tätigkeit für das Reich Christi überdrüssig, schrieb Harttmann. Weil er in der Versetzung ein Spiel menschlicher Leidenschaften sah, ging er nur widerwillig auf den neuen Platz. Mit meiner törichten Gereiztheit konnte ich zuerst nicht erkennen, dass diese Promotion ein Dekret aus dem oberen Kabinett Gottes war.

Karl Friedrich Harttmann wurde 1742 als Sohn eines Forstverwalters im württembergischen Adelberg geboren. In der traditionsreichen Begabtenförderung der evangelischen Klosterschulen Blaubeuren und Bebenhausen erhielt er seine Schulbildung und dann den Freiplatz zum theologischen Studium am Tübinger Stift. Anschließend wurde er für sechs Jahre dort Studienleiter, Repetent genannt. Hier im Tübinger Stift belebte Harttmann die für Stiftsstudenten bestehende Erbauungsstunde wieder.

Schon in seiner Schulzeit in der Klosterschule von Bebenhausen entschied sich Harttmann für eine bewusste Jesusnachfolge. Er sprach später von der herumholenden Liebe Christi, die ihn stark bestimmt habe. Es waren sechs Schüler, die damals unabhängig voneinander zum lebendigen Glauben kamen und miteinander über der Bibel Gemeinschaft pflegten. Sie waren alle vom geistreichen Bibeltheologen Prälat Friedrich Christoph Oetinger beeinflusst, der ein Gesamtsystem der Wahrheit aller Wissenschaften suchte. Er wurde den jungen Leuten Vorbild, Lehrer und Ratgeber.

1787 starb Harttmanns Frau, die Mutter von zwei Söhnen nach sechsjähriger Ehe. Er selbst war kurz vorher wieder schwer krank. Seit Jahren plagte ihn ein blutiger Husten mit Fieber. Vor dem Sarg seiner Frau erkannte Harttmann: Ich habe das Leiden wegbeten wollen ohne zu fragen, warum Gott es sendet, und als ob es an uns nichts zu läutern gäbe.

Weit bekannt wurde Harttmann durch ein von ihm verfasstes Lied, das die biblischen Aussagen vom Segen des Leidens bündelt.

Albert Knapp hat das Lied durch sprachliche Veränderungen für die Gemeinde singbar gemacht. Leider ist manchen das Lied schwer zugänglich, weil uns das Bild von der Läuterung im Schmelztiegel in der ersten Strophe fremd geworden ist:

Endlich bricht der heiße Tiegel
und der Glaub empfängt sein Siegel
als im Feur bewährtes Gold,
da der Herr durch tiefe Leiden
uns hier zu den hohen Freuden
jener Welt bereiten wollt.

Das Lied entstand 1782 beim Tod eines Freundes. In biblischer Tiefe zeigt Harttmann eindrücklich, wie Gott durch das Leiden Menschen verändert und seine heilende Ordnung in dem verwirrten Inneren schaffen will:

Unter Leiden prägt der Meister
in die Herzen, in die Geister
sein allgeltend Bildnis ein.
Wie er dieses Leibes Töpfer,
will er auch des künftgen Schöpfer
auf dem Weg der Leiden sein.

Leiden sammelt unsre Sinne,
dass die Seele nicht zerrinne
in den Bildern dieser Welt,
ist wie eine Engelwache,
die im innersten Gemache
des Gemütes Ordnung hält.

Leiden macht das Wort verständlich,
Leiden macht in allem gründlich;
Leiden, wer ist deiner wert?
Hier heißt man dich eine Bürde,
droben bist du eine Würde,
die nicht jedem widerfährt.

Im Todesjahr seiner Frau wechselte Harttmann auf die Pfarrstelle nach Kornwestheim als Nachfolger des bekannten Technikers und Erfinders Philipp Matthäus Hahn, der dort schon mit einer blühenden Bibelstunde begonnen hatte. Weitere Stationen waren die Leitung des Kirchenbezirks in Blaubeuren, dann in Neuffen, wo er zusammen mit Schulmeister Kullen in Hülben die Bibelgläubigen der Gegend sammelte, und schließlich 1803 in Lauffen am Neckar.

Als treuer Seelsorger litt er schwer an dem überheblichen Unglauben, der sich immer stärker ausbreitete. Auch Missstände in der Kirche griff er ungeniert an und zog gegen das üblich gewordene Gewäsch von Moral, Tugend und Religion zu Felde. Er nannte es ein Hauptzeichen unserer Zeit, dass man immer weniger nach einem Heiland fragt.

Von Karl Friedrich Harttmann stammt die Strophe, die in das Zinzendorflied *Herz und Herz vereint zusammen* eingefügt wurde:

Friedefürst, lass deinen Frieden
stets in unsrer Mitte ruhn;
Liebe, lass uns nie ermüden,
deinen selgen Dienst zu tun.
Denn wie kann die Last auf Erden
und des Glaubens Ritterschaft
besser uns versüßet werden
als durch deiner Liebe Kraft?

Große Unruhen löste 1791 die Einführung eines ganz vom Vernunftglauben verfälschten Gesangbuches aus, das viele lieb gewordene biblische Kernaussagen ausmerzte. Manchen Gemeinden, die sich gegen die Änderungen wehrten, wurde das neue Gesangbuch sogar mit dem Einsatz von Militär regelrecht aufgezwungen.

Als der württembergische König Friedrich I. 1809 dann auch noch eine neue Liturgie nach aufgeklärtem rationalistischem Geist einführte, konnte sich Harttmann nicht mehr fügen. Besonders empörte ihn, dass in der Tauf- und Konfirmationsordnung die Realität des Teufels zugunsten einer farblosen Absage an den Aberglauben gestrichen wurde. Das bibeltreue Volk hatte richtig erkannt, dass im Rationalismus alles, was der Vernunft nicht zugänglich war, schlicht als Aberglauben geleugnet werden sollte. So praktizierte Harttmann einfach die alte Ordnung weiter.

Das wäre wohl auch gut gegangen, wenn Harttmann nicht einen jüngeren Pfarrkollegen gehabt hätte, der sich ganz bewusst gegen Harttmann profilieren wollte. Mit einer Theologen manchmal eigenen Sturheit in formalen Dingen, wollte er nur noch die neue Ordnung praktizieren – auch wenn Gemeindeglieder unbedingt die alte Form verlangten. So kam es zum Konflikt. Der eifrige Kollege sorgte auch dafür, dass Harttmann bei der Kirchenbehörde angezeigt wurde.

Völlig unerwartet erreichte Harttmann aber bei der Kirchenleitung durch seine verbindliche und doch eindeutige Position, dass er die alte Ordnung weiter benutzen durfte, und ebenso auch alle Pfarrer Württembergs, die vor der Einführung der neuen Ordnung angestellt worden waren.

1811 legte Harttmann dennoch mit einem großen Protestschritt sein Dekansamt nieder. Der Anlass dazu war vergleichsweise harmlos und unbedeutend. Der König hatte eine neue Kleiderordnung für Pfarrer verfügt. Von den Knöpfen bis zum Haarschnitt war alles fest geregelt. Das Volk schätzte die ganze Sache wohl richtig ein, wenn man sagte, dass dies alles nur eine Intrige der Höflinge gegen die Kirche sei, um die Pfarrer in den Augen der Welt lächerlich zu machen. Auch Harttmann konnte es sich nur so erklären. Besonders erregte die Gemüter, dass hier das sonderbare Barett als Kopfbedeckung zur Pflicht gemacht wurde. Seltsam bleibt, wie solche ungewöhnlichen Äußerlichkeiten bis heute eine fast unantastbare Geltung zu haben scheinen, obwohl sie doch einst durch äußerst umstrittene Anlässe und unter Protest eingeführt wurden.

Drei Jahre später, 1815, ging Karl Friedrich Harttmann im Alter von 72 Jahren heim. In Tübingen hatte er im Haus seines Schwiegersohns, des Theologieprofessors Ernst Gottlieb Bengel, einem Enkel des großen Johann Albrecht Bengel, eine letzte Bleibe gefunden.

In seinem wichtigsten Lied, dem er den Titel gab *Vom Heiligungsgeschäft des Herrn Jesu an den Seinen*, beschreibt Harttmann, was für Christen das Sterben bedeutet:

Im Gefühl der tiefsten Schmerzen
dringt das Herz zu Jesu Herzen
immer liebender hinan;
und um eins nur fleht es sehnlich:
Mache deinem Tod mich ähnlich,
dass ich mit dir leben kann!

Endlich mit der Seufzer
Fülle bricht der Geist durch jede Hülle,
und der Vorhang reißt entzwei.
Wer ermisset dann hienieden,
welch ein Meer von Gottesfrieden
droben ihm bereitet sei?

Jesu, lass zu jenen Höhen
heller stets hinauf uns sehen,
bis die letzte Stunde schlägt,
da auch uns nach treuem Ringen
heim zu dir auf lichten Schwingen
eine Schar der Engel trägt.

Der unbeugsame Johann Jakob von Moser – gefangen auf dem Hohentwiel

Euer Durchlaucht werden einen ehrlichen Mann finden!

Man schrieb den 12. Juli 1759. Der württembergische Herzog Carl Eugen ließ am frühen Morgen den Landschaftskonsulenten Dr. Johann Jakob von Moser aus dem Bett reißen und im prunkvollen

Barockschloss von Ludwigsburg, das nach dem prächtigen Vorbild von Versailles gebaut war, vorführen. Der Konflikt schwelte schon lange. Der leichtsinnige und verschwenderische Herzog Carl Eugen brauchte für seine Prunkbauten und Feste, Jagden und Theater, und nicht zuletzt für seine Soldaten, unheimlich viel Geld.

Zuvor schon hatte der Herzog wider jedes verbriefte Recht 4000 junge Männer gewaltsam rekrutiert und unter den französischen Oberbefehl nach Frankreich verkauft, um sich so das nötige Geld zu beschaffen. Weitere 6000 junge Männer sollten folgen.

Ohne jede Rücksicht auf das Volk regierte dieser katholische Herzog Carl Eugen über das evangelische Württemberg. Völlig eigenmächtig, nur bestimmt von seinen grenzenlosen und ausschweifenden Wünschen, beutete er das Land aus. Das Volk von Württemberg aber hatte sich seit 300 Jahren wichtige Rechte der Mitbestimmung vertraglich gesichert.

Nach dem Gesetz Württembergs konnte nun als Einziger nur noch der Landschaftskonsulent dem Herzog Widerstand leisten. Um sein bedrängtes Volk in der Heimat zu schützen, hatte sich Moser acht Jahre zuvor wieder ins Schwabenland zurückrufen lassen. Hier wurde er gebraucht, um als Vertreter der württembergischen Landstände dem Herzog entgegenzutreten. Ehe ich wider Pflicht und Eid handeln wollte, wollte ich lieber meinen grauen Kopf hergeben, war die Überzeugung Mosers.

Für dieses schwierige Amt war Moser als Staatsmann, Gelehrter und Christ bestens geeignet. Als Staatsrechtler war er ein glänzender Jurist. Insgesamt 500 Bücher soll er geschrieben haben, darunter viele große Folianten juristischer Staatslehre, die in ganz Europa geschätzt wurden.

An diesem frühen Morgen im Juli 1759 im Ludwigsburger Schloss wollte der württembergische Herzog nun mit massivstem Druck Johann Jakob von Moser zu einem Rechtsbruch, dem Griff in die Landschaftskasse, zwingen.

Weil das Volk im Land immer mehr verarmte, konnte Johann Jakob von Moser nicht anders, als unbeugsam Herzog Carl Eugen die Unterschrift zu verweigern. Der Herzog hatte schon, weil er wegen seines ausschweifenden Lebens dauernd in Finanznot war, vollendete Tatsachen geschaffen und die Kasse der Landstände beschlagnahmt. Wie sollte es Moser jetzt wagen können, dem mächtigen Herzog zu trotzen?

Tage zuvor schon hatte der Herzog durch einen machtgierigen Minister versucht, Moser zur Unterschrift für diesen ungeheuerlichen Rechtsbruch zu überreden. Dabei ließ ihm der Herzog große persönliche Vorteile versprechen. Moser aber lehnte alle Bestechungsversuche entschieden ab.

Nun spielte der Herzog seine ganze Macht mit brutaler Einschüchterung aus. Zunächst ließ er den einflussreichen Landschaftskonsulenten lange im Vorzimmer warten. Dort sagte Moser zu einem geheimen Sekretär die Worte Paul Gerhardts: Unverzagt und ohne Grauen soll ein Christ, wo er ist, stets sich lassen schauen!

Dann wurde Johann Jakob von Moser erregt und heftig vom Herzog zur Rede gestellt: Ich werde die Sache durch allerschärfste Inquisition untersuchen lassen! Mosers Antwort war einfach: Euer Durchlaucht werden einen ehrlichen Mann finden!

Damit war die Unterhaltung beendet und Moser ohne Richterspruch verhaftet. Man verfrachtete ihn in 30-stündiger Fahrt auf die riesige Festung Hohentwiel, nicht weit vom Westufer des Bodensees entfernt. Soldaten mit aufgepflanzten Bajonetten und sechs Husaren begleiteten die Kutsche.

Fünf Jahre war Moser unter härtesten Haftbedingungen auf dem Hohentwiel eingekerkert. Außer dem Kommandanten durfte in den ersten vier Jahren niemand zu ihm kommen – auch kein Arzt oder Seelsorger. Das Essen war schlecht. Der Raum feucht und eisig kalt. Der starke, kräftige Moser wurde gichtkrank und konnte sich kaum mehr rühren.

Man verweigerte dem geistreichen Gelehrten selbst Papier, Feder und Tinte. So kritzelte er zuerst mit seiner Schuhschnalle Liedverse auf die Steinwände. Dann benützte er den Lichtdocht zum Schreiben. Endlich bekam er eine Bibel ausgehändigt.

So entstanden Mosers Lieder, insgesamt 1 200. Bis heute wird noch sein Gebetslied um die Einheit der Christen gesungen:

Großer Hirte aller Herden
in dem Himmel und auf Erden,
liebster Heiland, Jesu Christ:
Lass in diesen letzten Zeiten
sich dein Reich noch mehr ausbreiten,
als bisher geschehen ist.

Lass dein Wort die Toten wecken
und die Sicheren erschrecken;
stürz die Selbstgerechtigkeit.
Mach die geistlich Blinden sehend,
mach die geistlich Lahmen gehend,
mach dir selbst den Weg bereit.

Herr, so sammle alle Glieder;
alsdann komm und zeig dich wieder
als der ewig gute Hirt,
da aus so viel tausend Herden
eine Gottesherde werden
und um dich sich scharen wird.

Ein harter Schlag war für Moser die Nachricht vom Tod seiner geliebten Ehefrau. Nicht einmal jetzt durfte er Besuch empfangen.

Für Moser war es ein unbegreifliches Wunder Jesu, wie die schlimme Gicht ohne irgendwelche Medikamente wieder ganz verschwand. Als die Schmerzen in Hüfte und Gliedern unerträglich geworden waren, betete er beim Lesen der Geschichte vom Gichtbrüchigen um Gesundung und konnte anschließend wieder ohne Krücken gehen.

Nach fünf Jahren endlich hatten die vielen Proteste, auch von europäischen Mächten, Erfolg. Der Kaiser verlangte durch Klage beim Reichshofrat in Wien, die Festungshaft für Moser aufzuheben. Der Herzog probierte zunächst, von Moser vor seiner Freilassung noch ein Schuldeingeständnis zu erpressen. Moser aber lehnte kategorisch ab. Endlich im September 1764 wurde er entlassen.

Die schwere Gefangenschaft hatte keine bleibenden Leiden hinterlassen. Moser meinte, es sei ihm gegangen wie Daniel, den sie aus dem Graben zogen, und man spürte keinen Schaden an ihm, denn er hatte Gott vertraut.

Die Nachricht von der Befreiung Mosers verbreitete sich wie ein Lauffeuer durch das ganze Land. Die Rückkehr nach Stuttgart wurde zum Triumphzug. In den Dörfern und Städten standen die Leute am Straßenrand und sangen Paul Gerhardts Liedvers:

Unverzagt und ohne Grauen
soll ein Christ, wo er ist,
stets sich lassen schauen.
Wollt ihn auch der Tod aufreiben,
soll der Mut dennoch gut
und fein stille bleiben.

Das Opfer, das Moser für das Land gebracht hatte, war nicht umsonst. Der Herzog musste nachgeben und sich auf Drängen des Kaisers verpflichten, die Zahl seiner Soldaten zu beschränken. Auch strenge Kürzungen im Staatsetat wurden angeordnet und der Luxus begrenzt. Die Rechte der Landstände wurden wieder festgelegt, und der Landesherr versprach Besserung.

Das war wohl die eindrücklichste gewaltlose Demonstration gegen den eigensinnigen Tyrannen im Ludwigsburger Schloss. Sie trug sicher dazu bei, dass Carl Eugen sich später wirklich änderte und ein guter Landesvater wurde.

Johann Jakob von Moser, 1701 in Stuttgart geboren, kam schon mit 16 Jahren als Student an die Universität Tübingen. Mit 19 Jahren wurde er außerordentlicher Professor der Rechte in Tübingen. Als 20-jähriger Rechtsgelehrter mit dem verliehenen Titel eines Regierungsrates am Kaiserlichen Hof in Wien, hatte er eine glänzende Karriere vor sich. Ein Prälat bot ihm im Auftrag des Reichskanzlers ein hohes Amt an, außerdem 100 000 Gulden, verbunden mit einer guten Ehepartie, wenn er nur seinen evangelischen Glauben aufgeben und katholisch würde.

Arm war ich, berichtete Moser selbst über diesen miesen Bestechungsversuch, und ich hatte keinen Funken wahrer Religion. Dennoch merkte ich, dass an diesem Handel etwas faul sein musste. Ich lachte also herzlich und sagte dem Herrn Prälaten, der Handel käme mir verdächtig vor. Warum?, fragte der Prälat. Ich meinte, da werde mir für meinen Luther so viel zusätzlich geboten. Wenn man gefragt hätte, ob ich nicht einfach tauschen wolle, so hätte man sich das ja überlegen können. Wenn er nun solch einen hohen Aufpreis dazugebe, so müsse offensichtlich seine Ware schlechter sein.

Schon zu dieser Zeit hatte Moser eine Braut in Stuttgart, die er heiratete, als er 21 Jahre alt war. Mit 25 Jahren wurde er als Landrat nach Stuttgart gerufen. Weil er gerecht, aber auch pünktlich und genau sein wollte, kam er schon bald in Konflikt mit der berüchtigten Mätresse des Herzogs Eberhard Ludwig, der Grävenitz. Immer wieder wurde ihm vorgeworfen: Sie sind zu ehrlich!

Die entscheidende Wende in seinem Glauben als Christ erlebte Moser über dem Wort Jesu: Wenn jemand dessen Willen tun will, wird er innewerden, ob diese Lehre von Gott ist ... (Johannes 7,17). Moser hörte, dass es Philipp Jakob Spener einem Zweifler zugerufen hatte. Das war für ihn der entscheidende Anstoß.

Er begriff, dass er die Probe machen müsste. So ergab ich meinen Willen darein, der Lehre Jesu in meinem Leben und Wandel zu folgen.

Die ersten Schritte der bewussten Nachfolge Jesu setzten Moser bösen Angriffen aus, nur weil er in seiner Wohnung einen Bibelhauskreis begann. Er suchte die Gemeinschaft mit anderen Christen über dem Wort Gottes. Unwahre Verdächtigungen und Unterstellungen zwangen Moser schon bald, seine Professur wieder aufzugeben. Aber auch in der erneuten Berufung als Regierungsrat an den Hof in Stuttgart wurde er wegen seiner unbestechlichen Aufrichtigkeit heftig angefeindet. Der Herzog hatte, ohne Rücksicht auf das verarmte Volk, mit ungeheuren Geldsummen den Karneval eingeführt. Allen Regierungsmitgliedern wurde bei Strafandrohung befohlen, an den zwielichtigen Festlichkeiten teilzunehmen. Moser aber blieb mit seiner ganzen Familie fern.

Bevor er 1751 nach Stuttgart als Landschaftskonsulent berufen wurde, wirkte er als Professor und Geheimrat in Frankfurt an der

Oder und am Hof der Grafschaft von Reuß im sächsischen Vogtland.

84 Jahre alt war Moser, als er 1785 sich – wie er selbst sagte – *in die Arme seines Vaters legte* und starb.

Christian Fürchtegott Gellerts Ehrfurcht vor Gottes Wunder

Tief verwurzeltes Gottvertrauen gegen den modischen Gotteshass

An Deutschlands Universitäten feierten die Studenten begeistert. Sie jubelten der herrlichen Morgenröte der Freiheit zu. Am 14. Juli 1789 hatte die europäische revolutionäre Geisteswende mit der Erstürmung der Bastille in Paris einen ersten Höhepunkt erreicht.

Im Kampf gegen die Tyrannen wurde König Ludwig XVI. auf dem Schafott hingerichtet. Mit Sehnsucht sah man ein neues Zeitalter nahen, die Herrschaft der Vernunft. Die Französische Revolution löste einen Sturm aus, der das Alte wegfegte. Das Christentum wurde abgeschafft, und an Gottes Stelle wurde die menschliche Vernunft auf den Thron gehoben.

Dieser Sturm fegte auch durch Deutschland. Studenten trugen auch hier den revolutionären Umbruch. Nur einer wirkte noch lange nach seinem Tod gegen den modischen Zeitgeist der gottlosen Spötter. Es war der Sachse Christian Fürchtegott Gellert.

Kein anderer deutscher Schriftsteller hatte damals solch eine weite Ausstrahlung wie er. Seine Schriften mit ihren Ermahnungen, Warnungen und Bitten galten als das Fundament einer neuen Menschlichkeit. Im gefälligen Plauderton entlarvte Gellert Überheblichkeit und Hinterhältigkeit und zeigte, wie schön Anstand, Gelassenheit und Selbstbeherrschung sein können. So rühmte auch Goethe an Gellert, dass er das Fundament der deutschen sittlichen Kultur gelegt habe.

Es war Gellerts Verdienst, dass sich die revolutionären Gedanken mit der antichristlichen Spitze in Deutschland an den Universitäten nur sehr eingeschränkt entfalten konnten. Durch seine Schriften, besonders die in aller Welt beliebten Fabeln und bürgerlichen Lustspiele, gab Gellert viele praktische Anstöße zu menschlichen Pflichten, vermittelte auch manche wichtige Lebensweisheit. Man sagt, dieses Buch mit Gellerts Fabeln sei das einzige wirklich allgemein und in allen Ständen gelesene Buch des Jahrhunderts gewesen.

Vielleicht aber hat Gellert am meisten durch seine eindrücklichen christlichen Lieder gewirkt und ethische Normen und tief menschliches Empfinden im Volk geprägt. Mit seinen 54 Glaubensliedern bewahrte er bei unzähligen Gebildeten der damaligen Zeit den oft überheblich belächelten und verspotteten schlichten Bibelglauben.

Bezeichnend für seine demütige Anbetung der Wunder Gottes und der Kraft der Heilstatsache ist sein Weihnachtslied:

Dies ist der Tag, den Gott gemacht,
sein werd in aller Welt gedacht;
ihn preise, was durch Jesus Christ
im Himmel und auf Erden ist.

Die Völker haben dein geharrt,
bis dass die Zeit erfüllet ward;

da sandte Gott von seinem Thron
das Heil der Welt, dich, seinen Sohn.

Wenn ich dies Wunder fassen will,
so steht mein Geist vor Ehrfurcht still;
er betet an und er ermisst,
dass Gottes Lieb unendlich ist.

Gellert war zwar Theologe, wollte aber in seiner Schüchternheit und Bescheidenheit keinen Pfarrdienst übernehmen. Schuld daran war ein traumatisches Erlebnis beim Begräbnis seines Patenkindes. Gellert war damals 14 Jahre alt. Er wollte beim Gottesdienst in der Kirche den Nachruf halten, blieb aber mitten in seiner Rede stecken und musste erst umständlich sein großformatiges Manuskript aus der Tasche holen und entfalten. Die Furcht vor einem solchen Blackout ließ ihn zeitlebens nicht mehr los.

Nach einer längeren Bedenkzeit begann er im Alter von 30 Jahren mit Vorlesungen als Privatdozent über philosophische Themen, 1751 dann als Professor der Poesie und Rhetorik, später auch der Ethik. Das sollte Gellerts Lebensaufgabe werden.

Der preußische König Friedrich der Große suchte das Gespräch mit Gellert. Goethe saß zu seinen Füßen im Hörsaal und berichtete darüber: Ich musste erleben, wie meine Prosa wenig Gnade vor seinen Augen fand. Goethes Texte wurden von Gellert unerschrocken mit roter Tinte korrigiert und hier und da eine sittliche Anmerkung hinzugefügt.

Gellert erlebte ungeheure Zustimmung und Beifall, wenn er mit dem Geschmack zum Schönen zugleich die Neigung zum Guten wecken wollte. Harmonisch wollte er Vernunft und christlichen Glauben, Gemüt, Herz und Geist so verbinden, dass dadurch ein neuer Mensch geformt werde, der von seinen Fehlern lernt. Darin hatte Gellert einen ungebrochenen Optimismus, der ansteckend wirkte. Das zeigt etwa das Lied Gellerts *So jemand spricht: Ich liebe Gott*, das zu einer verantwortlichen Nächstenliebe aufruft:

Wer seines Nächsten Ehre schmäht
und gern sie schmähen höret,

sich freut, wenn sich sein Feind vergeht,
und nichts zum Besten kehret,
nicht dem Verleumder widerspricht,
der liebt auch seinen Bruder nicht.

Ganz ähnlich spricht es Gellert in dem Morgenlied *Mein erst Gefühl sei Preis und Dank* aus, was die Pflicht des Menschen sei:

dass ich, dem Nächsten beizustehn,
nie Fleiß und Arbeit scheue,
mich gern an andrer Wohlergehn
und ihrer Tugend freue.

Gellert war 1715 als Pfarrerssohn in Hainichen bei Freiberg im Erzgebirge geboren worden. Schon der Vater dichtete gern und führte den Sohn Christian Fürchtegott in die Kunst der Reime ein. Die Kinder lernten aber auch in der großen Familie mit 13 Kindern, mit Wenigem zufrieden zu sein. Schon als 11-jähriger Junge musste Christian Fürchtegott durch Abschreiben von Gerichtsakten Geld für den Unterhalt der Familie verdienen. Zeitlebens blieb er sehr bescheiden.

In der elitären Fürstenschule von Meißen wurde er für die Universität vorbereitet. 1734 kam er nach Leipzig, um dort Philosophie und Theologie zu studieren.

Gerade in der kritischen Welt der Universität bekannte sich der tief fromme Gellert unerschrocken zum biblischen Glauben. Gottesfurcht hatten ihn schon seine Eltern gelehrt.

Zeitlebens hat Gellert mitten in einer Zeit des überheblichen Rationalismus das Wunder des Glaubens bewahrt und nicht im Zeitgeist der Vernunft aufgelöst. In dem Passionslied *Herr, stärke mich, dein Leiden zu bedenken* dichtet Gellert:

Seh ich dein Kreuz den Klugen dieser Erden
ein Ärgernis und eine Torheit werden:
so sei's doch mir, trotz allen frechen Spottes,
die Weisheit Gottes.

Gellerts Wort ist eindeutig und klar: Bete, ringe mit Gott! Werde nicht müde! Kämpfe, dort ist die offene Pforte, dort der Hafen, dort der Kranz!

Auch als Professor für Poesie, Literatur und Redegabe ist sein Glaubenszeugnis eindeutig und klar. Am Schluss einer Vorlesung erklärte er: Ich habe mehr als einmal an den Pforten des Todes gestanden und erkannt, dass nichts als der heilige Glaube an unseren Heiland und Erlöser den bangen Geist bei dem entscheidenden Schritt in die Ewigkeit stärken und das anklagende Gewissen stillen kann.

Davon spricht sein sieghaftes Osterlied:

Jesus lebt, mit ihm auch ich!
Tod, wo sind nun deine Schrecken?
Er, er lebt und wird auch mich
von den Toten auferwecken.
Er verklärt mich in sein Licht;
dies ist meine Zuversicht.

Jesus lebt! Wer nun verzagt,
lästert ihn und Gottes Ehre.
Gnade hat er zugesagt,
dass der Sünder sich bekehre.
Gott verstößt in Christus nicht;
dies ist meine Zuversicht.

Jesus lebt! Ich bin gewiss,
nichts soll mich von Jesus scheiden,
keine Macht der Finsternis,
keine Herrlichkeit, kein Leiden.
Seine Treue wanket nicht;
dies ist meine Zuversicht.

Jesus lebt! Nun ist der Tod
mir der Eingang in das Leben.
Welchen Trost in Todesnot
wird er meiner Seele geben,
wenn sie gläubig zu ihm spricht:
Herr, Herr, meine Zuversicht!

In den letzten Lebensjahren hatte Gellert in großer Schwäche viel Krankheit zu ertragen. Von Kindheit an war er schon krank und schwächlich. Ab seinem 40. Lebensjahr litt er unter Depressionen. In diesem bedrückenden Dunkel wurde das Wort Gottes allein Halt und Mitte seines Lebens.

Kurz vor seinem Tod sagte er: Ich kann nicht viel mehr fassen, aber rufen Sie mir nur den Namen meines Erlösers zu; wenn ich den nenne und höre, so fühle ich neue Kraft und Freudigkeit in mir! Am 13. Dezember 1769 rief ihn Gott heim. Gellert war erst 54 Jahre alt.

Ganz lebendig klingen heute noch seine Lieder. Sie wurden auch ins Französische, Russische, Dänische und Holländische übertragen. Komponisten wollten immer neue Melodien zu seinen Liedern schaffen. Lange nach Gellerts Tod schuf Joseph Haydn drei Kompositionen. Beethoven vertonte mit mächtigen Klängen:

Die Himmel rühmen des Ewigen Ehre;
ihr Schall pflanzt seinen Namen fort.
Ihn rühmt der Erdkreis, ihn preisen die Meere;
vernimm, o Mensch, ihr göttlich Wort!

Neben dem Schöpfungslied *Wenn ich, o Schöpfer, deine Macht* wird heute noch besonders gern das staunende Danklied gesungen:

Wie groß ist des Allmächtgen Güte!
Ist der ein Mensch, den sie nicht rührt,
der mit verhärtetem Gemüte
den Dank erstickt, der ihm gebührt?
Nein, seine Liebe zu ermessen
sei ewig meine größte Pflicht.
Der Herr hat mein noch nie vergessen;
vergiss, mein Herz, auch seiner nicht!

Wer hat mich wunderbar bereitet?
Der Gott, der meiner nicht bedarf.
Wer hat mit Langmut mich geleitet?
Er, dessen Rat ich oft verwarf.
Wer stärkt den Frieden im Gewissen?

Wer gibt dem Geiste neue Kraft?
Wer lässt mich so viel Glück genießen?
Ist's nicht sein Arm, der alles schafft?

Und diesen Gott sollt ich nicht ehren
und seine Güte nicht verstehn?
Er sollte rufen, ich nicht hören,
den Weg, den er mir zeigt, nicht gehn?
Sein Will ist mir ins Herz geschrieben,
sein Wort bestärkt ihn ewiglich:
Gott soll ich über alles lieben
und meinen Nächsten gleich als mich.

Als Philipp Friedrich Hiller plötzlich seine Stimme verlor

Man kann den Kummer sich vom Herzen singen

In dem kleinen Dorf Steinheim auf der rauen Schwäbischen Ostalb bei Heidenheim verlor der dortige Pfarrer Philipp Friedrich Hiller 1751 seine Stimme. Die Krankheit kündigte sich ein halbes Jahr vorher an. Er wurde heiser. Die Ärzte waren hilflos. Die Symptome dieser seltsamen Krankheit steigerten sich, bis schließlich die Stimmbänder keinen klaren Laut mehr hervorbringen konnten. Nur im Einzelgespräch in nächster Nähe konnte er sich noch mühsam verständlich machen.

Mit einem Mal war alles öffentliche Wirken für den redebegabten Philipp Friedrich Hiller unmöglich geworden. Alle empfohlenen Medikamente besserten nichts. Immer bedrückter und verzweifelter wurde Hiller.

Natürlich hatte er viel gebetet. Auch Freunde haben seiner fürbittend gedacht. In einem Brief an seinen verehrten Lehrer Johann Albrecht Bengel schrieb er: Ich schütte mein Herz aus, und unter dem Gebet werde ich ruhig. Aber unversehens kehrt die Bangigkeit zurück, die Wogen brechen wieder herein, und ich hänge zwischen Furcht und Hoffnung. Ich stütze mich auf das Wort: Alles, was ihr bittet im Gebet, wenn ihr glaubt, werdet ihr's empfangen – aber ach, welche Einwendungen erheben sich dagegen! Du betest um Irdisches und nicht nach dem Willen Gottes, es ist zu groß, was du begehrst! Aber was ist dem Allmächtigen zu groß? Hätte er selbst nicht das Wort gesprochen, ich wagte nicht zu bitten. Nach der Ruhe folgt ein neuer Sturm: Lass ab mit Bitten, wenn Gott hören wollte, wäre die Krankheit längst gewichen. Doch wehrt er selbst dem Lasswerden bei Lukas im 18. Kapitel. So fahre ich denn getrost mit Beten fort.

Hillers Krankheit wurde nicht geheilt. 18 lange Jahre – bis zu seinem Tod – blieb dieses Leiden ohne jede Besserung.

Im Lied *Wer ausharrt bis ans Ende* betete Hiller:

Herr, du kennst meine Schwäche,
nur deiner harre ich.
Nicht das, was ich verspreche,
was du sprichst, tröstet mich.
Richt auf die lassen Hände
und stärk die müden Knie
und sage mir am Ende:
Die Seligkeit ist hier!

Er empfand das ganze Leben nur als Wunder Gottes und dichtete das Lied *Die ihr bei Jesus bleibet:*

Was speist euch doch, ihr Armen?
Das göttliche Erbarmen;
das segnet ganz verborgen
auch ohne eure Sorgen.

Wenn wir von Tag zu Tagen,
was da ist, überschlagen
und rechnen dann die Menge,
so sind wir im Gedränge.

Doch wenn wir mit Vertrauen
ihm auf die Hände schauen,
so nähret allerwegen
uns ein geheimer Segen.

Hiller hat auch niedergeschrieben, dass er in diesen Jahren von seiner Gemeinde nicht nur liebevolle Anteilnahme bekommen hat, sondern auch etlichen heimlichen Ränken ausgesetzt war, in denen er Gottes Schutz erlebte. Weil es damals keine Pension gab, behielt ein kranker Pfarrer die Einkünfte der Gemeinde, auch wenn er selbst den Dienst nicht mehr versehen konnte, sondern sich durch einen Vikar vertreten ließ.

Eine Gruppe von Gemeindegliedern wollte nun beim Dekan die Absetzung Hillers erreichen. Unterwegs sollen sie – so wird berichtet – ein Blatt mit einer Lieddichtung gefunden haben. Sie nahmen das zum Anlass, dem Dekan vorzuschlagen, ihnen anstelle von Hiller doch solch einen begabten Pfarrer zu geben. Es muss eine ziemliche Überraschung gewesen sein, als herauskam, dass dieses Lied von ihrem stimmlosen Pfarrer stammte.

Hiller wurde am 6. Januar 1699 in Mühlhausen an der Enz als Sohn eines Pfarrers geboren. Sein Vater starb schon zwei Jahre nach seiner Geburt. Als Schüler wurde er in Denkendorf von dem bekannten Bibeltheologen Johann Albrecht Bengel unterrichtet. Nach dem Studium in Tübingen und verschiedenen Stationen als Vikar und Hauslehrer wurde er Pfarrer, zuerst in Neckargröningen, wo er sich auch verheiratete, dann in seinem Geburtsort Mühlhausen. Er hatte eine schwächliche, kleine Statur, war aber um so aktiver und lebhafter in seinen Äußerungen.

Dreimal musste er mit seiner Familie vor den eingefallenen Franzosenheeren fliehen, die eine schreckliche Spur von Brandschatzen und Morden zurückließen. Seine Ehe war harmonisch. Als Zeichen des engen Vertrauens wird erzählt, er hätte 37 Jahre lang mit seiner Frau aus einem Teller gegessen.

Nach allem, was wir wissen, hat Hiller als Pfarrer keinen besonderen Eindruck als Prediger hinterlassen. Als später sein Dekan dem württembergischen Oberkirchenrat seinen Tod mitteilen musste, zählte er sehr exakt alle Stationen des Lebens Hillers, auch die Anschriften seiner sieben Kinder und ein mittelmäßiges Vermögen auf. Über seine Amtstätigkeit vermeldete er allein: ein rechtschaffener und gelehrter Pfarrer. Mehr nicht!

Um so weiter wirkten Hillers Lieder, die bis heute, besonders in Württemberg, gern gesungen und auch als Andacht gelesen werden. Insgesamt 1073 Lieder hat Hiller gedichtet. Mit ihnen erreichte er unzählige Menschen, unendlich viel mehr, als ihm je mit seiner Stimme möglich gewesen wäre.

Auf dem Hintergrund seines schweren Krankheitsleidens dichtete er:

Es jammre, wer nicht glaubt!
Ich will mich stillen;
mir fällt kein Haar vom Haupt
ohn Gottes Willen.
In Jesus hab ich hier
das beste Leben;
und sterb ich, wird er mir
ein bessers geben.

Es sorge, wer nicht traut!
Mir soll genügen;
wovor mir jetzo graut,
das wird Gott fügen.
Er weiß, was nötig sei,
so mag er sorgen;
mir ist des Vaters Treu
auch nicht verborgen.

Es zage, wer nicht hofft!
Ich will mich fassen;
er hat mich's schon so oft
erfahren lassen:
Er hört Gebet in Not,
wenn sie am größten;
sein Geist kann auch im Tod
mit Jesus trösten.

So wein ich, wenn ich wein,
doch noch mit Loben;
das Loben schickt sich fein
zu solchen Proben.
Man kann den Kummer sich
vom Herzen singen.
Nur Jesus freuet mich.
Dort wird es klingen!

Hillers Lieder gingen ihren Weg. Wie sie im Volk aufgenommen wurden, zeigen eindrückliche Erzählungen, die mündlich über Generationen weitergegeben wurden. So geschah es in jenen schrecklichen Tagen, als 1860 die schwäbische Kolonie Madschar bei Karas im Kaukasus von den räuberischen Kerkessen überfallen wurde. Die jungen Söhne und Töchter wurden aus den Armen ihrer Eltern gerissen und als Sklaven geraubt. Die verzweifelten Väter und Mütter konnten nur noch zwei Ausgaben der Lieder Hillers auseinanderreißen und jeweils einige Blätter ihren weinenden Kindern mitgeben: damit sie in der Wüste, wohin sie nun pilgerten, noch einen Halt für die Seele und ein himmlisches Manna hätten.

Von der festen Gnadenzusage Gottes, die nicht wanken kann, dichtet Hiller:

Weicht ihre Berge, fallt, ihr Hügel!
Gottes Gnade weicht mir nicht;
und der Friede hat dies Siegel,
dass Gott seinen Bund nicht bricht.
Dieses macht mich unverzagt,
weil es mein Erbarmer sagt.

Das sind Worte für die Schwachen,
die sind aller Annahm wert;
das heißt Herzen freudig machen,
das ist Trost, wie man begehrt.
Gottes Gnade weicht dir nicht,
weil es dein Erbarmer spricht.

Hier ist Kraft für alle Müden,
die so manches Elend beugt;
man findt Gnade, man hat Frieden,
welcher alles übersteigt.
Mein Erbarmer, sprich mir du
dies in allen Nöten zu.

Gib mir einen starken Glauben,
der dein Wort mit Freuden fasst;
so kann mir der Tod nicht rauben,
was du mir geschenket hast.
Auch die Hölle nimmt mir nicht,
was mir mein Erbarmer spricht.

Schon vor seinen schweren Krankheitsjahren hatte Philipp Friedrich Hiller mehrere Schriften verfasst. Jetzt aber in der Krankheit wurde der stumme Prediger zum fruchtbaren Schriftsteller. Am weitesten bekannt wurde seine Liedersammlung, die in zwei Liederkästlein für jeden Tag des Jahres zusammengefasst sind. Dazu wurde er durch das 1718 herausgegebene *Geistliche Liederkästlein zum Lobe Gottes* von Karl Heinrich von Bogatzky in Halle angeregt. Bis heute sind Hillers volkstümliche Andachtsbücher in Württemberg und weit darüber hinaus verbreitet und beliebt.

So bemerkt Hiller zu dem Bibelwort: Mir ist Barmherzigkeit widerfahren (1. Timotheus 1,13):

Ein Unbekehrter ist in seinem Sinn viel zu hochmütig, dass er sagen sollte von Herzen: ›Mir ist Barmherzigkeit widerfahren‹; aber ein Bekehrter spricht vor Gott und Menschen davon.

Dazu dichtete er das weltweit gesungene Lied:

Mir ist Erbarmung widerfahren,
Erbarmung, deren ich nicht wert;
das zähl ich zu dem Wunderbaren,
mein stolzes Herz hat's nie begehrt,
Nun weiß ich das und bin erfreut
und rühme die Barmherzigkeit.

Das muss ich dir, mein Gott, bekennen,
das rühm ich, wenn ein Mensch mich fragt;
ich kann es nur Erbarmung nennen,
so ist mein ganzes Herz gesagt.
Ich beuge mich und bin erfreut
und rühme die Barmherzigkeit.

Dies lass ich kein Geschöpf mir rauben,
dies soll mein einzig Rühmen sein;
auf dies Erbarmen will ich glauben,
auf dieses bet ich auch allein,
auf dieses duld ich in der Not,
auf dieses hoff ich noch im Tod.

Man muss bedenken, dass Hiller in der Zeit rationalistischer Aufklärung lebte. Die radikale Bibelkritik erschütterte die bislang geltende orthodoxe Lehre von der göttlichen Inspiration der Schrift.

In dieser Zeit wirkte Hiller nicht nur als bescheidener Dorfpfarrer, sondern auch als leidenschaftlicher und kenntnisreicher Theologe, der mit lauter Stimme aus der zurückgezogenen Stille wirkte. Hiller bezog eindeutig Position: Man rühmt unsere Zeiten, sie seien so erleuchtet. Dieser Ruhm ist falsch; denn die sich nach der Vernunft am meisten Erleuchtung einbilden, lassen dem Geist am wenigsten Raum, dass er Jesus verkläre. Man will alle Tage weniger von Christus wissen. Finsternis!

Nun versuchte Hiller nicht, die Bibel durch schützende Lehrsätze zu verteidigen, sondern erkannte, dass die Schrift ihre Autorität selbst erweist. Die Schrift hat ihresgleichen nicht wie die Sonne. Sie wird auch noch sein, wenn alle Bücher der Welt verbrannt sind. Die ganze Heilige Schrift, vom Anfang bis zum Ende, im Klaren und im Dunkeln, im Großen und im Kleinen, ist göttlich. Das wird man beim Bibelstudium erkennen. Und rechte Theologen erklären die Bibel aus der Bibel. Jede andere Methode, die bei der Bibelauslegung angewandt wird, ist nicht schriftgemäß.

Überall in der Heiligen Schrift, besonders im Alten Testament, suchte Hiller auch versteckte Hinweise auf Jesus Christus. In ihm hat die Schrift ihren Mittelpunkt. Da hängen Anfang, Mitte und Ende fest zusammen. Auf Jesus fällt der Mittelpunkt, auf ihn zielt alles Vorige, und aus ihm fließt alles Künftige. Das biblische Wort und Christus in diesem Wort, war für Hiller die Mitte und Tiefe seines Glaubens.

So wundert es nicht, wenn alle Lieder Hillers auf Jesus ausgerichtet sind. Ganz besonders strich Hiller immer die versöhnende Kraft und das königliche Amt Jesu heraus. Seine Dichtungen sind Loblieder, aber auch Lieder der Anbetung:

Jesus Christus herrscht als König;
alles wird ihm untertänig,
alles legt ihm Gott zu Fuß.
Aller Zunge soll bekennen,
Jesus sei der Herr zu nennen,
dem man Ehre geben muss.

Nur in ihm, o Wundergaben,
können wir Erlösung haben,
die Erlösung durch sein Blut.
Hört's: das Leben ist erschienen,
und ein ewiges Versühnen
kommt in Jesus uns zugut.

Gebt, ihr Sünder, ihm die Herzen,
klagt, ihr Kranken, ihm die Schmerzen,
sagt, ihr Armen, ihm die Not.
Wunden müssen Wunden heilen;
Heilsöl weiß er auszuteilen,
Reichtum schenkt er nach dem Tod.

Unter den 26 Strophen dieses Liedes sind auch viele originelle, für Hiller typische Formulierungen. Dazu gehört auch die Strophe über die Gemeinde, die von den Pforten der Hölle nicht überwunden werden kann:

Trachten irdische Monarchen
dieses Herdlein anzuschnarchen:
o, sein Hirte lacht dazu!
Er lässt diese kleinen Großen
sich die Köpfe blutig stoßen,
und den Schafen gibt er Ruh.

Hiller erkannte sehr wohl die Spannung zwischen dem vollbrachten Heil und der noch ausstehenden Erlösung. Diese findet sich schon in der Heiligen Schrift. Hiller stellte den Gegensatz zwischen dem eigenen Streben nach dem Heil und dem Wissen, dass alle Errettung nur allein aus Gnade empfangen werden kann, ungemein eindrücklich dar:

Ich will streben nach dem Leben, wo ich selig bin.
Ich will ringen, einzudringen, bis dass ich's gewinn.
Hält man mich, so lauf ich fort;
bin ich matt, so ruft das Wort:
Fortgerungen, durchgedrungen bis zum Kleinod hin!

Als berufen zu den Stufen vor des Lammes Thron,
will ich eilen; das Verweilen bringt oft bösen Lohn.
Wer auch läuft und läuft zu schlecht,
der versäumt sein Kronenrecht.

Was dahinten, das mag schwinden! Ich will nichts davon.

Jesus, richte mein Gesichte nur auf jenes Ziel;
lenk die Schritte, stärk die Tritte, wenn ich Schwachheit fühl!
Lockt die Welt, so sprich mir zu,
schmäht sie mich, so tröste du;
deine Gnade führ gerade mich aus ihrem Spiel!

Du musst ziehen, mein Bemühen ist zu mangelhaft.
Wo ihr's fehle, fühlt die Seele, aber du hast Kraft,

weil dein Wort ein Leben bringt
und dein Geist das Herz durchdringt.
Dort wird's tönen bei dem Krönen:
Gott ist's, der es schafft!

Wer ohne Heiland dahingeht, geht verloren, sagt Hiller. Wer mit Werken sein eigener Heiland sein will, wird mit Schanden betrogen. Der Herr Jesus ist mein Heil!

Eindrücklich weist er darauf hin: Zwischen einem, der verloren ging, und einem, der errettet ward, hing der gekreuzigte Jesus als beider Heiland und der aller Welt. Aber die Buße und der Glaube machen den großen Unterschied zwischen den beiden.

Er hat das Lied *Wenn ich an mir selbst verzage* gedichtet, das dem schwer kranken Ludwig Hofacker, der schon mit 30 Jahren starb, zum Lieblingslied wurde:

Gottes Macht, die mich bekehrte,
die den Glauben in mir schuf,
beten, kämpfen, dulden lehrte,
ist mir nahe, wenn ich ruf.
Dass ich schwach bin, wird er wissen;
dass er stark ist, weiß auch ich.
Der mich aus dem Tod gerissen,
ist noch dieser Gott für mich.

Hang, mein Herz, an seinen Händen!
Was du nicht kannst, wird er tun;
was er anfing, wird er enden,
bälder wird er ja nicht ruhn.
Herr, ich glaube deinen Worten,
deiner Macht vertrau ich noch:
streiten auch der Höllen Pforten,
sieget deine Rechte doch.

Hiller sagte einmal, es sei eine erquickliche und nützliche Vorbereitung auf die Ewigkeit, sich in der Zeit in Gottes Lob zu üben. Davon spricht auch sein Lied *Wir warten dein, o Gottes Sohn:*

Wir warten dein, du kommst gewiss,
die Zeit ist bald vergangen;
wir freuen uns schon überdies
mit kindlichem Verlangen.
Was wird geschehn, wenn wir dich sehn,
wann du uns heim wirst bringen,
wann wir dir ewig singen!

Bis zu seinem 70. Lebensjahr blieb Hiller körperlich und geistig grünend und frisch. Er starb, ohne langes Krankenlager, an einem Schlaganfall am 24. April 1769 und wurde in Steinheim am Albuch beigesetzt.

In dem Lied *Der Hirt am Kreuz gestorben* hat Hiller eindrücklich vom Sterben gesprochen:

Sie gehn nicht als Verbrecher
zur Strafe vor den Rächer,
sie gehn nur hin und liegen,
wie Streiter nach den Kriegen.

Ohn Angst vor ewgem Jammer
gehn sie in ihre Kammer,
zur Ruh sich zu begeben
auf frohes Wiederleben.

Sie legen ihre Glieder
in Ruhebettlein nieder
und fallen ohne Kummer
wie Kindlein in den Schlummer.

Auf göttliches Erbarmen
in des Erlösers Armen,
erwählt zu Gottes Erben
lässt sich's gar sanft hinsterben.

Bei Beerdigungen von Gemeinschaftsleuten wird heute gerne am Grab das Lied Hillers angestimmt:

Tod, mein Hüttlein kannst du brechen,
das ein Werk von Erde ist!
Aber du hast nichts zu rächen;
meine Schulden sind gebüßt,
ja, gebüßt, doch nicht von mir:
nein, der Mittler starb dafür.

Ja, er ist auch auferstanden,
mir auch zur Gerechtigkeit.
Unter Christi Blutsverwandten
ist mir eine Stell bereit.
Jesus ging mit Blut hinein,
wo auch ich soll lebend sein.

Wirk es, o du Geist des Glaubens,
dass ich mutig sterben kann!
Die Verheißungen erlauben's,
die der Heiland uns getan.
Wer gerecht ist, stirbt nicht mehr;
denn durch Christus lebet er.

Steh mir in den Todesstunden,
Jesus, treuer Mittler, bei,
dass mein End auf deine Wunden
mehr ein Schlaf als Sterben sei.
Gib mir dort ein weißes Kleid,
welches ist Gerechtigkeit.

Gerhard Tersteegen in der Gegenwart des ewigen Gottes

Ein merkwürdiger Einsiedler zieht Unzählige an

Selten hat ein Christ so eigenartig sein Leben gestaltet wie Gerhard Tersteegen. Ohne danach zu fragen, wie lächerlich er damit in den Augen der Menschen erscheinen könnte, ging er konsequent und geradlinig seinen Weg. Er machte es seinen Gegnern leicht, ihn zu verspotten und als Sonderling abzustempeln.

Genau darin aber liegt Gerhard Tersteegens große Ausstrahlung und Wirkung auf unzählige Menschen bis heute. Sein Leben war aus einem Guss. Er hatte sich Jesus Christus völlig ausgeliefert und sich ihm hingegeben. In seiner Nachfolge fand er die lohnende Lebensmitte, ganze Sicherheit und volle Erfüllung. Mit dieser Gotteserkenntnis prägte und beeinflusste er sehr viele Menschen tief.

Dabei begann Tersteegens Leben nicht außergewöhnlich. Am 25. November 1697 wurde er in Moers am Niederrhein als achtes Kind in einer frommen Kaufmannsfamilie geboren. Kurz bevor er mit sechs Jahren in die Lateinschule aufgenommen wurde, starb sein Vater. Der begabte Junge, der neben Französisch und Holländisch auch rasch Latein, Griechisch und Hebräisch lernte, verfasste lateinische Verse, die bei einer öffentlichen Schulveranstaltung mit großem Beifall aufgenommen wurden. Alle waren sich sicher, dass dieses Kind unbedingt zum Studium auf die Universität müsste. Aber seine Mutter, die arme Witwe, konnte die Mittel dafür nicht aufbringen. So entschied sie: Er soll Kaufmann werden – wie der Vater.

Als Lehrling siedelte Tersteegen zu seinem Schwager nach Mülheim an der Ruhr über. Dieser Ort sollte ihm fortan zur Heimat werden, auch wenn ihm die vier Jahre der Ausbildung zum Kaufmann unsagbar schwerfielen. Nebenher suchte er die Gemeinschaft mit wirklich gläubigen Menschen. Er brauchte Beistand, weil er sein Leben bis in die Tiefe seiner Sinne zu ändern versuchte. Deshalb las und betete er viel und anhaltend, oft die ganze Nacht hindurch. Kein Wunder, dass sein Lehrherr dafür wenig Verständnis hatte und ihn mit allerhand Aufträgen und sinnlosen Arbeiten von seinen Büchern abbringen wollte. Aber auch seine eigentlich christlich gesinnte Familie konnte ihn nicht mehr verstehen und wandte sich von ihm ab. Er wurde nicht einmal eingeladen, als das Erbe der Mutter verteilt werden musste. Zum Ärger seiner Verwandtschaft gab er seinen Anteil sofort an die Armen weiter.

Tersteegen hielt aber die Lehrjahre durch und eröffnete mit 20 Jahren einen eigenen Krämerladen. Er verkaufte Gemüse und Heringe. Die Geschäfte gingen aber schlecht. Es war nicht zu übersehen, dass Tersteegen für den Kaufmannsberuf nicht geschaffen und begabt war.

Endlich konnte Gerhard Tersteegen nun sein Leben neu gestalten. Er tat es mit dem ihm typischen Zug seines Wesens. Er suchte ganz die Stille und Einsamkeit, weil ihn die betriebsamen Geschäfte unerträglich unter Druck setzten. Er versuchte es erst mit der Leinenweberei, aber auch das war für seinen kranken Körper zuviel. So kaufte er sich eine Maschine und betrieb ganz allein in der Stille das Handwerk der textilen Bandwirkerei.

Die Einzigen, mit denen Tersteegen Gemeinschaft pflegte, waren seine Glaubensbrüder. Diese fest im biblischen Wort verwurzelten Christen waren wegen ihrer konsequenten Nachfolge Jesu von den damaligen Kirchen abgelehnt und ausgestoßen worden. Sie lebten in einer sehr direkten, tiefen und innigen Glaubensbeziehung mit Jesus Christus.

So verbrachte Gerhard Tersteegen die nächsten fünf Jahre in fast völliger Abgeschiedenheit und Stille. Von fünf Uhr in der Frühe bis neun Uhr am Abend wirkte er seine seidenen Bänder. Davon musste er schließlich leben.

Schon von Jugend an schwer leidend, wurde er auch jetzt von Krankheiten geplagt. Manchmal lag er bis zu zwölf Wochen hilflos im Bett, ohne dass jemand nach ihm schaute. Er meinte in seiner bescheidenen Art, so müsse er es eben ertragen. Schließlich wollte er auch ganz bedürfnislos werden. Darum verzichtete er zeitlebens auf die Ehe. In allem suchte er der Armut Jesu gleich zu werden. Nur einmal am Tag aß er eine einfache Mehlsuppe und verzichtete konsequent auf Kaffee und Tee.

Aus Bescheidenheit ließ er sich in seinem ganzen Leben nie porträtieren. So gibt es von Gerhard Tersteegen überhaupt kein Bild.

In diesen Jahren tobte ein schwerer geistlicher Kampf im Herzen Tersteegens. Man hat ihn oft als Mystiker bezeichnet. Mit diesem Begriff wird aber genau das verdeckt, was Tersteegen wichtig war. Voller Erschrecken misstraute er seinem eigenen bösen Herzen. Ihm ging es gerade nicht um mystische Selbsterlösung durch tiefsinnige Versenkung in das eigene Ich. Nach allem Ringen fand er Frieden, nicht in der völligen Abkehr und mystischen Verneinung der Welt, sondern in der neu entdeckten, befreienden und versöhnenden Gnade Jesu.

Es war am Abend des Gründonnerstags im Jahr 1724, als der 26-jährige Gerhard Tersteegen mit seinem eigenen Blut folgende Erklärung niederschrieb:

Meinem Jesus! Ich verschreibe mich dir, meinem einzigen Heiland und Bräutigam Jesus Christus, zu deinem völligen und ewigen Eigentum. Er sagte sich gleichzeitig los von allem Recht und aller Macht Satans. Er erinnerte an den Todeskampf Jesu an diesem Gründonnerstag. Durch seinen Todeskampf, Ringen und Blutschwitzen im Garten Gethsemane sei er zum Eigentum erkauft, die Pforten der Hölle zersprengt und das liebevolle Herz des ewigen Vaters ihm geöffnet worden. Von diesem Abend an sei dir mein Herz und meine ganze Liebe auf ewig zum schuldigen Dank ergeben und aufgeopfert von nun an bis in Ewigkeit; nicht mein, sondern dein Wille geschehe! Befehle, herrsche, regiere in mir! Ich gebe dir Vollmacht über mich und verspreche, mit deiner Hilfe und Beistand eher dieses mein Blut bis auf den letzten Tropfen vergießen zu lassen, als mit Willen und Wissen in- oder auswendig dir untreu oder ungehorsam zu werden. Siehe, da hast du mich ganz, süßer Seelenfreund, in keuscher, jungfräulicher Liebe dir stets anzuhangen. Dein Geist weiche nicht von mir, und dein Todeskampf unterstütze mich! Ja, Amen!

Dein Geist versiegle es, was in Einfalt geschrieben dein unwürdiges Eigentum Gerhard Tersteegen.

Nicht sein frommes Ich, sondern die versöhnende Gnade Gottes in Jesus Christus wurde ihm so überzeugend groß. Sein geängstigtes Herz wurde ruhig und fand Frieden. Er erlebte in der

Tiefe seines Herzens, wie die Liebe des ewigen und lebendigen Gottes ihn berief und bekehrte. Nicht in sich suchte er Erlösung, sondern im Blut Jesu Christi fand er die Gnade, die auch ihn allein aus aller Verkehrtheit der Sünde befreite. Immer wieder betonte er zeitlebens das Unvermögen des gefallenen Menschen, sich selbst wieder aufzurichten. Dieses nüchterne Reden von der Macht der Sünde und das Wissen um die böse Art seines Wesens bewahrte Tersteegen vor aller Schwärmerei.

Voll Anbetung dichtete er das Lied, das vielleicht am besten seine neue Glaubenserkenntnis ausdrückt:

Wie bist du mir so innig gut,
mein Hohepriester du!
Wie teur und kräftig ist dein Blut!
Es bringt mich stets zur Ruh.

Wenn mein Gewissen zagen will
vor meiner Sündenschuld,
so macht dein Blut mich wieder still,
setzt mich bei Gott in Huld.

Es gibet dem bedrückten Sinn
Freimütigkeit zu dir,
dass ich in dir zufrieden bin,
wie arm ich bin in mir.

Umsonst will ich auch lieben dich,
mein Gott, mein Trost, mein Teil,
ich will nicht denken mehr an mich,
in dir ist all mein Heil.

Aber auch im Lied *Gott ist gegenwärtig* spürt man die staunende Ehrfurcht, mit der Tersteegen der heiligen Macht und Größe Gottes begegnet.

Die völlige Absage an sich selbst sowie die opfernde Hingabe münden in das Gebet:

Du durchdringest alles;
lass dein schönstes Lichte,
Herr, berühren mein Gesichte.
Wie die zarten Blumen
willig sich entfalten
und der Sonne stille halten,
lass mich so still
und froh deine Strahlen fassen
und dich wirken lassen.

Mache mich einfältig,
innig, abgeschieden,
sanft und still in deinem Frieden;
mach mich reines Herzens,
dass ich deine Klarheit
schauen mag in Geist und Wahrheit;
lass mein Herz überwärts
wie ein Adler schweben
und in dir nur leben.

Herr, komm in mir wohnen,
lass mein Geist auf Erden
dir ein Heiligtum noch werden;
komm, du nahes Wesen,
dich in mir verkläre,
dass ich dich stets lieb und ehre.
Wo ich geh, sitz und steh,
lass mich dich erblicken
und vor dir mich bücken.

Für Tersteegen war das Leben angebrochen. Das helle Licht des Tages war – wie der Sonnenaufgang – in seiner verzweifelten Dunkelheit erschienen:

Siegesfürste, Ehrenkönig,
höchstverklärte Majestät,
alle Himmel sind zu wenig,
du bist drüber hoch erhöht:

sollt ich nicht zu Fuß dir fallen
und mein Herz vor Freude wallen,
wenn mein Glaubensaug betracht,
deine Glorie, deine Macht?

Du kannst alles allerorten
nun erfülln und nahe sein;
meines armen Herzens Pforten
stell ich offen, komm herein!
Komm, du König aller Ehren,
du musst auch bei mir einkehren;
ewig in mir leb und wohn
als in deinem Himmelsthron!

Natürlich änderte Gerhard Tersteegen jetzt seinen Lebensstil. Er nahm einen Glaubensbruder als Zimmergenossen bei sich auf. Nach dem Bandwirken benützte er die Abendstunden zur Schriftstellerei. Er schrieb einen Katechismus für Kinder, den Unparteiischen Abriss christlicher Grundwahrheiten. Selbst mit der freisinnigen Religionsphilosophie des preußischen Königs, dem alten Fritz, setzte er sich mit der Schrift Gedanken über die Werke des Weltweisen zu Sanssouci mutig und ohne jede Polemik auseinander. Als der preußische König ihn voll Anerkennung zum Gespräch bat, schlug Tersteegen die Einladung stolz aus. Das Gespräch hätte auch nur die klaren Gegensätze verwischen können.

Mit seiner enormen Sprachbegabung übersetzte Tersteegen auch die fast ganz vergessenen Erkenntnisse und Wahrheiten der Gotteszeugen wie Madame de la Mothe Guyon, Jean de Labadie, die spanischen Karmeliter Theresa von Jesus und Johannes vom Kreuz. Darunter war auch Das verborgene Leben mit Christus in Gott des Katholiken Johann von Bernières Louvigny. Auch das Buch des mittelalterlichen Thomas vom Kempen von der Nachfolge Christi brachte Tersteegen neu heraus. Was ihn dabei so sehr anzog, war das gründliche Absterben des alten Menschen. Ihm war der Gedanke so wichtig, dass die kurzen Tage unseres Lebens darin ihren Sinn haben, frei von der Sünde, von rasch vergehender Lust, Jesus nachzufolgen.

Er bringt uns durch diese Wüste heim in sein ewiges Vaterland. So schließt Tersteegens Abendlied *Nun sich der Tag geendet*:

Ich schließe mich aufs Neue
in deine Vatertreue
und Schutz und Herze ein;
der Finsternis Geschäfte
und alle bösen Kräfte
vertreibe durch dein Nahesein.

Dass du mich stets umgibest,
dass du mich herzlich liebest
und rufst zu dir hinein,
dass du vergnügst alleine
so wesentlich, so reine,
lass früh und spät mir wichtig sein.

Ein Tag, der sagt dem andern,
mein Leben sei ein Wandern
zur großen Ewigkeit.
O Ewigkeit, so schöne,
mein Herz an dich gewöhne,
mein Heim ist nicht in dieser Zeit.

1740 veröffentlichte Tersteegen das Ermunterungslied für Pilger: *Kommt, Kinder, lasst uns gehen*. Auch für uns weltverhaftete Leute heute macht dieses Lied herausfordernd deutlich, dass wir in unserem Leben Fremdlinge und Pilger sind:

Man muss wie Pilger wandeln,
frei, bloß und wahrlich leer;
viel sammeln, halten, handeln
macht unsern Gang nur schwer.
Wer will, der trag sich tot;
wir reisen abgeschieden,
mit wenigem zufrieden;
wir brauchen's nur zur Not.

Drauf wollen wir's denn wagen,
es ist wohl wagenswert,
und gründlich dem absagen,
was aufhält und beschwert.
Welt, du bist uns zu klein;
wir gehn durch Jesu Leiten
hin in die Ewigkeiten:
es soll nur Jesus sein.

Alle Befriedigung liegt allein in Gott. Nichts sonst kann das dürstende und hungernde Herz befriedigen:

Allgenugsam Wesen,
das ich hab erlesen
mir zum höchsten Gut,
du vergnügst alleine
völlig, innig, reine
Seele, Geist und Mut.
Wer dich hat, ist still und satt;
wer dir kann im Geist anhangen,
darf nichts mehr verlangen.

Was genannt mag werden
droben und auf Erden,
alles reicht nicht zu.
Einer kann mir geben
Freude, Ruh und Leben;
Eins ist not: nur du!
Hab ich dich nur wesentlich,
so mag Leib und Seel verschmachten,
ich will's doch nicht achten.

Zwanzig Jahre lang arbeitete Tersteegen am Leben heiliger Seelen, einem dreibändigen Werk mit 25 Lebensbildern, lauter katholische, mönchische, einsiedlerische, quietistische Ordensleute, wie ihm von seinen Kritikern vorgeworfen wurde. Über alle Konfessionsgrenzen hinweg interessierte ihn das Leben der wirklich Gläubigen mit Gott. Er nannte es verborgen, weil die natürliche

Vernunft des Menschen es nicht erkennt, obgleich es doch ganz real ist.

Vielleicht seine wichtigste Schrift war das Geistliche Blumengärtlein inniger Seelen mit kurzen Reimen und Liedern zur Erweckung, Stärkung und Erquickung in dem verborgenen Leben mit Christus in Gott.

Die Melodie aus einer russischen Messe von Dimitri Bortnjansky machte mit ihrer slawischen Weichheit das Anbetungslied Tersteegens weit bekannt:

Ich bete an die Macht der Liebe,
die sich in Jesus offenbart.
Ich geb mich hin dem freien Triebe,
wodurch auch ich geliebet ward.
Ich will, anstatt an mich zu denken,
ins Meer der Liebe mich versenken.

O Jesu, dass dein Name bliebe
im Grunde tief gedrücket ein!
Möcht deine süße Jesusliebe
in Herz und Sinn gepräget sein!
Im Wort, im Werk und allem Wesen
sei Jesus und sonst nichts zu lesen!

Oder mit jubelnder Weihnachtsfreude, ganz bewusst zu Joachim Neanders strahlender Freudenmelodie *Lobe den Herren, den mächtigen König der Ehren* gedichtet:

Jauchzet, ihr Himmel,
frohlocket, ihr Engel, in Chören,
singet dem Herren,
dem Heiland der Menschen, zu Ehren!
Sehet doch da:
Gott will so freundlich und nah
zu den Verlornen sich kehren.

Sehet dies Wunder,
wie tief sich der Höchste hier beuget;

sehet die Liebe,
die endlich als Liebe sich zeiget:
Gott wird ein Kind,
träget und hebet die Sünd!
Alles anbetet und schweiget.

Süßer Immanuel,
werd auch in mir nun geboren;
komm doch, mein Heiland,
denn ohne dich bin ich verloren!
Wohne in mir,
mach mich ganz eines mit dir,
der du mich liebend erkoren.

In dem Pfingstlied spürt man sein Ergriffensein:

O Gott, o Geist, o Licht des Lebens,
das uns im Todesschatten scheint,
du scheinst und lockst so lang vergebens,
weil Finsternis dem Lichte feind.
Geist, dem keiner kann entgehen,
ich lass dich gern den Jammer sehen.

Entdecke alles und verzehre,
was nicht in deinem Lichte rein,
wenn mir's gleich noch so schmerzlich wäre;
die Wonne folget nach der Pein:
du wirst mich aus dem finstern Alten
in Jesu Klarheit umgestalten.

Du Atem aus der ewgen Stille,
durchwehe sanft der Seele Grund;
füll mich mit aller Gottesfülle,
und da, wo Sünd und Gräuel stund,
lass Glauben, Lieb und Ehrfurcht grünen,
in Geist und Wahrheit Gott zu dienen.

Dadurch, dass man Gerhard Tersteegen mit dem missverständlichen Begriff Mystiker abstempelte, konnte man nicht mehr erkennen, wie offen und natürlich sein Blick gerade für die Welt als Schöpfung Gottes war. Wir finden bei ihm, angeregt durch Joachim Neander, wunderbare Lieder, die die Schönheit der Natur besingen. Die Jahreszeitenlieder schuf er aus Worten der Bibel heraus. So dichtete er nach dem Hohenlied 7,12 ein Lied mit vielen Strophen:

> Komm, lass uns gehn, mein Freund, hinaus aufs Feld,
> lass uns besehn des Frühlings Pracht und Freude,
> schau da dein Werk, die Erd in neuem Kleide!
> Es grünt, es blüht, dir jauchzet alle Welt.

Viele lieben auch das Abendlied:

> Nun schläfet man; und wer nicht schlafen kann,
> der bete mit mir an den großen Namen,
> dem Tag und Nacht wird von der Himmelswacht
> Preis, Lob und Ehr gebracht: o Jesu, Amen.
>
> Weg, Fantasie! Mein Herr und Gott ist hie;
> du schläfst, mein Wächter, nie,
> dir will ich wachen. Ich liebe dich,
> ich geb zum Opfer mich
> und lasse ewiglich dich mit mir machen.
>
> Es leuchte dir der Himmelslichter Zier;
> ich sei dein Sternlein, hier und dort zu funkeln.
> Nun kehr ich ein, Herr, rede du allein
> beim tiefsten Stillesein zu mir im Dunkeln.

Das besondere Kennzeichen des 30-jährigen Gerhard Tersteegen war jetzt die Gemeinschaft. Man fand ihn, den Mann der Stille und Einsamkeit, nun meist am Sonntagnachmittag in Bauernhäusern der Umgebung Mülheims, im Bergischen Land und im niederrheinischen Land um Cleve herum.

In den vielen Hausversammlungen traf viele Zuhörer das schlichte Wort und die innerlich bezwingende Kraft des Redens Tersteegens. Viele bekehrten sich umfassend und auf Dauer.

Im Bergischen Land bei Heiligenhaus an der Straße nach Velbert entstand 1727 die Pilgerhütte. Eine Bruderschaft junger Männer zog hier ein, die miteinander christliches Leben verwirklichen wollten. Aber auch in Wuppertal, Krefeld, Amsterdam, Frankfurt/Main, im Siegerland, in der Wetterau, in Franken und der Pfalz sammelten sich Freunde, die sich zu Tersteegen hingezogen fühlten, seine Seelsorge suchten und sein geistliches Wort hören wollten.

Seine umfangreiche und seelsorgerliche Korrespondenz geht bis Dänemark, Schweden und ins amerikanische Pennsylvania.

Wie wichtig ihm die Gemeinschaft mit gläubigen Menschen war, zeigt die Strophe:

> Ich umfasse, die dir dienen;
> ich vereinge mich mit ihnen,
> und vor deinem Angesicht
> wünsch ich Zion tausend Segen;
> stärke sie in deinen Wegen,
> leite sie in deinem Licht.

Doch mit der verfassten Kirche kam es zum Zusammenstoß. 1740 erließ die kurpfälzische Regierung, vermutlich auf Betreiben der Kirche, ein Verbot der Hausversammlungen. Der preußische König Friedrich II. schloss sich für seine rheinischen Gebiete an. Auch jetzt erbitterte sich Tersteegen nicht.

Einen der zuständigen Beamten erinnerte Tersteegen daran, dass er dieses Verbot einst auf seinem Totenbett noch werde verantworten müsse. Jede öffentliche Veranstaltung von Gauklern und Seiltänzern, ja auch Saufgelage würden erlaubt, gute Versammlungen dagegen verboten.

Tersteegen wohnte 20 Jahre lang in Mülheim direkt gegenüber der Petrikirche, aber betreten hat er sie in der ganzen Zeit nie. Er sah in der verweltlichten evangelischen Kirche eine wirkungslose Erb-Religion, ein gedankenloses Namens-Christentum. Er wollte keinen Kampf, weil die eigentliche Scheidung ganz anders verläuft: Ich glaube, dass in den Augen Gottes nur zwei Parteien auf Erden seien, nämlich die Kinder der Welt, in welchen die Weltliebe herrscht, und dann die Kinder Gottes, in welche die Liebe Gottes ausgegossen ist durch den Heiligen Geist. Nur auf diesen einen Unterschied schaue Gott.

Dabei hatte Tersteegen den klaren Durchblick, dass in allen Konfessionen die meisten Prediger und Zuhörer zu der Partei der Welt und des Antichristen gehörten, auch wenn im Verborgenen Gott immer noch seine Leute hat. Tersteegen fällte dies Urteil nicht überheblich und stolz, sondern im Wissen um die Macht der Sünde und die Verlorenheit des Menschen. Deshalb wollte sich Tersteegen weder an eine Konfession binden, noch sich sektiererisch von ihr abspalten lassen. Die ganze konfessionelle Frage trat bei ihm zurück gegenüber dem völligen Gehorsam in der Nachfolge Jesu. Selbst die reine Lehre kann kein gottseliges Leben garantieren, weil der wahre Glaube nicht an irgendwelche Konfessionen, aber auch niemals an eine sich abspaltende Splittergruppe gebunden ist.

Tersteegen war bereit, sich an Gottesdiensten zu beteiligen, wenn der Prediger meinen Glauben weder ermüdet noch ärgert. Bei heftigen und polemischen Angriffen riet Tersteegen einfach zum geduldigen Ausharren. Er erkannte richtig: Das Lästern widrig gesinnter Prediger macht keine Wunden, man beantwortet's mit Stillschweigen und sieht nicht danach um. Viel wichtiger sei, dass man selbst gemäß dem Evangelium richtig wandle. Dann mögen auch die, so jetzt von uns afterreden als von den Übeltätern, noch wohl dem Herrn gewonnen werden, wenn sie unsere guten Werke sehen und nicht nur gute Worte hören. Lasst uns die Gnadenkräfte nicht verschwenden in Nebensachen, in Äußerlichkeiten, in neuen Meinungen und Parteilichkeiten, da man am Ende konfus, zerstreut und matt sitzen bleibt. Die Welt beschäftigt sich mit ihren Sachen, lasst sie machen. Wir sollen uns nur beschäftigen mit unserer Sache, die den ganzen Menschen dergestalt erfordert, dass man nicht Zeit zum Umsehen hat.

Tersteegen suchte keine vollkommene Gemeinde zu organisieren, sondern freute sich an der erlebten Gemeinschaft mit Menschen, die Gott lieben. Dies war der Tempel, der Ort der Gegenwart Gottes.

1750, nach zehn Jahren, nahm ein Freund Tersteegens, der Theologiestudent Jakob Chevalier, die öffentlichen Versammlungen am Niederrhein wieder auf. Auch Tersteegen hielt wieder stark besuchte Versammlungen in seinem Haus.

Seine Freunde vertrauten ihm große Summen Geld an. In der Nacht verteilte er alles unter den Armen. Er selbst lebte in ärmlichsten Verhältnissen.

Neben allen anderen Tätigkeiten betrieb er, der selbst so viel krank war, die Nebenarbeit, einfache Medikamente zu verfertigen. Er meinte, die Medizin gibt viel zum Nachdenken, viel Verdruss und viel Verantwortung. Ich brauche nur ein paar Sorten Pillen, einige Pulver und Essenzen, alle von einfacher Komposition. Außerordentliche, geheime und chemische, ungewisse Seltenheiten macht Gott zuschanden und segnet verachtete Krautlein. Traue den Laboratorienbüchern nicht und forsche nicht täglich in alchimistischen Irrgärten.

Am 3. April 1769 rief ihn der Herr nach längerer Krankheit und Leidenszeit heim in seinen Frieden.

Graf von Zinzendorfs einzige Leidenschaft: Er – Jesus

Hört ihr seiner Räder sausendes Getön?

Man schrieb das Jahr 1726. Im sächsischen Großhennersdorf in der Oberlausitz starb die Landvögtin, Henriette Freifrau von Gersdorf.

An ihrem Grab trauerte Nikolaus Ludwig Graf von Zinzendorf um seine heiß und innig geliebte Großmutter. Sie war ihm viel näher gestanden als seine eigenen Eltern. Sein Vater, kursächsischer

Geheimer Rat und Staatsminister, war schon zehn Wochen nach seiner Geburt gestorben. Als seine Mutter später den preußischen Generalfeldmarschall von Natzmer heiratete, war der kleine Lutz, wie man ihn nannte, gerade vier Jahre alt.

Die verwitwete Großmutter Henriette Freifrau von Gersdorf zog den kleinen Lutz bis zu seinem zehnten Lebensjahr auf. Mit ihrer biblischen Liebe zum Heiland Jesus hat sie ihn für sein ganzes Leben tief geistlich geprägt.

Frau von Gersdorf war eine äußerst begabte und hochgebildete Frau. Im Haus betrieb sie ein Alchemistenlabor. Mit dem Philosophen Leibniz wechselte sie Briefe. Ihre Bibel las sie täglich nur in den Ursprachen. Auch Aramäisch und Chaldäisch lernte sie.

Zu ihrem Begräbnis dichtete der Enkel das Lied:

Die Christen gehn von Ort zu Ort
durch mannigfaltgen Jammer
und kommen in den Friedensport
und ruhn in ihrer Kammer.
Gott nimmt sie nach dem Lauf
in seinen Armen auf;
das Weizenkorn wird in sein Beet
auf Hoffnung schöner Frucht gesät.

Wie seid ihr doch so wohl gereist!
Gelobt sei'n eure Schritte,
du friedevoll befreiter Geist,
du jetzt verlassne Hütte!
Du, Seele, bist beim Herrn;
dir glänzt der Morgenstern;

euch Glieder deckt mit sanfter Ruh
der Liebe stiller Schatten zu.

Wir freun uns in Gelassenheit
der großen Offenbarung;
indessen bleibt das Pilgerkleid
in heiliger Verwahrung.
Wie ist das Glück so groß
in Jesu Arm und Schoß!
Die Liebe führ uns gleiche Bahn:
so tief hinab, so hoch hinan.

Von seiner Großmutter hatte Zinzendorf 1722 unter großen Anstrengungen den Gutsbezirk Berthelsdorf abgekauft. Wenig später, noch im gleichen Jahr, baten böhmische Flüchtlinge, die um ihres Glaubens willen vertrieben waren, Zinzendorf um Asyl.

Er willigte ein. Schon im Juni 1722 bauten die ersten Flüchtlinge am Hutberg mitten im Wald ihre Häuser. Die Siedlung Herrnhut war gegründet.

Aber nicht nur aus Mähren, sondern aus allen Winkeln Deutschlands strömten Sonderlinge und Eigenbrötler, die man als merkwürdige Sektierer und Separatisten beschimpfte. Hier in Herrnhut durften sie ihres Glaubens leben. Unter der genialen Leitung Zinzendorfs schloss sich 1727 dieser bunt zusammengewürfelte Haufen eigenwilliger und unerschütterlicher Glaubensstreiter zur sogenannten Brüdergemeine zusammen. Die Liebe Jesu sollte das einzige Bindeglied sein, das sie unter der Hut des Herrn zusammenhält.

Der originelle Graf Zinzendorf dichtete das Gemeinschaftslied:

Herz und Herz vereint zusammen
sucht in Gottes Herzen Ruh.
Lasset eure Liebesflammen
lodern auf den Heiland zu.
Er das Haupt, wir seine Glieder,
er das Licht und wir der Schein,
er der Meister, wir die Brüder,
er ist unser, wir sind sein.

Legt es unter euch, ihr Glieder,
auf so treues Lieben an,
dass ein jeder für die Brüder
auch das Leben lassen kann.
So hat uns der Freund geliebet,
so vergoss er dort sein Blut;
denkt doch, wie es ihn betrübet,
wenn ihr euch selbst Eintrag tut.

Liebe, hast du es geboten,
dass man Liebe üben soll,
o so mache doch die toten,
trägen Geister lebensvoll.
Zünde an die Liebesflamme,
dass ein jeder sehen kann:
wir, als die von einem Stamme,
stehen auch für einen Mann.

Lass uns so vereinigt werden,
wie du mit dem Vater bist,
bis schon hier auf dieser Erden
kein getrenntes Glied mehr ist,
und allein von deinem Brennen
nehme unser Licht den Schein;
also wird die Welt erkennen,
dass wir deine Jünger sein.

Die meisten Lieder, die Zinzendorf dichtete, sind unmittelbar und direkt in den Versammlungen entstanden. Der geniale Graf brauchte weder Papier noch Überarbeitungen. Alles ging bei ihm spontan, wie bei einem Fass, wo man den Spunden aufmacht. So hat er es selbst erzählt. In den Singstunden, die den Tag beschlossen, sagte er die Texte vor, und die Gemeinde folgte ihm. Weit über 2000 Lieder soll er so gedichtet haben. Vor allem Christian Gregor, der Musikdirektor und Organist der Brüdergemeine in Herrnhut, glättete später die Texte und korrigierte dabei auch sonderbare Formulierungen. So auch bei dem bekannten Lied, das Zinzendorf im Alter von 21 Jahren gedichtet hatte:

Jesu, geh voran auf der Lebensbahn!
Und wir wollen nicht verweilen,
dir getreulich nachzueilen;
führ uns an der Hand bis ins Vaterland.

Soll's uns hart ergehn, lass uns feste stehn
und auch in den schwersten Tagen
niemals über Lasten klagen;
denn durch Trübsal hier geht der Weg zu dir.

Rühret eigner Schmerz irgend unser Herz,
kümmert uns ein fremdes Leiden,
o so gib Geduld zu beiden;
richte unsern Sinn auf das Ende hin.

Ordne unsern Gang, Jesu, lebenslang.
Führst du uns durch raue Wege,
gib uns auch die nötge Pflege;
tu uns nach dem Lauf deine Türe auf.

Zinzendorf gab 1727 sein Amt als Hof- und Justizrat in Dresden auf und zog ganz nach Berthelsdorf, um sich dem Aufbau der Brüdergemeine zu widmen. Genial organisierte er eine aktive Dienstgruppe. Der gekreuzigte Jesus bildete die Mitte der Gemeinschaft. Lebendige Gemeinden sind immer singende Gemeinden. Das zeigen Zinzendorfs Lieder, die in der Gemeinschaft gesungen wurden:

Der du noch in der letzten Nacht,
eh du für uns erblasst,
den Deinen von der Liebe Macht
so schön gepredigt hast:

erinnere deine kleine Schar,
die sich so leicht entzweit,
was deine letzte Sorge war:
der Glieder Einigkeit.

Schon 1732 brachen seine ersten Missionare zu den schwarzen Sklaven auf den dänischen Inseln in der Karibik auf. Man findet sie später in den extremsten und schwierigsten Gebieten der damals bekannten Welt. Zinzendorfs Streiterlieder erinnerten sie an den Glauben, der Berge versetzt, der auch das Martyrium des eigenen Lebens nicht scheut:

Der Glaube bricht durch Stahl und Stein
und kann die Allmacht fassen;
er wirket alles und allein,
wenn wir ihn walten lassen.
Wenn einer nichts als glauben kann,
so kann er alles machen;
der Erde Kräfte sieht er an
als ganz geringe Sachen.

Die Zeugen Jesu, die vordem
auch Glaubenshelden waren,
hat man in Armut wandeln sehn,
in Trübsal und Gefahren.
Und des die Welt nicht würdig war,
der ist im Elend gangen;
den Fürsten über Gottes Schar
hat man ans Kreuz gehangen.

Gelobet sei die Tapferkeit
der Streiter unsres Fürsten;
verlacht sei die Verwegenheit,
nach ihrem Blut zu dürsten!
Wie gut und sicher dient sich's nicht
dem ewigen Monarchen!
Im Feuer ist er Zuversicht,
fürs Wasser baut er Archen.

Drum wohn wir unter seinem Schutz,
den Satan zu vertreiben
und seinem Hohngeschrei zum Trutz,
mit unsern Vätern gläuben.

Wenn man den Herrn zum Beistand hat
und 's Herz voll seiner Freuden,
so lässt sich's auch durch seine Gnad
um seinetwillen leiden.

Zinzendorf war ein Mann der Tat. *Wir wolln uns gerne wagen, in unsern Tagen der Ruhe abzusagen, die's Tun vergisst*, zeigt die Dynamik Zinzendorfs. Er ließ sich aber nicht von seinem eigenen Temperament reiten, sondern allein durch Jesu Befehle zum Dienst führen:

Hier hast du uns alle zu deinen Befehlen!
Je mehr du befiehlst, je mehr Siege wir zählen.
Denn deine Befehle sind lauter Versprechen,
durch alle verhauenen Bahnen zu brechen.

Aus den Singstunden heraus entstanden die Losungen der Herrnhuter Brüdergemeine, die bis heute weit verbreitet sind. 1728 gab Zinzendorf abends beim Singen ein Losungswort für den nächsten Tag mit. Das waren dann die Parolen, die morgens in die Türen der Häuser gerufen wurden.

Der Aufruf zum Kampf und Streit war Zinzendorf auch wichtig:

O ihr Gottesstreiter, wisst ihr, was ihr sollt?
Ihr seid Wegbereiter, wo sein Wagen rollt,
dass er desto gräder könne vor sich gehn.
Hört nur seiner Räder sausendes Getön!

Zinzendorf wollte weder mit Gedanken der Vernunft spekulieren, noch seinen Gefühlen freien Raum lassen. Ihm ging es um die Heilige Schrift, das Arzneibuch, darin ein jeder das Mittel zu seiner Genesung finden kann. Und das Hauptkennzeichen der wahren Gemeinde war für ihn die herzliche, innige, zärtliche Neigung zur Heiligen Schrift. Da werden die einfältigen Wahrheiten zur größten Delikatesse.

So dichtet Zinzendorf:

Herr, dein Wort, die edle Gabe,
diesen Schatz erhalte mir;
denn ich zieh es aller Habe
und dem größten Reichtum für.
Wenn dein Wort nicht mehr soll gelten,
worauf soll der Glaube ruhn?
Mir ist's nicht um tausend Welten,
aber um dein Wort zu tun.

Heftig und vielfach wurde Zinzendorf sein Leben lang wegen seines Glaubens angefeindet. Schon sein Vormund wollte ihn als Student nicht länger unter dem Einfluss der Halleschen Pietisten lassen und schickte ihn zum theologischen Studium nach Wittenberg. Zinzendorf entdeckte dort aber nur die Eitelkeit der Welt, die er immer mehr verachtete. Er wollte nur ein Werkzeug zur göttlichen Ehre werden, welches durch Hass, Neid und Rachgier dringen wird.

Der Widerstand gegen die Gründung der Herrnhuter Brüdergemeine wuchs von Jahr zu Jahr. Zunächst war der sächsische Hof misstrauisch gegen die Flüchtlinge und fürchtete, die Gemeine hätte die lutherische Lehre verlassen. Die Feindschaft führte bis zum Aufenthaltsverbot Zinzendorfs in ganz Sachsen, das elf Jahre lang aufrechterhalten wurde. Zinzendorf nahm den schweren Schlag zum Anlass eines neuen Missionseifers: Jetzt müssen wir der Welt den Heiland verkündigen. Das wird nun unsere Heimat!

Es ist unglaublich, wie der Graf jetzt reiste. Die vielfachen und oft endlos weiten Wege können hier nicht aufgelistet werden. Mit Pferd, Kutsche oder zu Fuß war er in ganz Europa unterwegs. Er besuchte seine Missionare in der Karibik. Dann brach er nach Amerika, Dänemark, Lappland und dem Baltikum auf. Mehrere Jahre, von 1749–1755, wohnte er in London, in einem Haus unmittelbar an der Themse.

Eindrücklich erzählte der englische Erweckungsprediger und Begründer des Methodismus, John Wesley, wie er 1735/36 auf dem Schiff nach Amerika 26 Angehörige der Herrnhuter Brüdergemeine traf. Bei einem heftigen Wintersturm auf dem Atlantik konnte er ihren Glauben in der Bewährung beobachten. Die Wogen schlugen über dem Schiffsdeck zusammen. Das Hauptsegel riss. Alle Reisenden hatten Angst. Nur die Herrnhuter waren ruhig und hielten wie gewohnt ihre Singstunde. Wesley schrieb in sein Tagebuch: Das war der herrlichste Tag, den ich bisher erlebt habe. Von ihrem Singen war er so beeindruckt, dass er Deutsch lernte und gleich nach seiner Landung in Amerika mit dem Übersetzen deutscher Lieder begann. Über den Methodismus haben die Herrnhuter die weltweite Singbewegung stark beeinflusst.

Das Denken Zinzendorfs kreiste immer nur um den gekreuzigten Jesus. Schon als Kind im Haus der Großmutter hatte er den Senfkornorden gegründet. Sein Wappen war das Bild des dornengekrönten Jesus mit der Unterschrift: Seine Wunden unsere Heilung.

Als sich Zinzendorf in Begleitung seines Hofmeisters auf eine eineinhalbjährige Kavaliersreise begab, die ihn über Holland und die Schweiz bis nach Paris führte, erlebte er den größten Eindruck in der Düsseldorfer Gemäldegalerie. Das Bild des dornengekrönten Jesus von Domenico Feti fesselte ihn, besonders die Unterschrift: Das tat ich für dich, was tust du für mich?

Viel später, auf der Rückreise von der fieberheißen Insel St. Thomas dichtete er das Lied:

Christi Blut und Gerechtigkeit,
das ist mein Schmuck und Ehrenkleid,
damit will ich vor Gott bestehn,
wenn ich zum Himmel werd eingehn.

So will ich, wann ich zu ihm komm,
nicht denken mehr an gut noch fromm,
sondern: Da kommt ein Sünder her,
der gern fürs Lösgeld selig wär.

1760 starb Zinzendorf im Alter von 60 Jahren. Bis heute wird in Gemeinschaften sein Lied gesungen:

Aller Gläubgen Sammelplatz
ist da, wo ihr Herz und Schatz,
wo ihr Heiland Jesus Christ
und ihr Leben hier schon ist.

Eins geht da, das andere dort,
in die ewge Heimat fort,
ungefragt, ob die und der
uns nicht hier noch nützlich wär.

Manches Herz, das nicht mehr da,
geht uns freilich innig nah;
doch, o Liebe, wir sind dein,
und du willst uns alles sein.

Benjamin Schmolcks Glaubensmut vor der Feinde Toben

Als in Schlesien mehr als tausend Kirchen geraubt wurden

Unbeschreibliches Elend hatte der Dreißigjährige Krieg auch in Schlesien hinterlassen. Nach dem Ende des grausamen Zerstörens und verheerenden Mordens aber führten römische Jesuiten in Schlesien brutal die Gegenreformation durch. Allein in den Jahren 1653/54 ließ der Kaiser in seinen Gebieten den Evangelischen mehr als 1200 Kirchen wegnehmen. Davor waren schon mehrere Hundert Kirchen enteignet worden. Viele Pfarrer mit ihren Familien mussten flüchten. Wenig später verließen auch die meisten evangelischen Lehrer Schlesien. Ihre Schulen waren geschlossen worden. Eine große Flüchtlingsbewegung um des evangelischen Glaubens willen begann.

Nur an drei Orten, wo katholische Fürsten waren, durften außerhalb der Stadtmauer ganz einfache Kirchsäle errichtet werden. Zum Bauen durfte man nur Holz und Lehm verwenden, Türme und Glocken waren nicht erlaubt.

Zu diesen Orten gehörte Schweidnitz in Niederschlesien. Die drei vorhandenen Hauptkirchen und acht Nebenkirchen der Stadt blieben den Evangelischen verschlossen, obwohl nur 30 Katholiken in der Stadt lebten. Nur die schlichte Friedenskirche vor den Toren der Stadt wurde den Evangelischen überlassen.

Dort trat 1702 Benjamin Schmolck sein Amt als Pfarrer unter unendlichen Schwierigkeiten an. Dazu war eine tüchtige Portion Glaubensmut nötig. Schmolck war damals 29 Jahre alt und stammte aus dem schlesischen Fürstentum Liegnitz, wo sein Vater in Brauchitschdorf Pfarrer war. In diesem Dorf war Schmolck am 21. Dezember 1672 geboren worden. Ein tiefer Einschnitt bedeutete für ihn der Tod der Mutter, als er vier Jahre alt war.

Obwohl er nun in Schweidnitz 14 000 Gemeindeglieder betreuen musste, die in 36 Dörfern zerstreut wohnten, erlaubte man ihm nur zwei Vikare zur Seite. Die Arbeit gestaltete sich durch die vielen Einschränkungen äußerst schwierig. Für manche Dienste brauchten sie besondere behördliche Genehmigungen.

Im Neujahrslied *Jesus soll die Losung sein* dichtete Schmolck die zuversichtliche Strophe:

> Unsre Wege wollen wir
> nur in Jesu Namen gehen.
> Geht uns dieser Leitstern für,
> so wird alles wohl bestehen
> und durch seinen Gnadenschein
> alles voller Segen sein.

Die schlesischen Christen waren mutig. Viele versammelten sich in Wäldern und verborgenen Tälern und feierten heimlich mit sogenannten Heckenpredigern Gottesdienste. Andere suchten die

Zufluchts- und Grenzkirchen an der sächsischen und brandenburgischen Grenze auf. Benjamin Schmolck dichtete das Lied:

Der beste Freund ist in dem Himmel,
auf Erden sind nicht Freunde viel;
denn bei dem falschen Weltgetümmel
steht Redlichkeit oft auf dem Spiel.
Drum hab ich's endlich so gemeint:
Mein Jesus ist der beste Freund.

Besonders schwierig war es in den ersten Jahren der Gegenreformation mit Taufen, Trauungen und Beerdigungen, die eigentlich nur von katholischen Priestern vollzogen werden durften. Waren sie doch unter großen Schwierigkeiten von evangelischen Pfarrern gehalten worden, so stand den katholischen Priestern dennoch die Gebühr zu. Oft mussten die Eltern mit den Paten weite Wege, manchmal sogar eine ganze Tagereise, zurücklegen, um eine evangelische Kirche zu erreichen.

Von Schmolck stammt das Tauflied *Liebster Jesu, wir sind hier*, das mit seinen einprägsamen biblischen Bildern bis heute sehr oft gesungen wird:

Hirte, nimm das Schäflein an;
Haupt, mach es zu deinem Gliede;
Himmelsweg, zeig ihm die Bahn;
Friedefürst, sei du sein Friede;
Weinstock, hilf, dass diese Rebe
auch im Glauben dich umgebe.

Die letzte Strophe schließt mit der Bitte:

Ja den Namen, den wir geben,
schreib ins Lebensbuch zum Leben!

Erst als 1707 der schwedische König über die Polen siegte, bekamen die evangelischen Christen wieder mehr Freiheit. Der schwedische König verlangte von Kaiser Josef I., die Gegenreformation zu stoppen. Insgesamt ließ durch diese politische

Wende der Druck auf die evangelischen Gemeinden nach. Viele der früher weggenommenen oder geschlossenen Kirchen wurden für die Evangelischen wieder geöffnet. Sechs sogenannte Gnadenkirchen konnten zur Erinnerung an dieses Edikt gebaut werden.

Aus der großen Freude darüber, dass sich hier endlich wieder die Gemeinde Gottes versammeln konnte, entstand Benjamin Schmolcks Lied, das er kurz vor seinem Tod dichtete:

Tut mir auf die schöne Pforte,
führt in Gottes Haus mich ein;
ach wie wird an diesem Orte
meine Seele fröhlich sein!
Hier ist Gottes Angesicht,
hier ist lauter Trost und Licht.

Mache mich zum guten Lande,
wenn dein Samkorn auf mich fällt.
Gib mir Licht in dem Verstande
und, was mir wird vorgestellt,
präge du im Herzen ein,
lass es mir zur Frucht gedeihn.

Stärk in mir den schwachen Glauben,
lass dein teures Kleinod mir
nimmer aus dem Herzen rauben,
halte mir dein Wort stets für,
dass es mir zum Leitstern dient
und zum Trost im Herzen grünt.

Insgesamt 35 Jahre lang diente Benjamin Schmolck demütig und bescheiden an seiner Schweidnitzer Kirche. 1200 Lieder schuf er in dieser Zeit, mit denen er die bedrängten Gemeinden aufrichtete. Es gab viel Not, so z. B. 1716 , als die halbe Stadt Schweidnitz in einem furchtbaren Feuer niederbrannte. Zu den volkstümlichen Liedern

Schmolcks gehört auch das Adventslied *Hosianna! Davids Sohn, kommt in Zion eingezogen*. Bis heute findet sich in den Gesangbüchern auch das Fürbittelied *Herr, höre, Herr, erhöre* für Staat und Öffentlichkeit, wo eine Strophe lautet:

Lass alle, die regieren,
ihr Amt getreulich führen,
schaff jedermann sein Recht,
dass Fried und Treu sich müssen
in unserm Lande küssen,
und segne beide, Herrn und Knecht.

In den Gesangbüchern des 19. Jahrhunderts standen mehr als 20 Lieder von Benjamin Schmolck. Er dichtete auch für die Traurigen in Zion das großartige Lied vom Leiden *Je größer Kreuz, je näher Himmel,* in dem es heißt:

Das Kreuz vermehrt der Liebe Glut
gleich wie das Öl im Feuer tut.

Mit zunehmendem Alter wurde Schmolck leidend. Mehrere Schlaganfälle machten ihn gebrechlich. Er erblindete. Das schwache Gefäß seines Leibes zerbrach. Seine eindrücklichen Lieder aber klingen weiter. So auch das jubelnde Pfingstlied *Schmückt das Fest mit Maien,* das noch den Kampf um das Evangelium spüren lässt:

Lass die Zungen brennen,
wenn wir Jesus nennen,
führ den Geist empor;
gib uns Kraft zu beten
und vor Gott zu treten,
sprich du selbst uns vor.
Gib uns Mut, du höchstes Gut,
tröst uns kräftiglich von oben
bei der Feinde Toben.

Hilf das Kreuz uns tragen,
und in finstern Tagen
sei du unser Licht;
trag nach Zions Hügeln

uns mit Glaubensflügeln
und verlass uns nicht,
wenn der Tod, die letzte Not,
mit uns will zu Felde liegen,
dass wir fröhlich siegen.

Im Abendlied *Hirte deiner Schafe* wird die Geborgenheit unter dem guten Hirten besungen:

Decke mich von oben
vor der Feinde Toben
mit der Vaterhuld.
Ein versöhnt Gewissen
sei mein Ruhekissen;
drum vergib die Schuld,
denn dein Sohn hat mich davon
durch die tiefgeschlagnen Wunden
gnädiglich entbunden.

Lass auch meine Lieben
keine Not betrüben,
sie sind mein und dein.
Schließ uns mit Erbarmen
in den Vaterarmen
ohne Sorgen ein.
Du bei mir und ich bei dir;
also sind wir ungeschieden,
und ich schlaf im Frieden.

Am Buß- und Bettag 1735 stand Schmolck zum letzten Mal auf seiner Kanzel. Danach ließ er sich noch mehrfach in die Kirche tragen und segnete die Gläubigen. Am 12. Februar 1737 ging er sanft heim zu seinem Herrn.

Von der Kanzel hatte Schmolck nach der Predigt viele seiner Lieder, so auch dieses Osterlied vorgetragen:

Willkommen, Held im Streite,
aus deines Grabes Kluft!

Wir triumphieren heute
um deine leere Gruft.

Der Feind wird schaugetragen
und heißt nunmehr ein Spott;
wir aber können sagen:
Mit uns ist unser Gott.

Schwing deine Siegesfahne
auch über unser Herz
und zeig uns einst die Bahne
vom Grabe himmelwärts.

Der Tod kann uns nicht schaden,
sein Pfeil ist nunmehr stumpf;
wir sind bei Gott in Gnaden
und rufen schon: Triumph!

Johann Mentzers Schmerz an zwölf Familiengräbern

Im Himmel soll das arme Lob viel besser werden!

Die Witwe, die am Anfang des 18. Jahrhunderts im Wasserschloss von Großhennersdorf in der Oberlausitz als Landvögtin residierte, war in jeder Beziehung eine außergewöhnliche Frau: Henriette Katharina Freifrau von Gersdorf. Sie half entscheidend mit, dass auch Mädchen eine höhere Schulbildung bekommen konnten. Sie sprach Französisch und Italienisch, daneben die alten Sprachen Hebräisch, Chaldäisch und Syrisch. Mit Professoren führte sie schon als junge Frau intensive lateinische Briefwechsel. Dazu gehörte auch der berühmte Philosoph Leibniz. In ihrem Schloss betrieb sie ein chemisches Labor. Daneben musizierte und dichtete sie und malte auch Ölbilder.

Diese Frau nannte man im Volk damals nach ihrem Mädchennamen von Friesen voll Bewunderung die gelehrte Friesin. Mit ihrem weiten Geist war sie gleichzeitig ein tief gläubiger Mensch. Sie übernahm die Aufgabe, ihren Enkel Nikolaus Ludwig Reichsgraf von Zinzendorf zu erziehen, weil dessen Mutter sich nach dem frühen Tod des Vaters mit dem preußischen Generalfeldmarschall von Natzmer vermählte. Zinzendorf hat von seiner begabten und geistreichen Großmutter viel mitbekommen. Vor allem ihre biblisch verwurzelte Jesusliebe prägte ihn tief.

Leider nur im Gesangbuch der Herrnhuter Brüdergemeine findet sich die von ihr gedichtete Weihnachtsbitte:

Ich will nicht kleine Gaben,
du Gotteskind, von dir;
dich selber will ich haben
und bitten, dass auch mir
du magst geboren heißen,
der Welt und Sünde mich
auf ewiglich entreißen
und ziehen ganz an dich.

Schon ihr verstorbener Ehemann, Freiherr Nikolaus von Gersdorf, der geheimer kursächsischer Ratsdirektor und Landvogt in Dresden war, hatte 1693 den 35-jährigen Pfarrer Johann Mentzer in den kleinen Ort Kemnitz, ganz in der Nähe von Herrnhut, gerufen. Für Mentzer, der in einer schwierigen Gemeinde unter den in der Oberlausitz ansässigen, rauen slawischen Sorben tätig war, bedeutete diese neue geistliche Gemeinschaft mit der Familie des Freiherrn von Gersdorf eine wunderbare Lebensführung.

Johann Mentzer war im sorbischen Sprachgebiet geboren, obwohl die Familie seiner Eltern selbst nicht aus slawischen Wurzeln stammte. Die Verhältnisse daheim waren armselig und dürftig. Der Vater scheint ein kleiner Beamter gewesen zu sein. Erst mit 33 Jahren hatte Mentzer die erste Pfarrstelle bekommen. Vorher hatte er sich als Hauslehrer durchgeschlagen.

In der historischen Nachricht vom Brüdergesangbuch des Jahres wird von einem schweren Brandunglück berichtet, bei dem Johann Mentzer 1704 all sein Hab und Gut verloren haben soll. Noch auf den verkohlten Balken sitzend, mitten in den Trümmern seines abgebrannten Hauses, habe er das Lied angestimmt:

O dass ich tausend Zungen hätte
und einen tausendfachen Mund,
so stimmt ich damit um die Wette
vom allertiefsten Herzensgrund
ein Loblied nach dem andern an
von dem, was Gott an mir getan.

O dass doch meine Stimme schallte
bis dahin, wo die Sonne steht;
o dass mein Blut mit Jauchzen wallte,
solang es noch im Laufe geht;
ach wär ein jeder Puls ein Dank
und jeder Odem ein Gesang!

Wer überströmet mich mit Segen?
Bist du es nicht, o reicher Gott?
Wer schützet mich auf meinen Wegen?
Du, du, o Herr Gott Zebaoth!
Auch in der größesten Gefahr
ward deines Trostes ich gewahr.

Ich will von deiner Güte singen,
solange sich die Zunge regt;
ich will dir Freudenopfer bringen,
solange sich mein Herz bewegt;
ja wenn der Mund wird kraftlos sein,
so stimm ich doch mit Seufzen ein.

Ach nimm das arme Lob auf Erden,
mein Gott, in allen Gnaden hin.
Im Himmel soll es besser werden,
wenn ich bei deinen Engeln bin.
Da sing ich dir im höhern Chor
viel tausend Halleluja vor.

Man hat die Darstellung von dem großen Brand bezweifelt, weil es keine weiteren Berichte von einer solchen Katastrophe gibt. Fest steht aber, dass Johann Mentzer durch tiefes Leid in seiner Familie ging. Aus diesen schweren Erfahrungen heraus hat er seine über hundert Lieder gedichtet.

Seine Frau starb schon nach sechs Ehejahren im Alter von 32 Jahren, nachdem sie unter schrecklichen Schmerzen und mit großem Blutverlust Zwillinge geboren hatte.

Um für seine sechs Kinder zu sorgen, heiratete Mentzer wieder. Von den sieben Kindern aus der zweiten Ehe blieb nur das älteste am Leben. Im Jahr 1716 starben innerhalb von 22 Tagen vier seiner Kinder. Der erschütterte und tief gebeugte Vater schrieb ins Totenregister: Ach, mein Gott, was tust du einen so schmerzlichen Herzensriss nach dem andern! Doch es sei dafür dein Name hoch gelobt.

Und er dichtete die Strophe:

Ach Gott, ach liebster Gott,
du machst mir Schmerz auf Schmerzen,
du reißest Stück auf Stück
von meinem Vaterherzen;
doch deine Liebe tut's,
drum geb ich mich darein.

Mir gnüget, wenn nur du
mir stets wirst gnädig sein.

Nikolaus Ludwig Graf von Zinzendorf, der oft mit ihm zusammentraf, nannte ihn einen im Ofen der Trübsal geläuterten Christen. Auf dem Grabstein Johann Mentzers, der 1734 im Alter von 76 Jahren starb, steht neben dem Vermerk von der vergnügten Ehe auch ein Hinweis auf das viele Kreuz, das er zu tragen hatte: Er sah den Segen von 13 Kindern und sieben Kindeskindern, von denen samt der ersten Mutter zwölf ihm im Grab und im Himmel Gesellschaft leisten. Außerdem wird auf diesem Stein berichtet, Feinde des Kreuzes Christi hätten es Mentzer am Ende seines kreuzvollen Lebens noch sauer gemacht.

Leider ist in manchen Gesangbüchern sein Danklied *O dass ich tausend Zungen hätte* gekürzt, so fehlen gerade die Strophen, in denen er von der Überwindung des schweren Leides spricht:

Ich habe ja mein Lebetage
es schon so manches Mal gespürt,
dass du mich unter vieler Plage
getreulich hast hindurchgeführt.
Denn in der größesten Gefahr
ward ich dein Trostlicht stets gewahr.

Wie sollt ich nun nicht voller Freuden
in deinem steten Lobe stehn?
Wie sollt ich auch im tiefsten Leiden
nicht triumphierend einhergehn?
Und fiele auch der Himmel ein,
so will ich doch nicht traurig sein.

Zu den schönen Seiten seines Lebens gehörte die enge und vertraute Freundschaft mit der Familie von Gersdorf. Mentzer wurde beim Tod des Freiherrn 1702 die Beerdigungsansprache übertragen. Auch in der 24-jährigen Witwenzeit von Henriette Katharina Freifrau von Gersdorf war Pfarrer Johann Mentzer im Großhennersdorfer Wasserschloss ein häufiger und gern gesehener Gast.

Von der Hobelbank zur Universität – Johann Jakob Rambach

Wo ist ein Herr, der so mit Knechten tut?

Eigentlich wollte Johann Jakob Rambach ein Handwerk lernen, um seinen Eltern, die einfache Handwerker waren, nicht auf der Tasche zu liegen. Als Lehrling in der Schreinerlehre seines Vaters übertrat aber Johann Jakob Rambach bei einem kleinen Unfall den Fuß so unglücklich, dass er monatelang nicht arbeiten konnte. Weil der Schmerz nicht aufhörte, schickte man ihn schließlich wieder aufs Gymnasium. Das Lernen fiel dem begabten Jungen leicht.

Nun kam aber auch das alte Erbübel der Familie heraus. Johann Jakob Rambach war immer heiser, deshalb sollte er nicht Pfarrer, sondern Arzt werden. Während des Studiums wandte er sich aber wieder der Theologie zu und wurde einer der großen Theologen des 18. Jahrhunderts.

1693 war Johann Jakob Rambach in Glauchau, das zu Halle an der Saale gehört, geboren worden. Ein Jahr vor Rambachs Geburt war August Hermann Francke als Prediger und Professor in diese Stadt gekommen.

Im Studium wurde Rambach ein begeisterter Schüler August Hermann Franckes. Zusammen mit berühmten Orientalisten half er bei der Herausgabe der hebräischen Bibel durch Baron von Canstein. Schon früh wurden Rambach Aufgaben im Vorlesungsbetrieb an der Universität übertragen. Er fand so viel Anerkennung, dass er schon mit 30 Jahren theologischer Dozent wurde. Oft waren seine Vorlesungen mit bis zu 500 Studenten völlig überfüllt. Man schätzte an ihm das umfassende Wissen, die klare Darstellung und seine menschliche Wärme. Ihm ging es nicht um theologische Spitzfindigkeiten, sondern viel mehr um ein tätiges Christentum. Er war, was bei Professoren oft außergewöhnlich ist, ein Kinderfreund und gehörte zu den besten Jugendschriftstellern seiner Zeit.

Nach Franckes Tod wurde Rambach sein Nachfolger in der Professur. Er war ein Bibeltheologe durch und durch. Ein Theologe muss durch die Heilige Schrift gebildet werden, das war sein Motto.

Auch die Predigerstelle an der Schulkirche in Halle wurde Johann Jakob Rambach übertragen. Gleichzeitig berief man ihn zum Leiter des fürstlichen Pädagogiums.

Von seinen Liedern wird heute noch das Tauflied *Ich bin getauft auf deinen Namen* gesungen, in dem es heißt:

Mein treuer Gott, auf deiner Seite
bleibt dieser Bund wohl feste stehn;
wenn aber ich ihn überschreite,
so lass mich nicht verlorengehn;
nimm mich, dein Kind, zu Gnaden an,
wenn ich hab einen Fall getan.

Ich gebe dir, mein Gott, aufs Neue
Leib, Seel und Herz zum Opfer hin;
erwecke mich zu neuer Treue
und nimm Besitz von meinem Sinn.
Es sei in mir kein Tropfen Blut,
der nicht, Herr, deinen Willen tut.

Von den 183 Liedern, die er dichtete, wird heute auch noch gern das anbetende Himmelfahrtslied *Großer Mittler, der zur Rechten seines großen Vaters sitzt* gesungen.

Sehr bekannt ist das Lied:

Der Herr ist gut, in dessen Dienst wir stehn,
wir dürfen ihn gar Abba Vater nennen.
Wenn wir nur treu auf seinen Wegen gehn,
so sehn wir ihn vor zarter Liebe brennen.
Dies Wort gibt uns im Kampfe Trost und Mut:
Der Herr ist gut.

Der Herr ist gut und teilt sich willig mit;
sein Wesen ist ein Brunnen guter Gaben.
Er geht uns nach und fragt bei jedem Schritt,
ob wir nicht was von ihm zu bitten haben.
Wo ist ein Herr, der so mit Knechten tut?
Der Herr ist gut.

Der Herr ist gut. Wer dies im Glauben schmeckt,
wird nimmermehr aus seinen Diensten gehen.
Hier wird erst recht, was Freiheit sei, entdeckt;
hier kann der Geist im rechten Adel stehen.
Nichts ist umsonst, was hier der Glaube tut.
Der Herr ist gut.

Schwer trug Rambach am Tod seiner Frau, die 1730 schon nach sechs Ehejahren starb, nachdem sie das dritte Kind tot geboren hatte. Sie war eine Tochter des Theologieprofessors Dr. Joachim Lange in Halle, der das Morgenlied *O Jesu, süßes Licht, nun ist die Nacht vergangen* dichtete.

1731 promovierte Rambach zum Doktor und folgte einem Ruf als Professor und Superintendent ins hessische Gießen. Dort aber war der Widerstand der Studenten gegen ihn sehr groß. Auch seine Predigten wurden nicht mehr so dankbar aufgenommen wie in Halle. Die Kritik, er sei scharf und streitsüchtig, verletzte ihn tief. Rambach schwieg zu allen Verleumdungen und trug alles in der Stille betend vor Gott. Das haben andere an ihm besonders gerühmt, dass seine Kraft im Beten groß war. In treuer Fürbitte trat er täglich für Universität und Studenten, für Stadt und Land, Kirche und Schule ein.

1734 erwog er, einem ehrenvollen Ruf an die Universität nach Göttingen zu folgen. Auf Drängen seines hessischen Landesherrn lehnte er dann aber doch ab.

Im gleichen Jahr traten schwere körperliche Beschwerden bei ihm auf. Einmal litt das Gedächtnis nach großen Anstrengungen, und auch die körperliche Kraft wurde immer weniger.

In den Tagen vor seinem Sterben betete er: Lieber himmlischer Vater! Wenn es dein heiliger Wille ist, so erhalte mir meinen Verstand bis an mein seliges Ende und bewahre mich vor aller Verwirrung.

Dieses Gebet wurde erhört. In den letzten Stunden vor seinem Heimgang fragte ihn sein späterer Schwiegersohn, ob er fertig sei, zu seinem Heiland zu gehen? Ja, ich bin ganz fertig!

So entschlief Johann Jakob Rambach am 19. April 1735 im Alter von nur 42 Jahren.

Johann Daniel Herrnschmidt pflegt verletzte Soldaten

Wenn du nur bei Jesus bist!

Im Wirtshaus Zum Lamm im schwäbischen Remstaldorf Großheppach traf sich 1704 eine erlauchte Runde von Fürsten zum entscheidenden Kriegsrat. Darunter war der kaiserliche Feldherr Prinz Eugen von Savoyen, der englische Herzog von Marlborough und der Markgraf von Baden, Türkenlouis genannt. Sie bereiteten eine der großen europäischen Schlachten im sogenannten Spanischen Erbfolgekrieg vor. Dieser Krieg wurde 14 Jahre lang um das riesenhafte Erbe des habsburgischen Reiches geführt.

Ausgelöst hatte ihn der unumschränkt herrschende französische Sonnenkönig Ludwig XIV. von Versailles. Ungeniert wollte er sich von den zur Verteilung anstehenden Ländern das wichtigste

Stück als Beute für seine Familie sichern. Dem traten aber die Engländer und Niederländer zusammen mit dem badischen Prinzen und dem württembergischen Herzog in den strategisch ideal weiten Ebenen des fränkischen Donaurieds zwischen Augsburg und Nördlingen entgegen. Es war ein schlimmes Morden der feindlichen Heere. Allein von den französischen Truppen wurden 22 000 Soldaten verletzt oder getötet. 11 000 französische Kämpfer wurden gefangen genommen.

Das preußische Feldlazarett wurde vom Schlachtfeld bei Höchststadt in die schwäbische Kleinstadt Bopfingen auf der Ostalb verlegt. Man kann sich das Elend der verletzten Soldaten kaum vorstellen, bevor das Rote Kreuz erst eineinhalb Jahrhunderte später durch Henri Dunant geschaffen wurde.

Einer aber kümmerte sich aufopferungsvoll um die Schwerkranken und Sterbenden. Es war Johann Daniel Herrnschmidt, der Vikar von Bopfingen, der dorthin zurückgekehrt war, um seinem gichtkranken Vater im Pfarramt auszuhelfen.

Schlimm wütete das ansteckende Lazarettfieber, wie man es damals nannte. Es war der Flecktyphus, an dem ein beträchtlicher Teil der angesteckten Verletzten starb. Die große Gefahr einer Infektion fürchtete Herrnschmidt aber nicht, sondern pflegte unermüdlich die Verletzten, Kranken und Sterbenden.

In dieser Zeit entstand sein Lied des großen Vertrauens in den Schutz des lebendigen Gottes:

Gott will's machen, dass die Sachen
gehen, wie es heilsam ist.
Lass die Wellen höher schwellen,
wenn du nur bei Jesus bist.

Glaub nur feste, dass das Beste
über dich beschlossen sei.
Wenn dein Wille nur ist stille,
wirst du von dem Kummer frei.

Willst du wanken in Gedanken,
fall in die Gelassenheit.

Lass den sorgen, der auch morgen
Herr ist über Leid und Freud.

Gottes Hände sind ohn Ende,
sein Vermögen hat kein Ziel.
Ist's beschwerlich, scheint's gefährlich,
deinem Gott ist nichts zu viel.

Wenn die Stunden sich gefunden,
bricht die Hilf mit Macht herein;
und dein Grämen zu beschämen,
wird es unversehens sein.

1712 berief man Johann Daniel Herrnschmidt als Hofprediger, Superintendent und Konsistorialrat ins nassauische Idstein, nachdem er zuvor den Titel eines Doktors der Theologie erworben hatte. Von dort kam er als Professor der Theologie nach Halle, wo er eng mit August Hermann Francke als zweiter Direktor des Pädagogiums und des Waisenhauses zusammenarbeitete. Nur noch sieben Jahre blieben ihm für diesen Dienst.

In seiner Familie mit acht Kindern ging es meist arm her. Dennoch strahlte Dr. Johann Daniel Herrnschmidt viel Güte und Freundlichkeit aus, half gerne jedem, der ihn brauchte. Der demütige Professor war deshalb sehr beliebt.

Er dichtete nach der Vorlage von Psalm 146 das bekannte Lob- und Danklied:

Lobe den Herren, o meine Seele!
Ich will ihn loben bis in Tod;
weil ich noch Stunden auf Erden zähle,
will ich lobsingen meinem Gott.
Der Leib und Seel gegeben hat,
werde gepriesen früh und spat. Halleluja.

Selig, ja selig ist der zu nennen,
des Hilfe der Gott Jakobs ist,
welcher vom Glauben sich nicht lässt trennen
und hofft getrost auf Jesus Christ.

Wer diesen Herrn zum Beistand hat,
findet am besten Rat und Tat. Halleluja.

Rühmet, ihr Menschen, den hohen Namen
des, der so große Wunder tut.
Alles, was Odem hat,
rufe Amen und bringe Lob mit frohem Mut.
Ihr Kinder Gottes, lobt und preist
Vater und Sohn und Heilgen Geist! Halleluja.

Nur 48 Jahre alt wurde Johann Daniel Herrnschmidt. Er starb 1723. Seine Ehefrau überlebte ihn nur um 18 Stunden. Die acht noch unmündigen Kinder, die zurückblieben, wurden im halleschen Waisenhaus versorgt. In seinem Loblied von der Güte Gottes dichtete Herrnschmidt in einem Vers: Witwen und Waisen hält er Schutz.

Ihm war es immer wichtig gewesen, würdig der Berufung zu leben. Noch 14 Tage vor seinem Tod hielt er die Bibelstunde im Waisenhaus über das letzte Kapitel der Offenbarung im Neuen Testament: Sein Name wird an ihren Stirnen sein! Wenige Tage vor seinem Tod folgte noch eine Bibelstunde über Ja, ich komme bald. Amen, ja komm, Herr Jesus!

Der ungestüme und mutige Querdenker Gottfried Arnold

Im Ringen um neues geistliches Leben in der Kirche

Fast alle haben sich an der radikalen Art des leidenschaftlichen Gottfried Arnold gestoßen. Noch weit mehr aber hat dieser hervorragende Theologe an der bestehenden Kirche seiner Zeit gelitten. Unerträglich waren ihm die Betonung der äußerlichen Zeremonien und der trockenen Lehrsätze in einer verfallenen Kirche und die Geringschätzung des echt Christlichen. Weil die erstarrte Kirche, der Gottfried Arnold begegnete, reformunwillig und unfähig zur Erneuerung war, hat er sich an ihrer weltlichen Organisationsform und Gestalt wund gerieben.

Gottfried Arnold stammte aus ärmlichen Verhältnissen. 1666 im sächsischen Annaberg im Erzgebirge geboren, verlor er schon mit fünf Jahren seine Mutter. Im Alter von 13 Jahren musste er sich durch Stundengeben das nötige Geld verdienen. Erst mit 16 Jahren konnte er das Gymnasium in Gera besuchen. Anschließend studierte er mit großem Eifer und bestem Erfolg in Wittenberg Theologie. Schon damals wurde er immer mehr von der wehrlosen und unfruchtbaren Scholastik abgestoßen und umso stärker zu den Schriften der ersten Christen hingeführt, wo er die Liebe zu Christus fand. Mit dem wunderbaren Geheimnis des Christus in uns suchte er die Erneuerung des verdorbenen und erstorbenen christlichen Lebens zu erreichen.

Deshalb war Gottfried Arnold froh, nach Abschluss seines Studiums dieser scheinbaren Lust der Gelehrsamkeit entfliehen zu können. Arnold nahm Stellungen als Hofmeister in Adelshäusern in Dresden an. Das gab ihm die Gelegenheit, regelmäßig Predigten und Bibelstunden des Reformers Philipp Jakob Spener zu besuchen. Die Ideen Speners, mit der Bibel eine Erneuerung des notvollen Zustands der Kirche zu beginnen, kamen Gottfried Arnold sehr entgegen.

Weiter war Arnold in Quedlinburg ebenfalls als Hofmeister tätig. Schließlich wirkte er, 32-jährig, als Professor für Geschichte von 1697 bis 1698 an der Universität in Gießen.

Warum gab Arnold diese Lehrtätigkeit so rasch wieder auf? Den Grund dafür beschrieb er so: Täglich wuchs mein Ekel vor dem hochtrabenden, ruhmsüchtigen Vernunftwesen des akademischen Lebens. Er sah in den Vorlesungen, Seminaren und Disputationen nur Weltweisheit, die der Demut von Christus, seiner Liebe, dem lebendigen Glauben und dem Weg des Heils entgegenstehen, ja eine Gotteslästerung bedeuten. Ein Elend ist es um die gemeine, mit Recht sogenannte Weltweisheit! Offen gab er zu, einst selbst dieses Amt aus Ehrgeiz und in der Sorge um das Auskommen gesucht zu haben.

Was Gottfried Arnold als Schaden für sich selbst erkannte, wollte er keinen Augenblick weiter dulden. Konsequent zog er sich 1698 in die Stille nach Quedlinburg ins Haus seines Freundes und späteren Schwiegervaters zurück. Dieser Schritt erforderte von dem eher schüchternen Arnold ungeheuren Mut. Er fand ihn in seiner glühenden Christusliebe und einem völligen Vertrauen auf Jesus, den Herrn. Wie heftig die Kämpfe ihn selbst erschütterten, davon spricht Arnold in seinem Lied *O Durchbrecher aller Bande*, das in der Gießener Zeit entstanden ist. Er überschrieb es: Das Seufzen der Gefangenen um den Sieg des neuen Menschen.

Schau doch aber unsre Ketten,
da wir mit der Kreatur
seufzen, ringen, schreien, beten
um Erlösung von Natur,
von dem Dienst der Eitelkeiten,
der uns noch so hart bedrückt,

ob auch schon der Geist zu Zeiten
sich auf etwas Bessers schickt.

Herr, zermalme, brich, vernichte
alle Macht der Finsternis;
unterwirf sie dem Gerichte,
mach des Sieges uns gewiss!
Heb uns aus dem Staub der Sünden,
wirf die Schlangenbrut hinaus;
lass uns wahre Freiheit finden
droben in des Vaters Haus!

Herrscher, herrsche, Sieger, siege,
König, brauch dein Regiment!
Führe deines Reiches Kriege,
mach der Sklaverei ein End!
Aus dem Kerker führ die Seelen
durch des neuen Bundes Blut,
lass uns länger nicht so quälen;
denn du meinst's mit uns ja gut.

Liebe, zieh uns in dein Sterben;
lass mit dir gekreuzigt sein,
was dein Reich nicht kann ererben;
führ ins Paradies uns ein.
Doch wohlan, du wirst nicht säumen,
lass uns nur nicht lässig sein;
werden wir doch als wie träumen,
wenn die Freiheit bricht herein.

Von aller trostlos trockenen Theologie abgestoßen, suchte Gottfried Arnold ungestüm vorwärts drängend, das wirkliche geistliche Leben aus Gott in seiner ganzen Tiefe zu erfassen.

In seinem Passionslied *Richtet auf des Heilands Leiden die Vernunft ihr Denken hin* dichtete er:

Aber meines Geistes Sehnen
zielt auf die Gemeinschaft hin,

stets zum Sterben zu gewöhnen
den so tief verderbten Sinn.
Mir soll Christi Schmach und Pein
nicht ein rührend Bild nur sein; nein,
ins Herz will ich ihn schließen,
seines Todes Kraft genießen.

Ein Jahr nach Gottfried Arnolds Weggang von der Universität in Gießen erschien seine bedeutendste und eindrücklichste Schrift im Druck: Unparteiische Kirchen- und Ketzerhistorie. Kritisch setzte sich Arnold darin mit dem verzweifelten Schaden der Kirche auseinander, die für ihn das Bild der Hure Babel aus der Offenbarung des Johannes trug. In der Geschichte der grauenhaft verfallenen Kirche suchte er nach dem wahren Reich Gottes und der echten Brautgemeinde Jesu Christi. Er sah die in Jahrhunderten verworfenen und verbannten Ketzer als die eigentlichen und wahren Christen an, die von ihren unverständigen Richtern, ja oft selbst von der Kirche, gehasst, verfolgt und als Sektierer gebrandmarkt wurden.

Eigentlich ging Arnold mit seiner Kritik am Abfall der Kirche nur auf dem Reformweg Luthers konsequent weiter. Aber es sollte ein Stich ins Wespennest werden. Eine ungeheure Erregung hatte Arnold mit diesem kritischen geschichtlichen Riesenwerk ausgelöst. Unerbittliche Verfolgung, ja Ausweisung und Vertreibung brachte ihm dieses Buch ein.

Arnold schrieb in den 20 Jahren seines Wirkens insgesamt 58 ganz verschiedene Werke. Darunter waren große Folianten im Großformat mit bis zu 1500 Seiten. Welch eine Leistung! Seine Lieder nannte er Freudensprünge, die aus dem Geist geboren sind, nicht künstlerisch gefeilt. Dazu gehören auch die noch in Gemeinschaftskreisen gesungenen Lieder *So führst du doch recht selig, Herr, die Deinen; Herzog unsrer Seligkeiten;* und *Wer überwindet, soll vom Holz genießen.*

Schließlich verschaffte der preußische König dem Verbannten 1705 ein richtiges Pfarramt in der Altmark. Das brachte ihm endlich wieder die nötige innere und äußere Ruhe.

Gottfried Arnold aber alterte rasch. Seine Körperkraft war nicht nur durch die Arbeit, sondern auch durch eine skorbutähnliche Krankheit aufgerieben.

Da drangen am Pfingstfest 1714, gerade als Arnold in der Kirche das Abendmahl austeilen wollte, preußische Werber mit Trommelwirbel in seinen Gottesdienst. Sie ergriffen brutal alle jungen Männer und brachten sie zwangsweise zum Militär. Gottfried Arnold brach unter diesem furchtbaren Schock zusammen. Ein schweres Nervenfieber befiel ihn. Am nächsten Tag hielt er noch eine Beerdigung, der treue Mesner musste ihn dabei stützen. Dann legte er sich in großer Ruhe auf sein Sterbebett. Ach wie wohl ist mir!, sagte er zu seiner Frau, siehst du nicht die Engel?

Aus Ehrfurcht vor der heiligen Größe Gottes wollte er auch jetzt noch auf den Knien beten. Unter großen Schwierigkeiten musste seine Frau den matten Körper umdrehen. Als er betete: Vater, ist's möglich, so gehe dieser Kelch von mir! spürte man die schweren Anfechtungen, die ihn heimsuchten. Alle glaubten ihn schon tot, da richtete er sich noch einmal auf und rief sehnsüchtig in Erinnerung an Elias Himmelfahrt: Frisch auf! Die Wagen her und fort!

Gott hatte seinen treuen Diener, der mit Leidenschaft in Liebe und Feuer für ihn glühte, 1714 im Alter von erst 47 Jahren heimgeholt in seinen Frieden. Auf der Grabinschrift stand: Mitgenosse der Leiden, die in Christus Jesus sind.

Auf dem Sterbebett hatte es Arnold noch bewegt: Die Gerichte der letzten Zeiten werden unerträglich sein! Er war froh, sie nicht mehr erleben zu müssen.

Der frühe Tod des Mediziners Christian Friedrich Richter

Auf der Suche nach der Liebe Gottes

In den Franckeschen Anstalten in Halle grassierte 1699 das ansteckende Fleckfieber. Als Erster starb der junge Arzt der Anstalten, Christian Albrecht Richter.

Wie sollte man nun diese plötzliche Lücke schließen? August Hermann Francke berief den Bruder des verstorbenen Arztes, Christian Friedrich Richter, als neuen Arzt an die Franckeschen Anstalten. Dieser jüngere Bruder war schon seit einem Jahr als Inspektor am Pädagogium, einem Internat für Jungen aus höheren Familien, tätig. Nun trug er als Arzt die Verantwortung für alle Einrichtungen der Anstalten.

Es waren insgesamt drei Brüder Richter, Söhne eines Juristen, die aus der Niederlausitz stammten. Dort wurde 1676 Christian Friedrich geboren. In Halle studierte er erst Medizin, dann auch noch Theologie.

Christian Friedrich Richter bedrückte die Not der Kranken, für die er betete, Gott möge bessere und kräftigere Arzneien schenken. Da fiel ihm auf, dass das Wort in Sirach 38,2 ff. nicht umsonst in der Bibel stehen kann: Die Heilung kommt von dem Höchsten. Der Herr lässt die Arznei aus der Erde wachsen, und ein Vernünftiger verachtet sie nicht. Richter war fortan klar, dass Heilung der Krankheiten und die richtigen Heilmittel unter Gottes Verfügung stehen. Der junge Arzt vertrat eine ganzheitliche Medizin, in der auch die Seelsorge ihren gewichtigen Platz und ihre angemessene Bedeutung hatte.

Schon bald entdeckte Christian Friedrich Richter viele wirksame Arzneien. Sein jüngerer Bruder Dr. Christian Sigismund Richter half ihm dabei. Am meisten bekannt wurde die essentia dulcis nach einem chemischen Manuskript, das ein Kranker auf dem Sterbebett August Hermann Francke übergeben hatte. Ganz besonders diese Arznei fand weit über Deutschland hinaus Verbreitung. Durch die erfolgreiche Verkaufsstrategie in der Apotheke der Franckeschen Anstalten in Halle brachte sie schließlich auch einen gewaltigen Erlös ein.

Es ist heute schon sehr eindrucksvoll, die alte Apotheke in den Franckeschen Stiftungen in Halle an der Saale zu besichtigen. Wenn auch die Apotheke im letzten Jahrhundert in ein anderes Gebäude verlegt wurde, so gibt doch die alte Einrichtung ein Bild von der großen Leistung Richters mit der wegweisenden Gründung der Apotheke im Jahr 1698.

In einem Brief aus dem Jahr 1699 schrieb Richter von seinen inneren Kämpfen, die er durchlitt. Er wollte immer inniger mit Gott verbunden sein, spürte aber, wie ihm dazu die Liebe fehlte. Deshalb kämpfte er seine alte angeborene Art nieder, um Gott ganz neu und vollkommen zu dienen.

In dem Lied *O wie selig sind die Seelen* findet sich die schöne Gebetsstrophe von Richter:

Schenke, Herr, auf meine Bitte
mir ein göttliches Gemüte,
einen königlichen Geist,
mich als dir verlobt zu tragen,
allem freudig abzusagen,
was nur Welt und irdisch heißt.

Richter nahm von den Einkünften der Apotheke nur so viel, wie er zum Leben nötig brauchte. Was übrig war, gab er großzügig in Werke der Liebe an Notleidende und Bedürftige.

Ihm war Geld und Ehre unwichtig. Er verzichtete auch gerne auf das Lob von Menschen. Viel wichtiger wurde ihm das stille und verborgene Leben im Umgang mit Gott.

Im Lied *Hüter, wird die Nacht der Sünden* dichtete Richter die Schlussstrophe:

Jesu, gib gesunde Augen, die was taugen,
rühre meine Augen an; denn das ist die größte Plage,
wenn am Tage man das Licht nicht sehen kann.

Dieser Liederdichter Christian Friedrich Richter war es, der 1708 wegweisend als Erster in Deutschland das Krankenhaus am Waisenhaus zu einer Art Universitäts-Poliklinik ausbaute, in der Mediziner und Theologen praxisnah ausgebildet wurden.

Nach seinem frühen Tod gab sein Bruder seine Schriften heraus. Dabei war auch das Lied, das Christian Friedrich Richter *Vom verborgenen Leben der Gläubigen* überschrieben hatte:

Es glänzet der Christen inwendiges Leben,
obgleich sie von außen die Sonne verbrannt.
Was ihnen der König des Himmels gegeben,
ist keinem als ihnen nur selber bekannt.
Was niemand verspüret; was niemand berühret,
hat ihre erleuchteten Sinne gezieret
und sie zu der göttlichen Würde geführet.

Sie wandeln auf Erden und leben im Himmel,
sie bleiben ohnmächtig und schützen die Welt;
sie schmecken den Frieden bei allem Getümmel,
sind arm, doch sie haben, was ihnen gefällt.
Sie stehen in Leiden und bleiben in Freuden;
sie scheinen ertötet den äußeren Sinnen
und führen das Leben des Glaubens von innen.

Wenn Christus, ihr Leben, wird offenbar werden,
wenn er sich einst, wie er ist, öffentlich stellt,
so werden sie mit ihm als Fürsten der Erden
auch herrlich erscheinen zum Wunder der Welt:
sie werden regieren, mit ihm triumphieren,
den Himmel als prächtige Lichter auszieren;
da wird man die Freude gar offenbar spüren.

Das Lied geht aus von dem Wort des Apostels Paulus: Euer Leben ist verborgen mit Christus in Gott. Wenn aber Christus, unser Leben, sich offenbaren wird, dann werdet ihr auch offenbar werden mit ihm in der Herrlichkeit (Kolosser 3,3f.).

Richter hat selbst zu jeder Strophe mindestens zehn Bibelstellen genannt, die er dichterisch gestalten wollte. Das macht deutlich, wie stark Richter um eine biblische Ausdrucksweise rang.

Dieses Lied wurde das Lieblingslied des berühmten Theologen Friedrich Schleiermacher. Er hat dafür gesorgt, dass es weit bekannt wurde.

Schon an seinem 35. Geburtstag starb der Arzt, Theologe und Liederdichter Dr. Christian Friedrich Richter.

Samuel Rodigasts Krankenbesuch bei einem Studienfreund

Gott kann man wirklich trauen!

Im Jahr 1674 lag der Kantor Severus Gastorius in Jena schwer krank. Sein Freund, der gelehrte Assistent an der philosophischen Fakultät in Jena, Samuel Rodigast, ein Thüringer Pfarrerssohn aus dem Dorf Gröben, besuchte ihn. Es stand ernst um den Kranken. Man musste mit seinem baldigen Tod rechnen.

Der Kranke bat in seiner Not um ein Lied, das ihn trösten und aufrichten konnte. Rodigast suchte in seiner Bibel nach einem stärkenden, ermutigenden Wort. Dabei stieß er auf das prophetische Abschiedslied Moses in 5. Mose 32. Im Vers 4 steht dort: Er ist ein Fels. Seine Werke sind vollkommen; denn alles, was er tut, das ist recht. Treu ist Gott und kein Böses an ihm, gerecht und wahrhaftig ist er.

Daraus und aus anderen Schriftworten schuf Samuel Rodigast für seinen Freund ein Trostlied, das der Kranke selbst vertonte und sich für sein Begräbnis erbat. Als er wunderbarerweise genas, musste die Kantorei ihm jede Woche das Lied vor seiner Tür singen:

Was Gott tut, das ist wohlgetan,
es bleibt gerecht sein Wille;
wie er fängt seine Sachen an,
will ich ihm halten stille.
Er ist mein Gott, der in der Not
mich wohl weiß zu erhalten;
drum lass ich ihn nur walten.

Was Gott tut, das ist wohlgetan,
er wird mich nicht betrügen;
er führet mich auf rechter Bahn;
so lass ich mir genügen
an seiner Huld und hab Geduld,
er wird mein Unglück wenden,
es steht in seinen Händen.

Was Gott tut, das ist wohlgetan,
er wird mich wohl bedenken;
er als mein Arzt und Wundermann
wird mir nicht Gift einschenken
für Arzenei; Gott ist getreu,
drum will ich auf ihn bauen
und seiner Güte trauen.

Was Gott tut, das ist wohlgetan,
dabei will ich verbleiben.
Es mag mich auf die raue Bahn
Not, Tod und Elend treiben,
so wird Gott mich ganz väterlich
in seinen Armen halten;
drum lass ich ihn nur walten.

Es hat Samuel Rodigast schwer bedrückt, dass er seinem Vater mit diesem Mut machenden Trost nicht helfen konnte. Als dessen Frau starb, brach das alte Schwermutsleiden wieder auf. In einer heftigen Depression nahm sich der Vater das Leben. 1680 wurde Samuel Rodigast zunächst Konrektor am traditionsreichen Gymnasium zum Grauen Kloster in Berlin, ab 1698 dann Rektor bis zu seinem Tod 1708 im Alter von 59 Jahren.

Eine Gräfin als Waisenkind im Dreißigjährigen Krieg

Bis hierher hat mich Gott gebracht durch seine große Güte!

Mitten im Dreißigjährigen Krieg wurde Ämilie Juliane, Gräfin zu Barby und Mühlingen, als Flüchtlingskind auf dem thüringischen Schloss Heidecksburg in Rudolstadt geboren. Weil in ihrer Heimat an der Niederelbe der Krieg so furchtbar wütete, hatte ihre Mutter, eine geborene Gräfin von Oldenburg und Delmenhorst, vor der Geburt bei ihrem Onkel in Thüringen Zuflucht gesucht. Schon im Alter von 4 Jahren verlor die kleine Ämilie ihren Vater. Ein Jahr später starb auch noch ihre

Mutter. Die Verwandten auf Schloss Heidecksburg aber nahmen sich des Waisenkindes an.

Mit 20 Jahren heiratete Ämilie Juliane ihren Vetter und Pflegebruder auf der Heidecksburg. Fortan hieß sie Reichsgräfin von Schwarzburg-Rudolstadt. Aus dem elternlosen Flüchtling und Waisenkind wurde nun 1665 die Schlossherrin von Rudolstadt.

Die 42-jährige Ehe muss eine wunderbare Lebensgemeinschaft gewesen sein. Auch kümmerte sich die Gräfin fürsorgend um die Kranken, Armen und Notleidenden des Landes.

Von dieser reich begabten, geistreichen Frau stammt das heute weit verbreitete und gern gesungene Lied:

Bis hierher hat mich Gott gebracht
durch seine große Güte,
bis hierher hat er Tag und Nacht
bewahrt Herz und Gemüte,
bis hierher hat er mich geleit,
bis hierher hat er mich erfreut,
bis hierher mir geholfen.

Hab Lob und Ehr, hab Preis und Dank
für die bisher'ge Treue,
die du, o Gott, mir lebenslang
bewiesen täglich neue.
In mein Gedächtnis schreib ich an:
Der Herr hat Großes mir getan,
bis hierher mir geholfen.

Hilf fernerweit, mein treuster Hort,
hilf mir zu allen Stunden.
Hilf mir an all und jedem Ort,
hilf mir durch Jesu Wunden.
Damit sag ich bis in den Tod:
durch Christi Blut hilft mir mein Gott;
er hilft, wie er geholfen.

Auf dem Schloss in Rudolstadt wirkte als Kanzler und Konsistorialrat der gläubige und weise Ahasverus Fritsch. Bevor er im Alter von 28 Jahren Erzieher am Schloss wurde, musste er in den Wirren des Dreißigjährigen Krieges furchtbar viel mitmachen und durchleiden. Seine Eltern hatten im Krieg all ihren Besitz verloren. Ahasverus Fritsch hungerte viel. In Wäldern, Gräbern und Kellern versteckt, bangte er lange Zeit um sein Leben. Soldaten misshandelten ihn schlimm; einmal beraubten sie ihn mitten im Winter aller seiner Kleider. Fritsch muss stundenlang scheußlich gefroren haben.

Jetzt hatte er als Jurist diese ehrenvolle Stellung auf Schloss Heidecksburg errungen. Aber er litt schwer an vielerlei Krankheiten. Oft konnte er nachts nicht schlafen. So schrieb er eine große Menge von Schriften. Als treuer Bibelleser dichtete er als sein persönliches Bekenntnis das Lied:

Der am Kreuz ist meine Liebe
und sonst nichts auf dieser Welt!
O dass er's doch ewig bliebe,
der mir jetzt so wohl gefällt!
Nun, mein Herz soll immerfort
fest bestehn auf diesem Wort,
sei es heiter oder trübe:
der am Kreuz ist meine Liebe!

Zwar ist es mir unverborgen,
was die Lieb oft nach sich zieht:
Schmach, Verfolgung, Not und Sorgen,
Kreuz und Armut bringt sie mit;
ja, wenn er mein Heiland will,
ist kein bittrer Tod zuviel.
Doch es komme noch so trübe:
der am Kreuz ist meine Liebe!

Lieber wähl ich solche Plage
und der Liebe arm Gewand,
als ohn ihn die besten Tage
und der Ehre eitlen Tand.
Heißt mich immer wunderlich,
spotte man auch über mich,

dass ich, was er hasst, nicht übe:
der am Kreuz ist meine Liebe!

Aber wisst ihr meine Stärke
und was mich so mutig macht,
dass mein Herz des Fleisches Werke
und des Satans Grimm verlacht?
Jesu Lieb ist mir gewiss,
seine Lieb ist stark und süß.
Was ist, das mich noch betrübe?
Der am Kreuz ist meine Liebe!

Ahasverus Fritsch mit seiner brennenden Jesusliebe gründete die Fruchtbringende Jesusgemeinschaft, die auch auf andere Dichter großen Einfluss ausübte. Seine ansprechenden Lieder waren weit und breit beliebt. Am meisten hat Fritsch aber vielleicht die beiden Gräfinnen Ämilie Juliane und ihre Pflegeschwester und Schwägerin Ludämilie Elisabeth geprägt. Beide Frauen hat Fritsch zum geistlichen Dichten angeregt.

Die Landesmutter Ämilie Juliane Gräfin von Schwarzburg-Rudolstadt war mit fast 600 Liedern überhaupt die fruchtbarste geistliche Dichterin Deutschlands. Das hing wohl auch mit ihren vielen Krankheiten zusammen, die sie seit ihrem 30. Lebensjahr schwer belasteten. Ein Steinleiden und eine Gicht plagten sie mit heftigen Schmerzen. Schon früh sind ihre drei leiblichen Schwestern und ihr Bruder gestorben, sodass sie die Letzte ihres Geschlechts war. Sie hatte zwei Söhne. Ihr zweites Kind starb schon drei Tage nach der Geburt.

1686 dichtete sie auf dem Jagdschloss Neuhaus bei Rudolstadt das Lied von der wachen Bereitschaft zum Sterben. Sie war an diesem herbstlichen Septembertag im Thüringer Wald erschüttert vom tragischen Jagdunfall des Herzogs Johann Georg von Eisenach, der trotz der Feiertagsheiligung ausgerechnet am Sonntag auf die Jagd gehen wollte. Als ein Hirsch kurz vor dem Herzog aufsprang und der Jäger auf das Tier schießen wollte, wurde er plötzlich vom Hirnschlag getroffen. So betete Ämilie Juliane Reichsgräfin von Schwarzburg-Rudolstadt um das rechte Bereitsein:

Wer weiß, wie nahe mir mein Ende!
Hin geht die Zeit, her kommt der Tod;
ach wie geschwinde und behende
kann kommen meine Todesnot.
Mein Gott, ich bitt durch Christi Blut:
mach's nur mit meinem Ende gut.

Es kann vor Nacht leicht anders werden,
als es am frühen Morgen war;
solang ich leb auf dieser Erden,
leb ich in steter Todsgefahr.
Mein Gott, ich bitt durch Christi Blut:
mach's nur mit meinem Ende gut!

Lass mich beizeit mein Haus bestellen,
dass ich bereit sei für und für
und sage frisch in allen Fällen:
Herr, wie du willst, so schick's mit mir!
Mein Gott, ich bitt durch Christi Blut:
mach's nur mit meinem Ende gut!

So komm mein End heut oder morgen,
ich weiß, dass mir's mit Jesus glückt;
ich bin und bleib in deinen Sorgen,
mit Jesu Blut schön ausgeschmückt.
Mein Gott, ich bitt durch Christi Blut:
mach's nur mit meinem Ende gut!

In täglichen Sterbe-Betstunden bereitete sich Ämilie Juliane Gräfin zu Schwarzburg-Rudolstadt viele Jahre auf ihr Ende vor. 1706 wurde sie bei solch einer Betstunde heimgerufen in die Ewigkeit. Ihre letzten Worte sagte sie triumphierend: Aufgelöst! Aufgelöst! Das Wort aus Philipper 1,21: Christus ist mein Leben, Sterben ist mein Gewinn, sollte nach ihrem Wunsch über ihrem Begräbnis stehen.

Als Christian Scriver elf Kinder an Pest starben

Das betende Gespräch mit Jesus – der Pulsschlag eines Christen

Christian Scriver stammte aus Rendsburg, wo er 1629 geboren wurde. Sein Geburtstag lag gerade in diesen schweren Tagen des Dreißigjährigen Krieges, als die Truppen Wallensteins grauenhaft wüteten. Der Vater, ein einflussreicher Kaufmann, starb wenig später an der Pest, ebenso alle Geschwister Christians. Die Mutter, eine treue Beterin, wurde überraschend wieder gesund. Als einziges Kind verblieb ihr Christian, der damals noch ein Säugling im Alter von sechs Monaten war.

Da auch der Stiefvater starb, als Christian Scriver sieben Jahre alt war, lag die Verantwortung der Erziehung ganz auf der Mutter. Wegen ihrer Armut konnte sie dem Sohn aber keine gute Schulbildung ermöglichen. Die Mutter gab aber ihrem Kind das mit, was sie hatte: sie lehrte es beten.

Es war eine wunderbare Wendung im Leben von Christian Scriver, als ihm eine testamentarische Verfügung eines wohlhabenden Verwandten überraschend das Theologiestudium in Rostock ermöglichte.

Ein theologischer Lehrer machte ihm besonderen Eindruck mit dem Satz: Ich will lieber eine Seele selig als hundert gelehrt machen.

Mit 24 Jahren wurde Scriver Pfarrer in Stendal, nördlich von Magdeburg. Menschen zu einem lebendigen Glauben an Jesus führen, war Christian Scriver als Pfarrer und Seelsorger das Wichtigste: O schweres Amt, o überschwängliche Sorgen! Eine einzige Seele ist es wohl wert, wenn auch ein Prediger seine ganze Lebenszeit mit voller Mühe und Arbeit ihrethalben zubrächte. Fürwahr, wenn ich dies oft recht erwäge und mir zu Herzen nehme, so schaudert mir die Haut, der Angstschweiß bricht mir aus, und ich wünsche oft, dass ich nie Prediger geworden wäre.

Magdeburg war nach den schrecklichen Zerstörungen des Dreißigjährigen Krieges noch nicht wieder aufgebaut, als Christian Scriver 1667 im Alter von 38 Jahren dort zum Pfarrer berufen wurde, wo er 23 Jahre als Prediger, Seelsorger und Schriftsteller wirken sollte. Neun Jahre nach der grauenvollen Zerstörung der Stadt durch die Heere Tillys konnten in der Kirche von St. Jakob wieder Gottesdienste abgehalten werden.

Nach dem Dreißgjährigen Krieg verwüstete nun auch noch der französisch-holländische Krieg das Land und ließ die Menschen furchtbar verrohen. Gegen die Missachtung der Gebote Gottes und die immer stärker ausufernden sittlichen Missstände im Volk setzte Christian Scriver das Evangelium von Jesus. Volksnah gab er das weitverbreitete Erbauungsbuch Gottholds zufällige Andachten heraus, in dem er an 400 einfachen alltäglichen Beobachtungen und Bildern aus der Natur ewige Wahrheiten groß macht. An diesem Werk arbeitete Scriver 35 Jahre lang.

Am meisten verbreitet wurde Scrivers Seelenschatz, eine fünfbändige Predigtsammlung, die den ganzen Heilsweg darstellt. Scriver meinte dazu: Ich habe den Gläubigen nicht nur eine gewohnte Mahlzeit, sondern ein Gastmahl anrichten wollen, in welchem man mit vollen Schüsseln aufträgt und seinen lieben Gästen mehr vorsetzt, als notwendig gewesen wäre.

1689 richtete Scriver unter dem Einfluss von Philipp Jakob Spener eine sonntägliche Erbauungsstunde ein. Er begann den Tag morgens um vier Uhr mit einer persönlichen Gebetsstunde. Das Beten hatte er bei seiner Mutter in früher Kindheit gelernt. Er nannte das Gebet den Atem der Seele, auch Himmelsschlüssel oder den Pulsschlag eines Christen.

Von diesem innigen Reden mit Jesus singt Christian Scriver in dem eindrücklichen und vertrauten Abendlied:

Der lieben Sonne Licht und Pracht
hat nun den Tag vollführet,
die Welt hat sich zur Ruh gemacht;
tu, See!, was dir gebühret,
tritt an die Himmelstür
und bring ein Lied herfür;
lass deine Augen, Herz und Sinn
auf Jesus sein gerichtet hin.

Ihr hellen Sterne, leuchtet wohl
und gebet eure Strahlen,
ihr macht die Nacht des Lichtes voll;
doch noch zu tausend Malen
scheint heller in mein Herz
die ewig Himmelskerz,
mein Jesus, meiner Seele Ruhm,
mein Schatz, mein Schutz, mein Eigentum.

Verschmähe nicht dies arme Lied,
das ich dir, Jesu, singe;
in meinem Herzen ist kein Fried,
bis ich es zu dir bringe.
Ich bringe, was ich kann,
ach nimm es gnädig an,
es ist doch herzlich gut gemeint,
o Jesu, meiner Seelen Freund.

Mit dir will ich zu Bette gehn,
dir will ich mich befehlen;
du wirst, mein Schutzherr, auf mich sehn
zum Besten meiner Seelen.
Ich fürchte keine Not,
auch selber nicht den Tod,
denn wer mit Jesus schlafen geht,
mit Freuden wieder aufersteht.

Ihr Höllengeister packet euch!
Hier habt ihr nichts zu schaffen.

dies Haus gehört in Jesu Reich:
Lass es ganz sicher schlafen!
Der Engel starke Wacht
hält es in guter Acht,
ihr Heer und Lager ist sein Schutz,
drum sei auch allen Teufeln Trutz.

Scriver hatte im Lauf seines Lebens persönlich viel Leid zu tragen. Sein Wahlspruch hieß: Als die Sterbenden, und siehe, wir leben. Elf von seinen vierzehn Kindern musste er begraben. Die meisten starben im Jahr 1681, als die schwere Pest in Magdeburg 6000 Menschen wegraffte. Drei seiner vier Ehefrauen starben.

Scriver wurde verleumdet und bekämpft. Er schrieb darüber: Das liebe Kreuz hat zwischen Gott und mir gutes Vertrauen und Freundschaft gestiftet. Er hat meinen Glauben bewährt, meine Liebe gestärkt, mein Gebet brünstig, meine Lehre andächtig gemacht.

Aus der eigenen Erfahrung heraus meinte er: Eine kleine Hausuhr braucht kein so schweres Gewicht wie eine Uhr auf dem großen Turm, welche der ganzen Stadt die Uhrzeit angeben muss.

Im Alter von 61 Jahren übernahm Christian Scriver auf Anraten von Philipp Jakob Spener das Amt eines Oberhofpredigers in Quedlinburg. Dort starb er 1693.

Wie Georg Neumark bei einem Raubüberfall alles verlor

Den barmherzigen Gott einfach walten lassen!

Nach Königsberg wollte Georg Neumark im Herbst 1640, um dort Jura zu studieren. Er war 19 Jahre alt und stammte aus der Reichsstadt Mühlhausen in Thüringen. Besonders zog ihn in Königsberg wohl Simon Dach als Dozent der Poesie und Dichtkunst an. Auch der dortige Organist Heinrich Albert war weit bekannt. Das Morgenlied *Gott des Himmels und der Erde* und auch die schöne Melodie dazu hat er geschaffen.

Die Reise dorthin, mitten im Dreißigjährigen Krieg, aber war gefährlich. Außerhalb der befestigten Städte war man nicht mehr sicher vor den räuberischen Horden. So suchte Georg Neumark für seine Reise ins ferne Königsberg einen besonders verlässlichen Schutz. Er schloss sich einer großen Fuhre von Kaufleuten an, die nach Schluss der Leipziger Messe nach Osten reisten.

Doch schon in der Altmark, unweit von Magdeburg, passierte das Unglück. Der große Kaufmannstross wurde von Räubern überfallen und ausgeplündert. Für Georg Neumark war dies eine furchtbare Katastrophe. Alles, was er hatte, war verloren.

Bettelnd schlug er sich über Magdeburg, Hamburg bis nach Kiel durch. Das war damals im Krieg das Schicksal vieler Flüchtlinge. Völlig ausgehungert kam er dort an.

Neumark kannte in Kiel einen thüringischen Landsmann, Pfarrer Nikolaus Becker. Der mühte sich, für Neumark einen Platz zu finden. Es war sehr schwierig.

Georg Neumark bewegte in diesen Wochen des Wartens das Wort aus Psalm 77,11: Darunter leide ich, dass die rechte Hand des Höchsten sich so ändern kann.

Endlich konnte Pfarrer Becker ihm eine Hauslehrerstelle bei einem Amtmann vermitteln. Dieses schnell und gleichsam vom Himmel gefallene Glück erfreute mich so herzlich, schrieb Neumark, dass ich noch an demselben Tag meinem lieben Gott zu Ehren das Lied verfasste. Er gab dem Lied die Überschrift: *Trostlied, dass Gott einen jeden zu seiner Zeit versorgen und erhalten will. Nach dem Spruch: Wirf dein Anliegen auf den Herrn, der wird dich wohl versorgen!* Er schuf auch gleich mit seiner Laute die Melodie dazu:

Wer nur den lieben Gott lässt walten
und hoffet auf ihn allezeit,
den wird er wunderbar erhalten
in aller Not und Traurigkeit.
Wer Gott, dem Allerhöchsten traut,
der hat auf keinen Sand gebaut.

Was helfen uns die schweren Sorgen,
was hilft uns unser Weh und Ach?
Was hilft es, dass wir alle Morgen
beseufzen unser Ungemach?
Wir machen unser Kreuz und Leid
nur größer durch die Traurigkeit.

Denk nicht in deiner Drangsalshitze,
dass du von Gott verlassen seist
und dass ihm der im Schoße sitze,
der sich mit stetem Glücke speist.
Die Folgezeit verändert viel
und setzet jeglichem sein Ziel.

Es sind ja Gott sehr leichte Sachen
und ist dem Höchsten alles gleich:

den Reichen klein und arm zu machen,
den Armen aber groß und reich.
Gott ist der rechte Wundermann,
der bald erhöhn, bald stürzen kann.

Sing, bet und geh auf Gottes Wegen,
verricht das Deine nur getreu
und trau des Himmels reichem Segen,
so wird er bei dir werden neu.
Denn welcher seine Zuversicht
auf Gott setzt, den verlässt er nicht.

Schon im Frühjahr 1643 konnte Georg Neumark, von den lieben Freunden in Lübeck wunderbar mit Proviant versorgt, mit dem Schiff nach Königsberg weiterreisen. Was er sich dort an künstlerischen Eindrücken erhoffte, fand er reich bestätigt. Sein Jurastudium konnte er dort abschließen und wirkte 12 Jahre auch als freier Schriftsteller in Danzig und Thorn.

Doch dann trieb ihn das Heimweh wieder in die Heimat. In Weimar fand er eine Anstellung als Kanzlei-Registrator und Bibliothekar und wurde zum Hofpoet des Herzogs. Er wurde mit Ehrungen überschüttet. Doch seine schönsten geistlichen Verse dichtete er in jener Zeit, da Tränen und Sorgen sein tägliches Frühstück waren. Geblieben ist uns über die Jahrhunderte von ihm nur dieses eine schlichte Lied des Glaubens.

Mit 60 Jahren erblindete Georg Neumark und starb bald darauf am 8. Juli 1681.

Überströmender Dank in dem kurzen Leben Joachim Neanders

Wie der Neandertaler Urmensch zu seinem Namen kam

Wer kennt nicht jenen prähistorischen Neandertaler, dessen Knochenreste 1856 östlich von Düsseldorf an der Straße nach Mettmann gefunden wurden. Nur wenige aber werden wissen, dass jene uralten Überbleibsel aus längst verflossener Zeit ihren Namen einem umstrittenen christlichen Liederdichter verdanken. Wie das kommt, gehört zu jenen merkwürdigen Zufälligkeiten, wie das Leben so spielt.

Man muss bis in das Jahr 1674 zurückgehen. Damals wurde ein junger Mann namens Joachim Neander mit 24 Jahren Rektor der Lateinschule der reformierten Gemeinde in Düsseldorf. So gewaltig der Titel klingen mag, das Amt war unbedeutend und armselig. Schließlich bestand die ganze Lateinschule nur aus zwei Klassen. Entsprechend kümmerlich war die Entlohnung, 78 Taler im Jahr, was man wirklich nur als Hungerlohn bezeichnen konnte. Zum Glück hatte der junge Mann noch keine Familie.

Eigentlich wollte Neander Pfarrer werden. Aber unzählige arbeitslose Bewerber bemühten sich damals um eine frei werdende Stelle. Bei der Jugend Neanders war es ganz unmöglich, auf ein Pfarramt berufen zu werden. So musste er sich mit der Schulmeisterstelle begnügen.

In seinen freien Stunden wanderte er oft in jenes wildromantische Tal der Düssel hinaus, das der Stadt ihren Namen gab. In der Einsamkeit der Höhlen, Felsen und Schluchten des Kalksteingebirges dichtete und sang er seine unvergleichlich herrlichen Loblieder, die seitdem mit seinem Namen verknüpft sind. Dazu gehört der wohl bekannteste Choral, bei dem Neander neben dem Text auch die beliebte Melodie schuf: *Lobe den Herren, den mächtigen König der Ehren!*

Lobe den Herren,
der alles so herrlich regieret,
der dich auf Adelers Fittichen
sicher geführet,
der dich erhält,
wie es dir selber gefällt;
hast du nicht dieses verspüret?

Lobe den Herren,
der künstlich und fein dich bereitet,
der dir Gesundheit verliehen,
dich freundlich geleitet.
In wie viel Not
hat nicht der gnädige Gott
über dir Flügel gebreitet!

Heute ist leider die eindrucksvolle idyllische Landschaft und die reizvolle Felsklamm in diesem Tal nicht mehr zu sehen, weil die großen Gesteinswände im letzten Jahrhundert zur Gewinnung von Zement abgetragen wurden. Doch schon früh hat man dieses Tal in der Felsenschlucht nach jenem jugendlichen Dichter Neandertal genannt. Lange Zeit zeigte man auch noch bei Mettmann die Neanderhöhle, außerdem seine Kanzel und den Predigtstuhl, wo der junge Neander Gläubige aus dem benachbarten Bergischen Land traf und sich mit ihnen über der Bibel stärkte.

Vor nichts hatte damals die organisierte Kirche so Angst wie vor solchen Versammlungen, wo sich jene Leute trafen, die nach Luthers Anregung mit Ernst Christen sein wollten. Das erregte bei der Kirchenbehörde das Misstrauen, dass sich diese Leute ganz bewusst von der kirchlichen Organisation, aber auch von der Theologie der Pfarrer, lossagen wollten, um allein dem Wort der Bibel zu vertrauen. Man wollte ihnen nicht zugestehen, dass sie das Wort Gottes auch allein verstehen und auslegen könnten.

Es sollte leider lange dauern, bis man in der Kirche entdeckte, dass solche biblischen Hausgruppen eine wunderbare Ergänzung kirchlichen Lebens sind. Damals aber wurden diese treusten Glieder der Kirche mit heftigen Angriffen und haltlosen Verdächtigungen immer weiter von der verfassten Kirche fortgetrieben und ausgestoßen.

Joachim Neander hatte als junger Mann klar die Notwendigkeit einer völligen Erneuerung kirchlichen Lebens von der Bibel her erkannt. Auf einer Studienreise lernte er in Frankfurt die Bibelstunden von Philipp Jakob Spener kennen und besuchte sie treu. Dort befreundete er sich auch mit dem Juristen Johann Jakob Schütz, der wie er selbst gerne geistliche Lieder dichtete. Dieser schuf das eindrückliche Lied *Sei Lob und Ehr dem höchsten Gut.*

Neander ging jetzt, nachdem der heftige Streit voll entbrannt war, gradlinig seinen Weg. Das obrigkeitliche Konsistorium sah in den heimlichen Zusammenkünften nur eine gefährliche Abspaltung, vermutete in der Schule Neanders gar eine Brutstätte offener Rebellion.

Obwohl Neander schließlich völlig einlenkte und sich für die Versammlungen entschuldigte, musste er dennoch, nach langwierigen Verhandlungen und Diskussionen, sein Schulamt niederlegen. Niemand in der Gemeinde stand zu ihm. Das muss sehr bedrückend und demütigend für ihn gewesen sein. Neander wuchs in diesen schrecklichen Tiefen ganz stark in seinem Glauben. Er empfand alles nur als einen Sieg über sich selbst.

Wo sollte er aber jetzt eine Arbeit finden? Noch mehrere Monate lebte Joachim Neander in Düsseldorf. Diese fünf Jahre in Düsseldorf waren der längste Abschnitt seines kurzen Erwachsenenlebens. Hier entstanden die meisten seiner Lieder.

Die durch seine Arbeitslosigkeit bedingte Krise führte Neander wieder zurück in seine Heimatstadt Bremen. Dort war er 1650 in der Familie eines Lehrers an der Lateinschule geboren worden. Vom Großvater mütterlicherseits, der Kantor und Musiklehrer war, hatte der Enkel in besonderer Weise Gaben mitbekommen.

Ganz entscheidend und einschneidend hatte Joachim Neander ein Erlebnis im Alter von 20 Jahren geprägt. In der aufstrebenden und vielfach auch gottlosen Stadt Bremen war damals ein biblischer Bußprediger namens Theodor Undereyk in aller Mund. Die meisten spotteten über ihn. Auch Joachim Neander wollte sich daran beteiligen. Zusammen mit zwei Freunden traf er sich in der Kirche St. Martini, um Material über diesen Prediger zu sammeln, damit man ihn dann richtig lächerlich machen könnte.

Was als Belustigung gedacht war, endete schließlich ganz anders. Das Wort des Predigers traf so tief ins Herz des jungen Theologiestudenten, dass er sich der Tränen nicht enthalten konnte. Auf dem Heimweg sagte er zu seinem Freund: Ich muss zu dem Mann gehen und ihn noch weiter über den Zustand meines Herzens hören. Neander bekehrte sich damals und fand in Theodor Undereyk seinen geistlichen Vater und Seelsorger. Es war eine ganze Lebenswende. Wenig später griff er das unnütze Schulgeschwätz an, mit dem man auf den Akademien verführt wird. Er wollte allein eifrig Jesus Christus nachfolgen und in dem Buch der Schrift, der Natur und in sich selbst studieren.

Jetzt, im Alter von 29 Jahren, als ihm in Düsseldorf das Rektorenamt an der Lateinschule weggenommen worden war, kehrte der gescheiterte Joachim Neander wieder zu Theodor Undereyk zurück und wurde bei ihm Hilfsprediger in St. Martini. Dabei war er immer noch nicht ordiniert, auch nicht verheiratet. Das Gehalt betrug weniger als die Hälfte der kargen Entlohnung, die er in Düsseldorf als Schulmann bekommen hatte.

Man übertrug ihm die unwichtigen Gottesdienste morgens um 5 Uhr, bei denen außer einigen Marktfrauen eigentlich niemand teilnehmen konnte. Diese frühe Zeit an kalten Wintertagen in einer ungeheizten Kirche war wirklich nicht einladend. So hat sein Predigtdienst auch keinerlei Echo oder sonstige Wirkung hervorgerufen. Keine Predigt von Neander ist uns überliefert.

Nach wenigen Monaten erkrankte Joachim Neander – vielleicht war es die Pest – und starb am Pfingstmontag 1680, gerade 30 Jahre alt. In seiner Sterbestunde ließ er sich die Worte aus dem Hebräerbrief vom großen Hohepriester und dem unvergleichlichen Opfer Jesu vorlesen. Sind das nicht herrliche Kapitel?, fragte er. Nun hat der Herr meine Rechnung gemacht!

Ich will mich lieber zu Tode hoffen, sagte er noch zu seinem Freund, als durch Unglauben verloren gehen.

Und weiter: Es geht meiner Seele wohl. Berge sollen weichen und Hügel sollen hinfallen, aber meine Gnade will ich nicht von dir nehmen!

Nicht einmal ein Grab ist von Joachim Neander geblieben, nur seine 72 Lieder. In seinem Todesjahr erschien die erste Sammlung mit 58 Liedern, die er Glaubens- und Liebesübung genannt hatte und die ein ungeahnter Erfolg wurde. Er hat es nicht mehr erlebt. Seine Lieder aber werden weiter gesungen.

Bei den wenigen deutschen Liedern, die in vielen Ländern der Welt Eingang gefunden haben und beliebt sind, steht an der Spitze dieses: Lobe den Herren, den mächtigen König der Ehren! Man hat es das beste Loblied in deutscher Sprache genannt.

Hast du nicht dieses verspüret?, fragt Neander. Der gnädige Gott regiert gewaltig und herrlich und hat über uns Ströme der Liebe regnen lassen. Neander will die Seele aufrütteln, zum Lob ermuntern, herausreißen aus Nörgelei und Kritisieren. Ausgerechnet er, der in seinem kurzen Leben von seinen Zeitgenossen fast vollständig verkannt und zur Seite gedrängt wurde. Vergiss es nicht, mahnt Neander. Er meint aber die übermächtige Güte Gottes, nicht das ihm widerfahrene Unrecht von sterblichen Menschen. So betet er diesen mächtigen Herrn an und schuf zu seinem Lied auch gleich die mitreißende Melodie:

Wunderbarer König,
Herrscher von uns allen,
lass dir unser Lob gefallen.
Deine Vatergüte
hast du lassen fließen,
ob wir schon dich oft verließen.
Hilf uns noch,
stärk uns doch;
lass die Zunge singen,
lass die Stimme klingen!

O du meine Seele,
singe fröhlich, singe,
singe deine Glaubenslieder;
was den Odem holet,

jauchze, preise, klinge;
wirf dich in den Staub darnieder.
Er ist Gott Zebaoth,
er nur ist zu loben
hier und ewig droben.

Durch Neander begann eine ganz neue Singbewegung in den reformierten Kirchen, wo nur die vertonten Psalmen gesungen wurden. Mit seinen Liedern brach sich ein neuer Stil des Gotteslobes Bahn. In seinem Abendlied *Der Tag ist hin* singt Neander:

Lob, Preis und Dank sei dir mein Gott gesungen;
dir sei die Ehr, dass alles wohl gelungen
nach deinem Rat, ob ich's gleich nicht versteh;
du bist gerecht, es gehe wie es geh.

Nur eines ist, das mich empfindlich quälet:
Beständigkeit im Guten mir noch fehlet.
Das weißt du wohl, o Herzenskündiger:
ich strauchle noch wie ein Unmündiger.

Vergib es, Herr, was mir sagt mein Gewissen:
Welt, Teufel, Sünd hat mich von dir gerissen.
Es ist mir leid, ich stell mich wieder ein;
da ist die Hand: du mein und ich bin dein.

Israels Schutz, mein Hüter und mein Hirte,
zu meinem Trost dein sieghaft Schwert umgürte;
bewahre mich durch deine große Macht,
wenn mir der Feind nach meiner Seele tracht.

Joachim Neander konnte sich freuen an *Himmel, Erde, Luft und Meer*, die des Schöpfers Ehr bezeugen. Er schließt dieses Reiselied zu Land und Wasser mit der Strophe:

Ach mein Gott, wie wunderbar
stellst du dich der Seele dar!

Drücke stets in meinen Sinn,
was du bist und was ich bin.

Von einem großen Heimweh nach dem Thron des Ehrenkönigs spricht der junge Joachim Neander in seinem Lied *Sieh hier bin ich, Ehrenkönig,* wo er sich selbst als rasch zerfallende Asche und Ton erkennt. Dieses Lied schließt mit der Strophe:

Dieser Zeiten Eitelkeiten
Reichtum, Wollust, Ehr und Freud
sind nur Schmerzen meinem Herzen,
welches sucht die Ewigkeit.
Lass dich finden, lass dich finden:
Großer Gott, ich bin bereit!

Paul Gerhardts Trost in Kriegsnot, Angst und Todesschrecken

Wider die Qual der schweren Gedanken

War Paul Gerhardt eigentlich selbst schwermütig? Immer wieder fragen Bedrückte und Belastete so. Wie kein anderer kann er unsere Gefühle nachempfinden!

Man wüsste gerne mehr und Genaueres von ihm, aber in seiner ihm eigenen

Bescheidenheit hat er kaum etwas über sich geäußert. Lange Zeit war nicht einmal sein Geburtsdatum als sicher bekannt.

Der Dichter Theodor Fontane erzählt in seinen berühmten Wanderungen durch die Mark Brandenburg, wie ihn das Porträt von Paul Gerhardt in der Kirche von Mittenwalde fesselte. Er empfand in diesem Augenblick, wie der Seelsorger mit Neid, Gegnerschaft und Widerwärtigkeiten kämpfen musste. Weiter schreibt Fontane, wie die Tage für Paul Gerhardt voll äußerer Not waren. Nicht ihn, sondern seine Ehefrau hätte tiefe Schwermut ergriffen. In dieser Bedrängnis sei der Dichter in seinem Glauben und Hoffen der unerschüttert Bleibende gewesen und hätte über dem Psalmwort das Lied geschaffen: *Befiehl du deine Wege.* An der schwermütigen Stimmung seiner Frau erprobte das Lied erstmals seine Kraft.

Es macht wenig aus, wenn man später feststellte, dass es sich so nicht zugetragen haben kann, weil das Lied *Befiehl du deine Wege* schon zwei Jahre vor Gerhardts Eheschließung in fünfter Auflage des Gesangbuchs Praxis pietatis melica von 1653 veröffentlicht ist.

Aber es gilt als sicher, dass Paul Gerhardt viel Schweres und manche Missgunst von Kollegen durchleiden musste. Leider kann man nicht verlässlich in Erfahrung bringen, in welchen konkreten Nöten seine unvergesslichen Lieder entstanden sind.

Allein in dem Lied *Ich bin ein Gast auf Erden und hab hier keinen Stand* gibt Paul Gerhardt etwas Einblick in sein Leben:

Was ist mein ganzes Wesen
von meiner Jugend an
als Müh und Not gewesen?
Solang ich denken kann,
hab ich so manchen Morgen,
so manche liebe Nacht
mit Kummer und mit Sorgen
des Herzens zugebracht.

Mich hat auf meinen Wegen
manch harter Sturm erschreckt;
Blitz, Donner, Wind und Regen
hat mir manch Angst erweckt;
Verfolgung, Hass und Neiden,

ob ich's gleich nicht verschuldt,
hab ich doch müssen leiden
und tragen mit Geduld.

Unzählige Menschen hatten teil an Gerhardts Trost und wurden zu einem festen Glauben und Vertrauen zum lebendigen Gott hingeführt.

So sprechen Gerhardts Lieder unzählige Generationen in vielen Jahrhunderten an, nicht nur bei uns, sondern auch weltweit in anderen Kulturen. Bekanntlich sollten nur mit größter Zurückhaltung Lieder in die Denkweise fremder Völker übertragen werden. Ausgerechnet der freisinnige Urwaldarzt Albert Schweitzer aber berichtet 1916 aus Lambarene im heutigen Gabun: Der Eingeborene hat ein elementares Bewusstsein von der Erlösung. Das Christentum ist für ihn das Licht, das in der Finsternis der Angst erscheint. Es versichert ihm, dass er nicht der Gewalt von Naturgeistern, Ahnengeistern und Fetischen ausgeliefert ist und dass kein Mensch unheimliche Macht über den andern besitzt, sondern dass in allem Geschehen der Wille Gottes waltet. Nirgends sei das besser ausgedrückt wie in dem Lied von Paul Gerhardt: *Ich lag in schweren Banden, du kommst und machst mich los,* sagt Schweitzer weiter. In jedem Gottesdienst auf der Missionsstation müsse er daran denken, dass es das ist, was das Christentum für die afrikanischen Menschen bedeutet.

Paul Gerhardt gibt Zeugnis von der Erfahrung seines persönlichen Glaubens. Diese Geborgenheit des Vertrauens kann man nur selbst erleben, durchleiden und erkämpfen. In seinen Liedern nimmt er uns mit hinein in seinen Lebenskampf gegen Resignation und Hoffnungslosigkeit. So kann nur einer reden, der selbst fast am Leben verzagt wäre. Doch in den schweren Erschütterungen hat er die Macht des lebendigen Jesus Christus und seiner Liebestat erkannt. Dieser Herr hat ihn herausgeholt aus der unheimlichen Dunkelheit, erlöst aus dem Rachen der Angst.

Jetzt fordert er andere heraus mit seinem Lied *Schwing dich auf zu deinem Gott, du betrübte Seele! Warum liegst du Gott zum Spott in der Schwermutshöhle?*

Weil er um die Not der Anfechtung weiß, kann er auch im Lied *Gib dich zufrieden und sei stille* Mut machen:

Lass dich dein Elend nicht bezwingen,
halt an Gott, so wirst du siegen!

Unzähligen zerbrochenen und am Leben verzweifelten Menschen war Paul Gerhardt glaubwürdiger Seelsorger. Man spürt es seinen Liedern ab, wie er selbst die tiefste Not und schlimmste Ausweglosigkeit durchlitten hat:

Denn das ist Gottes Ehrentitel:
helfen, wenn die Not am größten!

Keinen anderen Trost weiß er, als Jesus Christus, wenn er im Adventslied *Warum willst du draußen stehen* dichtet:

Aller Trost und alle Freude
ruht in dir, Herr Jesus Christ!

Gerade angesichts der vernichtenden Macht des Todes leuchtet die Hoffnung des Lebens um so heller im Weihnachtslied *Ich steh an deiner Krippen hier*.

Ich lag in tiefster Todesnacht,
du warest meine Sonne,
die Sonne, die mir zugebracht
Licht, Leben, Freud und Wonne.
O Sonne, die das werte Licht
des Glaubens in mir zugericht,
wie schön sind deine Strahlen!

Wenn er von Jesus Christus redet, dann ist Jesus *sein Leben*. Heller als tausend Sonnen hat er Licht in die Dunkelheit menschlichen Elends gebracht. Darum kann er im Lied *Ist Gott für mich, so trete* so fröhlich auftrumpfen:

Mein Herze geht in Sprüngen
und kann nicht traurig sein,
ist voller Freud und Singen,
sieht lauter Sonnenschein.

Die Sonne, die mir lachet,
ist mein Herr Jesus Christ;
das, was mich singen machet,
ist, was im Himmel ist.

300 Jahre später hat Dietrich Bonhoeffer in der schweren Haft vor seiner Hinrichtung immer wieder zu den Liedern von Paul Gerhardt gegriffen, sie gelesen und auswendig gelernt. Nicht nur die belastende Einsamkeit konnte er damit durchstehen, sondern auch die unheimlichen Sorgen und Nöte Gott überlassen.

Die Lieder Paul Gerhardts festigten sein Vertrauen in Gottes Führung und machten ihn in aller Ungewissheit froh und geborgen. Bonhoeffer schrieb: Die Befreiung liegt im Leiden darin, dass man seine Sache ganz aus den eigenen Händen geben und in die Hände Gottes legen darf.

So schließt das Lied *Warum sollt ich mich denn grämen?* mit den Strophen:

Herr, mein Hirt, Brunn aller Freuden,
du bist mein, ich bin dein,
niemand kann uns scheiden.
Ich bin dein, weil du dein Leben
und dein Blut mir zugut
in den Tod gegeben;

du bist mein, weil ich dich fasse
und dich nicht, o mein Licht,
aus dem Herzen lasse.
Lass mich, lass mich hingelangen,
da du mich und ich dich
leiblich werd umfangen.

Paul Gerhardt hatte zunächst gar keine Lebensperspektive. Für einen Mann in den besten Jahren muss es ziemlich frustrierend gewesen sein, mit seinen Gaben überhaupt nicht gebraucht zu werden. 44 Jahre alt war Paul Gerhardt geworden, bis ihm die erste Pfarrstelle übertragen wurde. Es tröstet wenig, dass dies damals im Jahr 1651 nicht außergewöhnlich war. Viele Kirchen und Pfarrhäuser waren durch den Dreißigjährigen Krieg zerstört. Ganze Gemeinden waren ausgestorben oder vertrieben. Der größte Teil der eingesetzten Pfarrer hungerte.

Dass Paul Gerhardt in diesen langen Jahren des Wartens nicht untätig war, zeigen achtzehn Lieder, die schon 1647 im Gesangbuch Praxis Pietatis Melica des Berliner Kantors Johann Crüger aufgenommen sind. Darunter sind bekannte Choräle wie: *Wach auf, mein Herz, und singe; Nun ruhen alle Wälder; Ein Lämmlein geht und trägt die Schuld;* und *Auf, auf, mein Herz, mit Freuden.*

Dieser Johann Crüger hat, wie sein späterer Nachfolger Johann Ebeling, sich darum verdient gemacht, die Lieder Paul Gerhardts bekannt zu machen, ja diese Lieder überhaupt zu entdecken, die damals eine ganz neue Art christlichen Singens bedeuteten. Der bescheidene und stille Dichter Paul Gerhardt selbst hat sich darum offenbar nicht bemüht.

Man muss sich in Erinnerung rufen, dass zu dieser Zeit in den Gottesdiensten keine Gesangbücher im Gebrauch waren. 50 % der Bevölkerung waren wohl noch Analphabeten. Nur durch Vorsingen konnten sie die Lieder lernen. Im Gottesdienst wurden aber ausschließlich die alten reformatorischen Lieder gesungen. Andere waren nicht bekannt. Die jetzt vorgelegten Gesangbücher von Crüger und Ebeling wurden Bestseller. Schon in der Ausgabe von 1653 war ein Sechstel der 500 Lieder von Paul Gerhardt.

Auch über Mittenwalde, einem kleinen landwirtschaftlichen Städtchen etwa 20 km südlich von Berlin, war die große Not des Dreißigjährigen Krieges furchtbar hereingebrochen. Es war von kaiserlichen und schwedischen Armeen fast ununterbrochen besetzt, dann mehrfach geplündert und niedergebrannt, erpresserisch terrorisiert und ausgebeutet worden. Was noch übrig geblieben war, vernichtete die Pestseuche. Einer der Vorgänger von Paul Gerhardt wurde, als er die Kirche 1637 vor den räuberischen Schweden schützen wollte, vor dem Altar erschossen.

Sechs Jahre vor dem Amtsantritt Paul Gerhardts zählte man von den 245 Haushalten der Stadt gerade noch 42. Von den 1000 Einwohnern war nur noch ein Viertel am Leben.

In diesem Städtchen nun musste Paul Gerhardt gegen die verdorbenen Missstände eines heruntergekommenen Bürgertums kämpfen. Der Kirche fiel damals eine besondere Verantwortung zum Wiederaufbau zu. Entschlossen packte Paul Gerhardt diese Aufgabe an, allein mit der Kraft des Wortes Gottes. Er tat dies bei Predigten, Hausbesuchen, Beichten und Abendmahlsfeiern, Taufen, Trauungen und Begräbnissen. Er wusste, dass diese Welt mit ihren tausend Plagen und großen Jammerlast, die kein Mund kann aussagen, von Gott nicht aufgegeben, sondern geliebt ist. Auch das war ihm gewiss, was er im Lied *Die güldne Sonne* singt:

Alles vergehet, Gott aber stehet
ohn alles Wanken; seine Gedanken,
sein Wort und Wille hat ewigen Grund.

Sein Heil und Gnaden, die nehmen nicht Schaden,
heilen im Herzen die tödlichen Schmerzen,
halten uns zeitlich und ewig gesund.

In seinem Lied zum Jahreswechsel *Nun lasst uns gehn und treten,* spricht er so direkt den Schritt in die ungewisse und dunkle Zukunft an, wie es alle bewegt:

Durch so viel Angst und Plagen,
durch Zittern und durch Zagen,
durch Krieg und große Schrecken,
die alle Welt bedecken.

Aber weil er Gottes starken Händen vertraute, die alles Herzleid wenden können, betet er:

Sei der Verlassnen Vater, der Irrenden Berater,
der Unversorgten Gabe, der Armen Gut und Habe.

Schließ zu die Jammerpforten und lass an allen Orten
auf so viel Blutvergießen die Freudenströme fließen.

Unmittelbar nach den Schrecken des Dreißigährigen Krieges entstand auch das wohl bekannteste Lied Paul Gerhardts *Geh aus mein Herz und suche Freud.* Es ist eben nicht naive Weltbetrachtung, wie hier von Nachtigall, Blumen, von Küken und dem Wachsen des

Weizens gesprochen wird. Vielmehr wird in der armen Erde Gottes mächtig schaffende Güte entdeckt und gepriesen. Paul Gerhardt schließt mit der Bitte um Gottes Wirken, das menschliches Leben erst zur Entfaltung und Blüte bringt:

> Mach in mir deinem Geiste Raum,
> dass ich dir werd ein guter Baum
> und lass mich Wurzel treiben.
> Verleihe, dass zu deinem Ruhm,
> ich deines Gartens schöne Blum
> und Pflanze möge bleiben.

Bei seinen Predigtdiensten in der Mittenwalder Kirche hatte Paul Gerhardt das Altarbild mit dem dornengekrönten Christus vor Augen. Dieses Bild gab wohl die Anregung für das Lied *O Haupt voll Blut und Wunden*. Gerhardt folgte bei der Dichtung einem lateinischen Text Arnulfs von Löwen.

> Nun, was du, Herr, erduldet,
> ist alles meine Last;
> ich hab es selbst verschuldet,
> was du getragen hast.
> Schau her, hier steh ich Armer,
> der Zorn verdienet hat.
> Gib mir, o mein Erbarmer,
> den Anblick deiner Gnad.

Zu den Passionsliedern gehört auch *O Welt, sieh hier dein Leben* mit den eindrücklichen Strophen:

> Wer hat dich so geschlagen,
> mein Heil, und dich mit Plagen
> so übel zugericht?
> Du bist ja nicht ein Sünder
> wie wir und unsre Kinder,
> von Übeltaten weißt du nicht.

Ich, ich und meine Sünden,
die sich wie Körnlein finden
des Sandes an dem Meer,
die haben dir erreget
das Elend, das dich schläget,
und deiner schweren Martern Heer.

Ich bin's, ich sollte büßen
an Händen und an Füßen
gebunden in der Höll;
die Geißeln und die Banden
und was du ausgestanden,
das hat verdienet meine Seel.

Mit dem Schritt nach Mittenwalde und der Übernahme der Probstei war endlich auch sein Auskommen gesichert. So konnte der 48-jährige Paul Gerhardt 1655 die 32-jährige Anna Maria Berthold heiraten, die er schon viele Jahre kannte. Im Haus seines Schwiegervaters, des Kammergerichtsadvokaten Andreas Berthold, hatte er schon vor Jahren dessen Enkelkinder unterrichtet.

Die große Freude der Familie mit dem ersten Töchterlein Maria Elisabeth, am Geburtstag der Mutter 1656 geboren, endete jäh. Das Kind starb schon nach acht Monaten. Vom großen Schmerz der Eltern spricht eine holzgeschnitzte Tafel in der Kirche von Mittenwalde mit dem Wort aus 1. Mose 47,9: Wenig und böse ist die Zeit meines Lebens. Die Mutter schrieb in ihre Bibel: Maria Elisabeth stirbt. Herr, nun nimmst du meines Herzens Freude!

1658 wird Anna Katharina geboren. Inzwischen war die Familie nach Berlin übergesiedelt. Nach 14 Monaten müssen die Eltern auch dieses Kind wieder hergeben. Der Eintrag der Mutter lautet: Unser zweites Kind, Katharina, wird in ihr Ruhekämmerlein getragen. Ach, soll ich sein wie eine, die ihrer Kinder beraubt wird? Ich weiß, Herr, du hast Macht, zu tun mit den Deinen, was du willst; aber lass mich klagen und weinen!

Der 1660 geborene Andreas lebte nur wenige Stunden. Sterbetag unseres dritten Kindes, schrieb die Mutter. Herr, du weißt, was ein Mutterherz tragen kann. Darum will ich meine Hand auf meinen Mund legen und schweigen …

Schon zehn Jahre früher hatte Paul Gerhardt das Lied *Du bist zwar mein und bleibest mein* zum Tod eines Kindes gedichtet, wo es in den letzten Strophen heißt:

O süßer Rat, o schönes Wort
und heilger als wir denken!
Bei Gott ist ja kein böser Ort,
kein Unglück und kein Kränken,
kein Angst, kein Mangel, kein Versehn;
bei Gott kann keinem Leids geschehn:
wen Gott versorgt und liebet,
wird nimmermehr betrübet.

Ach dürft ich doch von ferne stehn
und nur ein wenig hören,
wann deine Sinne sich erhöhn
und Gottes Namen ehren,
der heilig, heilig, heilig ist,
durch den du auch geheiligt bist:
ich weiß, ich würde müssen
vor Freuden Tränen gießen!

Nun, es sei ja und bleib also!
Will dich nicht mehr beweinen.
Du lebst und bist von Herzen froh,
siehst lauter Sonnen scheinen,
die Sonnen ewger Freud und Ruh.
Hier leb und bleib nur immerzu!
Ich will, will's Gott, mit andern
auch bald hinüberwandern.

1662 wurde dem leidgeprüften Ehepaar Gerhardt wieder ein Sohn geschenkt, Paul Friedrich. Die Mutter war so schwach, dass eine Amme das Kind nähren musste. Es sollte das einzige Kind sein, das die Eltern überlebte.

1665 wurde als fünftes Kind Andreas Christian geboren. Das schwächliche Kind starb schon nach sieben Monaten. Die Mutter schrieb in ihre Bibel: Soll noch einmal der Todesengel in unser Haus kommen, Herr, dann sende ihn zu mir!

So geschah es. Seit der Geburt ihres letzten Kindes nie mehr recht zu Kräften gekommen, brachte 1668 eine verdeckte Tuberkulose die Mutter an den Rand des Todes. Zwei führende Ärzte Berlins mühten sich um sie. Du magst wohl denken, ich habe es dir nicht sagen wollen, dass ich so krank bin, sagte Anna Maria zu ihrer Schwester. Aber glaube mir, ich habe es selbst nicht gewusst, dass mir der Tod so nahe sei. Bekümmere dich aber nur nicht, es ist doch kein Gutes in der Welt. Wir wollen bald wieder zusammenkommen.

Paul Gerhardt ließ ihren Beichtvater rufen, der ihr die Vergebung der Sünden zusprach und das heilige Abendmahl reichte. Sie bat ihren Mann, ihr Luthers Predigt vom Abendmahl vorzulesen. Sie ließ sich waschen und festlich weiß kleiden und richtete sich mit letzter Kraft im Bett auf. So nahm sie von ihren Lieben Abschied. Der noch keine sechs Jahre alte Sohn Paul Friedrich weinte. Die Mutter tröstete ihn. Schließlich bat sie ihren Mann, aus ihrem handgeschriebenen Heft einige Passions- und Sterbelieder vorzulesen. Im Leiden und Sterben Jesu suchte sie ihren Trost und ihre Zuversicht. Es werden darunter auch die Strophen aus dem Lied *O Haupt voll Blut und Wunden* gewesen sein:

Wenn ich einmal soll scheiden,
so scheide nicht von mir,
wenn ich den Tod soll leiden,
so tritt du dann herfür;
wenn mir am allerbängsten
wird um das Herze sein,
so reiß mich aus den Ängsten
kraft deiner Angst und Pein.

Erscheine mir zum Schilde,
zum Trost in meinem Tod,
und lass mich sehn dein Bilde
in deiner Kreuzesnot.
Da will ich nach dir blicken,
da will ich glaubensvoll

dich fest an mein Herz drücken.
Wer so stirbt, der stirbt wohl.

Anna Maria Gerhardt starb nach dreizehnjähriger Ehe im Alter von 45 Jahren. Ganz so, wie ihr Mann es im Lied *Ein Lämmlein geht und trägt die Schuld* ausgedrückt hatte, war es für sie ein Heimgehen zu ihrem Herrn:

Mein Lebetage will ich dich
aus meinem Sinn nicht lassen,
dich will ich stets, gleich wie du mich,
mit Liebesarmen fassen.
Du sollst sein meines Herzens Licht,
und wenn mein Herz in Stücke bricht,
sollst du mein Herze bleiben;
ich will mich dir, mein höchster Ruhm,
hiermit zu deinem Eigentum
beständiglich verschreiben.

Wenn endlich ich soll treten ein
in deines Reiches Freuden,
so soll dein Blut mein Purpur sein,
ich will mich darein kleiden …

Als Student in Wittenberg hatte Paul Gerhardt 1631 einst den Einzug von König Gustav Adolf von Schweden über die Elbbrücken miterlebt. Kurz darauf folgte der große Sieg des Schwedenkönigs über die kaiserlichen Truppen. Doch schon zwei Jahre später wurde der Sarg des toten Königs Gustav Adolf nach der Schlacht von Lützen auf dem Weg nach Schweden durch Wittenberg geführt.

Es folgten grausame Schreckensjahre, in denen die schwedischen Soldaten das kursächsische Land verwüsteten. Täglich wurden bis zu zehn Dörfer abgebrannt. Dem Brennen und Morden folgte die Pest, dann eine nie geahnte Hungersnot, weil die Felder nicht mehr bestellt werden konnten.

Gleich nach Ostern 1637 waren die Schweden vor Gräfenhainichen, der Heimatstadt Paul Gerhardts, erschienen. Die Kunde von ihren Gräueltaten in der Umgebung war ihnen schon vorausgeeilt.

Nun forderten sie die ungeheuere Summe von 3000 Gulden als Lösegeld. Andernfalls sollte die Stadt vollständig niedergebrannt werden. Die verzweifelten Bürger von Gräfenhainichen gingen auf die Forderung der Erpresser ein und brachten unter gewaltigen Opfern die geforderte Riesensumme zusammen. Die Schweden aber dachten nicht daran, ihre Zusagen einzuhalten. Kaum hatten sie das Lösegeld erhalten, zündeten sie die Stadt dennoch an. Bald brannten alle Häuser innerhalb der Mauern lichterloh. Auch die Kirche und das Schloss wurden bis auf die Grundmauern zerstört. An diesem Tag verlor Paul Gerhardt seinen von den Eltern ererbten Besitz mit Gasthaus, Landwirtschaft und Wohnhaus. Alles wurde ein Raub der Flammen. Wenige Monate darauf starb sein Bruder, wie Hunderte andere auch, an der Pest.

Paul Gerhardt dichtete später das Lied:

Warum sollt ich mich denn grämen?
Hab ich doch Christus noch,
wer will mir den nehmen?
Wer will mir den Himmel rauben,
den mir schon Gottes Sohn
beigelegt im Glauben?

Kann uns doch kein Tod nicht töten,
sondern reißt unsern Geist
aus viel tausend Nöten,
schließt das Tor der bittern Leiden
und macht Bahn, da man kann
gehn zu Himmelsfreuden.

Was sind dieses Lebens Güter?
Eine Hand voller Sand,
Kummer der Gemüter.
Dort, dort sind die edlen Gaben,
da mein Hirt Christus wird
mich ohn Ende laben.

In Gräfenhainichen wurde Paul Gerhardt am 12. März 1607 geboren. Sein Vater war Bürgermeister der Stadt, seine Mutter die

Tochter des Superintendenten. Am liebsten war ihm zeitlebens sein Taufname Paulus. Schon früh verlor er seine Eltern. Als er 12 Jahre alt war, starb sein Vater, noch keine 40 Jahre alt. Zwei Jahre später wurde auch seine Mutter den unversorgten Kindern entrissen. Es ist nicht überliefert, an was die Eltern so früh gestorben sind.

Es machte großen Eindruck auf den jungen Paul Gerhardt, als er erfuhr, dass sein Großvater einst um des biblischen Glaubens willen aus Amt und Heimat vertrieben worden war. Der kursächsische Regent hatte von den Pfarrern verlangt, die alte lutherische Absage an den Teufel bei der Taufe nicht mehr zu verwenden. Im Elternhaus sprach man mit großer Bewunderung von der Bekenntnistreue dieser standhaften Männer. Erst später, als Gerhardt schon längst Pfarrer in Berlin war, sollte auch er vor diese Gewissensfrage gestellt werden.

Der fünfzigjährige Paul Gerhardt war 1657 als Diakon an die Hauptkirche St. Nikolai in Berlin berufen worden, wo Johann Crüger schon seit Langem als Kantor wirkte. Nach dem Dreißigjährigen Krieg, in dem ein Drittel der Bevölkerung durch Hunger und Pest starb, war die preußische Hauptstadt jetzt wieder im Aufblühen und hatte schon fast 10000 Einwohner.

Obwohl Paul Gerhardt davon schrieb, was für Angst oftmals nur allein die große schwere Arbeit demjenigen Prediger mache, der sein Amt treulich meinet, waren die Jahre bis 1662 doch voll von reichem Wirken. Mitten hinein aber platzte die heftige Auseinandersetzung mit dem Landesfürsten Friedrich Wilhelm, dem begabten und weitsichtigen preußischen Kurfürsten. Den heute lebenden Zeitgenossen ist der Streit nur schlecht verständlich zu machen. Für den feinfühligen und versöhnlich denkenden Paul Gerhardt ging es auch nicht um theologische Auseinandersetzung, wenn der preußische Kurfürst von den Pfarrern eine Abkehr von ihrer lutherischen Bekenntnistreue forderte. Vielmehr war es für Paul Gerhardt völlig unerträglich und niemals hinzunehmen, dass ein weltlicher Landesherr unter Berufung auf seine Stellung als Fürst Gehorsam und Unterwerfung in Glaubensfragen verlangte. Für ihn war unverzichtbar, dass alle Glaubensdinge allein nach dem persönlichen Gewissen vor Gott entschieden werden dürfen.

Der vier Jahre schwelende Streit führte schließlich 1666 dazu, dass Paul Gerhardt seine Amtsenthebung mitgeteilt wurde, weil er die Unterschrift unter den verlangten Revers verweigerte und der Kurfürst in ihm den Kern des Widerstandes sah. Plötzlich stand der scheue Pfarrer im grellen Rampenlicht der Öffentlichkeit. Aber auch die erregte Bürgerschaft Berlins konnte den Fürsten nicht mehr umstimmen.

Die meisten Pfarrer Preußens kapitulierten angesichts des staatlichen Druckes. Pflichttreue Seelsorger aber konnten nicht zulassen, wie ein weltlicher Herrscher sich immer mehr auch als unumschränkte geistliche Autorität verstand und die Aufsicht in Glaubensfragen verlangte. Dagegen lehnte Gerhardt sich auf. Sein Gewissen war nur an den lebendigen Gott gebunden.

Schon acht Jahre vor dieser heftigen Konfrontation mit seinem Landesherrn hatte er die Strophe mit Blick auf den Großen Kurfürsten gedichtet und veröffentlicht:

Die Welt, die mag zerbrechen,
du stehst mir ewiglich;
kein Brennen, Hauen, Stechen
soll trennen mich und dich;
kein Hunger und kein Dürsten,
kein Armut, keine Pein,
kein Zorn der großen Fürsten
soll mir ein Hindrung sein.

Drei lange Jahre blieb Paul Gerhardt ohne Amt, von 1666 bis 1669. Das Allerschwerste dieser Zeit aber war ihm der Tod seiner treuen Frau, die ihn auf diesem Weg des Bekennens und Leidens so tapfer und unerschrocken unterstützt und ermutigt hatte.

Am 27. Mai 1676 starb Paul Gerhardt im Alter von 69 Jahren, nachdem er noch sieben Jahre – ganz allein mit seinem Kind Paul Friedrich – als Pfarrer in Lübben im Spreewald in der Niederlausitz in aller Stille wirken konnte. Er war müde und matt. Keine Lieder entstanden mehr in diesen letzten Jahren.

Auf seinem Grabstein steht: Ein in Satans Sieb gesichteter und bewährter Theologe.

Nur aus dem Leiden Jesu nahm Paul Gerhardt Kraft und Hoffnung, wie er es im Loblied *Sollt ich meinem Gott nicht singen* ausspricht:

> Das weiß ich fürwahr und lasse
> mir's nicht aus dem Sinne gehn:
> Christenkreuz hat seine Maße
> und muss endlich stillestehn.
> Wenn der Winter ausgeschneiet,
> tritt der schöne Sommer ein;
> also wird auch nach der Pein,
> wer's erwarten kann, erfreuet.
> Alles Ding währt seine Zeit,
> Gottes Lieb in Ewigkeit.

Erst dort in der Ewigkeit wird alles Leiden ein Ende finden. So schließt auch das Lied *Die güldne Sonne*:

> Kreuz und Elende, das nimmt ein Ende;
> nach Meeresbrausen und Windessausen
> leuchtet der Sonnen gewünschtes Gesicht.
> Freude die Fülle und selige Stille
> wird mich erwarten im himmlischen Garten;
> dahin sind meine Gedanken gericht'.

Es war in seiner Studienzeit der Einfluss seiner Dozenten für Rhetorik und Poesie gewesen, die ihm die neue Form der Dichtung von Martin Opitz einprägten, nach der die Betonung des Versakzentes auch mit der natürlichen Betonung eines Wortes übereinzustimmen habe. Nach den seltsam holprigen Dichtungen aus der Reformationszeit machten dieser klare Satzbau und die verständlichen Reime die Lieder Paul Gerhardts ganz besonders lieb und angenehm, vertieft durch die außerordentliche Musikalität des Dichters und sein besonderes Gefühl für Rhythmus und Harmonie. Auffallend echt wirkt dabei auch die ungekünstelt nüchterne Ausdrucksweise seiner Lieder, die durch die Jahrhunderte hindurch lebensnah und aktuell geblieben ist. Trotz der vielfachen Länge seiner Lieder werden die bildhaften Strophen niemals langweilig oder leer.

Über diese formale, rein äußerliche Besonderheit hinaus ist es die konzentrierte biblische Tiefe, die Paul Gerhardts Lieder so aussagekräftig macht. Schon das Elternhaus in Gräfenhainichen hatte dazu den Grund gelegt, der durch solide Evangeliumslehre in der Schulbildung Grimmas, der alten elitären Fürstenschule, noch vertieft wurde. In Wittenberg fand Paul Gerhardt Lehrer, die ihm zeigen wollten, welchen unerschöpflichen Schatz der Ozean der Heiligen Schrift in sich birgt, sodass, je mehr man daraus schöpft, desto mehr noch zurückbleibt. Seine Lehrer sahen die Theologie nicht als theoretische Sache an, sondern als Weg zum Leben und praktizierten sie im Glauben.

Dort auf der Wittenberger Universität wurden auch die sechs Bücher Johann Arndts Vom wahren Christentum hoch geschätzt. Kamen doch durch sie die großen festen lutherischen Wahrheiten des Evangeliums im Leben des Christen zur Anwendung.

So unterstreicht Paul Gerhardt in seinen Liedern, wie sein gewisser Glaube allein auf dem geschehenen Opfer Jesu ruht. Aus der Aussage des Apostels Paulus in Römer 8: Ist Gott für uns, wer mag wider uns sein? macht Gerhardt die gewaltige biblische Predigt:

Ist Gott für mich, so trete
gleich alles wider mich;
so oft ich ruf und bete,
weicht alles hinter sich.
Hab ich das Haupt zum Freunde
und bin geliebt bei Gott,
was kann mir tun der Feinde
und Widersacher Rott?

Nun weiß und glaub ich feste,
ich rühm's auch ohne Scheu,
dass Gott, der Höchst und Beste,
mein Freund und Vater sei
und dass in allen Fällen
er mir zur Rechten steh
und dämpfe Sturm und Wellen
und was mir bringet Weh.

Der Grund, da ich mich gründe,
ist Christus und sein Blut,
das machet, dass ich finde
das ewge, wahre Gut.
An mir und meinem Leben
ist nichts auf dieser Erd;
was Christus mir gegeben,
das ist der Liebe wert.

Nichts, nichts kann mich verdammen,
nichts nimmt mir meinen Mut:
die Höll und ihre Flammen
löscht meines Heilands Blut.
Kein Urteil mich erschrecket,
kein Unheil mich betrübt,
weil mich mit Flügeln decket
mein Heiland, der mich liebt.

Aber dieser Glaube wird durch den Heiligen Geist im Leben des Christen lebendig und macht ihn zu einem neuen Menschen. Sein Geist wohnt mir im Herzen, regieret meinen Sinn. Christus wohnt in uns und schafft neues Leben.

Ganz besonders eindrücklich beschreibt Paul Gerhardt die wichtige Erkenntnis, dass Gottes Geist nur durchs Bibelwort empfangen werden kann. Gottes Heiliger Geist will uns regieren und durch den von ihm gewirkten Glauben uns erleuchten und den Tod überwinden. So singt er im Lied *Sollt ich meinem Gott nicht singen:*

Seinen Geist, den edlen Führer
gibt er mir in seinem Wort,
dass er werde mein Regierer
durch die Welt zur Himmelspfort;
dass er mir mein Herz erfülle
mit dem hellen Glaubenslicht,
das des Todes Macht zerbricht
und die Hölle selbst macht stille.

Alles Ding währt seine Zeit,
Gottes Lieb in Ewigkeit.

Ganz ähnlich in dem Pfingstlied, von dem Rudolf Alexander Schröder sagt: Welch königliche Pracht des Wortes! In wenigen Zeilen ist die ganze Theologie des Heiligen Geistes eingefangen:

Zieh ein zu deinen Toren,
sei meines Herzens Gast,
der du, da ich geboren,
mich neu geboren hast,
o hochgeliebter Geist
des Vaters und des Sohnes,
mit beiden gleichen Thrones,
mit beiden gleich gepreist.

Gib Freudigkeit und Stärke,
zu stehen in dem Streit,
den Satans Reich und Werke
uns täglich anerbeut.
Hilf kämpfen ritterlich,
damit wir überwinden
und ja zum Dienst der Sünden
kein Christ ergebe sich.

Richt unser ganzes Leben
allzeit nach deinem Sinn;
und wenn wir's sollen geben
ins Todes Rachen hin,
wenn's mit uns hier wird aus,
so hilf uns fröhlich sterben
und nach dem Tod ererben
des ewgen Lebens Haus.

In seinem sehr persönlich gehaltenen, anfangs schon genannten Lied *Ich bin ein Gast auf Erden* spricht Paul Gerhardt von der Wanderschaft, die das wunderbare Ziel, die Heimat vor Augen hat:

So will ich zwar nun treiben
mein Leben durch die Welt,
doch denk ich nicht zu bleiben,
in diesem fremden Zelt.
Ich wandre meine Straßen,
die zu der Heimat führt,
da mich ohn alle Maßen
mein Vater trösten wird.

Du aber, meine Freude,
du meines Lebens Licht,
du ziehst mich, wenn ich scheide,
hin vor dein Angesicht
ins Haus der ewgen Wonne,
da ich stets freudenvoll
gleich wie die helle Sonne
mit andern leuchten soll.

Da will ich immer wohnen –
und nicht nur als ein Gast –
bei denen, die mit Kronen
du ausgeschmücket hast;
da will ich herrlich singen
von deinem großen Tun
und frei von schnöden Dingen
in meinem Erbteil ruhn.

Der kranke, schwermütige und angefochtene Michael Schirmer

Die Freude auf den König besiegt das schwarze Trauergift

1636, mitten im Dreißigjährigen Krieg, hatte man Michael Schirmer, den Rektor aus Sachsen, im Alter von 30 Jahren als Lehrer an das berühmte Gymnasium zum Grauen Kloster in Berlin berufen.

Berlin war damals vom Krieg furchtbar mitgenommen. Es kam zu Hungertumulten. Das Land war ausgesaugt und leer geplündert. Selbst die geringe Besoldung der Lehrer, 60 Gulden im Jahr, konnte nicht mehr bezahlt werden. Die Leiden der Bevölkerung wurden unerträglich. Mehrfach brach die Pest aus. Unzählige Menschen starben. Wer nur konnte, verließ die Stadt. In Berlin standen 168 Häuser leer.

Als endlich das Schlimmste überstanden war, zeigten sich bei Michael Schirmer die Folgen jener schrecklichen Jahre. Ein schweres Nervenleiden lähmte ihn fünf Jahre. Immer wieder trieben ihn heftige Anfechtungen in tiefste Depressionen. Kein Arzt konnte ihm helfen. Das schwarze Trauergift lag ihm zu tief im Herzen! Auch eine Kur in Aachen blieb erfolglos.

In dieser schlimmen Krankheitsnot entdeckte Michael Schirmer ganz neu die Kraft des Gebetes. Er wollte so beten, dass der höllische Totengräber von ihm gejagt werde. Und er erlebte das Wunder, wie Gott seine Gebete erhörte und ihn völlig heilte.

Auch wenn seine Gesundheit immer angeschlagen und schwächlich blieb, wollte er mit allen seinen Gaben nur Gott loben und verherrlichen. Für ihn war das, was er erlebt hatte, ein Wunder der Rettung durch die barmherzige und allmächtige Hand Gottes aus bitterem Elend, Krieg, Angst und Not, ja aus der Hölle.

So ruft er es in seinem Adventslied *Nun jauchzet, all ihr Frommen*, den vielen Bedrückten und Traurigen zu:

Ihr Armen und Elenden
zu dieser bösen Zeit,
die ihr an allen Enden
müsst haben Angst und Leid,
seid dennoch wohlgemut;
lasst eure Lieder klingen,
dem König Lob zu singen,
der ist eur höchstes Gut.

Und er schloss dieses Lied der fröhlichen Erwartung:

Er wird nun bald erscheinen
in seiner Herrlichkeit
und all eur Klag und Weinen
verwandeln ganz in Freud.

Michael Schirmer wusste, wie dieser Blick des Glaubens allein eine Gabe des Geistes Gottes ist, der in den Herzen der Gläubigen Wohnung machen möchte. So dichtete er das Pfingstlied:

O heilger Geist, kehr bei uns ein
und lass uns deine Wohnung sein,
o komm, du Herzenssonne!
Du Himmelslicht, lass deinen Schein
bei uns und in uns kräftig sein
zu steter Freud und Wonne.
Sonne, Wonne, himmlisch Leben
willst du geben, wenn wir beten;
zu dir kommen wir getreten.

Im Jahr 1659 starb Schirmers neunjähriges Töchterlein, sieben Jahre später sein 25-jähriger Sohn. Kurz darauf starb seine Frau. Schirmer nannte sich selbst den teutschen Hiob. Im Alter von 61 Jahren stand er ganz allein da.

Es war für Michael Schirmer sehr schwer, dass jetzt auch sein Nervenleiden wiederkehrte. Er musste seinen Dienst als Konrektor am Gymnasium niederlegen, was ihn besonders schmerzte.

Es folgten wieder fünf harte Krankheitsjahre. Dann holte ihn Gott, der Herr, am 4. Mai 1673 heim in seinen Frieden. Er starb unvermutet, aber mit fertiger Lampe.

Sein Pfingstlied schließt mit dem Vers:

Gib, dass in reiner Heiligkeit
wir führen unsre Lebenszeit,
sei unsers Geistes Stärke,
dass uns forthin sei unbewusst
die Eitelkeit, des Fleisches Lust
und seine toten Werke.
Rühre, führe unser Sinnen
und Beginnen von der Erden,
dass wir Himmelserben werden.

Auf seinen Grabstein ließen Freunde das Wort aus Psalm 71 schreiben, das ihm in den letzten Jahren seines Lebens so wichtig geworden war:

Auch im Alter, Gott, verlass mich nicht, und wenn ich grau werde, bis ich deine Macht verkündige Kindeskindern und deine Kraft allen, die noch kommen sollen.

Durch seine Lieder redet er noch, obwohl er gestorben ist.

Der gefeierte Dichter Johann Rist fertigte Arzneien

Viele Lieder hat mir das liebe Kreuz ausgepresst!

In Wedel an der Elbe bei Hamburg roch es im Pfarrhaus des Johann Rist immer nach Medikamenten. Viele Kranke suchten den befähigten Arzt auf. Er fabrizierte seine Arzneien selbst in einem Zimmer. Dort standen Destillieröfen, Retorten, Kolben und Reagenzgläser. In ihnen wurden große Mengen von Kräutern, Wurzeln und Blättern gemischt, gekocht und zu heilenden Tinkturen für seine reichhaltige Apotheke verarbeitet.

Im großen Garten wuchsen unzählige Heilkräuter, dazu auch Rosen und Johannisbeersträucher, Weinreben und Küchenkräuter.

Am frühen Morgen, oft schon vor 5 Uhr, arbeitete der Pfarrer in seinem geliebten Garten.

Im Alter von 28 Jahren hatte er das ländliche Pfarramt in Wedel übernommen und blieb dort 32 Jahre bis zu seinem Tod. Besonders lebte der weltmännische Hanseate Johann Rist aber in seiner geliebten Musik. Er spielte gerne Geige. In seiner Gartenlaube, liebevoll von ihm Lusthäuschen genannt, wurde unendlich viel musiziert, Gott zur Ehre.

Johann Rist war auch ein vielfach mit Lob und Ehrungen überschütteter Dichter. Er wurde gefeiert und verwöhnt. Man machte ihn ehrenhalber zum Kirchenrat und Konsistorialrat. Der Kaiser verlieh ihm den Dichterlorbeer. Später adelte er ihn und gab ihm die Würde eines kaiserlichen Hof- und Pfalzgrafen.

Johann Rist aber war von einem anderen König viel tiefer beeindruckt, dessen Geschenke von ganz anderer Art sind. Davon singt er in seinem Adventslied *Auf auf, ihr Reichsgenossen*, das im neuen Gesangbuch *Auf, auf, ihr Christen alle* heißt:

Der König will bedenken,
die, welch er herzlich liebt,
mit köstlichen Geschenken,
als der sich selbst uns gibt
durch seine Gnad und Wort.
Ja, König hoch erhoben,
wir alle wollen loben
dich freudig hier und dort.

Nun, Herr, du gibst uns reichlich,
wirst selbst doch arm und schwach;
du liebest unvergleichlich,
du gehst den Sündern nach.
Drum wolln wir all in ein
die Stimmen hoch erschwingen,
dir Hosianna singen
und ewig dankbar sein.

Fruchtbar war Johann Rist in seinem Schaffen. Insgesamt 660 Lieder dichtete er.

Schon in seiner Jugend in Ottensen, heute ein Stadtteil Hamburgs elbabwärts zwischen Altona und Blankenese, wo er 1607 in einem kinderreichen Pfarrhaus geboren wurde, entwickelte er seine künstlerischen Gaben.

Rist erzählte selbst, wie der Vater ihm mit großer Strenge das Malen verbot. Ohne Angst vor der angedrohten Strafe malte der Sohn aus dem Gedächtnis den Vater im Talar und heftete das Bild an die Tür des Amtszimmers. Das Gemälde und der feste Wille müssen dem Vater so viel Eindruck gemacht haben, dass er jetzt den Besuch eines qualifizierten Kunstunterrichts erlaubte.

Das medizinische Interesse hatte Johann Rist sicher vom Vater geerbt. Der kümmerte sich neben seinem großen Pfarramt mit Erfolg um Geisteskranke und Menschen mit schweren Depressionen.

Offenbar hatte er entdeckt, wie tief leibliche und seelische Leiden zusammengehören. So muss das Pfarrhaus oft einer Heil- und Pflegeanstalt geglichen haben.

Mit 19 Jahren verlor Johann Rist seinen Vater. Als Student widmete er sich zuerst der Rechtswissenschaft. Später studierte er auch Medizin, Botanik, Chemie, Mathematik und vieles andere, was ihn sein Leben lang brennend interessierte. Dazu gehörte nicht zuletzt die Theologie. Dabei beeindruckte ihn bei seinem Studium an der Universität Rinteln/Weser besonders Professor Josua Stegmann, der das Lied dichtete *Ach bleib mit deiner Gnade.*

Auch Rist wollte jetzt Glaubenslieder dichten. In seinem Neujahrslied *Hilf Herr Jesu, lass gelingen,* betet Rist:

Jesus richte mein Beginnen,
Jesus bleibe stets bei mir,
Jesus zäume mir die Sinnen,
Jesus sei nur mein Begier,
Jesus sei mir in Gedanken,
Jesus lasse mich nie wanken!

Der junge Rist musste auch den Hunger schmerzlich kennenlernen. Die ganze Gegend um Rinteln war von den kaiserlichen Truppen ausgeraubt und geplündert worden.

In Rostock befiel den 21-jährigen Studenten wie viele andere die Pest. Er überlebte und hielt voll Dank im Weihnachtsgottesdienst die Predigt. Dazu brachte er eine Rose mit, die in dem milden Winter noch im Garten blühte.

Auch später hatte er die Gewohnheit, jedem Gemeindeglied im Neujahrsgottesdienst eine Blume zu überreichen und dabei an die schöne Gestalt, den edlen Geruch und die heilsame Wirkung zu erinnern.

Im Jahr 1643 geschah das Furchtbare. Das Kriegselend des Dreißigjährigen Krieges brach auch über die Gemeinde von Johann Rist herein. Allein im Umkreis von Wedel waren es elf Nationalitäten, darunter auch Türken und Tataren, die grausam wüteten und Dörfer und Städte niederbrannten. Schwedische Truppen plünderten in sinnloser Zerstörungswut das Pfarrhaus und verwüsteten die Apotheke. Die wertvollen Sammlungen wurden zerschlagen, geraubt, der sorgfältig gepflegte Garten verheert.

Nur wenig ließ der Krieg den Überlebenden übrig. Hunger und Seuchen suchten sie heim. Auch Rist war in dieser Zeit sehr krank und schwach.

In dem schon genannten Adventslied *Auf, auf, ihr Reichsgenossen*, spricht er von Krieg und Flammen, von Angst und Armut. Diese wunderbare Botschaft: Der König kommt! ist das Einzige, was die vom Kriegselend furchtbar Geschundenen noch aufrichten und trösten kann:

Auf, ihr betrübten Herzen,
der König ist gar nah;
hinweg all Angst und Schmerzen,
der Helfer ist schon da.
Seht, wie so mancher Ort
hochtröstlich ist zu nennen,
da wir ihn finden können
im Nachtmahl, Tauf und Wort.

Auf, auf, ihr Vielgeplagten,
der König ist nicht fern;
seid fröhlich, ihr Verzagten,
dort kommt der Morgenstern.
Der Herr will in der Not
mit reichem Trost euch speisen;
er will euch Hilf erweisen,
ja dämpfen gar den Tod.

In dem großen Wunder der Menschwerdung Jesu findet Rist die unvergleichliche Freude. In seinem Weihnachtslied *Ermuntre dich, mein schwacher Geist* stellt er die krassen Gegensätze der Christnacht heraus: das kleine Kind – der Vater. Seine Worte vertonte Vincent Lübeck in der Kantate Willkommen, süßer Bräutigam und später Johann Sebastian Bach so eindrücklich im Weihnachtsoratorium:

O Freudenzeit, o Wundernacht,
dergleichen nie gefunden,
du hast den Heiland hergebracht,
der alles überwunden,
du hast gebracht den starken Mann,
der Feur und Wolken zwingen kann,
vor dem die Himmel zittern
und alle Berg erschüttern.

Brich an, du schönes Morgenlicht,
und lass den Himmel tagen!
Du Hirtenvolk, erschrecke nicht,
weil dir die Engel sagen,
dass dieses schwache Knäbelein
soll unser Trost und Freude sein,
dazu den Satan zwingen
und letztlich Frieden bringen.

Bis Johann Rist 1667 im Alter von 60 Jahren heimgerufen wurde, war er viel und schwer krank. Auch litt er sehr unter der Einsamkeit. Viele seiner treuen Freunde waren gestorben. Zu diesen gehörte auch der Ratsmusikus Schop, der viele Melodien zu den Liedern von Johann Rist schuf.

Weit verbreitet ist sein Abendlied *Werde munter, mein Gemüte* mit den eindrücklichen Strophen:

Dieser Tag ist nun vergangen,
und die trübe Nacht bricht an;
es ist hin der Sonne Prangen,
so uns all erfreuen kann.
Stehe mir, o Vater, bei,
dass dein Glanz stets vor mir sei,
mich umgebe und beschütze,
ob ich gleich im Finstern sitze.

Bin ich gleich von dir gewichen,
stell ich mich doch wieder ein;
hat uns doch dein Sohn verglichen

durch sein Angst und Todespein.
Ich verleugne nicht die Schuld;
aber deine Gnad und Huld
ist viel größer als die Sünde,
die ich stets in mir befinde.

Vom Erschrecken vor dem ewigen Gericht Gottes spricht das Lied *O Ewigkeit, du Donnerwort,* in dem viel von der Sehnsucht nach der himmlischen Heimat anklingt. Die letzte Strophe lautet:

O Ewigkeit, du Donnerwort,
o Schwert, das durch die Seele bohrt,
o Anfang sonder Ende!
O Ewigkeit, Zeit ohne Zeit!
Ich weiß vor großer Traurigkeit
nicht, wo ich mich hinwende.
Nimm du mich, wenn es dir gefällt,
Herr Jesu, in dein Freudenzelt!

So stand auch über dem schweren Leiden und Sterben Johann Rists die gewisse Hoffnung, die er in dem Lied *Werde licht, du Stadt der Heiden* beschrieben hatte:

Dein Erscheinung müss erfüllen
mein Gemüt in aller Not.
Dein Erscheinung müsse stillen
meine Seel auch gar im Tod.
Herr, in Freuden und im Weinen
müsse mir dein Licht erscheinen.

Jesu, lass mich endlich gehen
freudig aus der bösen Welt,
dein so helles Licht zu sehen,
das mir dort schon ist bestellt,
wo wir sollen unter Kronen
in der schönsten Klarheit wohnen.

Die Leidensbereitschaft von Adam Thebesius

Das Danklied für den großen Schmerzensmann

Als in den schrecklichen Zerstörungen des Dreißigjährigen Krieges Städte und Dörfer verheert und verwüstet wurden, schöpften die geschundenen Menschen immer mehr im Bild des gekreuzigten Jesus Trost, Mut und Zuversicht. In seinen blutigen Leiden und qualvollen Schmerzen fanden Menschen die Kraft des Glaubens, ihr eigenes Kreuz in Geduld zu tragen und voll Hoffnung zu überwinden. In dieser Zeit entstand das Passionslied:

O hilf, dass wir auch uns
zum Kampf und Leiden wagen
und unter unsrer Last
des Kreuzes nicht verzagen;
hilf tragen mit Geduld
durch deine Dornenkron,
wenn's kommen soll mit uns
zum Blute, Schmach und Hohn.

Dein Angst komm uns zugut,
wenn wir in Ängsten liegen;
durch deinen Todeskampf
lass uns im Tode siegen.
Durch deine Bande, Herr,
bind uns, wie dir's gefällt;
hilf, dass wir kreuzigen
durch dein Kreuz Fleisch und Welt.

Diese Worte stammen von Adam Thebesius, Pfarrer an der Peter-Pauls-Kirche in Liegnitz. Er wurde 1596 im schlesischen Seifersdorf in der Nähe von Liegnitz geboren. Nach dem Studium der

Theologie und Musik in Wittenberg und einem Pfarramt im Kreis Wohlau in Schlesien wurde er 1639 nach Liegnitz berufen.

In den grauenhaften Jahren des Dreißigjährigen Krieges hielt er treu mit Wachen und Beten bei seiner Gemeinde aus. Er war nicht einer von denen, die ihre Predigten aus dem Ärmel schütteln. Alles musste von ihm wohl erwogen, wohl überlegt und richtig eingefügt werden. Ganz besonders wichtig war es Adam Thebesius, beim Predigen nur deutsche Worte und nicht unverständliche lateinische Begriffe zu verwenden.

Da begann die römische Gegenreformation die evangelischen Gemeinden in Schlesien hart zu bedrängen. Man konnte schon die kommenden Verfolgungen ahnen. Umso mehr verlegte sich Thebesius aufs Beten. In seinem Haus wurde viel gebetet und gesungen; aber auch in den Gottesdiensten brachte er seine und der ganzen Kirche Not betend vor Gott. Er machte sich zur Mauer und stand wider den Riss gegen Gott für das Land, dass es nicht verdürbe.

Auch persönlich wurde Adam Thebesius mit seiner Familie durch schweres Leid geführt. Zuerst starben zwei Töchter an der Pestseuche, dann eine weitere Tochter durch einen Unfall. Nach 18 Ehejahren musste er seine Frau mit dem eben geborenen Sohn begraben. 14 Jahre lang lebte er allein als Witwer. Neben seiner Gicht hatte er noch andere schwere Krankheit und Behinderung zu tragen.

Im Alter von 56 Jahren starb er an einem Hirnschlag, als er eben die Abendandacht gehalten hatte. Er war vom vielen Arbeiten müde und matt geworden.

Es war ihm schon zeitlebens wichtig, wenn er sich abends zum Schlafen legte, jeden Tag sein Leben vor dem Jüngsten Tag zu ordnen: ... des Tages zu gedenken, an dem ich vor dem Richter zu erscheinen habe, um sein gnädiges Urteil über mich zum ewigen Leben anzuhören.

Im Sühnetod des gekreuzigten Jesus fand Adam Thebesius den einzigen Trost und das Heil, um fröhlich dem Gerichtstag Gottes entgegenzugehen. So dichtete er das *Danklied für Jesu Leiden und Tod*, von dem schon zwei Strophen zitiert wurden:

Du großer Schmerzensmann,
vom Vater so geschlagen,

Herr Jesu, dir sie Dank
für alle deine Plagen:
für deine Seelenangst,
für deine Band und Not,
für deine Geißelung,
für deinen bittern Tod.

Ach das hat unsre Sünd
und Missetat verschuldet,
was du an unsrer Statt,
was du für uns erduldet!
Ach unsre Sünde bringt
dich an das Kreuz hinan;
o unbeflecktes Lamm,
was hast du sonst getan?

Dein Kampf ist unser Sieg,
dein Tod ist unser Leben;
in deinen Banden ist
die Freiheit uns gegeben.
Dein Kreuz ist unser Trost,
die Wunden unser Heil,
dein Blut das Lösegeld,
der armen Sünder Teil.

Lass deine Wunden sein
die Heilung unsrer Sünden,
lass uns auf deinen Tod
den Trost im Tode gründen.
O Jesu, lass an uns
durch dein Kreuz, Angst und Pein
dein Leiden, Kreuz und Angst
ja nicht verloren sein.

Die überwältigende Dankbarkeit Martin Rinckarts

In Hungersnot, Pestseuche und Kriegsängsten

Ein Danklied nach dem Essen sollte es sein. So war es bei seiner ersten Veröffentlichung vom Verfasser selbst überschrieben. Das weltweit bekannte Lied war entstanden:

> Nun danket alle Gott mit Herzen, Mund und Händen,
> der große Dinge tut an uns und allen Enden,
> der uns von Mutterleib und Kindesbeinen an
> unzählig viel zugut bis hierher hat getan.

Wenige wissen wohl, dass dieses Lied fast wörtlich auf einen Bibelabschnitt zurückgeht, der in den wenig beachteten biblischen Büchern, den sogenannten Apokryphen, steht. Dort liest man im Buch Sirach, Kapitel 50,24-26: Nun danket alle Gott, der große Dinge tut an allen Enden, der uns von Mutterleib an lebendig erhält und uns alles Gute tut. Er gebe uns ein fröhliches Herz und verleihe immerdar Frieden zu unsrer Zeit in Israel, und dass seine Gnade stets bei uns bleibe und uns erlöse, so lange wir leben.

Man hat aus guten Gründen angenommen, das überströmende Danklied sei eigentlich zuerst nicht für den Mittagstisch, sondern für ein besonders festliches Ereignis gedichtet worden. Es war das 100-jährige Jubiläum des Augsburger Bekenntnisses, das 1630 gefeiert werden sollte. Mit großem Jubel wurde der schwedische König Gustaf Adolf als Befreier begrüßt.

Aber die schrecklichen Zerstörungen und brutalen Übergriffe des Dreißigjährigen Krieges warfen unheimliche Schatten auf dieses Jubiläum. In Freude und Dankbarkeit wollte man sich daran erinnern, wie damals vor 100 Jahren in Augsburg der evangelische Glaube erstmals als Bekenntnis vor Kaiser und Reich anerkannt wurde. Nun aber musste das Fest in Angst und Schrecken gefeiert werden.

Da brachte dieses herrliche Danklied der trostlosen und verzweifelten Bevölkerung Mut und Hoffnung auf den edlen Frieden und ein baldiges Ende der Kriegsnöte:

Der ewigreiche Gott
woll uns bei unserm Leben
ein immer fröhlich Herz
und edlen Frieden geben
und uns in seiner Gnad
erhalten fort und fort
und uns aus aller Not
erlösen hier und dort.

So überrascht es nicht, dass gerade dieses überströmende Danklied noch in der schrecklichen Zeit des Dreißigjährigen Krieges entstanden ist. Darum ist die Freude über die wunderbare Bewahrung durch Gottes Güte auch so groß. Die Bitte um das immer fröhliche Herz sowie den sehnlich erwarteten Frieden ist angesprochen. In seinen schlichten Aussagen bringt dieses Lied es auf den Punkt, dass man nur durch Gottes Gnade erhalten bleiben kann.

Verfasst wurde das Danklied von Pfarrer Martin Rinckart aus Eilenburg in Sachsen. In dieser Stadt war er auch am 24. April 1586, am Sonntag Jubilate, als Sohn eines armen Küfermeisters geboren worden. Mit seiner musikalischen Begabung kam Rinckart an die Thomasschule in Leipzig. Danach war er Kantor in Eisleben, später Pfarrer bei Mansfeld. 1617 wurde er wieder in seine sächsische Heimatstadt Eilenburg gerufen, wo er 32 Jahre lang als Pfarrer wirkte.

Die große Not hatte man in diesem unheimlichen, endlosen Krieg täglich vor Augen. Wenige Jahre nachdem dieses auftrumpfende Danklied entstanden war, musste Martin Rinckart zusammen mit seiner Gemeinde vor den heranrückenden Feindestruppen fliehen. In Wittenberg fanden die Flüchtlinge kurzfristig notdürftige Aufnahme.

Am furchtbarsten aber sollte das Jahr 1637 werden. Die feindlichen schwedischen Besatzer wüteten entsetzlich, bevor sie nach Pommern abzogen. Zuerst verheerten sie das Land rund um die Stadt. Um wenigstens ihr Leben zu retten, flüchtete die Landbevölkerung in die schützende Stadt.

Nach dem Morden und Plündern der Feinde wurde nun das von Flüchtlingen völlig überfüllte Städtchen Eilenburg auch noch von der furchtbaren Pestseuche heimgesucht. Dreimal läuteten jeden Tag die Glocken der Stadtkirche. Dann wurden die vielen Toten auf den Kirchhof getragen, insgesamt fast 8000 Männer, Frauen und Kinder. Allein 3161 Menschen hat Martin Rinckart als einziger Pfarrer der Stadt in einem Jahr beerdigt. Jeden Tag mussten mindestens zehn Tote beerdigt werden, einmal sollen es sogar 70 gewesen sein.

Unter diesen vielen Pesttoten waren auch die Ehefrau Rinckarts, sein Bruder, zwei Mitpfarrer und der ganze Stadtrat bis auf drei Mitglieder. Es war ein Wunder, dass Martin Rinckart in dieser Zeit gesund blieb. Nicht ein Finger hat ihm wehgetan, heißt es in einer Chronik.

Nachdem die tödliche Pestseuche endlich abgeklungen war, herrschte in der Stadt eine unvorstellbare Hungersnot. Wohl denen, die noch eine Katze oder einen Hund fangen und schlachten konnten! Die Berichte klingen schrecklich: Bis zu 40 Leute prügelten sich um eine tote Krähe. Von morgens bis abends hörte man das Jammern und Klagen der Hungernden, die in den Misthaufen nach etwas Essbarem wühlten.

Martin Rinckart half in diesen Tagen des Jammers, wo er nur konnte. Er setzte all sein Hab und Gut ein, um für die Ärmsten der Armen wenigstens etwas Mehl oder Brot zu beschaffen.

Insgesamt dreimal wurde Eilenburg von kriegerischen Heeren besetzt. Einmal durch die österreichische Armee, zweimal durch die Schweden. Die Soldaten quartierten sich mit Vorliebe im Pfarrhaus ein und plünderten dabei die Vorräte im Haus.

Im winterlichen Februar 1639 versuchte der schwedische Oberstleutnant von Dörfling, von der Bevölkerung die unerhörte Summe von 30 000 Talern zu erpressen. Andernfalls sollte die Stadt geplündert und niedergebrannt werden. Kein Bitten und Flehen half. Auch Rinckart konnte bei den unerbittlichen Schweden nichts erreichen. Da ließ er einfach die Glocken läuten und sagte zu seiner Gemeinde: Kommt! Bei Menschen finden wir kein Gehör und auch keine Gnade. Lasst uns unsere Zuflucht zu Gott nehmen und mit ihm reden! In diesem Gottesdienst kniete Rinckart nieder und betete um Gottes Eingreifen. Dann ließ er das Lied anstimmen, das 80 Jahre vorher der fränkische Professor Dr. Paul Eber in der großen Bedrängnis des Schmalkaldischen Krieges gedichtet hatte. Eber hatte seit einem Reitunfall mit einem scheuen Pferd als dreizehnjähriges Kind einen verkrüppelten Rücken und eine verwachsene Nase. Durch seine Glaubenslieder schenkte er nun den Verzweifelten und Sterbenden im grenzenlosen Elend des Dreißigjährigen Krieges Mut und Zuversicht:

Wenn wir in höchsten Nöten sein
und wissen nicht, wo aus noch ein,
und finden weder Hilf noch Rat,
ob wir gleich sorgen früh und spat,

so ist dies unser Trost allein,
dass wir zusammen insgemein
dich anrufen, o treuer Gott,
um Rettung aus der Angst und Not,

und heben unser Aug und Herz
zu dir in wahrer Reu und Schmerz
und flehen um Begnadigung
und aller Strafen Linderung,

die du verheißest gnädiglich
allen, die darum bitten dich,

im Namen deins Sohns Jesu Christ,
der unser Heil und Fürsprech ist.

Paul Eber dichtete dieses Lied nach 2. Chronik 20,5-12, wo einst der judäische König Joschafat von Jerusalem in völliger Abhängigkeit von Gott gebetet hatte: Wenn Unglück, Schwert, Strafe, Pest oder Hungersnot über uns kommen, werden wir zu dir schreien in unserer Not, und du wirst hören und helfen.

Dieser Gottesdienst mit Pfarrer Martin Rinckart und dem Lied von Paul Eber muss einen tiefen Eindruck auf die Schweden gemacht haben. Sie ermäßigten ihre Forderung zuerst auf 8000, schließlich auf 2000 Gulden. Und noch ehe die Verhandlungen über die Zahlung endgültig abgeschlossen waren, mussten die schwedischen Truppen in Eile abziehen.

Rinckart aber hatte auch persönliche Not zu tragen. Die Stadtverwaltung belastete sein Wohnhaus mit einer großen Abgabenlast, die er nicht bezahlen konnte. Sieben Jahre lang musste er deswegen einen Prozess durchstehen, der ihn schließlich finanziell ruinierte. Die Gläubiger pfändeten seinen Gehalt.

Als endlich 1648 die Kirchenglocken nach 30 Jahren furchtbaren Kriegselends den langersehnten Frieden einläuteten, war die Kraft des treuen Predigers gebrochen. Doch in seiner Familie fand er viel Freude und Unterstützung.

Seit seiner Jugend trug der Freund der Musik einen Ring mit der Inschrift MVSICA. Jetzt, nachdem er hinfällig und gebrechlich geworden war, gab er diesen Buchstaben die Bedeutung: Mein Vertrauen steht in Christus allein! Dieser Herr nahm ihn schon wenig später, am 8. Dezember 1649, im Alter von 63 Jahren zu sich.

Die letzte Strophe seines herrlichen Liedes lautet heute:

Lob, Ehr und Preis sei Gott
dem Vater und dem Sohne
und Gott dem Heilgen Geist
im höchsten Himmelsthrone,
ihm, dem dreiein'gen Gott,
wie es im Anfang war
und ist und bleiben wird
so jetzt und immerdar.

Johann Heermann –
24 Jahre ganz in Schmerzen

Lebt Christus – was bin ich betrübt?

In dem kleinen schlesischen Städtchen Köben an der Oder wirkte seit dem Jahr 1611 der Pfarrer Johann Heermann. Damals war er gerade 26 Jahre alt. Doch schon nach fünf Jahren begannen in dem Pfarrhaus, in dem so viel und fröhlich musiziert wurde, die schweren Krankheitsleiden.

Johann Heermann war am 11. Oktober 1585 in Niederschlesien geboren worden, nachdem seine Eltern schon fünf Kinder früh verloren hatten. Auch Johann war ein schwaches Kind und mehrmals am Rand des Todes. Sein Vater, ein Kürschner in Raudten, einem kleinen schlesischen Städtchen zwischen Breslau und Glogau, hatte nicht viel Geld. Der Junge verdiente sich als Knecht, was er brauchte. Wenn die Zeit und die Gesundheit es erlaubten, besuchte er die Schule. Tief prägte ihn die Arbeit im Pfarrhaus des berühmten Predigers Valerius Herberger im polnischen Fraustadt. Er half dort mit 17 Jahren als Schreiber aus.

Schon mit 23 Jahren wurde Johann Heermann feierlich als großer Dichter öffentlich geehrt. Kaiser Rudolf II. verlieh ihm den Lorbeerkranz und krönte ihn zum kaiserlichen Dichter.

Aber schon auf einer damals üblichen Bildungsreise durch Europa litt er an einer schweren Augenkrankheit. Daraufhin musste er sein Studium abbrechen. Es war der Beginn seiner Leiden.

Zunächst befielen Pfarrer Heermann heftige Schmerzen in der Nase und später besonders in der Luftröhre. Ein quälender Husten wollte nicht mehr weichen. Ob es Rheuma oder Schwindsucht war, niemand weiß es genau. Oft hustete und würgte er so stark, dass er kaum einen Satz herausbrachte. Am schlimmsten war es, wenn er laut sprechen sollte. Das Predigen wurde zur Qual.

Schon 1617, nach fünf Jahren glücklicher, wenn auch kinderloser Ehe starb seine Frau Dorothea, die Tochter des Bürgermeisters seines Heimatortes. Es war ein ganz herber und schmerzlicher Verlust für ihn.

Ein Jahr zuvor hatte ein furchtbares Feuer den größten Teil des Städtchens Köben vernichtet.

In den schrecklichen Jahren des Dreißigjährigen Krieges zogen nun plündernde und mordende Horden von Soldaten durch. Zunächst waren es raue polnische Kosaken, die als Hilfstruppen des Kaisers kämpften und auf dem Heimweg waren. Es folgten gewalttätige Dragoner, die grausam wüteten. Niemand kann beschreiben, wie furchtbar die hilflosen und wehrlosen Bürger litten. Heermann floh und versteckte sich 17 Wochen in der Fremde. Wer geblieben war, wurde zwangsweise zum Übertritt in die katholische Kirche genötigt. In diesem sinnlosen Krieg ging es aber schon lange nicht mehr um ein christliches Bekenntnis.

In diesen Jahren des Schreckens betete Johann Heermann voll Liebe für die Verirrten und Verblendeten, dass doch ihre Sinne durch Gottes Geist hell erleuchtet werden und sie zur Erkenntnis von Jesus Christus kommen. Seine Friedensherrschaft muss doch endlich über Leiden und Schrecken, Krieg und Elend siegen.

O Jesu Christe, wahres Licht,
erleuchte, die dich kennen nicht,
und bringe sie zu deiner Herd,
dass ihre Seel auch selig werd.

Erfülle mit dem Gnadenschein,
die in Irrtum verführet sein,
auch die, so heimlich ficht noch an
in ihrem Sinn ein falscher Wahn;

und was sich sonst verlaufen hat
von dir, das suche du mit Gnad

und ihr verwundt Gewissen heil;
lass sie am Himmel haben teil.

Erleuchte, die da sind verblendt,
bring her, die sich von uns getrennt,
versammle, die zerstreuet gehn,
mach feste, die im Zweifel stehn.

Einmal schlug ein Kroate mit seinem Säbel Johann Heermann fast den Kopf ab, weil er diesen zur Herausgabe seines Geldes zwingen wollte. Heermann hatte aber nichts mehr. Alles war ihm schon vorher gestohlen worden. Ein anderes Mal wollte ihn eine ganze Meute Soldaten mit dem Degen umbringen.

In einem Boot auf der Oder fischte Johann Heermann Flüchtlinge auf, die zum anderen Ufer wollten. Fast wäre das überfüllte Schiff im Fluss gesunken. Da eröffneten die brutalen Soldaten Wallensteins das Feuer auf die Flüchtlinge. Wie durch ein Wunder trafen zwei Kugeln, die direkt an Heermanns Kopf vorbeipfiffen, ihn nicht. Er hatte sich eben hinuntergebeugt, um ein Kind aus dem Wasser zu ziehen. Dabei fiel er selbst ins eiskalte Wasser. Das aber rettete ihm das Leben.

Zu alledem brach auch noch die Pestseuche in Köben aus. Die Hälfte der Bevölkerung wurde weggerafft.

Der unselige, nicht zu stoppende Krieg brachte grenzenloses Leid über die Menschen. Das Volk auf dem Land und in den Städten verrohte immer mehr. Zunehmende Verbrechen, brutale Gewalt, ungehemmte Selbstsucht und maßloses Unrecht ließen die bürgerliche Welt im Chaos versinken.

Allein zwischen 1632 und 1634 wurde das Haus von Johann Heermann dreimal geplündert. Er verlor nicht nur seine Möbel, sondern auch Kleidung, Hausgeräte sowie alles Vieh und Getreide.

Johann Heermann schuf das nüchterne Lied, das durch Jahrhunderte im Volk die verlässlichen Werte wie Treue und Redlichkeit wieder bedeutsam und groß machte. Ehrlichkeit bis hinein in die finanziellen Geschäfte, Fleiß in den Pflichten des Berufs und Nächstenliebe im täglichen Leben wurden als die entscheidenden Bewährungsfelder eines Christen herausgestellt.

O Gott, du frommer Gott, du Brunnquell guter Gaben,
ohn den nichts ist, was ist, von dem wir alles haben:
gesunden Leib gib mir, und dass in solchem Leib
ein unverletzte Seel und rein Gewissen bleib.

Gib, dass ich tu mit Fleiß, was mir zu tun gebühret,
wozu mich dein Befehl in meinem Stande führet.
Gib, dass ich's tue bald, zu der Zeit, da ich soll,
und wenn ich's tu, so gib, dass es gerate wohl.

Hilf, dass ich rede stets, womit ich kann bestehen;
lass kein unnützlich Wort aus meinem Munde gehen;
und wenn in meinem Amt ich reden soll und muss,
so gib den Worten Kraft und Nachdruck ohn Verdruss.

In seinem Predigtdienst wollte Johann Heermann sein Leben lang nur Jesus Christus, den Gekreuzigten, wichtig machen. In dem Lied *Treuer Wächter Israel* zeigte Heermann, woran er sich in seiner Hoffnungslosigkeit hielt:

Schau, wie große Not und Qual
trifft dein Volk jetzt überall;
täglich wird der Trübsal mehr.
Hilf, ach hilf, schütz deine Lehr.
Wir verderben, wir vergehn,
nichts wir sonst vor Augen sehn,
wo du nicht bei uns wirst stehn.

Jesu, der du Jesus heißt,
als ein Jesus Hilfe leist!
Hilf mit deiner starken Hand,
Menschenhilf hat sich gewandt.
Eine Mauer um uns bau,
dass dem Feinde davor grau,
er mit Zittern sie anschau.

Andre traun auf ihre Kraft,
auf ihr Glück und Ritterschaft;

deine Christen traun auf dich,
auf dich traun sie festiglich.
Lass sie werden nicht zuschand,
bleib ihr Helfer und Beistand,
sind sie dir doch all bekannt.

Heermann hatte in seinem ganzen Leben nie einen Tag, an dem er wirklich ganz gesund war. Trotz der nicht endenden Krankheitsleiden harrte er aber bei seiner kleinen, zusammengeschmolzenen Gemeinde aus. Diese vom Krieg geschundenen und bedrängten Menschen brauchten ihn ganz besonders. Das Wort Gottes entfaltete mitten in Angst und Todesgrauen seine starke, befreiende Kraft.

Johann Heermann erinnerte sich der erniedrigenden Leiden Jesu und seiner Todesqualen. In einem Passionslied schrieb er es so nieder:

Herzliebster Jesu, was hast du verbrochen,
dass man ein solch scharf Urteil hat gesprochen?
Was ist die Schuld, in was für Missetaten
bist du geraten?

Du wirst gegeißelt und mit Dorn gekrönet,
ins Angesicht geschlagen und verhöhnet;
du wirst mit Essig und mit Gall getränket,
ans Kreuz gehenket.

Was ist doch wohl die Ursach solcher Plagen?
Ach, meine Sünden haben dich geschlagen;
ich, mein Herr Jesu, habe dies verschuldet,
was du erduldet!

O große Lieb, o Lieb ohn alle Maße,
die dich gebracht auf diese Marterstraße!
Ich lebte mit der Welt in Lust und Freuden,
und du musst leiden!

Ich werde dir zu Ehren alles wagen,
kein Kreuz nicht achten, keine Schmach und Plagen,
nichts von Verfolgung, nichts von Todesschmerzen
nehmen zu Herzen.

Schließlich war Johann Heermann 1634 so krank, dass er sein Amt aufgeben musste. Zunächst lasen andere seine Predigten im Gottesdienst vor. Fünf Jahre später zog sich der sieche Mann im Alter von 55 Jahren dann ins polnische Lissa zurück. Er sprach von seinem Patmos unter Anspielung auf die Gefangenschaft des Johannes (Offenbarung 1,9).

Da traf ihn die niederschmetternde Nachricht, dass sein ältester Sohn aus zweiter Ehe, Samuel, von Jesuiten zum katholischen Glauben gedrängt worden war. Der Vater – seine Seele betrübt bis in den Tod – mahnte, drohte, bat. Die drängenden Briefe verfehlten ihre Wirkung nicht. Samuel kehrte nach einiger Zeit wieder um und bat den Vater um Verzeihung. Die gewährte der ihm gerne mit den Worten: Vaterherz bleibt Vaterherz. Ganz überraschend starb dieser Samuel mit 22 Jahren an der Schwindsucht. Manche meinten, er sei von Fanatikern vergiftet worden.

Die Leiden des geprüften Johann Heermann wurden immer schlimmer. Furchtbar schmerzten alle Glieder. Unablässige Verstopfung, Blähungen und häufiges Fieber kamen zur Gicht hinzu. Er konnte weder sitzen noch liegen. Meist stand er, schwach und elend an die Wand gelehnt.

Bald konnte er sich vor Schwäche nicht mehr aufrecht halten. Da ließ er an sein Bett schreiben: Herr, siehe, der, den du lieb hast, liegt krank (Johannes 11,3).

Wie wenig andere musste er unheimlich tief durch. Immer wieder betete er, wie schon einst Valerius Herberger: Herr Jesu, komm doch und spann aus!

1647 erfüllte Gott seine Bitte. Im Alter von 62 Jahren ging er still heim in der Gewissheit:

Wenn du die Toten wirst an jenem Tag erwecken,
so tu auch deine Hand zu meinem Grab ausstrecken,
lass hören deine Stimm und meinen Leib weck auf
und fuhr mich schön verklärt zum auserwählten Hauf.

In seinem Osterlied *Frühmorgens, da die Sonn aufgeht* freut sich Heermann mitten im Leiden schon daran, dass der auferstandene Jesus seine Leute aus Leid und Traurigkeit herausholen wird:

Wenn ich des Nachts oft lieg in Not
verschlossen, gleich als wär ich tot,
lässt du mir früh die Gnadensonn
aufgehn, nach Trauern Freud und Wonn. Halleluja.

O Wunder groß, o starker Held!
Wo ist ein Feind, den er nicht fällt?
Kein Angststein liegt so schwer auf mir,
er wälzt ihn von des Herzens Tür. Halleluja.

Wie tief Kreuz, Trübsal oder Pein:
mein Heiland greift allmächtig drein,
führt mich heraus mit seiner Hand,
wer mich will halten, wird zuschand. Halleluja.

Lebt Christus, was bin ich betrübt?
Ich weiß, dass er mich herzlich liebt;
wenn mir gleich alle Welt stürb ab,
gnug, dass ich Christus bei mir hab. Halleluja.

Johann Matthäus Meyfarts letzte Posaunenklänge

Schäden und Missstände im Licht der Ewigkeit betrachtet

Als Pädagoge sollte Dr. Johann Matthäus Meyfart junge Menschen erziehen. Im Jahr 1616 wurde er, 26 Jahre alt, an das Gymnasium Casimiranum in Coburg berufen. Dessen Stifter, Herzog Johann Casimir, hatte verfügt, dass mit großer Strenge jungen Menschen dort Zucht und Ordnung beigebracht werde solle.

Nun brauchte der Theologe Johann Meyfart diesen pädagogischen Druck seines Herzogs wirklich nicht. In diesen Jahren des Dreißigjährigen Krieges litt er schwer an dem Chaos und der Disharmonie der Welt, aber auch an offenkundigen Schäden der Kirche. Im Glauben orientierte er sich sein Leben lang an der vollendeten Herrlichkeit des kommenden ewigen Gottesreichs. Er sehnte sich nach dieser neuen Welt. Schon 1625 schrieb er sein Buch Von der letzten Posaune.

Aus dieser Sicht deckte er das Elend der Welt auf, besonders die Trägheit einer müden und lauen Christenheit. Ihn erschütterte, wie selbst in den Kirchen die klaren Ordnungen Gottes leichtfertig missachtet wurden.

Die kritischen Worte, die er in seinen Büchern veröffentlichte, nahmen ihm seine Kollegen am Gymnasium übel. Sie verklagten Meyfart beim Herzog. Der wollte ihn zum Widerruf nötigen und sperrte ihn in Arrest.

Da wurde er 1634 als theologischer Professor an die Universität in Erfurt berufen. In seiner Antrittsvorlesung führte er aus, wie ein wahrer Student nach der Bibel aussehen müsste. Er bezog sich dabei auf Daniel, der in Babylon dem Druck der dortigen Machthaber trotzte. Geistlose Zänkereien und theologische Streitigkeiten mit ihrem verunglimpfenden Hass waren ihm ein Greuel. Darum trat er mutig dem entgegen und sprach auch offenkundige Mängel und die verkommene Lebensweise vieler Studenten an.

Das erregte heftigen Widerstand. Die Studenten sahen sich mit ihrem liederlichen Lebensstil bloßgestellt. Professoren und Landesregierung fühlten sich angegriffen und beleidigt. Man warf Meyfart Radikalität und übertriebenes Eifertum vor. Nur wenige standen zu ihm und unterstützten ihn. Weithin war er in diesem Kampf allein.

Erst 40 Jahre später hat der große Kirchenreformer Philipp Jakob Spener wieder die Gedanken Meyfarts aufgegriffen und zur praktischen Umsetzung empfohlen.

Meyfart gab aber nicht auf. Mutig nahm er 1636 in einem öffentlichen Aufruf Stellung gegen das abscheuliche Laster des Hexenwahns. Er prangerte die schlimmen Missstände der Hexenverfolgung an, die von Predigern und Landesherren geduldet wurden.

Doch Johann Meyfart litt schwer unter Kollegen, die ihn in seinen letzten Lebensjahren mit haltlosen und unsinnigen Verdächtigungen belasteten. Ihm war es bange, unter denen zu wohnen, die den Frieden hassen. Er wünschte sich an eine neue Stelle.

Diese Bitte erfüllte Gott. Am 26. Januar 1642, erst 52 Jahre alt, holte der Herr ihn in seinen ewigen Frieden. Dort lebte Meyfart schon lange mit sehnsüchtigen Gedanken. 1626 hatte er das jubelnde Freudenlied vom ewigen Leben geschaffen: *Jerusalem, du hochgebaute Stadt, wollt Gott, ich wär in dir!* Der Coburger Kapellmeister Melchior Franck schuf dazu die Melodie:

O schöner Tag und noch viel schönre Stund,
wann wirst du kommen schier,
da ich mit Lust, mit freiem Freudenmund
die Seele geb von mir
in Gottes treue Hände zum auserwählten Pfand,
dass sie mit Heil anlände in jenem Vaterland?

Wenn dann zuletzt ich angelanget bin
im schönen Paradeis,
von höchster Freud erfüllet wird der Sinn,
der Mund von Lob und Preis.
Das Halleluja reine man spielt in Heiligkeit,
das Hosianna feine ohn End in Ewigkeit

mit Jubelklang, mit Instrumenten schön,
in Chören ohne Zahl,
dass von dem Schall und von dem süßen Ton
sich regt der Freudensaal,
mit hunderttausend Zungen, mit Stimmen noch viel mehr,
wie von Anfang gesungen das große Himmelsheer.

Paul Fleming auf der Reise nach Persien

Die untreue Brautliebe und Gottes ewige Treue

Der 25-jährige Mediziner Paul Fleming war sofort in Liebe entbrannt, als er in Reval in der Familie des Handelsherrn Niehusen dessen Tochter Eisgen traf. Weit bekannt wurde diese Liebesromanze, die sich 1635 an der Bucht des Finnischen Meerbusens ereignete. Reval, die Hauptstadt Estlands, gehörte damals zum schwedischen Reich, bevor das Land von Russland erobert wurde.

Die beiden verlobten sich in aller Stille und gelobten einander ewige Treue. Von einer öffentlichen Liebeserklärung sahen sie ab, weil Fleming sich zur Teilnahme an einer großen Expedition bis nach Persien verpflichtet hatte. Für seine geliebte Braut Eisgen dichtete er zum Abschied das bekannte Volkslied von der unverbrüchlichen Treue, in dessen Strophenanfänge er den Namen seiner Liebsten hineinwebte:

> Ein getreues Herz zu wissen,
> hat des höchsten Schatzes Preis.
> Der ist selig zu begrüßen,
> der ein treues Herze weiß.
> Mir ist wohl bei höchstem Schmerz,
> denn ich weiß ein treues Herz.

Als Fleming Jahre später von seiner großen Reise zurückkehrte, wartete kein treues Herz auf ihn. Seine Braut war des langen Wartens überdrüssig geworden und hatte sich mit einem Professor in Dorpat verheiratet. Verstehen kann man sie schon. Es gab ja keine funktionierende Postverbindung, geschweige denn ein Telefon!

Am 5. Oktober 1609 war Paul Fleming zu Hartenstein bei Zwickau im sächsischen Vogtland, Erzgebirge, im Haus vermögender Eltern geboren worden. Seine Mutter verlor er in frühester Kindheit. In Leipzig bekam er eine gute Ausbildung an der Thomasschule, wo der berühmte Thomaskantor Hermann Schein ihn in die Musik einführte.

Schon als Student mit 22 Jahren wurde er vom Kaiser geehrt und mit dem Lorbeer für sein dichterisches Können gekrönt.

Für den jungen abenteuerlustigen Studenten bedeutete der Ruf in die Gesandtschaft an den Zarenhof im Jahr 1633 eine große Herausforderung. Der holsteinische Herzog Friedrich sandte mit großem Pomp eine Delegation von 34 Personen zu seinem Schwager, Zar Michael Feodorowitsch, nach Moskau. Fleming begleitete die Reisegruppe als Hofjunker und Truchsess.

Übertriebene Erwartungen knüpfte man damals an diese Reise. Man sah schon den Sieg über die Türken, die damals Europa bedrohten, und hoffte, neue Handelswege in den Orient und nach Indien zu erschließen.

Vor dieser Reise dichtete Paul Fleming das Lied, in dem der Segen für die Reise erbeten wird:

In allen meinen Taten
lass ich den Höchsten raten,
der alles kann und hat;
er muss zu allen Dingen,
soll's anders wohl gelingen,
mir selber geben Rat und Taz.

Nichts ist es spät und frühe
um alle meine Mühe,
mein Sorgen ist umsonst;
er mag's mit meinen Sachen
nach seinem Willen machen,
ich stell's in seine Vatergunst.

Es kann mir nichts geschehen,
als was er hat ersehen
und was mir selig ist.
Ich nehm es, wie er's gibet;
was ihm von mir beliebet,
dasselbe hab auch ich erkiest.

Hat er es denn beschlossen,
so will ich unverdrossen
an mein Verhängnis gehn;
kein Unfall unter allen
wird je zu hart mir fallen,
ich will ihn männlich überstehn.

So sei nun, Seele, seine
und traue dem alleine,
der dich geschaffen hat.
Es gehe, wie es gehe;

dein Vater in der Höhe,
der weiß zu allen Sachen Rat.

Im Oktober 1633 brach man auf, im August 1634 erreichte man Moskau. In Russland folgte die Genehmigung zu einer weiteren Expedition, die diesmal zum persischen Schah Sefi führen sollte. Man sprach von wichtigen wirtschaftlichen Kontakten, hatte aber sicher viel mehr die Hoffnung, mit solchen persischen Bündnispartnern die türkische Bedrohung von Europa besser abwenden zu können.

Nach der Rückkehr in die Heimat Schleswig-Holstein im April 1635 brach die Expedition mit 100 Teilnehmern im Oktober desselben Jahres von Travemünde auf. Gleich in der Ostsee gerieten sie in äußerst heftige Seestürme. Ihr Schiff strandete auf der Insel Hochland vor dem estländischen Reval. Bis zur Weiterreise vergingen zehn Monate. In dieser Zeit verliebte sich Paul Fleming in seine heiß geliebte Eisgen. Endlich, im September 1636, konnte die große Expeditionsgruppe von Reval aufbrechen. Schön war die Fahrt auf einem selbst gebauten Floß die Wolga abwärts über Kasan, Samara und Astrachan.

Von Astrachan ging die Fahrt auf einem Schiff im Kaspi-See weiter. Aber auch dort erlitten sie im Oktober 1636 Schiffbruch in einem schweren Sturm. Fleming konnte sich in dieser gefährlichen Lage nur retten, weil er sich an leere Fässer festgebunden hatte und mit diesen an Land gespült wurde.

Nach der beschwerlichen Überquerung des Taurusgebirges mit seinen schwindelerregenden Abgründen kam die Expedition endlich im August 1637 in der prächtigen persischen Residenz in Isfahan an. Hier erreichte Fleming die Nachricht, dass seine Braut sich verheiratet hatte. Fleming traf es hart.

Die gefährlichen Abenteuer sollten aber noch nicht aufhören. Am persischen Hof kam es zu einer blutigen Auseinandersetzung mit den Trägern einer indischen Handelsdelegation. Kurz vor Weihnachten 1637 traten die Expeditionsteilnehmer die Rückreise an. Sie wurden von wilden Tataren bedrängt. Oft konnten sie sich nachts nur in Höhlen, die von Schlangen wimmelten, vor ihnen verstecken. Fast wären sie nach Sibirien verbannt worden.

Hier wurden die Worte Flemings aktuell:

Bin ich in wilder Wüste,
so bin ich doch bei Christe,
und Christus ist bei mir.
Der Helfer in Gefahren,
der kann mich doch bewahren,
wie dorten, ebenso auch hier.

Sein Engel, der getreue,
macht meine Feinde scheue,
tritt zwischen mich und sie.
Durch seinen Zug, den frommen,
sind wir so weit nun kommen
und wissen selber fast nicht wie.

Über Astrachan und Moskau kam die Delegation endlich im April 1639 wieder in Reval an. Ohne jede Bitterkeit traf Fleming mit der Familie seiner ehemaligen Braut zusammen und verlobte sich nun mit Anna, der jüngeren Schwester von Eisgen Niehusen.

In Leyden/Holland machte er am 23. Januar des folgenden Jahres seinen Doktor in Arzneikunde. Acht Wochen später erkrankte Fleming in Hamburg schwer. Er starb nach wenigen Tagen am Gründonnerstag, 2. April 1640. In dieser Stadt Hamburg hatte er sich als praktischer Stadtarzt niederlassen wollen. Bei seinem Tod war er noch keine 30 Jahre alt.

Einst hatte er die Strophe gedichtet:

Ihm hab ich mich ergeben
zu sterben und zu leben,
sobald er mir gebeut;
es sei heut oder morgen,
dafür lass ich ihn sorgen,
er weiß allein die rechte Zeit.

Josua Stegmann – in Spott und Hass gedemütigt und zerbrochen

Die Sorge um Beständigkeit im Glauben

Dr. Josua Stegmann wurde 1621 zum Professor an die neu gegründete lutherische Theologische Hochschule in Rinteln an der Porta Westfalica berufen. Er stammte aus Thüringen und war ein treuer Seelsorger.

Er ahnte schon die kommenden Bedrängnisse und Verfolgungen. So bekümmerte ihn in den schrecklichen Wirren des Dreißigjährigen Krieges am meisten, ob die Gläubigen auch unter Druck und Verfolgung im Gehorsam gegenüber dem Wort Gottes standhaft bleiben könnten. Unermüdlich mahnte er, dass der Glaube nur durch das Gebet gefestigt werden kann. So dichtete er das Gebetslied:

> Ach, bleib mit deiner Gnade bei uns, Herr Jesu Christ,
> dass uns hinfort nicht schade des bösen Feindes List.
>
> Ach bleib mit deinem Glanze bei uns, du wertes Licht;
> dein Wahrheit uns umschanze, damit wir irren nicht.
>
> Ach bleib mit deinem Schutze bei uns, du starker Held,
> dass uns der Feind nicht trutze noch fäll die böse Welt.
>
> Ach bleib mit deiner Treue bei uns, mein Herr und Gott,
> Beständigkeit verleihe, hilf uns aus aller Not.

Schon bald sollte für ihn selbst die schwerste Bewährungsstunde kommen. 1629 rückten die kaiserlichen Truppen unter Wallenstein und Tilly vor und machten dem römisch-katholischen Einfluss Bahn. Die Benediktinermönche kehrten wieder in ihr früheres Kloster nach Rinteln zurück, wo Stegmann an der Theologischen

Fakultät wirkte. Die lutherische Universität wurde aufgelöst. Die Mönche nahmen die Plätze der lutherischen Professoren ein und verlangten die Anteile ihrer Besoldung.

Damit war Josua Stegmann plötzlich arbeits- und mittellos. Er lebte von mildtätigen Gaben gütiger Menschen.

Da zwangen ihn die Mönche mit militärischer Gewalt zu einer öffentlichen Disputation. Zwei Gegner standen sich dabei gegenüber und kämpften mit theologischen Argumenten gegeneinander. Angesichts der unbiblischen Behauptungen konnte Stegmann nicht schweigen. Aber immer, wenn er reden wollte, fing die bestellte Meute im Publikum laut zu johlen an. Der stille Stegmann konnte sich dagegen überhaupt nicht durchsetzen. Das war auch so beabsichtigt. Er wurde verlacht und verspottet. Durch diese unsachliche Schreierei wurde der ehrenwerte und aufrichtige Mann ganz verwirrt und musste die Disputation abbrechen. Es war eine klare Niederlage für ihn, allerdings mit infamen und unsachlichen Mitteln erfochten.

Diese Verhöhnung und Demütigung setzte dem bescheidenen Josua Stegmann am meisten zu. Er war für die kommende Verfolgung gewappnet. In seinem Lied hatte er so eindrücklich von der Beständigkeit des Glaubens gesprochen.

Doch diese fiese öffentliche Kränkung hatte ihn tief in seiner Persönlichkeit verwundet. Wenige Wochen nach der Disputation starb er, erst 44 Jahre alt, am 3. August 1632. Sein Lied, das an die Bitte der Emmausjünger anknüpft: *Herr, bleibe bei uns, denn es will Abend werden und der Tag hat sich geneigt!* ist seitdem nicht mehr verstummt.

Valerius Herberger – einsam singend hinter dem Leichenwagen

Ein volkstümlicher Prediger, dem Jesus alles war

Kein anderes Gebiet in Deutschland hat so furchtbar unter Verfolgung und Unterdrückung der evangelischen Bewegung gelitten wie Schlesien.

Das Weihnachtsfest 1604 war die Frist, an dem die evangelische Gemeinde im polnischen Fraustadt ihre geliebte Marienkirche an die kleine Schar der Katholiken übergeben musste. Ein langer Streit mit dem polnischen König war vorausgegangen. Aber nun in der römisch-katholischen Gegenreformation war der polnische Druck gegen die Schlesier, wie sich die Deutschen nannten, groß. Am Ende hatte der König endgültig die Übergabe verfügt.

Die Evangelischen bekamen aber die Erlaubnis, eine eigene Kirche zu errichten. Ihr Pfarrer Valerius Herberger hatte eine volkstümlich zupackende, herzhafte Art. Er zögerte nicht lange und ließ zwei kleine Häuser am polnischen Tor kaufen.

Rasch wurden die Zwischenwände entfernt und die Decke durchbrochen. Die Bruchstellen wurden mit Tüchern abgedeckt. Gemeindeglieder brachten Stühle mit. So konnte schon am selben Weihnachtsfest in der Nacht zwischen dem 1. und 2. Christtag der Festgottesdienst um 3 Uhr morgens gefeiert werden. Herberger wollte eigentlich die kleine Notkirche Herberge Christi nennen. Weil aber der Anklang an seinen eigenen Namen hätte missverstanden werden können, gab er dem provisorischen Bau den Namen

Kripplein Jesu. Er erklärte den Namen so: Hat das Jesuskind nicht Raum in der Herberge, so hat es doch Raum in dem Kripplein.

Fraustadt war die Heimat von Valerius Herberger. Hier war er am 21. April 1562 als Sohn eines Kürschnermeisters geboren worden. Der Vater dichtete auch gerne und brachte es damit zu Meisterehren. Doch schon mit neun Jahren verlor Herberger seinen Vater. Die Mutter war nun mittellos, sorgte aber mit großem Fleiß für eine gute Schulbildung ihrer Kinder. Es war eine sehr arme, schwierige Jugendzeit für Valerius.

Im Alter von 22 Jahren wurde er Diakonus in seiner Heimatstadt, sechs Jahre später dort Pfarrer. Er verheiratete sich mit Anna, der Tochter eines Ratsherrn, die ihm treu zur Seite stand. Doch es fehlte nicht an schweren Erfahrungen. Zwei Söhne schenkte ihnen Gott, den zweiten mussten sie jedoch schon früh wieder hergeben. Eine allgemeine Teuerung kam, wenig später ein verheerender Stadtbrand, der weite Teile von Fraustadt zerstörte.

Die schlimmste Zeit aber kam für Valerius Herberger, als die furchtbare Pestseuche seine Heimatstadt heimsuchte. 1613 brach die Epidemie aus. Gleich in den ersten Wochen starben mehr als 700 Menschen. Insgesamt waren es über 2000 Tote. 17 Jahre lang wütete diese furchtbare Seuche in der Stadt.

In großer Angst flüchteten die reichen und angesehenen Bürger aus der Stadt, um sich in Sicherheit zu bringen. Pfarrer Herberger aber wich nicht. Jetzt wurde er ganz besonders von den Kranken und Sterbenden gebraucht. Unermüdlich machte er Besuche und scheute sich nicht vor den verpesteten Räumen. Wo er in eine Krankenstube aus Angst vor Ansteckung nicht hineingelassen wurde, rief er den Kranken die biblischen Trostworte durchs Fenster zu. Oft ging Valerius Herberger allein hinter dem Leichenwagen her, der schon von Weitem durch ein vom Totengräber angebrachtes Glöckchen erkennbar war.

Herberger betonte in seinen direkten und manchmal auch derb zupackenden Predigten, wie wichtig eine gründliche Buße sei. Wenn man seine Sünde nicht erkenne, könne man auch keine Vergebung Gottes erhalten. Und Vergebung gebe es nur unter dem Kreuz Jesu. Bis heute ist sein Predigtband Herzpostille eine Fundgrube wichtiger geistlicher Erkenntnisse.

Wie liebte Herberger die biblischen Psalmen! Jeden Tag betete er einen Psalm und sonntags alle sieben Bußpsalmen. Während seines Studiums hatte er sich dazu verpflichtet und hielt sich zeitlebens daran.

Herberger sah in der schrecklichen Pestseuche nicht nur ein Verhängnis, sondern auch eine Zuchtrute Gottes, die zur Umkehr treibt. Dabei geht es Gott nicht um Stafe, sondern um Begnadigung und Festigung des Glaubens.

Täglich hielt er eine Abendmahlsfeier in der Kirche ab. Neben seinen vielen Hausbesuchen wollte er mit diesen Gottesdiensten seine Gemeinde richtig zum Sterben vorbereiten. Immer wies er auf Jesus hin, der am Kreuz eine wirksame Versöhnung geschaffen hat.

Ohne Angst vor Ansteckung und ohne Ekel tat Herberger seinen wichtigen Seelsorgedienst. Seine Überzeugung war: Wenn Gott ihn zu den Pestkranken sendet und er nicht leichtfertig, sondern im festen Vertrauen auf den Herrn handelt, kann ihm die grauenvolle Pest nichts anhaben. Er erlebte es so: Es war, gleich als wenn ein Engel mit einem blanken Schwert mein Haus belagert hätte, dass ihm kein Leid musste widerfahren.

In diesen unheimlichen Tagen des Todesgrauens schrieb Herberger dieses Lied nieder, das als einziges von ihm in unseren Gesangbüchern noch enthalten ist:

Valet will ich dir geben,
du arge, falsche Welt;
dein sündlich böses Leben
durchaus mir nicht gefällt.
Im Himmel ist gut wohnen,
hinauf steht mein Begier;
da wird Gott herrlich lohnen
dem, der ihm dient allhier.

In meines Herzens Grunde
dein Nam und Kreuz allein
funkelt all Zeit und Stunde,
drauf kann ich fröhlich sein.
Erschein mir in dem Bilde

zu Trost in meiner Not,
wie du, Herr Christ, so milde,
dich hast geblut' zu Tod.

Schreib meinen Nam aufs Beste
ins Buch des Lebens ein
und bind mein Seel gar feste
ins schöne Bündelein*
der', die im Himmel grünen
und vor dir leben frei,
so will ich ewig rühmen,
dass dein Herz treue sei.

Der Liedanfang Valet klingt für uns heute vielleicht seltsam. Er kommt daher, dass Herberger in die Anfänge der Strophen seinen eigenen Vornamen eingewoben hat: Vale-R-I-V-S. Das blieb sein größter Trost, dass sein Name im Buch des Lebens geschrieben ist. So empfand er es auch als Wunder des schützenden Gottes, dass von seiner Familie niemand an der Pest starb.

Im Alter von 65 Jahren traf ihn im Februar 1627 ein Schlaganfall. Er ließ den Magistrat an sein Krankenbett rufen, und sagte zu den versammelten Stadträten: Bleibt bei dem treuen Hirten Jesus und lasst euch nicht verführen durch den Irrtum ruchloser Leute. Pflegt treu, was ich gepflanzt habe! Glaubt es einem Sterbenden: Heil ist nur in Christus! Ihm müsst ihr leben und sterben!

Schon früh hatte man Valerius Herberger den Beinamen Jesusprediger gegeben. Auf Jesus zielten alle seine Predigten und auch seine gründliche und ausgedehnte Seelsorge. Bis heute schätzt man deshalb seine umfangreichen Predigtbände, damals Postillen genannt. Viele Auslegungen schrieb er zum Alten Testament. Auch hier fand er überall den Messias Jesus in der Schrift.

Am 17. Mai 1627 starb Valerius Herberger. Für die Ansprache an seinem Grab hatte er sich dieses Wort gewünscht, das in seinem Lied so wunderbar vertont ist: *Freut euch, dass eure Namen im Himmel geschrieben sind!*

Und die Gemeinde ließ auf seinen Grabstein einmeißeln: Dem Jesus alles war!

*1. Samuel 25,29

Philipp Nicolais große Vorfreude auf das himmlische Gloria

In den Tagen, als der schwarze Tod wütete

Über die Vertröstung auf ein Jenseits spotteten im 19. Jahrhundert die radikalen revolutionären Sozialisten. Wichtiger sei es, sich den Nöten und Problemen hier im Diesseits zuzuwenden.

Offenbar haben Christen im 20. Jahrhundert diese Kritik beherzigt. Eindrucksvoll wollen sie Verantwortung wahrnehmen für fast alle Probleme von Welt und Zeit. Aber, so muss man heute fragen, können sie auch noch von der Hoffnung der Christen reden, wenn diese Welt nicht mehr sein wird? Können sie trösten angesichts der Macht des Todes, die auslöscht und vernichtet? Wissen sie vom ewigen Frieden, der größer ist als alle Leiden dieser Zeit?

Dass die zuversichtliche Hoffnung auf die Ewigkeit nicht weltfremd macht, sondern gerade tüchtig für die Probleme der Zeit, haben uns frühere Generationen vorgelebt.

Der schwarze Tod, die Pest, wütete damals unvorstellbar grausam. Im Jahr 1347 trat die todbringende Epidemie zum ersten Mai in Europa auf. Mehrere Jahrhunderte lang versetzte sie die Menschen in Angst und Schrecken. In Abständen von zehn bis zwanzig Jahren suchte sie Städte und Dörfer heim und entvölkerte ganze Landstriche.

So war es auch im Herbst 1597. Ganz Westfalen war von der schrecklichen Pestseuche befallen. Nachts hörte man auf dem holprigen Pflaster der engen Gassen von Unna, wie die Karren mit den Toten eilig zum Friedhof geschoben wurden. Dr. Philipp Nicolai, der 41-jährige Pfarrer in Unna, musste an manchen Tagen 20 bis 30 Menschen auf dem Friedhof hinter seinem Haus beerdigen. In kurzer Zeit starben in Unna 1400 Menschen, im Monat Juli allein 300. Eins der ersten Opfer der Seuche wurde der Pfarrkollege von Philipp Nicolai. So lag die ganze Last der Betreuung der verzweifelten Menschen allein auf ihm.

Es gab kein Entrinnen in diesen schrecklichen Tagen, als der grausame Würgeengel durch die Häuser und Straßen ging. Ein übler, durchdringender Gestank des Todes lag über der Stadt. Obwohl manche seiner Freunde starben, blieb Philipp Nicolai wie durch ein Wunder bewahrt.

Nicolai erzählt selbst: Ich bin durch Gottes Gnade noch ganz gesund, obwohl ich von Häusern fast umlagert bin, die von der Pest angesteckt sind.

Sein Mittel, mit dem er sich gegen die Ansteckung schützte: Mein Räucherwerk sind hauptsächlich beständige Gebete zu Gott Durch Gottes Gnade bin ich furchtlos.

Wenn dann inmitten von lauter Sterbenden und Toten die Furcht ihn doch ergreifen wollte, rief er sich selbst zu: Christus lebe ich, Christus sterbe ich. Ich lebe oder sterbe, so gehöre ich doch Christus, dessen Gnade mich beschattet.

Bis spät in die Nacht forschte Nicolai in seiner Bibel und betete. Die Hoffnung über den Tod hinaus wurde ihm immer größer: Um so fester haben wir das prophetische Wort, und ihr tut gut daran, dass ihr darauf achtet als auf ein Licht, das da scheint an einem dunklen Ort, bis der Tag anbreche und der Morgenstern aufgehe in euren Herzen (2. Petrus 1,19). Das ist der einzige Trost, mit dem man alle Angst und Schrecken überwinden kann.

Das menschliche Elend und die Not des Sterbens drängten Philipp Nicolai, sich nur noch begieriger nach dem ewigen Leben auszustrecken. Wann endlich bricht die verheißene Herrlichkeit Gottes an? Er schrieb in diesen unheimlich traurigen Tagen an seinem Freudenspiegel des ewigen Lebens. Über der Not der vergehenden Welt wurde ihm die himmlische Heimat immer wunderbarer. Er freute sich unbändig darauf, einmal den Herrn Jesus, den Erlöser und Seligmacher, leibhaftig mit seinen Augen zu sehen. Einen größeren Trost konnte es für ihn nicht geben. Da wird unser Klagen in einen Reigen verwandelt werden, schrieb Nicolai in fröhlicher Zuversicht.

Er zählte in seiner Schrift alle biblischen Namen auf, die im Wort Gottes gebraucht werden, um uns zur ewigen Herrlichkeit hinzulocken: Vom Paradies, vom Erbteil der Heiligen, vom unverwelklichen Erbe, von Freude die Fülle, von der Hochzeit, vom ewigen Reich oder von der lebendigen Quelle wird dort gesprochen. Dieses ewige Gut erhebt sich hoch über alle Pracht, Reichtum und Freude dieser Welt.

Was Philipp Nicolai hier in seiner Bibel fand, war das helle Licht mitten in einer trostlos dunklen Zeit des Sterbens. Aber zugleich entdeckte er etwas, was für unzählige Geschundene, Gefolterte und Sterbende in den bevorstehenden Leiden des Dreißigjährigen Krieges der einzig wahre Trost sein konnte.

Als die schreckliche Pestseuche in Unna losbrach, war Philipp Nicolai erst seit einem Jahr als Pfarrer dort. Am 10. August 1556 war er als Sohn eines Pfarrers in Mengeringhausen in der Grafschaft Waldeck geboren. Sein Vater war um des Evangeliums willen vertrieben worden. Philipp studierte in Wittenberg und Erfurt Theologie. Über verschiedene Stationen als Pfarrer kam er nach Wildungen, wo er Hofprediger und Erzieher des dortigen Prinzen war. Von dort wurde er 1596 ins westfälische Unna gerufen.

Vergessen sind heute manche theologischen Streitschriften, die Philipp Nicolai damals schrieb. Als überzeugter lutherischer Theologe kämpfte er leidenschaftlich gegen die in manchen Punkten andere Meinung der reformierten Mitchristen. Leider blieb in diesem Kampf um die Reinheit der Lehre die brüderliche Liebe oft auf der Strecke. Aber in der Pestzeit in Unna wurde ihm das alles unwichtig gegenüber der sehnlichen Erwartung der himmlischen Freude. So sollten auch nicht diese Kampfschriften, sondern seine biblischen Entdeckungen von der gewissen Hoffnung der Christen, die Jahrhunderte überdauern.

Philipp Nicolai berichtet selbst: Die ganze Zeit der Pest habe ich unter Hintansetzung aller Streitigkeiten mit Gebeten hingebracht und mit dem löblichen Nachdenken über das ewige Leben.

Weit bekannt wurde sein Lied *Wie schön leuchtet der Morgenstern*, wo Nicolai betet:

Gieß sehr tief in das Herz hinein,
du leuchtend Kleinod, edler Stein,
mir deiner Liebe Flamme,
dass ich, o Herr, ein Gliedmaß bleib
an deinem auserwählten Leib,
ein Zweig an deinem Stamme.
Nach dir wallt mir mein Gemüte,
ewge Güte, bis es findet
dich, des Liebe mich entzündet.

Von Gott kommt mir ein Freudenschein,
wenn du mich mit den Augen dein
gar freundlich tust anblicken.
Herr Jesu, du mein trautes Gut,
dein Wort, dein Geist, dein Leib und Blut
mich innerlich erquicken.
Nimm mich freundlich in dein Arme
und erbarme dich in Gnaden;
auf dein Wort komm ich geladen.

In diesem Lied klingt durch, wie Nicolai in der Anbetung Gottes, im Staunen über seine Größe und Macht, seine Errettung gewiss glauben und fassen kann. Das ist kein billiges Vertrösten. Wer könnte das angesichts der harten Realität des Todes? So ist das Vertrauen auf den auferstandenen Jesus Christus mitten im Grauen des Sterbens ein tröstliches Erfahren seiner Macht und seines Sieges. Jesus Christus ist das Licht, das an einem dunklen Ort scheint. Im letzten Buch der Bibel, Offenbarung 22,16, spricht Jesus selbst von sich als dem Morgenstern.

Aber noch ein anderes Lied hat Philipp Nicolai in jenen Tagen des Todesgrauens in Unna gedichtet. Es knüpft an das Gleichnis Jesu von den klugen und törichten Jungfrauen an. Dabei geht es um die wichtige Frage, ob wir bereit sind, wenn der Herr uns zu sich ruft. Nicolai wollte selbst ein Wächter sein, der auf den Mauern Jerusalems Tag und Nacht den Herrn an seine Verheißungen erinnert. In großer Freude auf die Gemeinschaft mit Jesus in der Herrlichkeit dichtete Nicolai in seinem Lied *›Wachet auf‹, ruft uns die Stimme:*

Gloria sei dir gesungen
mit Menschen- und mit Engelzungen,
mit Harfen und mit Zimbeln schön.
Von zwölf Perlen sind die Tore
an deiner Stadt; wir stehn im Chore
der Engel hoch um deinen Thron.
Kein Aug hat je gespürt,
kein Ohr hat mehr gehört solche Freude.
Des jauchzen wir und singen dir
das Halleluja für und für.

Die Bilder, die Nicolai in seinen Liedern gebraucht, sind auch schon im Freudenspiegel zu finden. Aber hier in den Liedern sind sie mit ungeheurer Wucht und Eindringlichkeit zusammengefasst. Auch die herrlichen Melodien dazu hat Nicolai selbst geschaffen.

Nach der schweren Pestseuche fielen 30000 spanische Soldaten im Herzogtum Cleve ein. Viele Häuser wurden niedergebrannt. 300 spanische Reiter besetzten die Stadt Unna. Wegen seiner papstkritischen Äußerungen musste Philipp Nicolai in seine Heimat in Waldeck fliehen. Erst 1599 konnte er zurückkehren und im Alter von 43 Jahren auch endlich heiraten.

1601 wurde er als Hauptpastor nach Hamburg an die Katharinenkirche berufen. Dort wurde der rüstige Prediger ganz plötzlich durch einen Schlaganfall am 26. Oktober 1608 im 52. Lebensjahr in seine so heiß geliebte himmlische Heimat abgerufen. Am Grab wurde über sein Lieblingswort gepredigt:

Selig sind die Toten, die in dem Herrn sterben von nun an. Ja, der Geist spricht, dass sie ruhen von ihrer Arbeit, denn ihre Werke folgen ihnen nach.

Martin Luther in schweren Krankheiten und Anfechtungen

Mitten im Rachen des Teufels!

Es liegt nahe, die Entstehung des großen Glaubensliedes *Ein feste Burg ist unser Gott* sich in jenen schweren Kampftagen des Jahres 1521 vorzustellen. Damals sprach Luther auf dem Weg nach Worms zum Reichstag die mutigen Worte: Und wenn so viel Teufel zu Worms wären als Ziegel auf den Dächern, so wollte ich doch hinein.

Der schützende Bergungsort der Wartburg mag auch den Gedanken an das sprechende Bild der festen Burg nahelegen, in der man sicher sein kann.

Nach allem, was wir heute wissen, entstand dieses Lied aber sechs Jahre später mitten in schwersten Anfechtungen. Der Satan selbst wütet mit aller seiner Macht gegen mich! So heftig empfand Luther 1527 die tückischen Angriffe und Schläge, die ihn trafen.

Das Vorjahr hatte ganz schön angefangen. Sein Sohn Hans wurde geboren. In Deutschland setzte sich die Predigt des Evangeliums gegen alle Widerstände immer mehr durch. Kirchliche Ordnungen konnten in den Ländern der evangelischen Fürsten eingeführt werden.

Dann wurde Luther von einem Steinleiden befallen, das ihn heftig plagte. Mit Beginn des Jahres 1527 kam eine weitere Krankheit dazu. Ein heftiger Druck auf dem Herzen löste unheimliche seelische Beklemmungen aus, die lebensgefährlich wurden. Mitte des Jahres stürzte ein erneuter, schwerer Anfall Luther in Anfechtung und Verzweiflung. Ein Abgrund tat sich vor ihm auf. Schon in der Frühe des Morgens ließ er seinen Seelsorger rufen, beichtete und empfing die Absolution.

Als am Nachmittag ein guter Freund zu ihm kam, wollte Luther ihm ein paar Schritte entgegengehen. Aber schon auf der Türschwelle brach er ohnmächtig zusammen. Schnell schüttete man ihm einen Eimer kalten Wassers über Kopf und Rücken. Da kam er wieder zu sich. Er rechnete ganz realistisch mit seinem nahen Tod. Freunde standen um sein Bett und trösteten ihn mit Bibelworten.

Am schlimmsten waren die heftigen Anfechtungen, erzählte Luther später. Er fühlte sich in Tod und Hölle geworfen. Fast hätte er Christus verloren, umhergetrieben von den Fluten der Verzweiflung. Aber auf die Bitten der Gläubigen hin hätte Gott sich seiner erbarmt und ihn aus der Tiefe der Hölle gerissen, geschützt und gedeckt.

In diesem Sommer 1527 brach in Wittenberg auch noch die grauenhafte Pestseuche aus. Der Kurfürst bat Luther dringend, mit seiner schwangeren Frau und dem kleinen Kind nach Jena überzusiedeln. Dorthin war auch die Universität schon hingeflohen.

Luther aber wollte in diesen Tagen des Sterbens bei seiner Gemeinde ausharren. Als Pfarrer von Wittenberg wollte er ein treuer Hirte sein und nicht die ihm anvertraute Herde im Stich lassen: Ein guter Hirt lässt sein Leben für die Schafe, schrieb Luther, aber ein Mietling sieht den Wolf kommen und flieht.

Für die wenigen zurückgebliebenen Studenten hielt er weiter Vorlesungen. In großer Treue besuchte er die Kranken, tröstete die Angefochtenen und half zum Überwinden der Schrecken des Todes.

In diesen Tagen erreichte Luther die Nachricht vom Märtyrertod des Predigers des Evangeliums, Leonhard Kaiser. Der Bischof von Passau hatte ihn greifen und als Ketzer verurteilen lassen. In der Stadt Schärding wurde er auf dem Scheiterhaufen verbrannt. Warum durfte der Teufel so unbegrenzt wüten und den treuen Boten des Evangeliums umbringen? In aller Trauer rühmte Luther den Sieg des Glaubens über diese satanische Macht, der sonst nichts auf Erden gleich ist.

Da drang die Pest auch ins Haus Luthers ein. Verschiedene Mitbewohner erkrankten, auch Luthers Freund Bugenhagen. Luther selbst fühlte sich sterbenselend. Auch der Zustand des erkrankten Sohnes Hans war besorgniserregend.

Luther schrieb in diesen Tagen: Äußerlich sind Kämpfe, innerlich Ängste, und zwar sehr bittere. Christus sucht uns heim. Ein Trost bleibt, den wir dem wütenden Satan entgegensetzen: dass wir wenigstens das Wort Gottes Wort haben, um die Seelen der Gläubigen zu retten, wenn er auch die Leiber verschlingt. Darum befiehl uns den Brüdern und dir selber, dass ihr für uns betet, dass wir die Hand des Herrn tapfer ertragen und des Satans Macht und List besiegen, es sei durch Tod oder Leben.

Da endete die Pestseuche im Dezember 1527 so plötzlich, wie sie gekommen war. Die Hausbewohner Luthers genasen wieder von der Krankheit. Luthers Frau Käthe gebar ein gesundes Kind, Elisabeth.

In einem Brief schrieb Luther am Neujahrstag 1528, wie sich der Satan mit mächtigen Stricken an ihn hänge, um ihn in die Tiefe zu ziehen. Er vertraue aber fest auf den Sieg Jesu, und weil andere für ihn beteten, könne er überwinden und siegen.

In diesen Nöten entstand das trutzige Kampflied, das auf den jubelnden Siegespsalm 46 zurückgeht: *Der Herr Zebaoth ist mit uns, der Gott Jakobs ist unser Schutz!* Um 1529 erschien es erstmals gedruckt:

Ein feste Burg ist unser Gott,
ein gute Wehr und Waffen.
Er hilft uns frei aus aller Not,
die uns jetzt hat betroffen.
Der alt böse Feind
mit Ernst er's jetzt meint;
groß Macht und viel List
sein grausam Rüstung ist,
auf Erd ist nicht seinsgleichen.

Mit unsrer Macht ist nichts getan,
wir sind gar bald verloren;
es streit' für uns der rechte Mann,
den Gott hat selbst erkoren.
Fragst du, wer der ist?
Er heißt Jesus Christ,
der Herr Zebaoth,

und ist kein andrer Gott,
das Feld muss er behalten.

Und wenn die Welt voll Teufel wär
und wollt uns gar verschlingen,
so fürchten wir uns nicht so sehr,
es soll uns doch gelingen.
Der Fürst dieser Welt,
wie saur er sich stellt,
tut er uns doch nichts;
das macht, er ist gericht':
ein Wörtlein kann ihn fällen.

Das Wort sie sollen lassen stahn
und kein' Dank dazu haben.
Er ist bei uns wohl auf dem Plan
mit seinem Geist und Gaben.
Nehmen sie den Leib,
Gut, Ehr, Kind und Weib,
lass fahren dahin!
Sie haben's kein Gewinn;
das Reich muss uns doch bleiben.

Besonders waren Luther die Osterlieder wichtig. Er meinte, dass man sich mit der Zeit aller Lieder müde singt; aber das ›*Christ ist erstanden*‹ muss man alle Jahre wieder singen.

So schuf Luther 1524 auch mit den großen biblischen Worten und prophetischen Verheißungen sein Osterlied aus dem Druck dunkler Anfechtungen heraus. Immer wieder schrieb er es sich zur Ermutigung auf den Tisch oder an die Wände: Vivit! – Jesus lebt! Und wie es Albrecht Dürer und Hans Holbein in ihrer großen Kunst darstellten, so zeigte es Luther hier eindrücklich: Der Tod ist verschlungen in den Sieg. Tod, wo ist dein Sieg?

Christ lag in Todesbanden,
für unsre Sünd gegeben,
der ist wieder erstanden
und hat uns bracht das Leben.

Des wir sollen fröhlich sein,
Gott loben und dankbar sein
und singen Halleluja. Halleluja.

Jesus Christus, Gottes Sohn,
an unser Statt ist kommen
und hat die Sünde abgetan,
damit dem Tod genommen
all sein Recht und sein Gewalt;
da bleibt nichts denn Tods Gestalt,
den Stachel hat er verloren. Halleluja.

Es war ein wunderlich Krieg,
da Tod und Leben 'rungen;
das Leben behielt den Sieg,
es hat den Tod verschlungen.
Die Schrift hat verkündet das,
wie ein Tod den andern fraß,
ein Spott aus dem Tod ist worden. Halleluja.

BEATE & WINRICH SCHEFFBUCH

DENNOCH FRÖHLICH SINGEN

LEBENSBILDER BEKANNTER LIEDERDICHTER

Band 2

Nachdem man sie hart geschlagen hatte, warf man sie ins innerste Gefängnis und legte ihre Füße in den Block. Um die Mitternacht aber beteten sie und lobten Gott.

Apostelgeschichte 16,23 ff

Sei Lob und Ehr dem höchsten Gut,
dem Vater aller Güte,
dem Gott, der alle Wunder tut,
dem Gott, der mein Gemüte
mit seinem reichen Trost erfüllt,
dem Gott, der allen Jammer stillt.
Gebt unserm Gott die Ehre!

Johann Jakob Schütz

Inhalt Band 2

Hans Graf von Lehndorff im zerschossenen Königsberg

Zeichen der Treue Gottes mitten im Untergang

Mitten im völligen Zusammenbruch 1945, in den letzten grauenvollen Tagen des Zweiten Weltkriegs, arbeitete der junge Hans Graf von Lehndorff als Chirurg am Krankenhaus im ostpreußischen Insterburg.

Mit dem Vorrücken der russischen Truppen mussten alle Patienten von dort nach Königsberg, der zur Festung erklärten Stadt, verlegt werden. Hier herrschten unbeschreibliche Zustände. Die Stadt war zerstört und von Flüchtlingen überfüllt. Seuchen breiteten sich aus. Es gab kaum etwas zu essen. Tausende von Verwundeten lagen in erbärmlichen Notunterkünften.

Zu den wenigen Ärzten, die dort unter grauenhaften Umständen ausharrten und mit letzter Kraft halfen, gehörte auch Hans Graf von Lehndorff. Mehrfach wurde er von Russen und Polen verhaftet. Nur durch Flucht konnte er schließlich der Hinrichtung entgehen.

Später als Arzt in Bad Godesberg hat Hans Graf von Lehndorff sein erschütterndes Ostpreußisches Tagebuch unter dem Motto niedergeschrieben: Wir sahen seine Herrlichkeit. In diesen Tagebuchaufzeichnungen berichtet er von dem grauenhaften Geschehen, aber auch von der Kraft des Wortes Gottes mitten in allem sinnlosen Geschehen, das vor dem Trümmermeer eine unglaubliche Aktualität gewinnt.

Er schreibt am Ende seines Buches: Ich wusste, nun gilt es, die ersten Schritte zu tun auf dem Wege, den ein neues Dasein mir anbietet. Und ich stand vor der Frage: Wie wird dies neue Dasein aussehen und wer wird darüber bestimmen? Wird es ein gleichgültiges sein, eins von Tausenden, das gar nicht gelebt zu werden brauchte? Oder wird Gott in seiner Barmherzigkeit es fügen, dass mir und allen denen, die das Gleiche erfahren haben, die Gnade zuteil wird, durch unser Leben etwas aussagen zu dürfen von dem, was wir gesehen und gehört haben?

Mit 62 Jahren übernahm Hans Graf von Lehndorff noch das Amt der Krankenhausseelsorge in Bonn, wo er 1987 verstarb. Es war ihm wichtig, dass sich mitten in unserer reichen und übersatten Welt Jesu Herrlichkeit offenbare.

Er hat dies entdeckt im unveränderlichen Wort Gottes, dem es nach wie vor gefällt, schwache, zerrissene und anfechtbare Menschen aus ihrer Isolierung herauszuholen und ihrem Leben einen neuen Sinn zu geben.

Darum bittet Hans Graf von Lehndorff in seinem Lied, das während seiner Tätigkeit als Chirurg im Rheinland entstand:

Komm in unsre stolze Welt,
Herr, mit deiner Liebe Werben.
Überwinde Macht und Geld,
lass die Völker nicht verderben.

Wende Hass und Feindessinn
auf den Weg des Friedens hin.

Komm in unser reiches Land,
der du Arme liebst und Schwache,
dass von Geiz und Unverstand
unser Menschenherz erwache.
Schaff aus unserm Überfluss
Rettung dem, der hungern muss.

Komm in unsre laute Stadt,
Herr, mit deines Schweigens Mitte,
dass, wer keinen Mut mehr hat,
sich von dir die Kraft erbitte
für den Weg durch Lärm und Streit
hin zu deiner Ewigkeit.

Komm in unser festes Haus,
der du nackt und ungeborgen.
Mach ein leichtes Zelt daraus,
das uns deckt kaum bis zum Morgen;
denn wer sicher wohnt, vergisst,
dass er auf dem Weg noch ist.

Komm in unser dunkles Herz,
Herr, mit deines Lichtes Fülle;
dass nicht Neid, Angst, Not und Schmerz
deine Wahrheit uns verhülle,
die auch noch in tiefer Nacht
Menschenleben herrlich macht.

Richard Lörcher und die mächtigen Klänge der Posaunen

Wir wollen Königsboten sein des Herrn Jesus Christus!

Es war im Jahr 1937. Seit Jahren schon lagen weite Teile der evangelischen Jugendarbeit darnieder. Die Nationalsozialisten forderten mit ihrer Hitler-Jugend die totale Herrschaft über alle Jugendverbände.

Richard Lörcher, damals Diakon in Steinhagen bei Bielefeld und Posaunenwart im Kreis Gütersloh, radelte übers Land. Er sammelte hier und da junge Menschen um die Bibel. Für ihn gab es keine faulen Kompromisse. Er wollte ein Bote des auferstandenen

Jesus Christus sein. So rief er auch die jungen Menschen, die hier und dort noch in den Orten zusammenkamen, in eine klare, eindeutige Nachfolge Jesu.

Die Nationalsozialisten erlaubten in den CVJM neben den Posaunenchören nur noch Bibelarbeit. Aber gerade diese Konzentration auf das Wesentliche tat den Vereinen gut. In diesen turbulenten Tagen sprach das Wort Gottes klar und deutlich. Richard Lörcher war rastlos unterwegs, um andere zu stärken und zu ermutigen.

Aus diesen Bibelarbeiten entstanden kurze, einprägsame Texte, die Richard Lörcher oft auch noch unterwegs beim Radeln in Reime fasste. So entstand 1937 auch jenes Lied, das überall in den bekennenden Kreisen gesungen wurde, als alle Welt nur noch von einem Namen, dem des Führers Adolf Hitler, sprach:

Jesus Christus, König und Herr,
sein ist das Reich, die Kraft, die Ehr.
Gilt kein andrer Namen
heut und ewig. Amen.

In des Jüngsten Tages Licht,
wenn alle Welt zusammenbricht,
wird zu Christi Füßen
jeder bekennen müssen:
Jesus Christus, König und Herr,
sein ist das Reich, die Kraft, die Ehr.
Gilt kein andrer Namen
heut und ewig. Amen.[1]

Richard Lörcher war 1907 in einer württembergischen Pfarrfamilie in Cleebronn geboren. Er war gelernter Maschinenschlosser und wollte eigentlich Ingenieur werden.

Vom ersten selbst verdienten Geld kaufte er sich ein Flügelhorn. Als in Oberboihingen, wo sein Vater inzwischen Pfarrer geworden war, ein Posaunenchor gegründet wurde, war Richard Lörcher verantwortlich dabei. Dass es beim Blasen der Posaunen um die Einladung zu Jesus und um die Ausbreitung seines Reiches geht, das begriff Richard Lörcher bei einer Evangelisation.

Jetzt sah Lörcher trotz Zeichenbüro und Praktikum in einer Gießerei ein anderes Ziel vor sich: Gott hatte ihn in seinen vollzeitlichen Dienst gerufen. Um sich als Diakon ausbilden zu lassen, führte sein Weg nun in das Brüderhaus Nazareth in Bethel, das ihm bald zur zweiten Heimat wurde.

In Bethel fand Richard Lörcher nämlich seine Frau Anni, eine Tochter des Brüderhausvorstehers Dr. Paul Tegtmeyer. Sein Schwiegervater hat die Ziele der Posaunenarbeit einmal so umrissen: Wir wollen keine Posaunenchöre, die kirchliche Musik nur zum Deckmantel einer fadenscheinigen, inhaltslosen Vereinsmeierei verwenden. Wir wollen aus unseren Posaunenchören Instrumente der Gemeinde Jesu schmieden, die glaubensmäßig und musikalisch bereit und fähig sind, das Evangelium von Jesus Christus der Welt zu bezeugen.

In Bethel lernte er aber auch den originellen Posaunengeneral Johannes Kuhlo kennen, der Lörcher schon bald in sein ausgewähltes Horn-Sextett berief. Kuhlo hat ihn nicht nur musikalisch sehr gefördert, sondern ihn auch mit seinem unerschütterlichen Vertrauen in die Bibel und mit der missionarischen Zielsetzung aller Posaunenarbeit tief geprägt. Richard Lörcher wurde im besten Sinn des Wortes lebenslang Kuhlos Schüler.

Als am Ende des Zweiten Weltkriegs der Leiter der Betheler Anstalten, Pastor Fritz von Bodelschwingh, in seiner Karfreitagspredigt 1948 erstmals sein selbst gedichtetes Lied *Nun gehören unsre Herzen* vorstellte, da hatte ein Jahr später schon Richard Lörcher die eindrückliche Melodie dazu geschaffen, nach der es heute meist gesungen wird:

Nun gehören unsre Herzen
ganz dem Mann von Golgatha,
der in bittern Todesschmerzen
das Geheimnis Gottes sah,
das Geheimnis des Gerichtes
über aller Menschen Schuld,
das Geheimnis neuen Lichtes
aus des Vaters ewger Huld.

Doch ob tausend Todesnächte
liegen über Golgatha,
ob der Hölle Lügenmächte
triumphieren fern und nah,
dennoch dringt als Überwinder
Christus durch des Sterbens Tor;
und die sonst des Todes Kinder,
führt zum Leben er empor.[2]

Nach Kriegsende, im Jahr 1947 berief der Westdeutsche Jungmännerbund des CVJM Richard Lörcher zu seinem Bundesposaunenwart. Er wurde beim Neuaufbau nicht müde zu betonen, dass die Posaunenchöre vollzählig in der aktiven Jugendarbeit der CVJM unter dem Wort Gottes und dem Gebet eingebettet sind.

In seiner weit gespannten Arbeit stellte er bei unzähligen Reisen und Besuchen im In- und Ausland überall gutes Musizieren als einen wichtigen Dienst des Evangeliums heraus. Das wäre eine lahme Jugend, die nicht auch Neues erklingen ließe, konnte er sagen. Neben alten Sätzen und den Liedern der Erweckungsbewegung sollten auch neue Kompositionen geblasen werden.

Lörcher schrieb im Vorwort eines Notenbuchs für Posaunen: Bei den Chorälen ist der Text hinzugeschrieben. In einer dem Wort Gottes so entfremdeten Zeit gilt es für uns doppelt, am Wort festzuhalten. Das Wort Gottes hat die Lieder ausgelöst. Es ist das Ursprüngliche, das Erste und Wichtigste, der Kern unserer Lieder. Wir Bläser sind immer versucht, uns mit der Tongestalt der Lieder, mit ihrem Kleid zu begnügen. Aber nicht Musik, sondern nur Gottes Wort hat in den Kämpfen des Volkes Gottes die Verheißung des Sieges. Darum sei allen, die dieses Buch benutzen, zugerufen: Tut keinen Bläserdienst ohne das Zeugnis des Wortes Gottes. Gestaltet eure Stunden unter Wort Gottes und Gebet. Ruft und breitet das Wort aus überall, wo ihr mit euren Klängen Menschenherzen bewegt und erreicht.

Unvergesslich bleiben die großen Bundesposaunenfeste, ob in Bochum in einer demontierten Werkhalle eines Stahlwerks oder in der Dortmunder Westfalenhalle. Richard Lörcher berichtete von einem dieser Feste:

Das Lied der Böhmischen Brüder, Luthers Choral, Calvins Psalm, Paul Gerhardts Trostlied, das Siegeslied des Pietismus, das Missionslied des letzten Jahrhunderts, alles wurde feierlich in unsere Mitte gebracht und als Gabe Gottes von uns aufgenommen. Und dann wandelte es sich zum tönenden Zeugnis der Herrlichkeit Gottes. Als dann der Rufer vom Kreuz her sein »Gehet hin!« rief, da klang unser Fest aus in der Antwort: »Wir wollen Königsboten sein des Herren Jesu Christ!«

Aus gesundheitlichen Gründen musste Richard Lörcher schon mit 60 Jahren in den Ruhestand treten. Drei Jahre später, im Jahr 1970, starb er ganz unerwartet auf einer Reise. Unweit des Grabes von Johannes Kuhlo, mit dem er immer eng verbunden war, wurde er auf dem Friedhof in Bethel beerdigt.

Als Seelsorger blickte Arno Pötzsch in unheimliche Abgründe

Aus Grübeln und Zweifeln zum lebendigen Glauben

Arno Pötzsch, 1900 in Leipzig geboren, sprach selbst von einem seltsamen und schweren Lebensweg. Er war in armen Verhältnissen des damaligen Kleinbürgertums aufgewachsen. Sein Vater verdiente als Verkäufer gerade so viel, wie man zum Überleben brauchte. Als der Vater mitten im Ersten Weltkrieg starb, war Arno Pötzsch erst 16 Jahre alt. Es gab keinerlei Versorgung oder Rente für die zurückgebliebene Familie. Die Mutter versuchte mit letzter

Kraft, als Krankenschwester im Lazarett oder bei Nachtwachen etwas Geld zu verdienen.

Wo vorher Mangel war, herrschte jetzt auf einmal Not, erzählte Arno Pötzsch später. Wie gerne wäre er, der nur die Volksschule besuchen konnte, auf eine höhere Schule gegangen. Er wollte Zeichenlehrer werden, musste aber das Lehrerseminar abbrechen, weil er, bedingt durch die schlechte Ernährung in den Kriegsjahren, viel krank war. Um für sich und die verwitwete Mutter zu sorgen, musste Arno Pötzsch Geld verdienen. In einer Granatenfabrik stand er an der Drehbank, um Geschosse zur massenhaften Tötung herzustellen. Das belastete den empfindsamen jungen Mann schwer.

Wollte er dieser Arbeit entgehen oder war es Flucht aus der Armut und dem Hunger, dass er sich als 17-Jähriger als Kriegsfreiwilliger zur Marine meldete?

Dieser Weg aber, den er voller Hoffnung eingeschlagen hatte, endete nach seiner Entlassung aus der Marine im Jahr 1919 wieder am Nullpunkt. Revolution, kein Geld, dazu Inflation! Wie sollte es weitergehen? Der alte Wunsch, Lehrer zu werden, wachte wieder auf. Er begann die Ausbildung im Seminar in Leipzig. Schon ein Jahr später aber steckte er in einer Lebenskrise, bedingt durch weltanschauliche und religiöse Konflikte. Der sensible und grüblerisch veranlagte Arno Pötzsch fiel in tiefe Schwermut und befasste sich mit Selbstmordgedanken.

Doch gerade in dieser kritischen Zeit kam Arno Pötzsch in Berührung mit der Herrnhuter Brüdergemeine, jener Gemeinschaft bekennender Christen, die vor 200 Jahren in der Lausitz gegründet worden war. Hier fand er für einige Jahre Heimat. Später sagte er darüber, dass er mit Staunen und Dank vor den wunderlichen Führungen und Fügungen stehe, die sich unbegreiflich in seinem Leben begeben haben.

Zunächst hatte Pötzsch die soziale und fürsorgerische Arbeit im Blick, als er nach dem Ablegen der sogenannten mittleren Reife, einer Prüfung im 10. Schuljahr, in das Missionsseminar in Herrnhut eintrat. Pötzsch fühlte sich fremd in dieser kirchlichen Umgebung. Es war ein langer Weg des Suchens und Fragens, des Wachsens und Reifens, bis Pötzsch im Alter von 30 Jahren dann aus lauter Zweifeln, Schwermut und tiefem Grübeln zum gewissen Glauben an Jesus Christus fand. Er erkannte, dass man auch heute im 20. Jahrhundert als ganz moderner, weltoffener Mensch in Wahrheit ein Christ sein und mit gutem Gewissen auf dem Boden der Kirche stehen kann.

Er hat dies später in einem Lied so ausgedrückt:

Du kannst nicht tiefer fallen
als nur in Gottes Hand,
die er zum Heil uns allen
barmherzig ausgespannt.

Es münden alle Pfade
durch Schicksal, Schuld und Tod
doch ein in Gottes Gnade
trotz aller unsrer Not.

Wir sind von Gott umgeben
auch hier in Raum und Zeit
und werden in ihm leben
und sein in Ewigkeit.[3]

Jetzt erst entschloss sich Pötzsch zum Studium der Theologie. In der Religion – konkret: im Christentum – erkannte ich den Anspruch und die Kraft, das Lebensproblem, die Sinnfrage des Daseins und damit auch die sozialen Probleme zu meistern, und in der Kirche konnte ich die Große erkennen, die die Verantwortung dafür trägt, dass auf der Erde der Wille Gottes erfüllt werde. Da ich den Pfarrer der Gemeinde vor anderen gerufen sah, das zu verwirklichen, was ich an Aufgaben und Möglichkeiten erkannt hatte, musste ich Theologie studieren.

Das war ein großer Schritt. Er hatte ja nur die Volksschule besucht. Die Hochschulreife musste er sich erst mühsam erarbeiten, auch drei alte Sprachen waren zu lernen.

Seine Frau, die auch Fürsorgerin war, lernte er in Zittau in der Arbeit unter Straffälligen kennen. Nachdem sie 1930 geheiratet hatten, verdiente sie zunächst das nötige Geld, um ihm das weitere Studium zu ermöglichen. Vier Töchter wurden den Eheleuten Pötzsch geschenkt.

In dieser Zeit des Übergangs in die neue Aufgabe als Pfarrer schrieb er seine ersten Lieder. Er berichtet später darüber: Ich musste schreiben von Gott und von Menschen, von Not und Verheißung, von Gottes Kampf um die Welt. Es waren aus der Zeit geborene Notlieder der Kirche.

Als 1935 Arno Pötzsch Pfarrer wurde, tobte der erbitterte Kirchenkampf zwischen der Bekennenden Kirche und der von den Nationalsozialisten ideologisch geprägten Gruppe der Deutschen Christen. Plötzlich war allein das biblische Wort klärendes Bekenntnis. Arno Pötzsch dichtete:

Es ist ein Wort ergangen,
das geht nun fort und fort,
das stillt der Welt Verlangen
wie sonst kein ander Wort.

Das Wort hat Gott gesprochen
hinein in diese Zeit.
Es ist hereingebrochen
im Wort die Ewigkeit.

Du Wort ob allen Worten,
du Wort aus Gottes Mund,
lauf, und an allen Orten
mach Gottes Namen kund!

Künd auf der ganzen Erde,
dass Gott ihr Herre sei;
dass sie auch Gottes werde
und andrer Herren frei!

Lauf, Wort, mit allen Winden
durch jedes Volk und Land,
dass sich die Völker finden,
so wie das Wort sie fand!

Lauf, Wort, durch alle Straßen
in hoch und niedrig Haus,

und ruf in allen Gassen
ein hörend Volk heraus!

Triff Freunde und triff Feinde,
zwing, was dir widerstrebt,
und ruf uns zur Gemeinde,
die aus dem Worte lebt!

Erhalt das Wort in Gnaden,
gib, Gott, ihm freien Lauf!
Du Wort, von Gott beladen,
spreng Tür und Riegel auf![4]

Im Jahr 1938 wurde Arno Pötzsch als Marinepfarrer nach Cuxhaven gerufen. Nach Kriegsbeginn und der militärischen Besetzung Hollands durch die deutsche Wehrmacht wurde er 1940 dorthin abkommandiert. Er erzählte später: Den Krieg erlebte ich vorwiegend von seiner dunklen Seite, auf den großen Friedhöfen, in Lazaretten, in Gefängnissen.

Seine schwere Aufgabe war es, die zerstreuten Soldaten in Holland und Belgien zu besuchen und auch Verwundete in den Lazaretten zu betreuen. Bis an die Grenzen der Kraft beansprucht hat ihn daneben die seelsorgerliche Begleitung der standrechtlich zum Tode Verurteilten sowie ihrer Angehörigen. Dass oft nichtige und unbedeutende Gründe Anlass für die Hinrichtungen waren, bedrückte ihn besonders. So entstanden viele Verse von Pötzsch mitten im Krieg als Trost für die Familien der Gefallenen und Hingerichteten.

Durch diese schweren Erfahrungen mitten in einem einsamen und gefährdeten Leben am unheimlichen Abgrund konnte Pötzsch das Evangelium so weitersagen, dass Menschen im Licht der Ewigkeit ihren Weg weitergehen konnten. So schuf er das Abendmahlslied:

Du hast zu deinem Abendmahl
als Gäste uns geladen.
Nun stehn wir, Herr, in deinem Saal

mühselig und beladen.
Wir tragen unsrer Wege Leid,
viel Sorgen, Schuld und Schmerzen.
Ob reich, ob arm, dich irrt kein Kleid,
du weißt die Not der Herzen.[5]

Nach Kriegsende wurde Pötzsch von den alliierten Siegern als Seelsorger für die Internierungslager und die Besatzungen der Minenräumboote gerufen. Ab 1948 war Pötzsch dann Gemeindepfarrer in Cuxhaven.

Wer kennt nicht jenes einfache und doch so tiefe Kinderlied, in dem Pötzsch eindrücklich von der liebenden und bergenden Hand Gottes spricht:

Meinem Gott gehört die Welt,
meinem Gott das Himmelszelt,
ihm gehört der Raum, die Zeit,
sein ist auch die Ewigkeit.

Und sein eigen bin auch ich.
Gottes Hände halten mich
gleich dem Sternlein in der Bahn;
keins fällt je aus Gottes Plan.

Leb ich, Gott, bist du bei mir,
sterb ich, bleib ich auch bei dir,
und im Leben und im Tod
bin ich dein, du lieber Gott![6]

Diese Stunde des Sterbens kam für ihn völlig überraschend. Nach einer Blinddarmoperation im Jahr 1956 ging Arno Pötzsch heim. Schon viele Jahre hatte ihm ein schweres Herzleiden zu schaffen gemacht. Eines seiner letzten Lieder war dieses:

Bleib bei uns, wenn der Tag entweicht,
wenn uns die Finsternis beschleicht,

wenn wir voll Not ins Dunkle sehn,
wenn wir in Ängsten schier vergehn.
Bleib bei uns, Herr, halt du die Wacht,
gib deinen Frieden diese Nacht.

Bleib bei uns! Lass uns nicht allein!
Nur du kannst Halt und Helfer sein
in Schuld und Schicksal, Angst und Not,
in unserm Leben, unserm Tod.
Drum bleib bei uns in aller Zeit,
bleib bei uns, Herr, in Ewigkeit.[7]

Friedrich Spittas frischer Klang des mutigen Bekenntnisses

Lieder überwinden Zweifel und Unglauben

Als Friedrich Spitta 1852 im niedersächsischen Wittingen geboren wurde, war sein Vater Philipp Spitta dort lutherischer Superintendent. Dessen Glauben weckende Lieder gehören bis heute in den Gemeinden zu den oft und gern gesungenen Gesängen. Wer kennt nicht die Choräle *Ich steh in meines Herren Hand* und *Bei dir, Jesu, will ich bleiben?*

Die Freude am erwecklichen Lied hat Friedrich Spitta von seinem Vater geerbt. Im Elternhaus lernte er auch die Lieder des Gesangbuchs lieben und schätzen. Morgens vor dem Frühstück begann der Tag mit der Hausandacht, in der Lieder des Gesangbuchs und Luthers Morgensegen ein fester Bestandteil waren. Das hat die Kinder in der Familie von Philipp Spitta für ihr Leben geprägt.

Später urteilte Friedrich Spitta darüber: Stärker als der kirchliche Gottesdienst hat der häusliche auf mich eingewirkt und Keime in mich gelegt, die später aufgegangen sind und Frucht getragen haben. Die Gebete und die Lieder sind mir in Fleisch und Blut übergegangen. Ich habe auf diese Weise ganz ohne eigenes Verdienst in mich einen hymnologischen Schatz aufgenommen, um dessen Umfang mich schon manche beneidet haben.

Nach seinem theologischen Studium betreute er zunächst als Konviktsinspektor in Halle andere Theologiestudenten. Er wurde Pfarrer in Oberkassel bei Bonn und gleichzeitig Privatdozent an der Universität in Bonn.

Es war der junge Friedrich Spitta, der zusammen mit dem Komponisten Arnold Mendelssohn die musikalischen Kunstwerke von Heinrich Schütz wieder zum Leben gebracht hat. Seine Werke waren über Jahrhunderte fast vergessen, bis sie von Spitta in 19 Bänden wieder neu herausgegeben und auch aufgeführt wurden.

Zu einer Psalmenmelodie von Heinrich Schütz schuf er das Mut machende Bekennerlied:

Kommt her, des Königs Aufgebot,
die seine Fahne fassen,
dass freudig wir in Drang und Not
sein Lob erschallen lassen.
Er hat uns seiner Wahrheit Schatz
zu wahren anvertrauet.
Für ihn wir treten auf den Platz,
und wo's den Herzen grauet,
zum König aufgeschauet!

Ob auch der Feind mit großem Trutz
und mancher List will stürmen,
wir haben Ruh und sichern Schutz

durch seines Armes Schirmen.
Wie Gott zu unsern Vätern trat
auf ihr Gebet und Klagen,
wird er, zu Spott dem feigen Rat,
uns durch die Fluten tragen.
Mit ihm wir wollen's wagen.

Er mache uns im Glauben kühn
und in der Liebe reine.
Er lasse Herz und Zunge glühn,
zu wecken die Gemeine.
Und ob auch unser Auge nicht
in seinen Plan mag dringen:
er führt durch Dunkel uns zum Licht,
lässt Schloss und Riegel springen.
Des wolln wir fröhlich singen!

Friedrich Spitta wusste, dass es gerade im Leben der tüchtigen und hingebungsvollen Mitarbeiter einer Gemeinde oft Stunden der Verzagtheit gibt, wo man kein Hilfsmittel mehr weiß und nichts mehr fertigbringt. Dann mag man seinem Gott wohl danken, dass die Gemeinde neben der eigenen, oft so verteidigenden und mutlosen Predigt den frischen Klang unserer Bekenntnislieder hört: Ich weiß, woran ich glaube.

Spitta war fest davon überzeugt, dass man eine tote und verschlafene Gemeinde nicht durch kirchliche Symbole oder theologische Auseinandersetzung erwecken kann, sondern durch den großen Schatz der Lieder des Gesangbuchs. Da stehen die rechten Helden Gottes, die Unglauben und Zweifel überwinden und zu Boden schlagen.

Er konnte sagen, ein Pfarrer, der sein Gesangbuch nicht kennt, dem fehlt der beste Freund und Helfer für seinen Beruf nach allen Seiten hin! Und was fehlt erst den Gemeinden, denen ihr Gesangbuch durch den Pfarrer nicht erschlossen wird!

1887 wurde Spitta Professor für Neues Testament und Praktische Theologie an der Universität in Straßburg. Mit seinem akademischen Kirchenchor führte er viele bedeutende kirchenmusikalische Werke auf. Große Verdienste hat er sich dort als Bearbeiter des bahnbrechenden elsässischen Gesangbuchs von 1899 erworben. Die Erneuerung des Gottesdienstes lag ihm ganz besonders am Herzen.

Er hat immer wieder darauf hingewiesen, dass man das geistliche Leben als Christ nicht durch theologische oder kirchenpolitische Meinungen empfängt und weiterträgt, sondern nur durch eine unmittelbare Berührung mit Jesus Christus, der selbst das Leben ist.

Darum hatte für ihn das geistliche Lied im Gottesdienst solch eine herausragende Bedeutung: Hoch über allen kirchlichen Symbolen und theologischen Auseinandersetzungen sind unsere Lieder das Mittel, wodurch je und je von Neuem die Gemeinde der Gläubigen erzeugt wird.

Als sein geliebtes Elsass nach dem Ersten Weltkrieg wieder französisch wurde, traf es ihn schwer. Er wurde 1919 Professor in Göttingen und starb dort im Jahr 1924.

Einst war er im Elsass auf den reformatorischen Zeugen Johann Englisch gestoßen und hat sein Lied, das nach dem biblischen Lobgesang des Simeon in Lukas 2 um 1530 gedichtet war, so bearbeitet, dass es zu einem geschätzten Abendmahlslied wurde:

Im Frieden dein, o Herre mein,
lass ziehn mich meine Straßen.
Wie mir dein Mund gegeben kund,
schenkst Gnad du ohne Maßen,
hast mein Gesicht das selge Licht,
den Heiland, schauen lassen.

Mir armem Gast bereitet hast
das reiche Mahl der Gnaden.
Das Lebensbrot stillt Hungers Not,
heilt meiner Seele Schaden.
Ob solchem Gut jauchzt Sinn und Mut
mit alln, die du geladen.

O Herr, verleih, dass Lieb und Treu
in dir uns all verbinden,

dass Hand und Mund zu jeder Stund
dein Freundlichkeit verkünden,
bis nach der Zeit den Platz bereit
an deinem Tisch wir finden.

Fanny Crosby als Kleinkind durch einen Pfuscher erblindet

Das verlorene Augenlicht nie als Verlust empfunden

In armen ländlichen Verhältnissen in Southeast im Staat New York wurde 1820 ein Mädchen in der Familie Crosby geboren. Es bekam den Namen Frances Jane, wollte aber später nur Fanny genannt werden.

Dort in der Landschaft Putnam gab es nur ein paar zerstreute Höfe, eine Kirche, eine Schule und ein Postamt. Mehr nicht. Die meisten der etwa 1900 Bewohner waren einfache Tagelöhner, die irgendwo in der Landwirtschaft aushalfen, um sich das Nötige zum Lebensunterhalt zu verdienen.

Etwa fünf Wochen nach der Geburt waren die Eltern Crosby beunruhigt: Mit den Augen des Babys stimmte etwas nicht! Da ihr Arzt nicht erreichbar war, wandten sie sich in ihrer Not an einen Mann, der sich auch als Arzt ausgab. Er legte heiße Kompressen auf die entzündeten Augen des Kindes. Den besorgten Eltern versicherte er, dass die Hitze den Augen nicht schaden würde, sondern die ganze Infektion herausziehen werde.

Tatsächlich ging die Entzündung nach wenigen Tagen zurück. Doch auf den Augen des Kindes bildeten sich hässliche weiße Flecken. Im Lauf der nächsten Monate mussten die Eltern mit Bestürzung erkennen, dass ihr Kind überhaupt nicht auf Dinge reagierte, die man vor sein Gesicht hielt.

Die Klage gegen den Pfuscher half dem Kind nicht mehr: Es blieb blind.

Und noch etwas Furchtbares hat sich im gleichen Jahr 1820 in der Familie Crosby zugetragen. Der Vater Sylvanus Crosby arbeitete an einem kalten und regnerischen Novembertag draußen auf den Feldern. Am Abend kam er mit einer schlimmen Erkältung heim und legte sich gleich ins Bett. Am nächsten Tag war das Fieber erschreckend hoch. Nichts brachte Linderung. Er starb wenige Tage später.

Mutter Crosby musste jetzt als Witwe Geld für die sechsköpfige Familie verdienen. Schon bald nach der Beerdigung ihres Mannes war sie froh, eine Anstellung als Kindermädchen in einer reichen Familie in der Nähe zu finden.

Die kleine erblindete Fanny war in der Zeit, wenn die Mutter außer Haus war, in der Obhut ihrer Großmutter. Diese kümmerte sich liebevoll um ihr Enkelkind und erzählte und erklärte ihm viel von der Welt, die das Mädchen ja nicht selbst sehen konnte. Bis ins hohe Alter vergaß Fanny nicht, was ihre Großmutter ihr einst beschrieben hatte. Etwa, wie herrlich die Sonne strahlt und wie wunderbar beim Sonnenuntergang die Wolken aufleuchten.

Auch prägte es Fanny tief, wie die Großmutter so natürlich und selbstverständlich in der Gegenwart Gottes lebte. Die Familie Crosby stammte von den Puritanern ab, jenen unbeugsam bekennenden und an der Bibel festhaltenden Christen.

Als alle um Rat befragten Augenärzte keinerlei Hoffnung für ihre Augen mehr sahen, fand Fanny zu einer großen inneren Gelassenheit. Schon im Alter von acht Jahren dichtete sie Verse. Einer fing so an: O, was bin ich doch für ein glückliches Kind!

In früher Kindheit begann sie damit, ganze Kapitel der Bibel auswendig zu lernen. Das behielt sie bis ins hohe Alter bei.

Ganz unerwartet erhielt die 15-jährige Fanny Crosby noch eine besondere Förderung. In breiter Öffentlichkeit wuchs damals das Interesse am Schicksal der Blinden. Viele wollten als Zeichen ihrer sozialen Verantwortung Blinde fördern und unterstützen. Dadurch konnte auch Fanny Crosby das neu gegründete Blindeninstitut in New York besuchen. In den acht Jahren, in denen sie dort als Schülerin war, musste sie immer wieder in der Öffentlichkeit zeigen, was Blinde alles leisten können. So demonstrierte sie an vielen Orten das Lesen mithilfe der Braille-Blindenschrift. Nach ihrer Schulzeit wirkte sie noch fünfzehn Jahre als blinde Lehrerin für die Blinden dort am Institut.

Schon während ihrer Schulzeit wurde die erstaunliche Dichtergabe des blinden Mädchens anerkennend gerühmt, auch durch von weither angereiste Fachleute. Sie gab mehrere Bücher heraus. Ihre Gedichte wurden bald in bekannten Tageszeitungen gedruckt. Fanny Crosby war bekannt, ja berühmt; der Erfolg aber stieg ihr nicht in den Kopf. Dazu half auch ihre bewusste Bekehrung im Jahr 1850. Damals wurden in einer Methodistenkirche ganz in ihrer Nähe evangelistische Versammlungen gehalten. Mehrmals ging Fanny Crosby hin. Sie hatte in der letzten Zeit häufig mit Zweifeln zu kämpfen. Zweimal betete man dort mit ihr, davon wurde sie aber nicht tiefer berührt. Bis man eines Abends das Lied von Dr. Isaac Watts sang: *Sagt an, vergoss der Herr sein Blut …*

Sie erzählt später von diesem Abend: Als die dritte Zeile des letzten Verses erreicht war, übergab ich mich selbst dem Herrn. Meine Seele war vom Himmelslicht durchflutet. In dieser letzten Strophe heißt es:

> Heilen kannst nur du mein Herz,
> darum bring ich's dir auch dar.
> Jesus starb für mich,
> ja, für uns alle starb der Herr,
> gottlob, er starb für mich!

Mit 38 Jahren heiratete Fanny Crosby den blinden 27-jährigen Alexander van Alstyne, der ein begabter Blindenlehrer und Musiker war. Sie hatte ihn, der neben Orgel und Klavier auch andere Instrumente beherrschte, in der Blindenschule kennengelernt.

Ein Kind hat Fanny Crosby geboren, das schon ganz früh starb. Darüber hat sie aber nie viel gesprochen.

Tiefe Spuren hat die blinde Fanny Crosby besonders durch die Erweckungsbewegung hinterlassen, die etwa um 1857 in vielen amerikanischen Städten aufbrach. Viele bislang Ungläubige wurden mit persönlichem Einladen von Tür zu Tür erreicht. Auch durch die Bibelkurse der neu eingeführten Sonntagsschule für Erwachsene – vergleichbar etwa einer Abendbibelschule in Kleingruppen – kamen viele zum Glauben an Jesus.

Es war die Zeit der großen Evangelisationen, die Dwight Moody plante und durchführte. Er erreichte wirklich die ungläubigen Massen Amerikas. Und Fanny Crosby dichtete dazu unzählige Evangeliumslieder, die gerade suchende und fern stehende Besucher ungemein ansprachen. Der bekannte Sänger Ira D. Sankey sang sie vor vielen Tausenden.

Bis heute gehören die Lieder von Fanny Crosby zu den beliebtesten christlichen Liedern, die in aller Welt gesungen werden: Ob in chinesischen Hausversammlungen, in den Buschkirchen Afrikas, unter den Indios in Südamerika oder in weiten Teilen Europas. In Deutschland aber werden sie meist nur noch in Gemeinschaften und Freikirchen angestimmt, leider kaum mehr in den Gottesdiensten der Landeskirchen.

Während von unseren deutschen Chorälen und Liedern nur wenige auch in Kirchen anderer Kulturen Eingang fanden, wurde es der blinden Sängerin Fanny Crosby geschenkt, Christen in den verschiedensten Kirchen und Denominationen in unzähligen Ländern der Erde im Lob Gottes und im evangelistischen Zeugnis zusammenzuführen.

Gleichzeitig hat sie mit ihren frischen Liedern einen ganz neuen Musikstil in die christlichen Versammlungen hineingebracht. An die Stelle der steifen und nüchternen Kirchenlieder schuf sie zusammen mit anderen Liedermachern populäre Formen, in denen auch Gefühle und Emotionen Raum bekamen.

Wo in aller Welt ist das Lied des großen fröhlichen Gotteslobs nicht bekannt, das von der blinden Dichterin stammt:

O Gott, dir sei Ehre, der Großes getan!
Du liebtest die Welt, nahmst der Sünder dich an!
Dein Sohn hat sein Leben zum Opfer geweiht.
Der Himmel steht offen zur ewigen Freud.
Preist den Herrn! Erde, hör diesen Schall!
Preist den Herrn! Völker, freuet euch all!
O kommt zu dem Vater! In Jesus wir nahn,
und gebt ihm die Ehre, der Großes getan!

O große Erlösung, erkauft durch sein Blut!
Dem Sünder, der glaubt, kommt sie heute zugut!
Die volle Vergebung wird jedem zuteil,
der Jesus erfasset, das göttliche Heil!
Preist den Herrn! ...

Wie groß ist sein Lieben! Wie groß ist sein Tun!
Wie groß unsre Freude, in Jesus zu ruhn!
Doch größer und reiner und höher wird's sein,
wenn jubelnd und schauend wir droben ziehn ein.
Preist den Herrn! ...

Neben 1000 weltlichen Gedichten hat Fanny Crosby annähernd 9000 geistliche Lieder verfasst. Wohl niemand sonst in der Christenheit hat diese große Zahl erreicht.

Oft dichtete sie ein Lied zu einer Melodie, die sie gerade gehört hatte. Sie sprach von einer göttlichen Inspiration, die ihr spontan in einem Zug ein ganzes Lied schenkte. Sie haderte nicht mit ihrem Schicksal, sondern konnte im Rückblick auf ihr Leben sagen: Ich habe nicht einen Augenblick in mehr als 85 Jahren einen Funken von Groll dagegen gefühlt; denn ich habe allezeit geglaubt, dass der gütige Herr in seiner unendlichen Gnade durch diese Wege mich zubereitete, das Werk zu tun, das er mir anvertraut hat. Wenn ich überlege, wie ich gesegnet wurde, wie kann ich unzufrieden sein?

Unzählige wurden getröstet durch ihr Lied des Vertrauens:

Gott wird dich tragen, drum sei nicht verzagt,
treu ist der Hüter, der über dich wacht.
Stark ist der Arm, der dein Leben gelenkt,
Gott ist ein Gott, der der Seinen gedenkt.
Gott wird dich tragen mit Händen so lind.
Er hat dich lieb wie ein Vater sein Kind.
Das steht dem Glauben wie Felsen so fest:
Gott ist ein Gott, der uns nimmer verlässt.

Gott wird dich tragen, wenn einsam du gehst;
Gott wird dich hören, wenn weinend du flehst.
Glaub es, wie bang dir der Morgen auch graut,
Gott ist ein Gott, dem man kühnlich vertraut.
Gott wird dich tragen …

Gott wird dich tragen durch Tage der Not;
Gott wird dir beistehn in Alter und Tod.
Fest steht das Wort, ob auch alles zerstäubt,
Gott ist ein Gott, der in Ewigkeit bleibt.
Gott wird dich tragen …

Bis ins hohe Alter von 95 Jahren konnte sie noch tätig sein. Dann rief sie der Herr 1915 heim.

Auf ihr Grab setzte man einen Stein mit der Inschrift Tante Fanny und dem Wort: Sie hat getan, was sie konnte.

1955 wurde ein größerer Stein aufgestellt, auf dem die erste Strophe ihres Liedes *Blessed assurance* eingegraben ist, das Fanny Crosby im Jahr 1873 dichtete. Es wurde von dem Hamburger Lehrer Heinrich Rickers ins Deutsche übersetzt:

Seligstes Wissen: Jesus ist mein!
Köstlichen Frieden bringt es mir ein.
Leben von oben, ewiges Heil,
völlige Sühnung ward mir zuteil.
Lasst mich's erzählen, Jesus zur Ehr;
wo ist ein Heiland, größer als er?
Wer kann so segnen, wer so erfreun?
Keiner als Jesus! Preis ihm allein!

Ihm will ich leben – o welche Freud!
Herrliche Gaben Jesus mir beut:
Göttliche Leitung, Schutz in Gefahr,
Sieg über Sünde reicht er mir dar.
Lasst mich's erzählen, Jesus zur Ehr...

Völlig sein Eigen! Nichts such ich mehr;
Jesus, er stillet all mein Begehr.
Treu will ich dienen ihm immerdar,
bis ich gelang zur oberen Schar.
Lasst mich's erzählen, Jesus zur Ehr ...

Das kurze Leben des Missionars Friedrich Traub in China

Jesus lebt und Jesus siegt!

Die Unterdrückung der Bevölkerung durch die Kolonialmächte und das Durchsetzen ihrer Wirtschaftsinteressen lösten zu Beginn des 20. Jahrhunderts in China bürgerkriegsähnliche Unruhen aus. Die Boxer – so nannten sich die zu allem entschlossenen Kämpfer – erhoben sich gegen die fremden Einflüsse der ausländischen Mächte in China, so auch gegen das Christentum.

Der aufgehetzte Mob der Straße randalierte in Städten und Dörfern und war zum Umsturz entschlossen. Es kam zu blutigen Verfolgungen und zur Ermordung vieler Missionare und ihrer

Familien. Auch chinesische Christen wurden gefoltert und hingerichtet.

In Zhangshu spitzte sich die Lage gefährlich zu. Erst vor zwei Jahren war die Missionsstation in der Stadt völlig zerstört worden. Im Missionshaus saßen hier der 27-jährige deutsche Missionar Friedrich Traub und sein amerikanischer Kollege Saure und rechneten jede Stunde mit dem Schlimmsten. Draußen hatte sich eine Meute wild schreiender Leute zusammengerottet, die das Haus abbrennen wollten. Da erschienen mitten in der Nacht plötzlich Soldaten des Mandarins und brachten die beiden Missionare in Sicherheit.

Friedrich Traub schrieb in diesen unruhigen Wochen an seine Eltern: Der Herr ist bei uns alle Tage; ihr braucht gar keine Sorge um uns zu haben. Wir sind sicher in Jesu Armen Tag und Nacht. Es wäre traurig, wenn wir Angst hätten an eines so treuen Freundes Hand. Ihm wollen wir vertrauen ohne Sorgen.

Von Friedrich Traub stammt das wunderbare Lied des sorglosen Vertrauens:

Und dennoch, wenn's auch tobt und stürmt
und Dunkel mich umhüllt,
wenn Woge sich auf Woge türmt
und fast mein Schifflein füllt:

Ja, dennoch will ich stille sein,
nicht zagen in Gefahr,
will flüchten mich in Gott hinein
und ruhn da immerdar.

Gleich wie ein neugebornes Kind
liegt still im Mutterschoß
und trotz dem allerstärksten Wind
ist froh und sorgenlos:

So will ich auch, mein treuer Hort,
mich dir fest anvertraun
und stille auf dein göttlich Wort
in Nacht und Stürmen baun.

So wüte nun, du wildes Meer,
und droh nur, Felsenriff,
es ist der allgewaltge Herr
in meinem kleinen Schiff.

Er ist der Mann, er führt's hinaus,
obwohl ich Staub nur bin;
er bringt mich durch des Meers Gebraus
zum Friedenshafen hin.

Drum dennoch, wenn's auch tobt und stürmt
und Dunkel mich umhüllt,
vertrau ich froh, dass Gott mich schirmt
und Sturm und Wetter stillt.

1873 war Friedrich Traub in Korntal bei Stuttgart als Kind einer Bauernfamilie geboren. Dort in der Brüdergemeinde, die 1819 von erweckten und bekennenden Christen als Modell gegründet worden war, hatte er seine geistliche Heimat.

Wegen seiner angeschlagenen Gesundheit brach er die Lateinschule ab und gab seinen ursprünglichen Plan auf, Theologie zu studieren. Nach dem Abschluss einer kaufmännischen Lehre wurde er im Alter von 20 Jahren in die Bibelschule St. Chrischona bei Basel aufgenommen.

Schon während seiner Studien dort wurde ihm klar, dass Gott ihn in die Mission rief. 1898 im Probedienst in Neuchâtel in der französischen Schweiz erfuhr Traub, dass er als Missionar für China bestimmt war.

Die Gemeinden, die ihn entsenden wollten, waren landeskirchliche Gemeinschaften in Westpreußen. Traub erzählt, wie hart der Boden dort für den Bau lebendiger Gemeinden war:

Hier in der Nähe von Danzig habe ich täglich Versammlungen, Hausbesuche usw. Es geht hier sehr schwer in Westpreußen. Besonders in solchen Städten wie Stargard und Konitz ist schreckliche Gleichgültigkeit und irdischer Sinn zu finden, und nur wenige wollen etwas vom Evangelium wissen. Die Pastoren sind besonders dagegen und tun alles, um das erwachte Leben gleich wieder totzuschlagen. Man könnte hundertmal verzagen, wenn man es immer mit so steinkalten Herzen zu tun hat, die Jesus und die Seinen aus tiefster Seele hassen. Aber Jesus ist auf dem Plan.

1899 reiste Friedrich Traub auf einer sechs Wochen dauernden Schiffsreise nach China aus. Die Not der Millionen, die noch nie von Jesus und seiner Liebe hörten, lastete schwer auf ihm. Seinen letzten Gruß an die Heimatgemeinden fasste er in das Wort des Paulus in Philipper 1,20: Betet für mich, dass Christus verherrlicht werde an meinem Leibe, es sei durch Leben oder Tod!

Schwer krank, mit hohem Fieber, lag Traub 1901 in dem chinesischen Guling. Von dort schrieb er an die entsendenden Heimatkreise in Deutschland: Ihrem Wunsch gemäß suchte ich einige Verse zu machen, aber mein elender Zustand hinderte mich. Dem Brief beigelegt war das Lied, das sicher das bekannteste von Traub ist:

Jesus lebet, Jesus siegt!
Halleluja! – Amen.
Satan wütend stets bekriegt
Gottes heilgen Samen.
Volk des Herrn, o sei getrost,
wenn der Feind auch sehr erbost:
Jesus lebet, Jesus siegt! Halleluja! – Amen.

Streiter Christi, frisch voran
ohne Furcht und Zagen!
Längst gebrochen ist die Bahn,
drum darfst du es wagen.
Gottes Gnade reicht für dich,
und du siehst ganz sicherlich:
Jesus lebet, Jesus siegt!

Halleluja! – Amen.

Harre aus! Das End ist nah!
Bald erscheint die Stunde,
wo ein froh »Viktoria!«
geht von Mund zu Munde.
Ewig enden Kampf und Schmerz,

selig jauchzt ein jedes Herz:
Jesus lebet, Jesus siegt!

Halleluja! – Amen.

Auf seinen strapaziösen Reisen war Missionar Traub viele Tage zu Fuß unterwegs in der chinesischen Hunan-Provinz, oft bis zu 40 oder 50 Kilometer täglich. Ungesunde Ernährung, aufreibender Dienst und extremes Klima setzten seiner Gesundheit zu. Friedrich Traub erkrankte schwer. Er schrieb in einem Brief:

Nur Geduld! Bald schmachten und frieren, hungern und dürsten wir nicht mehr! Beigelegt war sein Gedicht Ergebung:

Soll ich den Kelch nicht trinken,
den mir mein Vater gab?
Soll ich nach eignem Dünken
umgehen Kreuz und Grab?

Mein Vater ist doch Liebe
und kennt mein armes Herz;
ist's möglich, dass er triebe
mit mir nur blinden Scherz?

Nein! Weicht, ihr Nachtgedanken,
und kehrt nie mehr zurück!
Mein Glaube darf nicht wanken,
sonst wankt und fällt mein Glück!

So darf ich ohne Zagen
mich überlassen dir,
darf freudig alles tragen,
was je du auflegst mir.

Ob Leben oder Sterben
dein Kelch für mich enthält,
du lässt mich nicht verderben;
drum gib, was dir gefällt.

Gequält von Fieberschüben schrieb Traub an die Freunde daheim: Wenn wir unsere schwierige Lage beschauen, möchte uns Hören und Sehen vergehen. Aber »dennoch Gott zum Trost!« Zur rechten Zeit erinnert uns allemal der Heilige Geist an den ewigen Felsen, der Zuversicht und Burg ist für die Armen und Elenden. Dann blickt das Auge wieder freudig nach oben, dann lernt man sprechen: »Ja, Vater, dennoch!«

Durch die eigene Krankheitsnot erkannte Traub, wie wichtig der Dienst der ärztlichen Mission ist: Wir müssen helfen, diesen Unglücklichen ein besseres Dasein zu verschaffen! China ist für ausgebildete Krankenschwestern ein großartiges Arbeitsfeld! Wie dankbar sind die Ärmsten für jeden kleinsten Dienst!

Immer deutlicher wurde es Traub bewusst, wie in der chinesischen Kultur verheiratete Missionare viel besser Zugang bekamen und arbeiten konnten, wenn ihre Frauen das Vertrauen der Chinesinnen fanden. Singles hatten hier ein entscheidendes Handicap. So entschloss er sich 1904 zur Heirat mit der schweizerischen Missionarin Emilie Brunnschweiler. Nur ein starkes Jahr konnten sie miteinander in der Arbeit stehen.

Friedrich Traub war vom aufreibenden Missionsdienst körperlich sehr geschwächt. Als ihn zu Beginn des Jahres 1906 wieder heftiges Fieber schüttelte, brach er völlig zusammen. Es war Typhus, dem er nach kurzer Krankheitszeit im Alter von 33 Jahren erlag.

Zwei Monate später brachte seine Frau einen Jungen zur Welt. Sie nannte ihr Kind zum Gedenken an seinen Vater Friedrich.

Der Schmerz von Eleonore Fürstin Reuß um die beste Freundin

Warum so viel Leiden und nur ganz kurzes Glück?

Es war in den Weihnachtstagen 1857. Im Schloss des Fürsten Reuß in Jänkendorf bei Niesky in der Oberlausitz traf eine Todesnachricht ein. Die Schriftstellerin Marie Nathusius, die liebe und vertraute Freundin seiner jungen Frau, war ganz plötzlich im Alter von 40 Jahren in Neinstedt gestorben. Schon am Heiligabend hatte man sie beerdigt.

Die Nachricht erschütterte Fürstin Eleonore ungeheuer. Wenige Wochen zuvor war ihre frühere Erzieherin verstorben, die sie vom fünften bis zum fünfzehnten Lebensjahr geduldig und voll herzlicher Liebe begleitet hatte. Sie war für sie fast wie eine Mutter gewesen.

Damals hatte ihr reicher Vater, der Erbgraf zu Stolberg-Wernigerode, es so gewollt, dass sie nicht im prächtigen, hochgelegenen Schloss in Ilsenburg wohnen sollten, sondern im alten Marienhof unten im Dorf.

Schon in Kindertagen hatte sie den geliebten Vater verloren. Auch ihr Bruder, mit dem sie besonders verbunden war, verstarb früh.

Im Alter von 20 Jahren hatte sie Fürst Heinrich LXXIV. Reuß geheiratet. Er war damals schon Großvater, 37 Jahre älter als sie.

In diesen letzten Tagen des Jahres 1857 ließ die junge, 22-jährige Fürstin Eleonore ihren Schlitten anspannen, um Trost in der Stille und Einsamkeit zu finden. Auf dieser winterlichen Fahrt entstanden in Trauer und tiefem Schmerz jene Strophen:

Das Jahr geht still zu Ende,
nun sei auch still, mein Herz.
In Gottes treue Hände
leg ich nun Freud und Schmerz
und was dies Jahr umschlossen,
was Gott der Herr nur weiß,
die Tränen, die geflossen,
die Wunden brennend heiß.

Warum es so viel Leiden,
so kurzes Glück nur gibt?
Warum denn immer scheiden,
wo wir so sehr geliebt?
So manches Aug gebrochen
und mancher Mund nun stumm,
der erst noch hold gesprochen;
du armes Herz, warum?

Dass nicht vergessen werde,
was man so gern vergisst:
dass diese arme Erde
nicht unsre Heimat ist.
Es hat der Herr uns allen,
die wir auf ihn getauft,
in Zions goldnen Hallen
ein Heimatrecht erkauft.

O das ist sichres Gehen
durch diese Erdenzeit:
nur immer vorwärts sehen
mit selger Freudigkeit;
wird uns durch Grabeshügel
der klare Blick verbaut,
Herr, gib der Seele Flügel,
dass sie hinüberschaut.

Hilf du uns durch die Zeiten
und mache fest das Herz,
geh selber uns zur Seiten
und führ uns heimatwärts.
Und ist es uns hienieden
so öde, so allein,
o lass in deinem Frieden
uns hier schon selig sein.

Was Eleonore Fürstin Reuß hier entdeckte, musste sich auch bewähren, als sie eins ihrer fünf Kinder schon im Alter von zwölf Jahren verlor, und auch später, als ihr Mann nach fast 30-jähriger glücklicher Ehe starb.

Als Witwe kehrte Eleonore Fürstin Reuß wieder zu ihrer Mutter auf den Marienhof von Ilsenburg zurück. Durch helle und trübe Jahre hat uns Gottes Gnade geführt, schrieb sie später. An der Seite ihres Mannes hatte sie wichtige und große Aufgaben in der Welt. Darüber hat sie nie vergessen, dass wir Wanderer nach der Ewigkeit sind und unsere Heimat im Himmel ist.

So dichtete sie auch das weit bekannte geistliche Volkslied, zu dem Pastor Karl Kuhlo eine ganz volkstümliche Melodie geschaffen hat. Sie veröffentlichte es erstmals 1867 im ersten Bändchen ihrer anonym herausgegebenen Gedichte unter dem Titel Gesammelte Blätter von El:

Ich bin durch die Welt gegangen,
und die Welt ist schön und groß,
und doch ziehet mein Verlangen
mich weit von der Erde los.

Ich habe die Menschen gesehen,
und die suchen spät und früh;
sie schaffen, sie kommen und gehen,
und ihr Leben ist Arbeit und Müh.

Sie suchen, was sie nicht finden,
in Liebe und Ehre und Glück,
und kommen belastet mit Sünden
und unbefriedigt zurück.

Es ist eine Ruh gefunden
für alle fern und nah:
in des Gotteslammes Wunden
am Kreuze auf Golgatha.

1903 starb Eleonore Fürstin Reuß im Alter von 68 Jahren auf Schloss Ilsenburg im Harz. Ihr Lebensmotto war die Strophe von Paul Gerhardt gewesen:

Die Sonne, die mir lachet,
ist mein Herr Jesus Christ,
das, was mich singen machet,
ist, was im Himmel ist.

Als viele Gemeinden durch Gustav Knak neu belebt wurden

Unter Sonnenschein und Stürmen getrost und fröhlich

Das verschlafene Hinterpommern wurde durch den jungen 28-jährigen Pfarrer Gustav Knak aufgestört. Als er 1834 die Pfarrstelle Wusterwitz bei Dramburg bezog, hatten er und seine Frau sich fest vorgenommen: Keinen Menschen, der in unser Haus hineinkommt, wollen wir gehen lassen, ohne ihm gesagt zu haben, wie er selig werden könne.

Zunächst aber war es für die Pfarrleute ein Schock, als sie das heruntergekommene Pfarrhaus betraten. Die junge Pfarrfrau brach in Tränen aus: Hier sollte sie hausen müssen? Der Vorgänger hatte hier 40 Jahre gewohnt und unter der Wirkung des Alkohols alles verkommen lassen.

Du weinst?!, fragte Gustav Knak seine Frau. Das ist ja die Stätte, wo uns der Herr hingesandt hat. Lasst uns lieber freuen im Danken.

Tatsächlich war es der richtige Platz für Gustav Knak. Das Gemeindeleben war zwar in traditionellen Formen erstarrt. Wie aber der junge Pfarrer von Jesus redete, zog es die Leute plötzlich in Scharen an. Bibelstunden wurden eingerichtet für suchende Menschen zur Festigung im Glauben. Zunächst trieb viele nur die Neugierde. Das gepredigte Wort des Evangeliums traf sie aber im Gewissen. Es kam zu klaren Bekehrungen.

Wo sich Türen für das Evangelium öffneten, waren plötzlich auch viele Widersacher da. Die Polizei erschien in den Gottesdiensten und schrieb die Namen von Teilnehmern auf, die aus anderen Pfarreien kamen. Die nur auf Ruhe bedachten Kirchenfunktionäre fürchteten um den Frieden. Einer sprach angesichts der Erweckung sogar von einer geistlichen Cholera.

Von weither strömten Hunderte zu den Missionsfesten. In Wusterwitz fanden sie im herrschaftlichen Park statt. Diese Jahresfeste waren gleichzeitig große, zu Jesus einladende Evangelisationen. Da wurde nicht nur von der Dunkelheit des Geisterglaubens in Übersee erzählt, sondern gleichzeitig die Not eines Lebens ohne Jesus hier in der Heimat erschütternd deutlich. Man erkannte, dass man im Gericht Gottes verloren ist, wenn man seine Gnade ausschlägt. Vier Stunden und länger lauschten die Menschen den Predigten und Ansprachen. Viele fanden hier zum lebendigen Glauben.

Gustav Knak beschrieb solche Tage der Erweckung:

Wenn Gottes Winde wehen
vom Thron der Herrlichkeit
und durch die Lande gehen,
dann ist es selge Zeit.
Wenn Scharen armer Sünder
entfliehn der ewgen Glut,
dann jauchzen Gottes Kinder
hoch auf vor gutem Mut.

Gustav Knak selbst war erst nach Schluss seines Theologiestudiums durch die damals in Pommern sich ausbreitende Erweckung zum persönlichen Glauben an Jesus gekommen. Das merkten zuerst die Leute von Königs Wusterhausen, die den 26-jährigen Kandidaten als Lehrer an ihre Schule berufen hatten.

Sie sprachen viel von Vernunft und guten Taten, hielten aber Glauben und Bibel für längst überholte altmodische Überbleibsel. Man müsse den Menschen nur zum Guten anhalten, war auch die Meinung der damaligen aufgeklärten Theologen, dann sei die Welt rasch voller Harmonie und Hilfsbereitschaft.

Wie entsetzt waren sie, als ihr neuer Lehrer Knak nicht nur mit den Kindern in der Bibel las und vom Erretter Jesus sprach, sondern auch im Ort einen Bibelkreis einrichtete. Sie straften den rückständigen Lehrer mit Verachtung und Spott.

Da brach nach drei Jahren die Cholera aus. Auch in Königs Wusterhausen wurde ein Lazarett eingerichtet. Der Bürgermeister suchte Pflegekräfte. Trotz angebotener guter Bezahlung wollte sich keiner melden.

Da standen Gustav Knak und sein Freund Ferdinand Jager auf und erklärten: Wir sind mit Gottes Hilfe bereit. Und auf Lohn von Menschen verzichten wir. Schon bald trugen sie den ersten Kranken auf ihren Schultern in das Lazarett und pflegten ihn aufopfernd bis zu seinem Tod.

Das war eine Überraschung für die immer viel vom sozialen Engagement redenden Bürger von Königs Wusterhausen, dass ausgerechnet die verspotteten Frommen praktisch Hand anlegten. Die Einsicht hielt leider nicht lange an. Bald drehte sich alles Reden wieder um die Vernunft der guten Werke.

Das war auch der Grund, warum Gustav Knak froh war, als er dem Ort Adieu sagen konnte. Mehrmals war er von Königs Wusterhausen, wo er Lehrer war, in das Städtchen Pyritz bei Stettin gewandert. Dort hatte auch sein Freund und Schwager Moritz Goerke, einst ein kalter und freisinniger Theologe, zum lebendigen Glauben an Jesus Christus gefunden. Er sammelte jetzt als Pfarrer die gläubig gewordenen Leute um sich und baute Bibelgruppen auf. Goerke dichtete das Lied *Auf, Christen, stimmt ein Loblied an.*

Knak schuf später mehrere Missionslieder. Dazu gehört auch das Lied zum Abschied der Missionare, die über die Meere hin in die unbekannte Ferne ziehen. Er hatte es zunächst seinem Vetter Straube gewidmet:

Zieht in Frieden eure Pfade.
Mit euch des großen Gottes Gnade
und seiner heilgen Engel Wacht!
Wenn euch Jesu Hände schirmen,
geht's unter Sonnenschein und Stürmen
getrost und froh bei Tag und Nacht.
Lebt wohl! Lebt wohl im Herrn!
Er sei euch nimmer fern spät und frühe.
Vergesst uns nicht in seinem Licht
und wenn ihr sucht sein Angesicht.

Friedrich von Bodelschwingh, der Gründer der Anstalten von Bethel, erzählt, wie er im Sommer 1853 als junger Gutsverwalter beim Missionsfest in dem kleinen Städtchen Bublitz eine große Lebenswende erlebte. Schon mit Tagesanbruch hatte er sein Pferd gesattelt, um in den Nachbardörfern Arbeiter für die Ernte anzuwerben. Als er damit fertig war, ritt er nach Bublitz hinüber, band sein Pferd an und trat in die Kirche, wo das Missionsfest stattfand.

Dort wurde eben über das Wort Jesu gepredigt: Die Ernte ist groß, aber wenige sind der Arbeiter. Bittet den Herrn der Ernte, dass er Arbeiter in seine Ernte sende! Bodelschwingh war gepackt, wie der Pfarrer die Not hinsiechender, sterbender, verderbender Menschen und des Herrn Jammer über sie schilderte.

Zuletzt fragte der Prediger mit großem Ernst, ob unter der ganzen Gemeinde nicht auch einer wäre, der sich selbst für diesen Dienst zur Verfügung stellen wolle? Da sagte Bodelschwingh: Ja, ja, ich will kommen. Fröhlich, ja frohlockend jagte ich heimwärts, auch wenn später Gottes Weg ihn in die Diakonie führen sollte.

Von der Hingabe in der Nachfolge Jesu spricht auch das Lied von Gustav Knak, der ein gern gehörter Prediger beim Missionsfest in Bublitz war:

Jesu, Gnadensonne,
süße Seelenzier,
Brunnquell aller Wonne,

neige dich zu mir!
Blicke voll Erbarmen
auf dein Kind herab,
tröste selbst mich Armen,
sei mein Schild und Stab!

Dir nur will ich leben
und für dich nur sein,
dir mich ganz ergeben
und zum Opfer weihn.
Sprich dazu dein Amen,
o mein Fels und Hort!
Preis sei deinem Namen,
Preis dir hier und dort!

Einige Jahre bevor Bodelschwingh dort in Bublitz seine Lebenswende erfuhr, war Gustav Knak unterwegs auf der Reise. Er kehrte in das Haus eines befreundeten Pfarrers ein und bat ihn, die Melodie des Volkslieds *Morgenrot* zu spielen, die auf dem Weg ein Hornist geblasen hatte. Zu dieser bekannten Weise dichtete er das Lied *Lasst mich gehen,* das aber später mit einer anderen Melodie seine weite Verbreitung fand. In Bublitz wurde dieses Lied zum zweiten Mal angestimmt, das später in mehr als 30 Sprachen übersetzt wurde:

Lasst mich gehn, lasst mich gehn,
dass ich Jesus möge sehn;
meine Seel ist voll Verlangen,
ihn auf ewig zu umfangen
und vor seinem Thron zu stehn.

Wie wird's sein, wie wird's sein,
wenn ich zieh in Salem ein,
in die Stadt der goldnen Gassen!
Herr, mein Gott, ich kann's nicht fassen,
was das wird für Wonne sein.

1850 wurde Gustav Knak als Pfarrer und Nachfolger des bekannten Missionsmannes Johannes Goßner an die Bethlehemskirche in Berlin gerufen. Nun war Knak auf ein weites Arbeitsfeld gestellt.

Hier in Berlin war er 1806 geboren. Seine Kindheit war überschattet von der Trennung seiner Eltern. Der junge Gustav hatte sehr darunter gelitten.

Als im Jahr 1860 seinem Freund, Pfarrer Karl Straube, die Ehefrau starb, hat es ihn tief getroffen. In der nachfolgenden Zeit schwerer Anfechtung und großer Krankheitsnöte dichtete Knak das Lied:

Keiner wird zuschanden,
welcher Gottes harrt;
sollt ich sein der Erste,
der zuschanden ward?
Nein, das ist unmöglich,
du getreuer Hort!
Eher fällt der Himmel,
eh mich täuscht dein Wort!

Du hast zugesaget:
Wer da bittet, nimmt,
wer da sucht, soll finden,
was ihm Gott bestimmt;
wer im festen Glauben
mutig klopfet an,
dem wird ohne Zweifel
endlich aufgetan.

Nun, so will ich's wagen,
Herr, auf dein Gebot,
alle meine Sorgen,
eign' und fremde Not,
all mein heimlich Grämen,
alles, was mich quält,
dir ans Herz zu legen,
der die Tränen zählt.

Du bist mein Erbarmer
und mein bester Freund,
meines Lebens Sonne,
die mir lacht und scheint
auch in finstern Nächten
und durchs Todestal
mir hinüberleuchtet
zu des Lammes Mahl.

Dieser sehnliche Blick auf die Ewigkeit war kennzeichnend für Gustav Knak. 1878 durfte Gustav Knak vom Glauben zum Schauen hinübergehen, als er eben seine Kinder im pommerschen Dünnow besuchte.

Der Freund der Kinder – Hofprediger Wilhelm Hey

Weil Gott gerade Kinder lieb hat!

Scheu und etwas zurückgezogen lebte Johann Wilhelm Hey gerne. Man erzählt, er sei immer etwas unbeholfen und eckig aufgetreten und auch seine äußere Erscheinung sei recht unscheinbar gewesen.

Unter Kindern aber fühlte sich Wilhelm Hey wohl. Seine gutmütige und fröhliche Lebensart zog Kinder an. Wie wenig andere konnte er mit ihnen wunderbar spielen und lachen. Er konnte auch ihren ungekünstelten Glauben nachfühlen und kindgemäß reimen. Von ihm stammt der bekannte Gebetsvers:

Wie fröhlich bin ich aufgewacht,
wie hab ich geschlafen so sanft die Nacht.
Hab Dank, du Vater im Himmel mein,
dass du hast wollen bei mir sein.
Behüte mich auch diesen Tag,
dass mir kein Leid geschehen mag.

Der früher in Hamburg wirkende bekannte Buchhändler Wilhelm Perthes hatte nach seinem Umzug ins thüringische Gotha ein neues Verlagsgeschäft eröffnet. Dort hörte er erstmals von seiner Enkelin Fanny einige Kinderverse von Wilhelm Hey.

Weil er keine eigene Dienstwohnung hatte, wohnte Wilhelm Hey damals im Haus von Perthes' Schwiegersohn in Gotha. Der erfahrene Verleger Perthes sah mit seinem Scharf blick rasch, dass auf dem Büchermarkt noch eine Lücke für solche christlichen Kinderverse sei.

Deshalb drängte er Wilhelm Hey, seine Gedichte für Kinder auch als Buch aufzulegen: Wenn Sie solche niedlichen Kindergedichte machen können, so schaffen Sie doch mehr von der Art! Die Kinderwelt hat nicht allzu viel davon. Das wäre gerade etwas für sie, was sie brauchen können.

Wilhelm Hey kam dies gerade recht. Mehrere Jahre lang wirkte er als Hofprediger an der Schlosskirche der Residenzstadt Gotha. Dabei war es zu Spannungen mit seinen Kollegen gekommen, weil Hey seine Bibelgruppen so gerne in Wohnungen abhielt, um auch die Kinder dabei zu haben und ihnen gerecht zu werden. Nun hatten diese schwierigen Kollegen mit einem hämischen Zeitschriftenartikel erreicht, dass Wilhelm Hey 1832 als Superintendent nach Ichtershausen in Thüringen zwischen Erfurt und Arnstadt versetzt wurde. Hier aber konnten sich Heys dichterische Gaben für Kinder voll entfalten.

1833 erschienen erstmals Wilhelm Heys 50 Fabeln für Kinder, die als Klassiker der Kinderstube weite Verbreitung fanden. Sie wurden ins Französische, Englische, Holländische, Italienische und in weitere Sprachen übersetzt.

Noch mehr bekannt und besonders bei Kindern beliebt ist sein Lied:

Weißt du, wie viel Sternlein stehen
an dem blauen Himmelszelt?
Weißt du, wie viel Wolken gehen
weithin über alle Welt?
Gott, der Herr, hat sie gezählet,
dass ihm auch nicht eines fehlet
an der ganzen großen Zahl.

Weißt du, wie viel Mücklein spielen
in der heißen Sonnenglut,
wie viel Fischlein auch sich kühlen
in der hellen Wasserflut?
Gott, der Herr, rief sie mit Namen,
dass sie all ins Leben kamen,
dass sie nun so fröhlich sind.

Weißt du, wie viel Kinder frühe
stehn aus ihren Bettlein auf,
dass sie ohne Sorg und Mühe
fröhlich sind im Tageslauf?
Gott im Himmel hat an allen
seine Lust, sein Wohlgefallen,
kennt auch dich und hat dich lieb.

Johann Wilhelm Hey war 1789 als Pfarrerssohn in Laucha bei Gotha geboren. Weil er nach seinem Theologiestudium zunächst keine Pfarrstelle bekommen konnte, arbeitete er mehrere Jahre als Hauslehrer in Holland, bis er schließlich Pfarrer in Töttelstedt wurde.

Sonst hat ihn die weite Welt nie aus seiner Heimat Thüringen weglocken können. Sein Studienfreund Bunsen, der preußischer Gesandter beim Vatikan war, versuchte vergeblich, ihn als Botschaftsprediger nach Rom zu holen.

Kindern wollte Wilhelm Hey das Evangelium nahe bringen. Er schrieb einmal in einem Brief: Ich glaube, den Eltern einmal recht nachdrücklich zeigen zu müssen, wer ihren Kindern der Gegenstand der treusten Liebe sein muss, in dem sie allein selig werden können.

Unter anderen wurde auch dieses Weihnachtslied von Hey zum weit verbreiteten Volkslied:

Alle Jahre wieder
kommt das Christuskind
auf die Erde nieder,
wo wir Menschen sind.

Kehrt mit seinem Segen
ein in jedes Haus,
geht auf allen Wegen
mit uns ein und aus.

Ist auch mir zur Seite
still und unerkannt,
dass es treu mich leite
an der lieben Hand.

Für diese einfachen Kinderlieder waren leicht singbare Volksweisen nötig. Darum hat sich vor allem der schwäbische Universitäts-Musikdirektor Friedrich Silcher bemüht. Er stammte als ein Mann des Volkes aus Schnait im Remstal und wirkte zunächst als Volksschullehrer. Auf sein hohes Amt in Tübingen musste man den bescheidenen Silcher mit aller Macht drängen. In seiner 40-jährigen Amtszeit gelang es Silcher, das Volk der Deutschen zum Singen zu bringen. Er hatte rasch erkannt, welch hohe Bedeutung die Musik für das gesamte Geistesleben des Volkes hat.

So wurde auch das Lied von Wilhelm Hey durch die schöne Volksweise von Friedrich Silcher von den Kindern gleich gerne gesungen:

Aus dem Himmel ferne,
wo die Engel sind,
schaut doch Gott so gerne
her auf jedes Kind.

Höret seine Bitte
treu bei Tag und Nacht,
nimmt's bei jedem Schritte
väterlich in Acht.

Gibt mit Vaterhänden
ihm sein täglich Brot,
hilft an allen Enden
ihm aus Angst und Not.

Sagt's den Kindern allen,
dass ein Vater ist,
dem sie wohl gefallen,
der sie nie vergisst.

Wilhelm Hey war nicht nur in seiner Gemeinde ein geduldig zuhörender Seelsorger, sondern ging auch auf seine Pfarrkollegen zu, unter denen ganz entschiedene Rationalisten waren. Er gründete einen theologischen Verein, um ihnen bei der Festigung ihres wankenden Glaubens zu helfen. Er selbst hatte erst nach seinem Studium die Fesseln des Vernunftglaubens abgestreift und die Kraft des Kreuzes Jesu entdeckt. Das geschah auf seiner ersten Pfarrstelle, wo seine erste Frau nach längerer schwerer Krankheitszeit früh starb.

Der biblisch so eng gebundene Mann und Kinderfreund hatte einen weiten geistigen Horizont und verfolgte mit großem Interesse auch Literatur und Geisteswissenschaften.

Gleichzeitig kümmerte er sich in der Gemeinde mit Hingabe um Arme, Verzweifelte und Hilfsbedürftige. Als während seiner Abwesenheit eine Choleraepidemie ausbrach, kehrte er sofort heim und kümmerte sich aufopferungsvoll um die Kranken.

In seinem letzten Wirkungsort Ichtershausen verstarb Superintendent Wilhelm Hey 1854.

Henry Francis Lyte – Seelsorger von Matrosen und Fischern

Der Todesangst den Stachel genommen

Henry Francis Lyte wurde 1793 in Ednam nahe der schottischen Stadt Kelso geboren. Schon als kleines Kind hat er seine Eltern verloren. Sein Vater war als Kapitän zur See gefahren.

Für das Waisenkind wurde es schwierig, eine gute Ausbildung zu erhalten. Henry Francis war körperlich zart und wenig belastbar. Da öffnete sich für ihn die Tür zur königlichen Schule von Enniskillen und weiter zum Trinity-College von Dublin in Irland.

Es war sein Wunsch gewesen, Medizin zu studieren. Schließlich studierte er aber Theologie und wurde mit 23 Jahren als Pfarrer der Kirche von England ordiniert.

In seiner zweiten Pfarrstelle kam Lyte 1817 nach Marazion in Cornwall am äußersten südwestlichen Zipfel Englands. Dort wurde er eines Tages zu einem Kollegen im Nachbarort gerufen, der im Sterben lag und spürte, dass er ohne Gnade und Vergebung nicht sterben konnte. Lyte konnte dem Sterbenden das lösende Wort nicht sagen.

Mit seinem sterbenskranken Kollegen las er in der Bibel, besonders in den Paulusbriefen. Gemeinsam beteten sie, dass Gottes Geist sie leite und ihnen das Bibelwort verständlich mache.

Dieses Gebet wurde erhört. Dort am Sterbebett erkannten beide, der junge Seelsorger und der alte kranke Kollege, den Weg zur Rettung durch den Glauben an Jesus, der gekommen ist, um Sünder selig zu machen.

Lyte erzählt: Mein Freund starb glücklich im Glauben. Obwohl er viele schlimme Sünden begangen hatte, wusste er gewiss, dass Jesus durch sein Leiden und Sterben für seine Verfehlungen gebüßt hat. Alles war vergeben. Er war von Jesus aus lauter Gnade angenommen worden.

Henry Francis Lyte schuf das Lied *Praise my soul, the King of heaven*, das in unzähligen Sprachen in der ganzen Welt gesungen wird. In der deutschen Übersetzung *Meine Seele lobt den Herrn* heißt es:

Er sorgt für uns wie ein Vater,
rettet uns aus aller Not.
Selbst die Schwächen in uns kennt er,
starb für uns den Kreuzestod.
Lobt ihn, lobt ihn, lobt ihn,
diesen wunderbaren Gott!

Lyte war von da an ein veränderter Mensch. Er schrieb: Ich begann meine Bibel zu studieren und in anderer Art zu predigen, als ich es vorher getan hatte. Das stand jetzt in der Mitte seines Predigens: Nur Jesus allein besiegt mein Sterben. Unverdient werde ich von ihm begnadigt. Wer ihm vertraut, kann getröstet und im Frieden sterben.

Henry Francis Lyte verfasste auch das Lied *Jesus, dein Kreuz will ich tragen*, in dem eine Strophe lautet:

> Alle Stürme dieses Lebens
> führen näher uns zum Herrn.
> Auf ihn hoff ich nicht vergebens,
> denn er ist mein Fels, mein Stern.
> Ich will folgen dir, mein Heiland,
> du vergoss't dein Blut für mich.
> Ob die Welt mich auch verachtet,
> du verlässest mich doch nicht.

Ursprünglich hatte Henry Francis Lyte ehrgeizige schriftstellerische Pläne gehabt. Jetzt aber wollte er nur noch Jesus dienen und Menschen sein Evangelium nahebringen.

Er ließ sich als Pfarrer in das abgelegene Fischerdorf Lower Brixham in Devonshire im Südwesten der britischen Insel senden. Hier an der englischen Küste unter rohen Matrosen und hart gesottenen Fischern arbeitete er fast ein Vierteljahrhundert. Dann war er am Ende. Die Tuberkulose raubte ihm die letzte Kraft.

Über 80 Lieder hat er gedichtet. Nicht nur in England, sondern rund um die Erde wird das Abendlied *Abide with me* von Henry Lyte gesungen.

Die Melodie schrieb der Londoner Organist William Henry Monk 1861. Insgesamt 50 Melodien hat dieser Dozent an verschiedenen Hochschulen geschaffen, sodass ihm ehrenhalber ein Doktor der Musik verliehen wurde. Diese Melodie aber ging um die ganze Welt.

Das Lied ist vom Text her kein Abendlied. Es wurde bei festlichen Anlässen wie der Hochzeit des englischen Königs Georg VI. sowie bei der Hochzeit seiner Tochter Elisabeth II. mächtig und ergreifend gesungen, wie das nur Engländer können, wenn sie sich zum Singen erheben.

Das Lied erinnert an die Erscheinung des auferstandenen Jesus in Emmaus, wo die beiden Jünger Jesus nötigten: Herr, bleibe bei uns; denn es will Abend werden und der Tag hat sich geneigt. Der englische Text wurde 1952 von Theodor Werner, der damals Landessuperintendent in Mecklenburg war, ins Deutsche übersetzt.

Henry Francis Lyte dichtete dieses Lied in jenen schweren Krankheitstagen, als er sein baldiges Lebensende nahen fühlte. Vergeblich hatte er in den letzten Jahren an der Riviera Heilung gesucht.

Nun hielt er seine Abschiedspredigt in der Kirche von Lower Brixham. Es war am Sonntag, 31. Oktober 1847, dem Reformationstag. Henry Lyte wusste nicht, ob seine Kraft zum Predigen ausreichen würde.

Er wandte sich an die Gemeinde: Ich stehe jetzt unter euch wie einer, der von den Toten wieder lebendig geworden ist. Ich möchte es jedem von euch einprägen und das bewirken, dass ihr euch alle auf jene letzte Stunde vorbereitet, die über jeden kommen wird. Man muss sich zeitig vertraut machen mit dem Sterben Jesu, der in seinem Sieg den Tod verschlingt auf ewig.

Dann trug er der Gemeinde sein Lied vor:

Bleib bei mir, Herr! Der Abend bricht herein.
Es kommt die Nacht, die Finsternis fällt ein.
Wo fänd ich Trost, wärst du, mein Gott, nicht hier?
Hilf dem, der hilflos ist: Herr, bleib bei mir!

Wie bald verebbt der Tag, das Leben weicht,
die Lust verglimmt, der Erdenruhm verbleicht;
umringt von Fall und Wandel leben wir.
Unwandelbar bist du: Herr, bleib bei mir!

Ich brauch zu jeder Stund dein Nahesein,
denn des Versuchers Macht brichst du allein.
Wer hilft mir sonst, wenn ich den Halt verlier?
In Licht und Dunkelheit, Herr, bleib bei mir!

Von deiner Hand geführt, fürcht ich kein Leid,
kein Unglück, keiner Trübsal Bitterkeit.
Was ist der Tod, bist du mir Schild und Zier?
Den Stachel nimmst du ihm: Herr, bleib bei mir!

Halt mir dein Kreuz vor, wenn mein Auge bricht;
im Todesdunkel bleibe du mein Licht.
Es tagt, die Schatten fliehn, ich geh zu dir.
Im Leben und im Tod, Herr, bleib bei mir!

Schon am nächsten Tag brach Henry Francis Lyte wieder an die französische Riviera bei Nizza auf, um Erleichterung seiner Beschwerden zu finden. Drei Wochen später, am 20. November 1847, starb dieser treue Mann, der sich ganz im Dienst aufgezehrt hatte. Auf dem englischen Friedhof in Nizza wurde er beerdigt.

Seine letzten Worte waren: Friede, Freude!

Der schwere Unfall der Agnes Franz und vier Waisenkinder

Ruhig schlafen in dunkler Nacht

Ihr größter Wunsch war es gewesen, einmal Mutter sein zu dürfen. Für sie war Mutter ein himmlischer Name, könnte ich ihn jemals verdienen, welcher Preis wäre dafür zu hoch!

Dieser Wunsch aber hat sich für Agnes Franz nie erfüllt. Ein schwerer Unfall veränderte ihr Leben völlig. Ein Reisewagen war umgekippt. Die kleine Agnes stürzte aus dem Wagen. Sie trug eine schwere Rückenverletzung davon, die das normale Wachstum beeinträchtigte. Durch die Rückgratverkrümmung konnte sich auch die Lunge nicht richtig entwickeln und blieb zeitlebens schwach.

Schon früh hatte Agnes Franz ihren Vater verloren. Er war Regierungsrat in Militsch in Schlesien gewesen, wo sie 1794 geboren war.

Da sie durch den Unfall lange nicht zur Schule gehen konnte, kümmerte sich ihre Mutter um die nötige Bildung. Man hat den Eindruck, dass sich unter ihren körperlichen Gebrechen umso mehr die geistigen Fähigkeiten entwickelten. Es machte Agnes Franz Freude, ihre Gedanken in alltägliche Gedichte, Erzählungen und Romane zu fassen. Sie liebte dabei einen gefühlsstarken, romantischen Stil, der sie aber auch nicht überdauern sollte.

Sie lebte damals in Dresden, als 1822 ganz unerwartet auch ihre Mutter starb, die so viel für sie getan hatte. Durch die bittere Trauer um die geliebte Mutter wuchs ihr Glaubensleben noch mehr in die Tiefe.

Sie schrieb über diese Zeit: Seit Jesus mich überzeugt hat, dass es auch dem sehnsüchtigsten Streben nicht gelingen kann, durch das Verdienst eigner Werke sich der künftigen Gottseligkeit teilhaftig zu machen, sondern dass nur Gottes Gnade die Reinigung in uns zu wirken vermag, seitdem ist eine gar große Freude in meine Seele gekommen. Wohl war Jesus auch früher in meiner Seele, aber nur als der himmlische Führer, jetzt tritt er aber in einer Gestalt vor mich hin, in der ich mir ihn seltener gedacht, als Erlöser.

Sie zog jetzt zu ihrer Schwester Claire, der sie in ihrem Haushalt zur Seite stand. Da starb nach langer, schwerer Krankheit der Mann ihrer Schwester. Am Sarg ihres Schwagers gelobte sie, sich ganz für die Seinen einsetzen zu wollen: Gott erhalte uns die Liebe, immer, immer, das ist mein innigstes Gebet, schrieb Agnes Franz. Nur die Liebe überwindet, tröstet, erhebt, nur sie lehrt das Leid zu tragen. Ja, sie führt in den Himmel, wo wir den Urquell der Liebe finden und schauen werden.

Ihre Lebensaufgabe war jetzt eine ganz andere. Sie fühlte sich für diese Kinder des verstorbenen Schwagers mitverantwortlich. Was ich als Dichterin war, bin ich nicht mehr, sagte sie jetzt. Mich beschäftigt nicht mehr die Welt im Allgemeinen, mich beschäftigt die Welt in dem mir anvertrauten Kreise. Und so sorgte sie mit großer Hingabe und Treue für diese Kinder ihrer Schwester.

Als die sich nach und nach verheirateten und ihre eigenen Wege gingen, kam eine neue und große Aufgabe auf Agnes Franz zu. Über die Familie ihrer Schwester Adelheid war großes Leid hereingebrochen. Ihr Mann, der Baron von Siegroth, war gestorben und hatte vier kleine Kinder zurückgelassen. Das Kleinste, ein Junge, war eben erst geboren. Zu dieser schwer geprüften Schwester zog Agnes Franz nun nach Breslau.

Sie schrieb angesichts der herausfordernden Aufgabe: Wie bewunderungswürdig erscheint mir jetzt immer mehr der schwere und doch so schöne Beruf der Mutter! Sie hatte eine ganz besondere Freude an den Kindern. Ihre zärtliche Liebe ist mein Glück, konnte sie sagen.

Da starb zwei Jahre später ihre Schwester, die Mutter der vier Kinder. Nun stehe ich mit vier kleinen Waisen, die sie mir sterbend übergab, an ihrem Grab. Mir ist jetzt eine große Lebensaufgabe gestellt. O diese armen Waisen! Mein Leben gehört vom ersten Erwachen bis zum letzten Moment des Tages nur anderen.

In diesen traurigen Tagen in Breslau ist das bekannte Lied entstanden:

Wie könnt ich ruhig schlafen
in dunkler Nacht,
wenn ich, o Gott und Vater,
nicht dein gedacht?
Es hat des Tages Treiben
mein Herz zerstreut;
bei dir, bei dir ist Frieden
und Seligkeit.

O decke meine Mängel
mit deiner Huld,
du bist ja, Gott, die Liebe
und die Geduld!
Gib mir, um was ich flehe:
Ein reines Herz,
das dir voll Freuden diene
in Glück und Schmerz.

Auch hilf, dass ich vergebe,
wie du vergibst,
und meinen Bruder liebe,
wie du mich liebst!
So schlaf ich ohne Bangen
in Frieden ein

und träume süß und stille
und denke dein.

Dieses Lied wurde erstmals 1838 in ihrem Buch Gebete für Kinder veröffentlicht.

Für Agnes Franz war es die höchste Erfüllung, als der kleine Fritz einmal zu ihr Mutter sagte. Da weinte ich vor stiller Bewegung, erzählte sie anderen. Ach, ich glaube, es waren Freudentränen. Die Kinder sind mein Alles. Gern will ich von der Welt vergessen sein, wenn Gottes Gnade mir den Segen gibt, die Kinder zu seiner Ehre zu erziehen.

Sie versorgte sie nicht nur mit allem, was sie brauchten, sondern förderte sie auch geistig. Sie schrieb kleine Theaterstücke, die dann von den Kindern aufgeführt wurden. Es waren nur noch drei Jahre, in denen die treue Tante für ihre drei Nichten und den Neffen da sein konnte. 1843 starb sie, die nach ihrem Unfall in der Jugend nie mehr richtig gesund geworden war. Dennoch hatte sie in Breslau neben ihrem Dienst als Tante und Ersatzmutter auch das Amt der Vorsteherin einer Armenschule ausgeübt.

Als Johann Gottfried Schoener immer kraftloser wurde

Wenn das Wort zuerst ins Gewissen des Predigers trifft

Es war eine merkwürdige Zeit damals, als der Rationalismus in der evangelischen Kirche Bayerns Eingang fand. Ein namhafter Regierungsvertreter spottete und höhnte gegen die Kirchenführer: Wenn keine Pfaffen in der Welt wären, so würde alles Gute in der Welt möglich werden. Wenn nur die törichte Heiligkeit, apostolische Nachäffung und gräulicher Gewissenszwang aufhörten, würde die äußere Ordnung, die man jetzt aus Zwang hält, aus Freiheit mit Freuden und ungezwungen gehalten werden.

Wen wundert's, wenn nun die Theologen die gesunde Vernunft zum Maßstab des christlichen Glaubens machten, um den übermütigen Rationalisten den Wind aus den Segeln zu nehmen. Die Theologie des neuen Geistes ließ das geistliche Leben in den Gemeinden erstarren. Die großen Taten Gottes standen nicht mehr in der Mitte der Verkündigung. Überall breitete sich ein kalter, kritischer Vernunftglauben aus.

Es ging so weit, dass an Ostern nicht über die Auferstehung Jesu gepredigt wurde, sondern über Methoden zur Wiederbelebung Scheintoter. Die Botschaft an Weihnachten war nicht das Evangelium, dass Gottes Sohn Mensch wurde. Stattdessen nahm man den Bericht der Hirten auf dem Feld von Bethlehem und predigte über den Nutzen der Stallfütterung gegenüber der Tierhaltung im Freien. Man wollte praktisch predigen wie jener Herausgeber des Katechetischen Magazins im Jahr 1791, der sich zum Thema setzte: Die Pflicht des christlichen Menschenfreunds, andern einen vergnügten Tag zu machen.

In der alten und traditionsreichen Reichsstadt Nürnberg wirkte Johann Gottfried Schoener an der Marienkirche, beliebt und allseits geehrt. 1776 war er schon im Alter von 27 Jahren als der so genannte Vestenprediger auf diese bedeutende Kanzel gerufen worden, obwohl er doch in der Stadt als Fremder galt. Schoener war 1749 in Rügheim in der Nähe Schweinfurts als Pfarrerssohn geboren und hatte sich in Nürnberg als Hauslehrer sein Auskommen verdient.

Die einflussreichen und gebildeten Bürger schätzten ihn und seine zeitgemäßen Predigten sehr. Er hatte eine gute Redegabe und zog die Hörer in seinen Bann. Mit manchen neuen Ideen imponierte er den Leuten. Seine Gottesdienste waren stark besucht. Schoener mühte sich auch redlich, seinem Namen Ehre einzulegen und noch schöner zu predigen.

Nicht dass er modischen Unglauben predigte. Nein, Pfarrer Schoener war rechtgläubig und religiös, aber es gab keine biblische Buße, keine Umkehr von der Sünde, kein Erwachen aus dem religiösen Schlaf, kein tätiges neues Leben, das nur aus einem echten Glauben kommt.

Da hatte er ein Erlebnis, das ihn tief erschütterte. Am zweiten Weihnachtsfeiertag wollte er über den Glauben an Jesus Christus predigen. Als Text hatte er das Zeugnis von Johannes dem Täufer gewählt, wo es am Ende heißt: Wer dem Sohn nicht glaubt, der wird das Leben nicht sehen, sondern der Zorn Gottes bleibt über ihm.

Am Schluss der Predigt, sozusagen als Knalleffekt, führte er besonders drastisch aus: Wer diesen lebendigen Glauben nicht hat, der hat keinen Teil an Gott, denn er hat kein Teil an der durch Christus erworbenen Gnade. Erbat keinen Teil an den Gaben des Geistes noch an der Gemeinschaft der Heiligen, ihm bleibt in diesem Zustand der Himmel für immer verschlossen. Die ganze dunkle Nacht der Ewigkeit hindurch ruhen auf ihm die Wetterwolken des Zornes Gottes.

Da überfiel ihn plötzlich ein Schrecken: Du selbst hast ja diesen Glauben noch nicht! Das Wort richtete sich ganz unerwartet gegen sein eigenes Gewissen.

Schoener wurde blass und zitterte am ganzen Körper. Man musste den schwankenden, verstörten Mann von der Kanzel herunterführen und nach Hause bringen.

In den nächsten neun Monaten wiederholte sich dieser psychische Zustand immer, wenn er die Kanzel besteigen wollte. Die körperliche Schwäche, jenes Zittern und Schwindelgefühl überfielen ihn dann erneut.

Die Ärzte waren ratlos. Ein gläubiges Gemeindeglied, ein Kaufmann mit Namen Tobias Kießling, erkannte, dass hinter der Krankheit eine tiefere Not stand. Dieser Mann nahm sich ein Herz, besuchte den Pfarrer und sprach ihn auf seine inneren Probleme hin an. Lange schon hatte er für Schoener gebetet.

Dieser Tobias Kießling ahnte, was dem Pfarrer fehlte. Schoener bekannte ihm gegenüber, dass er sich auf der Kanzel wie zum Schafott geführt fühle. Bücher vom lebendigen Bibelglauben, die Kießling ihm schenkte, und die Seelsorge halfen Schoener aus der Krise. Er erlebte die Macht der vergebenden Gnade Gottes und entdeckte den lebendigen und befreienden Glauben an Jesus Christus.

Johann Gottfried Schoener konnte wieder predigen. Und wie er jetzt predigte! Modische Ausschmückungen waren ihm in seinen Ansprachen nicht mehr wichtig, sondern er bezeugte entschieden und zielgerichtet immer Jesus Christus, der sündige Menschen rettet. Er wurde von einem Schönredner zu einem biblischen Buß- und Heilsprediger.

Das war ein Schock für die vornehmen Bürger der freien Reichsstadt! Die ehrwürdigen Bürger Nürnbergs rückten von Schoener ab. Manche meinten gar, er sei vielleicht nicht mehr ganz klar im Kopf.

Statt der vornehmen, weiß gepuderten Köpfe sah man nun ganz andere in der Kirche. Es war oft nur eine kleine Schar, meist einfache und belastete Leute. Die suchten keine großartigen, gelehrten Worte, sondern das Evangelium, das Frieden und Leben gibt.

Die Predigtgemeinde war kleiner, aber viel lebendiger geworden. In der Stille trieb Schoener viel Seelsorge. Die Nöte, die ihm anvertraut wurden, belasteten ihn aber oft sehr.

Das Trost- und Ewigkeitslied, das Pfarrer Schoener gedichtet hat, kennen viele als ihr Lieblingslied:

Himmelan, nur himmelan
soll der Wandel gehn!
Was die Frommen wünschen, kann
dort erst ganz geschehn,
auf Erden nicht:
Freude wechselt hier mit Leid;
richt hinauf zur Herrlichkeit
dein Angesicht.

Himmelan, schwing deinen Geist
jeden Morgen auf!
Kurz, ach kurz ist, wie du weißt,
unser Pilgerlauf.
Fleh täglich neu:
Gott, der mich zum Himmel schuf,
präg ins Herz mir den Beruf,
mach mich getreu!

Himmelan hat er dein Ziel
selbst hinaufgestellt.
Sorg nicht mutlos, nicht zu viel
um den Tand der Welt!
Flieh diesen Sinn!
Nur was du dem Himmel lebst,

dir von Schätzen dort erstrebst,
das ist Gewinn.

Durch den seelsorgerlichen Beistand des Kaufmanns Tobias Kießling hatte damals Johann Gottfried Schoener zum lebendigen Glauben gefunden. Man nannte diesen seelsorgerlich und evangelistisch denkenden Mann den Bischof im Kaufmannsgewand. Im Alter von 23 Jahren war er selbst durch eine Predigt, über die er sich zunächst furchtbar geärgert hatte, zum lebendigen Glauben gekommen. Er rieb sich damals an dem Textwort der Predigt aus Römer 4, Vers 5, wo Paulus über den Glauben spricht, durch den Gott Gottlose gerecht macht.

Durch diesen Tobias Kießling entdeckte Pfarrer Johann Gottfried Schoener nun auch das beglückende Geheimnis der Gemeinschaft. In Kießlings Haus sammelte sich ein erweckter Kreis missionarisch und diakonisch aktiver Leute. Als einer der Ersten schloss Schoener sich auch der neu gegründeten Christentumsgesellschaft an. Die war 1780 in Basel ins Leben gerufen worden, um Bibelverbreitung und Volksmission in den erstarrten und toten Gemeinden zu wecken. Schon ein Jahr nach der Basler Gründung wurde in Nürnberg eine Zweigabteilung gegründet.

Tobias Kießling suchte als ein Mann des festen Bibelglaubens, der zur praktischen Tat der Nächstenliebe drängt, immer Gemeinschaft mit Gleichgesinnten. Das hatte er sein Leben lang schon in einer großen Hilfsaktion für die verschleppten evangelischen Glaubensgenossen in Österreich so gehalten.

Eine enge Freundschaft verband diesen Tobias Kießling auch mit einer Reihe katholischer Pfarrer, die das Evangelium von Jesus ganz neu begriffen hatten. Zu diesem lebendigen Kreis wacher Christen und mutiger Zeugen des Evangeliums gehörten Pater Martin Boos, Bischof Sailer, Kaplan Johannes Goßner. Als diese katholischen Pfarrer mit dem Gedanken spielten, zur evangelischen Kirche überzutreten, haben ihnen die Nürnberger Freunde heftig abgeraten: der lutherische Teufel im rationalistischen Kirchenregiment sei genau so schwarz wie der katholische. Welch große Wirkungen gingen von diesen Männern aus!

Ein anderer katholischer Priester beschrieb treffend, wie sie die Liebe zu Jesus verband: Zwar bin ich Katholik, und zwar ein orthodoxer, der sich um seines Glaubens willen auch totschlagen ließe. Aber wo man Jesus anbetet und seine Seligkeit aus den durchbohrten Händen des Welterlösen sucht, ach da bin ich gern dabei. Wo man Jesus sucht, Jesus verkündigt, Jesus preist, da bin ich gern dabei. Da dränge ich mich hinzu, wenn es eben nicht bloß Katholiken sind.

Wie damals in Nürnberg die stärkende Gemeinschaft auf dem Weg zum Himmel, auch mit Jesuszeugen aus anderen Kirchen, erlebt wurde, spricht der Vers Schoeners aus:

Himmelan wallt neben dir
alles Volk des Herrn,
trägt im Himmelsvorschmack hier
seine Lasten gern.
O schließ dich an!
Kämpfe drauf, wie sich's gebührt;
denke: auch durch Leiden führt
die Himmelsbahn.

1783 wurde Johann Gottfried Schoener an die Hauptkirche St. Lorenz berufen. In seinem Gemeindedienst wurde er wegen seines Bibelglaubens und seiner missionarischen Zielrichtung häufig bösartig angegriffen und beleidigt. Was, für peinliche Kränkungen musste ich ertragen lernen!, erzählt Schoener.

Auch in seiner Familie belastete ihn manche tiefe Not. Alle Jahre kam was Neues, was Schweres, berichtet Schoener. Eines seiner fünf Stiefkinder hat sich das Leben genommen. Schwere epileptische Anfälle plagten eine seiner Töchter. Seine Frau war meist krank. Und er selbst wurde von einem heftigen Nervenzittern befallen, das ihm sehr zusetzte.

Dennoch gab Pfarrer Schoener in diesen Jahren manche Schrift heraus. Er verstand seine Leiden als Hilfe, um Christus besser zu erkennen, und als eine ihm bestimmte Wegführung Gottes.

So dichtete Schoener die Strophe:

Himmelan ging Jesus Christ
mitten durch die Schmach;
folg, weil du sein Junger bist,

seinem Vorbild nach!
Er litt und schwieg.
Halt dich fest an Gott wie er;
statt zu klagen, bete mehr,
erkämpf den Sieg!

Johann Gottfried Schoener war um 1805 der Erste, der auf Anregung des Sekretärs der Britischen Bibelgesellschaft eine deutsch-schweizerische Bibelgesellschaft in Deutschland gründete, die dann nach Basel verlegt wurde. Sie stand in enger Verbindung mit der Londoner Bibelgesellschaft. Durch seine weitläufigen Kontakte brachte er dafür so viel Spenden zusammen, dass ein stehender Buchsatz für die Bibel geschaffen werden konnte. Das machte den preisgünstigen Druck möglich. 30 000 Neue Testamente konnten in Umlauf gebracht werden.

Als Schoener 1809 an der Lorenzkirche vom Diakonus zum Stadtpfarrer aufrückte, war er schon sehr von der Krankheit gezeichnet. Sein Zittern war so heftig, dass er einen Apparat brauchte, der ihm das Blatt Papier beim Schreiben festhielt.

In einer Schrift bekämpfte er sechs Sprichwörter, womit sich laue Christen behelfen. Er nannte sie Ruhepolster, die einschläfern und falsche Sicherheit vortäuschen:

Wir sind alle Sünder.
Wir sind alle schwache Menschen.
Da hätte Gott ja viel zu tun,
wenn er alles so genau nehmen wollte.
Ich verlasse mich eben auf Gottes Barmherzigkeit.
Wir tragen alle unseren Schatz in irdenen Gefäßen.
Wer kann alles halten, was in der Bibel steht?

Besonders belastete ihn, dass er mit seinen zitternden Händen das Abendmahl nicht mehr austeilen konnte. Alle Arzneien und ärztliche Anwendungen halfen nichts. Seinem Seelsorger gegenüber bekannte Schoener: Ehe ich gezüchtigt wurde, kannte ich Jesus nicht. Je größer der Schmerz, desto inniger die Nähe seiner Liebe, die uns doch allein in den Himmel zieht und hebt.

Durch die hart erlebten Leiden konnte Schoener umso besser Kranke und Schwermütige verstehen, aufrichten und trösten. Man sagte von ihm: Je ohnmächtiger und kraftloser der alte Schoener wird, desto gewaltiger und mächtiger wird in ihm Christus.

Acht Monate vor seinem Tod musste er seine Amtsgeschäfte wegen seiner Schwäche ganz niederlegen. Nachdem er schon lange kränklich war, ging es jetzt einfach nicht mehr.

Im Alter von 69 Jahren ging Pfarrer Schoener im Jahr 1818 heim. Schweres Leiden mit heftigen Schmerzen durchlitt er und musste am Ende wie ein Kind gepflegt werden. Eine Geschwulst in den Augen hatte ihn erblinden lassen. Von solchen Leiden hatte er schon in seinem Lied gesungen:

Himmelan führt dich zuletzt
selbst die Todesnacht.
Sei's, dass sie dir sterbend jetzt
kurze Schrecken macht,
harr aus, harr aus!
Auf die Nacht wird's ewig hell;
nach dem Tod erblickst du schnell
des Vaters Haus.

Halleluja singst auch du,
wenn du Jesus siehst,
unter Jubel ein zur Ruh
in den Himmel ziehst.
Gelobt sei er!
Der vom Kreuz zum Throne stieg,
hilft auch dir zu deinem Sieg;
gelobt sei er!

Als Text für die von ihm selbst verfasste und bei der Beerdigung vorgelesene Traueransprache hatte er das Wort aus Psalm 25,6f. gewählt, das zeitlebens sein Bußgebet gewesen war: Gedenke, Herr, an deine Barmherzigkeit und an deine Güte, die von Ewigkeit her gewesen sind. Gedenke nicht der Sünden meiner Jugend und meiner Übertretungen, gedenke aber meiner nach deiner

Barmherzigkeit um deiner Güte willen! Vergebung der Sünden galt für Schoener als die erste und unentbehrlichste Trostquelle.

Nach der Anweisung des Verstorbenen wurde vor dem Trauersermon das von ihm gedichtete Lied gesungen:

Wohl mir, ich geh zur Ruhe hin!
Mein Glaube hat gewonnen!
Durch dich, erhöhter Heiland, bin
ich allem Zorn entronnen!
Dir bring ich Lob und Dank dafür.
Wie groß, wie reich war auch an mir
dein göttliches Erbarmen!

Was der verspottete Bauernsohn Michael Hahn entdeckte

Dein Geist wirkt Heiligung allein!

Energisch einschreiten wollte der Dekan von Herrenberg gegen die Versammlungen, die der schwäbische Bauernsohn Johann Michael Hahn hier und dort in Bauernhäusern im Bezirk abhielt. Er gab deshalb den Pfarrern seines Dekanats Anweisung, das Auftreten von Michael Hahn in ihren Dörfern nicht zu dulden, sondern sofort die Polizei einzuschalten. Hahn sollte verhaftet und den Verantwortlichen des Oberamts vorgeführt werden.

Schon vor dem Eintreffen von Michael Hahn strömten jetzt neugierig die Menschen zusammen. Als die alarmierten Ortsvorsteher Hahn verhörten, waren sie ratlos. Er berichtete ihnen, dass er nur die Bibel auslege.

Das ist nichts Besonderes, meinten die Beamten. Darauf Hahn: Am Zusammenströmen der Menschen sind die Herren selbst schuld. Man hält mich für einen Märtyrer: Dann will alles mich sehen und bewundern. Er konnte ihnen nur raten, ihn in aller Stille seiner Wege gehen zu lassen.

Doch alltäglich und gewöhnlich war das nicht, was Michael Hahn in den Versammlungen ansprach. Unermüdlich mahnte er eine durchgreifende Heiligung des gesamten Lebens an. Sein Lied spricht davon:

Herr, lass mich deine Heiligung
durch deinen Geist erlangen!
Du hast die Sinnesänderung
selbst in mir angefangen;
dein Geist wirkt Heiligung allein,
dein Blut allein macht Herzen rein,
seit du zum Vater gangen.

Ich kann mich selber vor der Welt
nicht unbefleckt bewahren;
ich kann nicht tun, was dir gefällt,
das hab ich schon erfahren.
Ich will mich übergeben dir;
mach, was du willst, o Herr, aus mir
in meinen Lebensjahren.

Ich stehe immer in Gefahr,
das Kleinod zu verlieren;
der Feind versucht mich immerdar
und will mich dir entführen.
Herr Jesu, nimm dich meiner an,
erhalt mich auf der Lebensbahn;
nur du wollst mich regieren!

Im württembergischen Altdorf bei Böblingen am Rand des Schönbuchs war Johann Michael Hahn 1758 als Sohn wohlhabender

Bauern geboren. Nach der dürftigen Schulzeit lernte er das Handwerk eines Metzgers, das er aber nie ausübte. Einen tiefen Eindruck muss das im Gottesdienst gesungene Passionslied an einem Karfreitag auf ihn gemacht haben:

Der am Kreuz ist meine Liebe
und sonst nichts auf dieser Welt!
O dass er's doch ewig bliebe,
der mir jetzt so wohl gefällt!
Nun, mein Herz soll immerfort
fest bestehn auf diesem Wort,
es sei heiter oder trübe:
Der am Kreuz ist meine Liebe.

Michael Hahn wollte sich Gott ganz in Liebe zuwenden. Damit brachen aber die Fragen und Probleme erst auf. Wer ist denn Gott? Und wie konnte er ihm dienen? Bin ich nicht schon verworfen? Mit solchen Fragen und Anfechtungen durchlitt er die abscheulichste finstere Höllenqual.

Nach drei Jahren Kämpfen und Ringen hatte er bei der Feldarbeit eine Eingebung, als sei die Welt lauter Paradies und voll heiligen Geistes. Zwei Jahre später wiederholte sich diese Erleuchtung nochmals und hielt sieben Wochen lang an. Hahn hatte Gott gefunden. Er sah in die innerste Geburt und allen Dingen ins Herz. Er erkannte wach den Ursprung und Anfang aller Kreatur. Mein Herz war gleich der ausgedehnten Ewigkeit, darin sich Gott offenbart.

Was Michael Hahn in diesen sieben Wochen erkannte, schrieb er nieder und verbrannte es danach wieder. Es trieb ihn in die Stunde des Dorfes, wo Brüder die Bibel auslegten. Dort berichtete er, was er in seiner Erleuchtung erkannt hatte. Sein ernsthaftes Leben ließ die Leute aufhorchen. Er lebte asketisch, ernährte sich nur von Milch und Brot.

Nicht nur sein Vater, auch einige Pfarrer sahen in Hahn einen Sonderling und Schwärmer. Die Zeitung in Stuttgart schmähte ihn als einen Fantasten. Auch auf das Konsistorium wurde er vorgeladen.

Gleichzeitig ging eine Erweckungsbewegung durch das Land, aus der sich allmählich die Hahn'sche Gemeinschaft entwickelte.

Michael Hahn war sich auch für die Arbeit als Bauernknecht nicht zu gut. Schließlich fand der Prediger und Seelsorger Hahn 1794 Schutz und Aufnahme bei der verwitweten Herzogin Franziska auf ihrem Schlossgut in Sindlingen bei Herrenberg. Hier in den herzoglichen Anlagen strömten sonntags die Bauern zur Stunde zusammen, oft unter freiem Himmel im Schlossgarten. Worum es da ging, beschreibt Hahn in einem Lied, das von Albert Knapp textlich überarbeitet wurde:

Jesu, Seelenfreund der Deinen,
Sonne aller Herrlichkeit,
wandelnd unter den Gemeinen,
die zu deinem Dienst bereit:
Komm zu uns, wir sind beisammen;
gieße deine Geistesflammen,
gieße Licht und Leben aus
über dies dein Gotteshaus.

Komm, o Herr, in jede Seele;
lass sie deine Wohnung sein,
dass dir einst nicht eine fehle
in der Gotteskinder Reihn.
Lass uns deines Geistes Gaben
reichlich miteinander haben;
offenbare heiliglich,
Haupt, in allen Gliedern dich.

Wie nur wenige andere hat Michael Hahn um die Erneuerung seines Lebens gerungen. Nur Menschen, die der Geist Jesu treibt und erfüllt, erlangen die wahre Heiligung. In unzähligen Briefen, Schriften, Büchern, Auslegungen und über 2000 Liedern, die in 15 dicken Bänden mit über 18000 Seiten zusammengefasst sind, legte er davon Zeugnis ab. So auch in diesem Lied:

Ach entdeck mir mein Verderben,
mache mich mir offenbar!
Sollt ich, Herr, als Heuchler sterben,
dort erst sehen, wer ich war:

o so wär es in der Tat
mich zu bessern viel zu spät.

Wenn ich andre Menschen finde
wider deinen Willen tun,
zeig mir daran meine Sünde!
In mir wird ein Gleiches ruhn.
Gib, dass ich unnützer Knecht
mich nicht halte für gerecht!

»Selbstgerecht« und »neugeboren«
ist ein großer Unterschied.
Selbstgerechte gehn verloren,
haben weder Ruh noch Fried;
Neugeborne gehn allein
in das Reich der Himmel ein.

Lass mich, Herr, dein Licht durchleuchten,
so schau ich mich, wie ich bin!
Dann lern ich von Herzen beichten,
flieh zu deiner Gnade hin;
dann leb ich aus deiner Kraft,
die den neuen Menschen schafft.

In den letzten 13 Jahren seines Lebens hatte er mit der Wassersucht sehr zu kämpfen, bis er 1819 im Alter von 61 Jahren starb.

Als man Matthias Jorissen als Prediger absetzte

Das biblische Gotteslob der Psalmen gesungen

Ausgerechnet der kirchenkritische Gerhard Tersteegen war es, der seinem angeheirateten Neffen Matthias Jorissen zum Studium der Theologie geraten hatte.

Das ist deshalb überraschend, weil Tersteegen 20 Jahre lang in Mülheim direkt gegenüber der Petrikirche wohnte, sie aber in der ganzen Zeit nie betreten hat.

Tersteegen schrieb damals an Jorissen: Je wichtiger Sie das theologische Studium ansehen, desto mehr würde ich dazu raten.

Wer nur erst durch Gnade ein gutes Schaf wird, mag auch – wenn Gott will – seiner Zeit ein guter Hirte werden.

Matthias Jorissen war 1739 als jüngstes Kind einer begüterten Kaufmannsfamilie in Wesel am Niederrhein geboren. Von den 14 Kindern starben sieben schon früh.

Jorissen studierte in Duisburg an der reformierten Universität. Es waren nur wenige Studenten, weil sich in den Hörsälen auch die Franzosen für mehrere Jahre mit ihrem Militär einquartiert hatten. Es war die Zeit des Siebenjährigen Kriegs.

Der junge Theologiestudent lernte in diesen Jahren die überall entstehenden Gemeinschaften kennen, wo man sich über dem Wort Gottes austauschte und miteinander betete. Wie gerne saß Jorissen seinem Onkel Gerhard Tersteegen in Mülheim zu Füßen. Daneben besuchte er einen Kreis in Duisburg, den der Arzt Dr. Samuel Collenbusch leitete, der viel von den Schwabenvätern Oetinger, Bengel und Fricker gelernt hatte. Wahrscheinlich hat Matthias Jorissen selbst auch eine Gemeinschaft in Wesel ins Leben gerufen.

Für sein Studium wurde ihm Pfarrer Ludwig Fricker im württembergischen Dettingen/Erms ein wichtiger Ratgeber. Er hatte dem jungen Studenten ans Herz gelegt, bestens die Ursprachen der Bibel zu lernen, gründlich und logisch zu denken und als Wichtigstes: Die Wahrheit, Jesus Christus, von Herzen lieb zu gewinnen und für die Wahrheit alles aufzuopfern – sich selbst und die ganze Welt.

Jorissen schloss sein Theologiestudium in Utrecht ab und wurde Hauslehrer in Wesel.

Da verursachte plötzlich eine hämische Flugschrift mit krassen Anklagen gegen die Bibelchristen Verwirrung und Aufregung. Sie war anonym verbreitet worden. Jeder aber wusste, dass sie aus der Feder des einflussreichen Regimentskommandeurs Obristleutnant von Gaudi in Wesel stammte.

Matthias Jorissen ließ sich dadurch provozieren und predigte als Vikar über das Wort aus Sprüche 3,4: Er wird der Spötter spotten, aber den Demütigen wird er Gnade geben. Mit aller Schärfe schlug Jorissen mit vielen Bibelzitaten zurück und kündigte Gottes hartes Urteil gegen den Lästerer an. Für den 29-jährigen Jorissen war die Spottschrift nichts anderes als eine Gotteslästerung.

Jetzt hatten die liberalen Kirchenglieder einen Anlass und drängten den Magistrat zu einer Verurteilung von Matthias Jorissen. Bald darauf wurde Matthias Jorissen vom preußischen Regierungsvertreter in Cleve ein Berufsverbot angedroht, falls er das Unrecht seiner in einer Predigt geübten Privatrache nicht einsehe.

Weil Matthias Jorissen nicht zum Widerruf bereit war, führte sein Weg nach Holland in verschiedene Gemeinden. Treu standen seine Freunde hinter ihm. Gerne wäre er wieder ins Rheinland zurückgekehrt, aber die Heimat blieb ihm versperrt.

1782 wurde Matthias Jorissen Pfarrer der Deutschen Gemeinde in Den Haag, der er 37 Jahre lang diente.

Sein wichtigstes Werk aber sollte die Psalmdichtung für den Gottesdienst werden. Schon Luther hatte auf die Vertonung der Psalmen großen Wert gelegt. Mehr noch aber haben sie in den auf Calvin zurückgehenden reformierten Gebieten eine überragende Bedeutung bekommen.

Der Reformator Zwingli, obwohl musikalisch sehr begabt, hatte eine große Zurückhaltung gegenüber Liedern im Gottesdienst. Er wollte den Einfluss des Wortes Gottes, wie es in der Bibel steht, besonders hochhalten. Darum sind dann auch die Psalmlieder in den reformierten Gemeinden auffallend stark unmittelbar am Bibelwort entlanggedichtet.

Bei Calvin in Genf bemerkten die Prediger bald selbstkritisch, dass der Monolog eines Herrn in Schwarz im Gottesdienst die Gebete der Gläubigen kalt bleiben lässt. So wie wir es machen, gereicht es uns zu großer Schande und Verwirrung. Was sollte man anders machen? Da entdeckten sie die Psalmen und meinten: Die Psalmen könnten unsere Herzen anregen, wenn man sie in der Form öffentlicher Gebete singen könnte.

So hatten sie schon bei Calvin ihren festen Platz im Gottesdienst. Die ersten Psalmlieder, die in calvinistischen Kirchen gesungen wurden, stammten vom französischen Hofdichter Clement Marot. Sie lehnen sich noch viel stärker an den biblischen Wortlaut an als etwa die Lieddichtungen der lutherischen Tradition. Sie erschienen in der Reformationszeit zunächst als *Genfer Psalmen*, auch *Hugenottenpsalmen* genannt, die eine ungeahnte Verbreitung fanden.

In der Zeit der Reformation in Frankreich gingen die Hugenotten singend in den Tod. In Rauchschwaden und Flammen der Scheiterhaufen sangen sie die biblischen Psalmen. Diese Gesänge gingen damals in Frankreich den Menschen nicht mehr aus dem Kopf.

An einem Tag im Mai war es wie eine Explosion – aus dem Mund Tausender Protestanten erklangen in Paris diese Glaubenspsalmen, dem tobenden König zum Trotz. Das Martyrium konnte den evangelischen Glauben nicht hindern, er nahm zu und durchdrang das ganze Land.

Calvin schrieb in seiner ersten Kirchenordnung: Wir wünschen uns, dass in der Kirche Psalmen gesungen werden. Wenn wir es nicht erfahren haben, machen wir uns nämlich keine Vorstellung von der Förderung und Erbauung, die hiervon ausgeht. Die Psalmen könnten uns dazu anfeuern, dass wir unsere Herzen zu Gott erheben, sie könnten unseren Anrufungen und unserem Lob der Ehre Gottes Glut und Leidenschaft verleihen.

Calvin hatte erkannt, wie die gottesdienstliche Musik eine große bewegende Kraft ist, um Menschen zum Lob Gottes anzutreiben. In seinem Sinn singt Matthias Jorissen:

Singt, singt dem Herren neue Lieder,
er ist's allein, der Wunder tut.
Seht, seine Rechte sieget wieder,
sein heilger Arm gibt Kraft und Mut.
Wo sind nun alle unsre Leiden?
Der Herr schafft Ruh und Sicherheit;
er selber offenbart den Heiden
sein Recht und seine Herrlichkeit.

Der Herr gedenkt an sein Erbarmen,
und seine Wahrheit stehet fest;
er trägt sein Volk auf seinen Armen
und hilft, wenn alles uns verlässt.
Bald schaut der ganze Kreis der Erde,
wie unsers Gottes Huld erfreut.
Gott will, dass sie ein Eden werde;
rühm, Erde, Gottes Herrlichkeit!

In den deutschen reformierten Gemeinden erlebte die Sammlung von Psalmliedern in der Fassung des lutherischen Juraprofessors Dr. Ambrosius Lobwasser einen unglaublichen Siegeszug mit weitester Verbreitung.

Lobwasser hatte in Königsberg zunächst zu seiner Kurzweil den französischen Hugenottenpsalm Wort für Wort mit Versen ins Deutsche gleichsam gezwängt, wie er selbst ganz bescheiden bemerkte.

Dabei wollte Lobwasser seine Übersetzung unbedingt Silbe um Silbe auf die französischen Melodien dichten, weil das der damaligen Mode entsprach. So konnte man auch die schönen und vertrauten französischen Melodien verwenden. Das war sicher die Stärke seiner Lieder, auch wenn der Text vielfach unerträglich ungelenk war.

Die deutsche Schweiz kannte über 200 Jahre hinweg überhaupt keine anderen Kirchenlieder als diese Psalmdichtungen von Lobwasser. In schwelgender Begeisterung nannte man ihn Augapfel und Sirene des Calvinismus. 60 Auflagen waren von seiner Liedersammlung schon erschienen, bevor Matthias Jorissen diese Lieder durch eigene Dichtungen mit besserem und flüssigerem Reim ersetzte und 1798 unter dem Titel *Neue Bereimung der Psalmen* herausbrachte. So sein Lied zu Psalm 66:

Jauchzt, alle Lande, Gott zu Ehren!
Rühmt seines Namens Herrlichkeit,
und feierlich ihn zu verklären,
sei Stimm und Saite ihm geweiht!
Sprecht: Wunderbar sind deine Werke,
o Gott, die du hervorgebracht.
Auch Feinde fühlen deine Stärke
und zittern, Herr, vor deiner Macht.

Rühmt, Völker, unsern Gott; lobsinget,
jauchzt ihm, der uns sich offenbart,
der uns vom Tod zum Leben bringet,
vor Straucheln unsern Fuß bewahrt.
Du läuterst uns durch heißes Leiden,
wie Silber rein wird in der Glut,
durch Leiden führst du uns zu Freuden;
ja alles, was du tust, ist gut.

Du hast uns oft verstrickt in Schlingen,
den Lenden Lasten angehängt;
du ließest Menschen auf uns dringen,
hast ringsumher uns eingeengt.
Oft wollten wir den Mut verlieren
im Feuer und in Wassersnot,
doch kamst du, uns herauszuführen,
und speistest uns mit Himmelsbrot.

Matthias Jorissen hat bei seinen Psalmdichtungen viel gebetet. Der Heilige Geist, der in den Psalmen mächtig und wirksam ist, sollte auch in seinen Nachdichtungen wirken und die Gemeinde stärken und aufrichten.

1818 trat der 80-jährige Matthias Jorissen in den Ruhestand, nachdem er ein Jahr lang wegen Schwindelanfällen und Schwäche nicht mehr predigen konnte. Fünf Jahre später starb der geachtete Prediger und Schriftsteller und wurde unter der Kanzel in seiner Kirche in Den Haag bestattet.

Was Gottes Gnade aus dem Sklavenhändler John Newton machte

Prediger des Glaubens, den er zerstören wollte

Wenige Tage vor seinem siebten Geburtstag starb die Mutter von John Newton. Erst später im Leben erinnerte er sich, wie diese fest im Glauben verwurzelte Frau, die einer Freikirche angehörte, oft mit Tränen für ihren Sohn gebetet hatte.

Nur insgesamt zwei Jahre konnte John Newton eine Schule besuchen, wo er von einem sehr harten Lehrer unterrichtet wurde. Dann nahm ihn der Vater von der Schule.

Von nun an begleitete John seinen Vater, der Kapitän eines Handelsschiffes war, auf seinen weiten Seereisen. Zu seinem Vater konnte er aber nie ein Vertrauensverhältnis aufbauen. Im Gegenteil, er fürchtete sich vor ihm.

Deshalb dachte sein Vater daran, ihm bei einem Freund in Jamaica eine Stellung für die nächsten fünf Jahre zu beschaffen. Der inzwischen 17-jährige John vereitelte aber zum Ärger seines Vaters diese Pläne.

Zwei Jahre später griff ihn eine Militärstreife auf und zwang ihn zum Dienst als Seemann auf dem Kriegsschiff H. M. Harwich. Durch Vermittlung seines Vaters bekam er den Posten eines Leutnants zur See angeboten. Die Mannschaft auf dem Schiff aber war ein übler Haufen.

In kürzester Zeit übernahm John Newton von diesen verkommenen Matrosen alles Schmutzige und Verdorbene. Jegliches Empfinden in seinem Gewissen war abgestorben. Er kannte keine Gottesfurcht mehr, sodass er sogar den Spitznamen Gotteslästerer bekam.

Newton hoffte, dass sein Vater, der ja viele Kapitäne persönlich kannte, ihm zu einem besseren Job auf einem anderen Schiff verhelfen könnte. So desertierte er von der Marine. Aber statt den Vater zu treffen, wurde er nach seiner Flucht wieder von Marinesoldaten aufgegriffen, mehrere Tage im Gefängnis gehalten und dann zum gemeinen Matrosen degradiert.

Das war eine entwürdigende Behandlung. Die Matrosen, die früher seine Untergebenen waren, beleidigten ihn in übelster Weise. Unglücklich und elend wie er war, schwankte er, ob er sich das Leben nehmen oder einfach den Kapitän ermorden sollte.

Als er schließlich zum Dienst auf ein anderes Schiff versetzt wurde, empfand John Newton das als eine wunderbare Fügung. Es war ein Handelsschiff, das gefangene Sklaven aus Sierra Leone holen sollte. Als er in Afrika ankam, wurde ihm kein Lohn bezahlt. Mittellos wie er war, konnte er nur als Knecht im Haus einer afrikanischen Frau überleben. Dort gab man ihm nur Abfälle, die vom Essen übrig geblieben waren und er wurde schwer krank.

Wie froh war John Newton, als er mit Sklavenhändlern dieser Hölle entkommen konnte. Sein Vater hatte einen befreundeten

Kapitän gebeten, ihm zu helfen, nachdem er von seinem Schicksal erfahren hatte. Schließlich brachte er es durch glückliche Umstände sogar bis zum Kapitän eines eigenen Sklavenschiffs, mit dem die gefangenen, unmenschlich behandelten Sklaven nach Übersee gebracht wurden.

Seine Schiffsbesatzung hatte manchmal den Eindruck, er sei nicht viel mehr als ein Tier, so brutal verhielt er sich den Sklaven und der Mannschaft gegenüber.

Da geschah es im Januar 1748 auf einer längeren Schiffsfahrt über Neufundland nach England: Das Schiff sollte nach dem langen Aufenthalt im tropischen Klima dringend repariert und überholt werden. In der Nacht aber brach ein fürchterlicher Sturm los. Er tobte so heftig und anhaltend, dass die Lebensmittelvorräte über Bord gespült wurden. Die Wellen schlugen in das Schiff. Es herrschte überall Chaos.

John Newton sah keine Hoffnung mehr, das Schiff durch die tobende See steuern zu können. Das Wasser im Schiff stieg immer höher. Alle Versuche, es aus dem Innern des Schiffs zu pumpen, waren vergeblich.

In dieser aussichtslosen Lage kam John Newton zur Besinnung. Herr, hab Erbarmen mit uns!, schrie er in die stürmische Nacht. Doch dann fragte er sich: Was für ein Erbarmen kann es denn für mich geben?

Die Schiffsladung war leicht. So ging das Schiff trotz des eingedrungenen Wassers nicht unter. Als der Sturm nachließ, konnten sie die Löcher in der Schiffswand mit Brettern und Kleidungsstücken stopfen. Die weitere Fahrt mit dem notdürftig geflickten Schiff war ein großes Abenteuer. Um sie herum das weite Meer und eisige Winterkälte. Sie hatten kaum zu essen, weil die meisten Lebensmittel über Deck gespült oder durch das Salzwasser verdorben waren. Endlich, vier Wochen nach dem Seesturm, erreichten sie die Küste Irlands.

Diesen 10. Mai 1748 sah John Newton später immer als den Tag seiner Bekehrung an, an dem er sich ganz dem Willen Gottes auslieferte. Er hatte in diesen Stunden, in denen er den sicheren Untergang vor Augen hatte, Gottes Hilfe erlebt.

Früher schon hatte er einmal das alte Buch des Thomas von Kempen über die Nachfolge Christi in die Hand bekommen. Doch da hatte es ihn eher etwas amüsiert. Jetzt aber wurde ihm bewusst, dass er Jesus so oft verhöhnt hatte.

John Newton war ein anderer Mensch geworden. Wie überwältigend hatte er Gottes Güte und Gnade erfahren! Er sah sich als der verlorene Sohn, der heimkehrt zum Vater. Immer mehr erkannte und verstand er beim Bibellesen. Er hatte niemand, der ihm dabei geholfen hätte. So beschaffte er sich selbst Bücher und studierte eifrig darin.

In seinem Lied *Amazing Grace* drückte Newton aus, was ihm Gottes Gnade bedeutet. Es ist in Nordamerika ein beliebtes und mit der alten amerikanischen Volksliedmelodie häufig gesungenes Lied. Newton überschrieb es: Rückschau im Glauben und Ausblick – Wer bin ich, Herr, dass du mich bis hierher gebracht hast?

O Gnade Gottes, wunderbar
hast du errettet mich,
ich war verloren ganz und gar,
war blind, jetzt sehe ich.

Die Gnade hat mich Furcht gelehrt
und auch von Furcht befreit,
seitdem ich mich zu Gott bekehrt
bis hin zur Herrlichkeit.

Durch Schwierigkeiten mancher Art
wurd ich ja schon geführt,
doch hat die Gnade mich bewahrt,
die Ehre Gott gebührt.

Wenn wir zehntausend Jahre sind
in seiner Herrlichkeit,
mein Herz noch von der Gnade singt
wie in der ersten Zeit.

1750 heiratete er seine Freundin Mary, die er schon seit Jugendtagen liebte. Während er noch immer mit Sklavenschiffen auf den Meeren unterwegs war, wurde ihm plötzlich bewusst, was für ein Verbrechen die Sklaverei ist, die ja damals völlig legal war. Er konnte die Ketten und Fesseln und das Elend der geschundenen Menschen nicht mehr sehen. Es belastete sein Herz unheimlich, dass er damit Geld verdiente. Darüber wurde er schwer krank.

Als er wieder genas, gab er die Seefahrt auf und nahm in Liverpool einen Posten als Zollinspektor bei den Hafenbehörden an. Hier begegnete er dem bekannten methodistischen Evangelisten John Whitefield und wurde sein begeisterter Schüler.

John Newton verspürte den Wunsch, sich als Pfarrer ausbilden zu lassen. Auch als der Erzbischof von York ihn als ungeeignet ablehnte, gab er nicht auf. Im Alter von 40 Jahren ordinierte ihn der Bischof von Lincoln als anglikanischen Pfarrer. 1764 wurde er zunächst Hilfsprediger und dann Pfarrer in Olney. Bald wurde die Kapelle zu klein für die vielen Zuhörer.

Nachdem er 16 Jahre in Olney gewirkt hatte, berief man ihn als Rektor in St. Marys Woolnoth in London, wo er noch 28 Jahre Dienst tat. In einem dramatischen Nachtgespräch beschwor Newton dort einen jungen, ehrgeizigen Parlamentarier, den Kampf gegen das schreckliche Verbrechen der Sklaverei aufzunehmen. Dieser zögerte, wohl bewusst, dass dies das Ende seiner Karriere und viel Schmach bedeuten würde. John Newton aber ließ nicht locker, bis dieser junge William Wilberforce endlich überzeugt und dazu bereit war.

Wilberforce schrieb nach diesem Nachtgespräch in sein Tagebuch: Der allmächtige Gott hat mir zwei Ziele gesetzt Die Unterdrückung des Sklavenhandels und die Änderung der Sitten in unserem Land.

Es waren evangelische Christen in England, die sich unter der Anleitung und dem Einfluss von John Newton und William Wilberforce zusammentaten, um wirksam gegen die Geißel der Sklaverei zu kämpfen. John Newton wurde auch als einer der wichtigsten Zeugen ins Parlament geladen, wo er anhand seiner Logbucheintragungen die gräulichen Verbrechen an den Sklaven aufdeckte.

William Wilberforce hielt im Parlament ein Plakat hoch, auf dem aufgemalt war, wie Sklaven auf den Schiffen in Verschlägen, so hoch wie ein Tisch, eingesperrt sind. Wie Löffel sind sie nebeneinander gelegt, sagte Wilberforce. Nur 25 cm blieben ihnen statt der vorgeschriebenen 40 Zentimeter in der Breite auf den blanken Bohlen, wo sie an Händen und Füßen aneinandergekettet lagen.

Man hat diese Evangelikalen in London, die sich um John Newton sammelten, als Clapham-Sekte verspottet und bekämpft. Weil sie eine völlige Erneuerung und Vergebung durch Jesus Christus erfahren hatten, setzten sie sich leidenschaftlich für eine Veränderung der Gesellschaft ein, die man nur als gewaltlose Revolution bezeichnen kann.

Bis ins 82. Lebensjahr hinein predigte John Newton unermüdlich weiter, obwohl er fast erblindet war. Er sagte, mein Gedächtnis wird immer schlechter, aber das weiß ich, dass ich ein großer Sünder bin und Jesus ein großer Retter.

Als er am 21. Dezember 1807 heimging, schrieb man auf seinen Grabstein auf dem Kirchhof der Peter-und-Pauls-Kirche in Olney:

John Newton, Pfarrer, einst ungläubig und liederlich, im Dienst der Sklaverei in Afrika, wurde durch die reiche Gnade des Herrn und Retters Jesus Christus gerettet, erneuert, vergeben und berufen, den Glauben zu predigen, den er lange zu zerstören trachtete.

Wenige Monate nach dem Tod von John Newton konnte sich William Wilberforce im englischen Unterhaus nach jahrelangem Kampf endlich durchsetzen. 1808 wurde durch Gesetz des englischen Parlaments verboten, Sklaven ein- oder auszuführen. Und 1833 schließlich – kurz nach dem Tod von Wilberforce – wurde dieses Gesetz auch auf alle englischen Kolonien ausgeweitet. John Newton hatte an diesem Sieg entscheidenden Anteil.

Christian Gregor, Bauernsohn und Bischof der Brüdergemeine

Ach mein Herr Jesu, wenn ich dich nicht hätte!

Das Leben des Christian Gregor begann ziemlich trostlos. In Bad Dirsdorf bei Nimptsch in Schlesien wurde er 1723 als Sohn eines Bauern geboren. Sein Vater war aber schon 14 Tage vor seiner Geburt gestorben. Als später auch seine Mutter starb, hatte das achtjährige Waisenkind keine Heimat mehr.

Da kümmerte sich schließlich ein Graf von Pfeil um den hochbegabten Jungen. Er war von seinem schweren Schicksal berührt und ermöglichte ihm eine Ausbildung als Lehrer und Organist zusammen mit seinen eigenen Kindern.

Mit der gräflichen Familie von Pfeil kam Christian Gregor im Alter von 17 Jahren erstmals nach Herrnhut. Was er dort erlebte, beeindruckte ihn tief. Dieser Gemeinde wollte er sich unbedingt anschließen. Nach zweieinhalb Jahren Mitarbeit wurde er 1743 aufgenommen.

Was ihn am meisten im Glauben bewegte, drückte er mit dieser Strophe aus:

> O drückten Jesu Todesmienen
> sich meiner Seel auf ewig ein!
> O möchte stündlich sein Versühnen
> in meinem Herzen kräftig sein!
> Denn ach, was hab ich ihm zu danken!
> Für meine Sünden floss sein Blut;
> das heilt mich, seinen armen Kranken,
> und kommt mir ewiglich zugut.

In dieser lebendigen Gemeinschaft des Glaubens und Lebens in Herrnhut tat er sich bald durch seine musikalischen Gaben hervor. Zunächst wurde ihm die Leitung der Gemeindemusik übertragen. Mit seinem Orgelspiel verstand er es sehr gut, das Singen zu begleiten und zu fördern. Sein Amt war dem eines Musikdirektors vergleichbar.

Aus der Erfahrung seines eigenen Lebens entstand das Lied:

> Ach mein Herr Jesu, dein Nahesein
> bringt großen Frieden ins Herz hinein,
> und dein Gnadenanblick macht uns so selig,
> dass Leib und Seele darüber fröhlich
> und dankbar wird.
>
> Barmherzig, gnädig, geduldig sein,
> uns täglich reichlich die Schuld verzeihn,
> heilen, stillen, trösten, erfreun und segnen
> und unsrer Seele als Freund begegnen
> ist deine Lust.

In der Herrnhuter Brüdergemeine waren von Anfang an Singstunden üblich. Für ihren Leiter, Nikolaus Ludwig Graf von Zinzendorf, waren Lieder die beste Methode, sich Gotteswahrheiten ins Herz zu bringen und darin zu konservieren.

Oft reimte Zinzendorf mitten in der Versammlung neue Verse, die er vorsagte und gleich singen ließ.

Christian Gregor bemühte sich, mehr Stetigkeit in das Singen der Brüdergemeine zu bringen. Er überarbeitete auch die meist spontan gedichteten und daher oft etwas holprigen Reime Zinzendorfs und machte sie singfähig. Durch diese Bearbeitung konnten sie auch in anderen Gesangbüchern Aufnahme finden.

Der bescheidene Christian Gregor war neben seinen musikalischen Ämtern zunächst Rechnungsführer beim Generaldirektorium, dann wurden ihm weitere Leitungsämter übertragen, bis er schließlich 1789, nach dem Tod von Bischof Spangenberg, zusammen mit drei anderen Brüdern zum Bischof in der Brüdergemeine berufen wurde. In ihrem Auftrag besuchte er die Gründungen der Brüdergemeine in Nordamerika. Als die von der Brüdergemeine neu angelegte Stadt Sarepta an der Wolga von putschenden Truppen völlig geplündert wurde, reiste Christian Gregor dorthin, um zu helfen und in der großen Not Mut zu machen.

Sein größtes Werk wurde das Gesangbuch der Brüdergemeine von 1778. Bis 1927, dem 200. Gedenkjahr der Brüdergemeine, war es in Gebrauch. Auch das erste Choralbuch der Gemeine gab er heraus, dazu ein Liturgiebuch.

Christian Gregor brachte es fertig, aus 3000 bruchstückhaften Liedversen neue und ständig zu benützende Lieder zu dichten. Viele Melodien gehen auch auf ihn zurück.

Ausgelöst durch den Tod seiner ältesten Tochter verfiel Christian Gregor 1787 in eine schwere Depression. Er selbst erzählt aus diesen Krankheitstagen:

Der Herr deckte mir meine Verwerflichkeit auf, dass mir Hören und Sehen verging und aller Glaube und aller Trost weg fiel. Beinahe ein Vierteljahr konnte ich weder ordentlich essen noch schlafen. Alle und jede Verschuldung von meiner Jugend auf, jede Unterlassung in der Heiligung an Leib und Seele, jede Lässigkeit im Dienst des Herrn stand mir als höchst sträflich vor Augen. Auch alles, was nach menschlicher Ansicht als etwas Gutes von mir hätte gelten können, kam mir als unreines Tuch vor.

Endlich konnte er nach dem Gebrauch von Medikamenten und gestärkt durch den Zuspruch lieber Brüder wieder bekennen, wie der Herr aus dieser inneren Not herausgeholfen hat. Davon spricht sein bekanntes Passionslied:

> Ach mein Herr Jesu, wenn ich dich nicht hätte,
> und wenn dein Blut nicht für die Sünder redte,
> wo sollt ich Ärmster unter den Elenden
> mich sonst hinwenden?
>
> Ich wüsste nicht, wo ich vor Jammer bliebe;
> denn wo ist solch ein Herz wie deins, voll Liebe?
> Du, du bist meine Zuversicht alleine;
> sonst weiß ich keine.
>
> Hättst du dich nicht zuerst an mich gehangen,
> ich wär von selbst dich wohl nicht suchen gangen;
> du suchtest mich und nahmst mich mit Erbarmen
> in deine Arme.
>
> Nun dank ich dir vom Grunde meiner Seelen,
> dass du nach deinem ewigen Erwählen
> auch mich zu deiner Kreuzgemeine brachtest
> und selig machtest.

Christian Gregor fügte auch der Liedstrophe von Zinzendorf *Herr, dein Wort, die edle Gabe* noch eine Strophe hinzu. Den ursprünglichen Text von Joachim Neander hatte er umgedichtet:

> Halleluja, Ja und Amen!
> Herr, du wollest auf mich sehn,
> dass ich mög in deinem Namen
> fest bei deinem Worte stehn.
>
> Lass mich eifrig sein beflissen,
> dir zu dienen früh und spat

und zugleich zu deinen Füßen
sitzen, wie Maria tat.

Mitten aus der Arbeit heraus wurde Christian Gregor 1801 in Berthelsdorf von seinem Herrn heimgerufen. Er war 78 Jahre alt geworden.

Einst hatte er dem Lied *Aller Gläubgen Sammelplatz* von Graf Zinzendorf noch die Strophe angefügt:

Eins geht da, das andre dort
in die ewge Heimat fort,
ungefragt, ob die und der
uns nicht hier noch nützlich wär.

Freiherr Christoph Karl Ludwig von Pfeil, ein Knecht Gottes

Als Diplomat im Staatsdienst die Macht des Gebets entdeckt

Eine rasche und steile Karriere im württembergischen Staatsdienst machte der 20-jährige Legationssekretär Christoph Karl Ludwig von Pfeil. Am Ende seiner beruflichen Laufbahn versetzte ihn der Kaiser in Anerkennung seiner Verdienste in den Stand eines Reichsfreiherrn. Viel wichtiger nahm dieser Jurist aber das große Vorrecht, mit Gott im Gebet reden zu können.

Er, der aus uraltem schlesischen Adel stammte, konnte sagen:

Mein Adel ist nicht von der Welt,
er ist vom Himmel her.
In meinem Wappen steht das Feld
der Eitelkeiten leer.

Von Pfeil war 1712 im pfälzischen Grünstadt geboren. Seinen Vater hatte er schon im Alter von zehn Jahren verloren. Der war einst im Pädagogium von August Hermann Francke in Halle zum lebendigen Glauben an Jesus Christus gekommen. Der gelernte Jurist hatte als württembergischer Rat am Oberhofgericht in Tübingen und als Vogt von Bebenhausen gewirkt. An seine Mutter konnte sich Karl Ludwig von Pfeil nicht erinnern. Sie war gestorben, als er erst zwei Jahre alt war.

Als auch sein Vater 1722 starb, nahm sich der Onkel Gottlieb von Pfeil, Pfarrer in Magdeburg, liebevoll um das Waisenkind an.

Mit 16 Jahren kam von Pfeil an die Universität nach Halle. Leider war August Hermann Francke ein Jahr vorher gestorben. Francke hatte einst bei einem Besuch in Württemberg 1717 dem kleinen Karl Ludwig im Namen Gottes die Hände aufgelegt und ihn zum Dienst des Herrn gesegnet.

Von Pfeil entschied sich nicht für das Studium der Theologie, sondern für die Rechtswissenschaft. Zwei Jahre später übergab der junge Student, der inzwischen nach Tübingen an die Universität übergesiedelt war, bewusst in einer eigenen Entscheidung sein Leben Jesus.

Karl Ludwig von Pfeil war gerade 20 Jahre alt, als ihn der württembergische Staatsminister als Legationssekretär beim Reichstag in Regensburg mit wichtigen diplomatischen Angelegenheiten betraute, die er glänzend löste. Von da an ging Pfeils berufliche Karriere steil nach oben.

Ungerecht und gewissenlos ging es damals in der korrupten württembergischen Regierung zu. Der katholische Herzog Karl Alexander beutete mit maßlosen Steuern, Manipulationen mit der neuen Münze und Ämterhandel das Volk aus. Der berüchtigte Finanzminister Süß Oppenheimer führte die schändlichen herzoglichen Befehle aus, die das Volk ausbluteten. Da verstarb völlig unerwartet Herzog Karl Alexander schon nach vierjähriger Regierung 1737. Für den erst neunjährigen Thronfolger Karl Eugen wurde ein herzoglicher Verwandter als Administrator berufen. Jetzt brauchte man zur Neuordnung der Verwaltung in Württemberg tüchtige und verlässliche Leute.

Von Pfeil wurde noch im gleichen Jahr im Alter von 25 Jahren zum Justiz- und Regierungsrat in Stuttgart ernannt. Er betreute nacheinander die Ressorts Steuer, Handwerk, Forstwesen, Ökonomie, Handwerk, Strafanstalten und schließlich die Landesverwaltung. Pfeil betete:

Schenk einen unerschrocknen Geist,
der nicht durch Gunst und Hassen,
noch was die Welt Politik heißt,
sich möge brechen lassen.
Lehr mich allein, das bitt ich dich,
nach deinem Willen handeln!
Lass jegliche Minute mich
vor deinen Augen wandeln!

Schwierig wurde es dann für Pfeil, als der gewissenlose und gewalttätige – noch nicht sechzehnjährige – Herzog Karl Eugen die Herrschaft in Württemberg übernahm. Seine Verschwendungssucht war grenzenlos und seine Prachtliebe steigerte sich fast zum Wahnsinn. Mehr als je zuvor wurde das schon völlig verschuldete Land ausgebeutet. Der Herzog hielt sich eine ganze Schar wilder italienischer Liebesdienerinnen. Schamlose Schmeichler umgaben den Landesfürsten, während das Volk immer mehr verarmte. Stuttgart wurde zum verschwenderischsten und prächtigsten Hof Deutschlands.

In diesen schweren Jahren der Mitarbeit in Regierungsverantwortung dichtete Christoph Karl Ludwig von Pfeil das bis heute gesungene Lied nach Offenbarung 8, Verse 3 und 5:

Betgemeinde, heilge dich mit dem heilgen Öle;
Jesu Geist ergieße sich dir in Herz und Seele.
Lass den Mund alle Stund
von Gebet und Flehen heilig übergehen.

Kann ein einiges Gebet einer glaub'gen Seelen,
wenn's zum Herzen Gottes geht, seinen Zweck verfehlen?
Was wird's tun, wenn sie nun
alle vor ihn treten und zusammen beten!

O der unerkannten Macht von der Heilgen Beten!
Ohne das wird nichts vollbracht so in Freud als Nöten.
Schritt für Schritt wirkt es mit,
wie zum Sieg der Freunde, so zum Sturz der Feinde.

O so betet alle drauf! Betet immer wieder!
Heilge Hände hebet auf, heiligt eure Glieder!
Bleibet stets im Gebet,
das zu Gott sich schwinget; betet, dass es dringet.

Gebet kann Berge versetzen, das hat Christoph Karl Ludwig von Pfeil erlebt. Was keiner für möglich hielt, geschah: Dieser maßlose Herzog Karl Eugen erlebte eine unglaubliche Wandlung. An seinem 50. Geburtstag ließ er von allen Kanzeln ein öffentliches Sündenbekenntnis verlesen: Er sei ein Mensch, und aus menschlicher Schwachheit und unzulänglicher Kenntnis haben sich viele Ereignisse zugetragen, die er bereue. Die Zukunft werde von nun an von ihm einzig zum Wohl seiner Untertanen verwendet werden.

Wer hatte bei dem hartgesottenen Herzog diese Sinnesänderung bewirkt? Es war eine schöne, kluge und taktvolle Frau, die seine Geliebte war. Sie hieß Franziska und war die Tochter eines armen Barons. Mit einem hässlichen und ihr verhassten Kammerherrn war sie verheiratet und dann vom Herzog entführt worden. Der Bruch der ehelichen Treue bedrückte sie jedoch. Sie kam unter den geistlichen Einfluss des pietistischen Pfarrers Philipp Matthäus Hahn im benachbarten Echterdingen, der auch als genialer Konstrukteur astronomischer Uhren weit bekannt war. Er wurde ihr Seelsorger. Vom Kaiser wurde Franziska zur Reichsgräfin von Hohenheim geadelt und nach dem Tod der ersten Frau des Herzogs diesem angetraut. Sie zügelte die Leidenschaften des Herzogs und machte durch ihre edle Gesinnung aus ihm einen verantwortungsvollen Landesvater. So hat Gott die Gebete der Stillen im Land erhört.

1758 wurde Christoph Karl Ludwig von Pfeil Geheimer Legationsrat und wenig später auch Geheimer Rat in Stuttgart, der auch für die Geschicke der Landeskirche verantwortlich war.

Immer wieder musste er durch viel Krankheitsnot. Gerne hätte er sich jetzt auch auf sein schönes Gut in Deuffstetten in der Herrschaft Ansbach bei Dinkelsbühl in die Stille zurückgezogen. Da berief ihn Friedrich der Große nach Berlin als preußischer Minister und diplomatischer Gesandter bei dem fränkischen und schwäbischen Kreis. In dieser einflussreichen Position konnte er seinem Heimatland Württemberg am meisten helfen.

Auch im Dienst des Königs war von Pfeil ein mutiger und unerschrockener Bekenner Jesu. Er konnte zwar mit dem König kein persönliches Gespräch über den Glauben führen. Dieser ließ eben auch ihn wie jedermann nach seiner Facon selig werden. Es wird aber erzählt, wie er auch in der Residenz bei dem preußischen König Friedrich dem Großen morgens seine Bibellese und Gebetsstille hielt. Seinem Diener hatte er aufs Strengste verboten, in dieser Zeit jemand bei ihm einzulassen. Da wollte einmal Friedrich der Große ihn am frühen Morgen aufsuchen. Der Diener kam in arge Verlegenheit, wollte aber nicht gegen den strikten Befehl seines Herrn verstoßen. Darauf sagte der König nur: Ich werde warten. Als von Pfeil seine Morgenandacht beendet hatte und ihm der wartende König gemeldet wurde, entschuldigte er sich: Majestät wollen allergnädigst entschuldigen! Ich habe soeben mit dem König aller Könige geredet.

Was er mit seinem irdischen König nicht bereden konnte, tat er viel mehr im Gebet für ihn mit seinem Gott.

Viel Leid hat Pfeil beim Sterben seiner beiden Söhne erlebt. Noch mehr als der Tod seiner geliebten Tochter Beate im ersten Wochenbett schmerzte ihn, dass seine älteste Tochter, Frau des Obristenleutnants Baron von Metz, ihren Glauben aufgab und die Welt lieb gewann. Nach vielerlei durchlittener Not musste er seit 1769 sagen:

Die Hütte, in der ich wohne, fällt,
kracht, sinkt und bricht.
Mir ist ein anderes Haus bestellt.
Hier ist mein Bleibens nicht.

Die Gicht hatte ihn fast zwei Jahre lang so schwer befallen, dass er keinen Fuß mehr rühren konnte. Da er trotzdem für den König unterwegs sein sollte, musste er mühsam und schmerzhaft getragen werden. Da geschah das Wunder: Im Haus seiner Tochter konnte er zur Verwunderung aller plötzlich wieder gehen und stehen. Von Gott hatte er Hilfe und Heilung erbeten. Er wusste aber auch, dass Gott nicht von uns zum Wunder gezwungen werden kann.

An seinem 70. Geburtstag errechnete Christoph Karl Ludwig von Pfeil, dass ihm 25 550 Tage, 6 013 200 Stunden und 360 792 000 Minuten Leben von Gott geschenkt waren.

Voll Dank blickte er zurück: 32 Jahre hatte er in zehn hohen Staatsämtern unter fünf württembergischen Herzögen gedient und 18 Jahre beim preußischen König. Jetzt aber legte sich Pfeil einen Sterbekalender an, um mit Bibelworten täglich sein Haus zu bestellen. 1784 starb er, nachdem er mehrmals das Wort gesagt hatte: Ich bin gewiss, dass weder Tod noch Leben, weder Gegenwärtiges noch Zukünftiges mich scheiden kann von der Liebe Gottes, die in Christus Jesus ist, unserem Herrn! Seine Urenkelin Freiin Henriette von Seckendorff-Gutend wirkte später in Bad Cannstatt und half durch Gebet, Seelsorge und Zuspruch des Wortes Gottes vielen Kranken zur Genesung. Bis zu ihrem Tod im Jahr 1878 wurde sie von unzähligen Kranken und Schwermütigen aufgesucht. Bis heute tut die Villa Seckendorff dort einen segensreichen Dienst.

Als Luise von Hayn um Jesu willen die Eltern verließ

Das erfüllte und lohnende Leben beim Guten Hirten gefunden

Es geschah 1744 im nassauischen Städtchen Idstein morgens bei der Familienandacht. Im Haus des im fürstlichen Dienst stehenden Oberjägermeisters las die 20-jährige Tochter Henriette Luise von Hayn ihrem Vater wie gewöhnlich aus der Bibel vor. Da kam sie an die Worte Jesu: Wer Vater oder Mutter mehr liebt als mich, der ist mein nicht wert. Das Wort Jesu traf Henriette Luise. Sie war da gemeint!

Sie eilte in ihr Zimmer und schrieb einen Abschiedsbrief. Darin legte sie dar, warum sie um Gottes willen ihr heiß geliebtes Elternhaus verlassen müsse.

Das gesellschaftliche Leben, in das sie als Mädchen aus höherem Stand hineinwachsen sollte, war ihr fremd. Sie konnte kein Gefallen finden an festlichen Bällen und üppigen Banketten. Auch das Zurschaustellen von Kleiderluxus und aufwendiger Kosmetik im damaligen Zeitalter des Rokoko war ihr als Mädchen aus adligem Haus zuwider. Sie sehnte sich nach einer anderen Welt. Schon als junger Mensch suchte sie die Gemeinschaft mit den Leiden ihres Heilands Jesus Christus. Ihm allein wollte sie dienen, in seine Nachfolge wollte sie treten.

Vom nächsten Dorf aus sandte sie durch einen Boten diesen Brief an ihre Eltern. Sie wollte sich den verspotteten und verachteten Herrnhutern anschließen, die damals eine urchristliche Glaubens- und Lebensgemeinschaft bildeten. In wenigen Jahren hatten sie sich an verschiedenen Orten angesiedelt. Diese von Christus und seinem Wort geprägte Gemeinschaft zog sie an. Es war dies eine echte Alternative zu dem lauen Christentum in ihrem Elternhaus, das sie nur als förmlich und traditionell empfinden konnte.

Länger schon hatte sie die Schriften des Reichsgrafen Nikolaus Ludwig von Zinzendorf gelesen. Wie er von der Liebe Jesu sprach, hatte sie in ihrem empfindsamen Gemüt ergriffen und gepackt. Die Berliner Reden hatten sie besonders angesprochen.

Sie erzählt selbst: Um diese Zeit hörte ich viel reden von einem gewissen neuen Ort in der Wetterau, Herrnhaag genannt, welchen die Herrnhuter zu bauen anfingen. Ich fühlte eine unbeschreibliche Freude darüber. Wiewohl es die verächtlichsten Beschreibungen waren, die man mir von der Brüdergemeine machte, so glaubte ich doch immer das Gegenteil davon und fühlte gar zu gut, dass dies mein Volk sei, mit dem ich leben und sterben wollte.

Den Eltern gelang es, die eigenwillige Tochter noch einmal zurückzuholen. Dann kamen ihnen aber Bedenken, ob Gewalt wirklich das Beste sei, um ihre Tochter von ihrem Spleen zu kurieren. Vielleicht würde sie am ehesten selbst von den Herrnhutern ablassen, über die so viele böse Gerüchte umliefen, wenn man ihr den Willen lassen würde?

Auch Zinzendorf selbst schrieb einen Brief an die Eltern: Lassen Sie Ihre Tochter, die ohnehin ein bisschen melancholisch zu sein scheint, in ihrer Ruhe und Seligkeit. Ich finde, dass sie eine bestimmte und festgelegte Person und in ihren Dingen solide ist. So ließ man schließlich Luise von Hayn ziehen.

Dass man um Jesu willen auch eigene Wege gehen müsse, war in der Familiengeschichte schon vorgezeichnet. Der Großvater von Lassberg mütterlicherseits musste einst im Alter von sieben Jahren mit seiner Mutter um des Glaubens willen die Heimat in Österreich verlassen. Die schlimmen Verdächtigungen, die über die Herrnhuter umliefen, konnten Luise von Hayn nicht irremachen. Selbst ihr Heimatpfarrer warnte aus diesem aktuellen Anlass heraus von der Kanzel herunter vor den Herrnhutern. Henriette Luise von Hayn aber war nur umso begieriger, diese eigenwillige Bekennergemeinde in Herrnhut kennenzulernen, die so viel vom urchristlichen Leben verkörperte.

So wurde der 5. November 1744 der glücklichste Tag in ihrem Leben, als sie in Marienborn eintraf und die ersten Schwestern und Brüder sah. Sie schrieb später im Rückblick auf diese Entscheidung: Ich hatte ein paar liebe Eltern verlassen, und hier war es, als hätte ich auf einmal hundert Väter und Mütter wiedergefunden. Mir war's wirklich wie einem Kind, das nun aus der Fremde in seiner Mutter Haus und bei den Seinen angekommen war.

Wie Luise von Hayn in der Brüdergemeine lebte und darin aufging, machen ihre vielen Lieder deutlich, die sie dichtete und von denen 28 im Gesangbuch der Brüdergemeine Aufnahme fanden.

Zunächst betreute sie Hunderte von Mädchen in Marienborn, Großhennersdorf und Herrnhut in Kinderheimen. Ihren Stand hätte man später am besten als Diakonisse bezeichnet. Sie trug alle Nöte ihrer Kinder mit. Sie erzählt: Ich hatte mit tausend Sorgen und Kummer zu kämpfen, den das mir anvertraute Amt bei der Menge der Kinder mit sich brachte.

1866 übernahm Luise von Hayn die Leitung des Heims der ledigen Schwestern in Herrnhut, ein Amt, das sie in den nächsten 16 Jahren bis zu ihrem Tod innehatte.

Viele ihrer Verse und Lieder wurden schon zu ihren Lebzeiten veröffentlicht und verbreitet. Die meisten sind heute leider vergessen. Andere findet man noch im Gesangbuch der Brüdergemeine.

Das bekannteste Lied, das sie aus Anlass des 36. Geburtstages ihrer Freundin nach dem 23. Psalm dichtete, ist bis in unsere Tage hinein in weiten Kreisen lebendig geblieben:

Weil ich Jesu Schäflein bin,
freu ich mich nur immerhin
über meinen guten Hirten,
der mich wohl weiß zu bewirten,
der mich liebet, der mich kennt
und bei meinem Namen nennt.

Unter seinem sanften Stab
geh ich aus und ein und hab
unaussprechlich gute Weide,
dass ich keinen Mangel leide;
und sooft ich durstig bin,
führt er mich zum Brunnquell hin.

Sollt ich nun nicht fröhlich sein,
ich beglücktes Schäfelein?
Denn nach diesen schönen Tagen
werd ich endlich heimgetragen
in des Hirten Arm und Schoß.
Amen, ja, mein Glück ist groß!

Ursprünglich hatte das Lied sieben Strophen, wurde dann aber von Christian Gregor, dem Herausgeber des Gesangbuchs der Brüdergemeine, auf drei verkürzt. Er gab dem Lied auch eine gern gesungene Melodie. Später hat Friedrich Silcher, der große schwäbische Musikdirektor, noch eine andere, nicht weniger volkstümliche Weise dazu komponiert.

Zunächst stand das Lied im Gesangbuch der Brüdergemeine bei den Abendmahlsliedern. Als es aber 1842 im Württembergischen Gesangbuch unter den Kinderliedern eingeordnet wurde, trat es erst seinen wirklichen Siegeslauf an. So wunderbar einfach und sprechend sind die Bilder, die hier gewählt wurden, um die Freude und die Geborgenheit des Glaubens bei Jesus auszudrücken, dass es auch Kinder fassen können.

Mit großer Hingabe wirkte Henriette Luise von Hayn im Dienst der Brüdergemeine, bis die Krankheit sie immer mehr daran hinderte. Ein quälender Husten konnte nicht geheilt werden. Sie litt unter ihrer schwächlichen und gebrechlichen Gesundheit, wollte aber Jesus umso treuer ehren. Und so wurde sie 1782 in des Hirten Arm und Schoß heimgerufen. Sie war 58 Jahre alt geworden.

Ausgestoßen und enterbt – Karl Heinrich von Bogatzky

Sehnsüchtig auf das Kommen des Reiches Gottes gewartet

Einen tüchtigen Kavallerieoffizier wollte sein Vater, ein Oberstleutnant aus ungarischem Adel, aus ihm machen. Auf dem väterlichen Rittergut in Jankowe in Niederschlesien wurde Karl Heinrich von Bogatzky 1690 geboren. Zur Vorbereitung seiner militärischen Laufbahn diente er in seiner Jugend als Page am Weißenfelser Hof des Herzogs. In Breslau lernte er das Reiten und andere militärischen Kenntnisse. Während einer Krankheit, die ein Vierteljahr dauerte, las er die ganze Bibel durch.

Da begegnete der junge Mann dem frommen Grafen Heinrich XXIV. von Reuß-Köstritz. Bogatzky war von ihm tief beeindruckt und folgte seinem Rat, sich zunächst auf die Universität vorzubereiten.

Mit 23 Jahren studierte er Jura in Jena und besuchte von dort aus oft Halle mit den diakonischen und missionarischen Anstalten von August Hermann Francke.

Es war dann eine Predigt aus der fünfbändigen Predigtsammlung Seelenschatz des Erweckungspredigers Christian Scriver, die ihn aufwühlte. Dort wurde von der Freude im Heiligen Geist gesprochen. Das war es, was Bogatzky sehnsüchtig suchte. Im pflichttreuen Kampf, sich aus eigener Kraft und unter Druck selbst zu bessern, hatte er sich oft verkrampft. Hier fand er nun diese Freude des Evangeliums, dass alles durch Jesus gratis geschenkt wird.

Tief beeindruckt von dem geistlichen Leben in diesen Einrichtungen entschloss er sich, dem Herrn sich zum ganzen Opfer und Eigentum hinzugeben und Christus nachzufolgen. Er suchte Francke 1714 in seinem Zimmer auf. Der kniete mit ihm nieder, betete mit ihm und segnete ihn. Nur nie wieder untreu werden oder abweichen, das wollte Bogatzky von da an. Ich will mich nicht mehr selber führen!, war von jetzt ab die Losung des 24-jährigen jungen Mannes.

Karl Heinrich von Bogatzky schrieb: Das liebliche Evangelium und der hohe Artikel von der Rechtfertigung wurde mir nur immer heller aufgeschlossen. Da ich vor diesem in der Bibel lauter Gesetz und Pflicht suchte und fand, so fand ich jetzt allenthalben Christus und sein süßes Evangelium. Ich erfuhr da, wie ein einziger Blick der Gnade mein Herz mehr änderte und gleichsam umschmelzte, als vorher alles Drohen des Gesetzes und alles Moralisieren nicht tun konnte. Es kam mir auch die ganze Heilige Schrift so vor, als wenn sie mit dem Blut Christi geschrieben wäre.

Jetzt siedelte Bogatzky nach Halle über und widmete sich ganz der Theologie. In dieser Zeit verstarb die Mutter von Bogatzky, die ihn schon in früher Kindheit das Beten gelehrt hatte. Sie war eine im Leiden gereifte Frau.

Sein Vater war sehr verärgert, dass sein Sohn Karl Heinrich sich seinem Befehl bis jetzt widersetzt hatte und nicht gewillt war, den Offiziersberuf zu ergreifen und in kaiserliche Dienste zu treten. Er hatte schon eine Kornettstelle für seinen Sohn in Ungarn besorgt. Die Standarte führte bereits seinen Namen. Nach dieser Enttäuschung sagte sich der erzürnte Vater von seinem Sohn los und verschloss für ihn die Tür des Elternhauses. Auch vom Studium wollte der Vater jetzt nichts mehr wissen. Er enterbte sogar seinen gläubig gewordenen Sohn.

Seine Verbindung zu schlesischen Adelskreisen erleichterte es später Karl Heinrich von Bogatzky, unter den Adligen seiner Zeit als freiwilliger Missionar zu wirken. Er reiste durch Schlesien, Böhmen und Sachsen.

Bogatzky konnte, weil er ziemlich kränklich und körperlich schwach veranlagt war, keinen Pfarrdienst übernehmen. Häufig quälten ihn heftige Kopfschmerzen und er litt unter anhaltenden nächtlichen Schlafstörungen.

Ärmlich ging es in seinem Haus zu. Oft hatte er nicht mehr als zwei Groschen zur Verfügung. Doch dabei erlebte er immer Gottes Fürsorge: Ich erfuhr es so recht, dass meine Haushaltung seine Haushaltung war.

Seine Ehe endete schon sehr früh. Seine Frau, die Base Barbara von Fels, starb nach acht Jahren. Der fromme Herzog Christian Ernst holte den einsamen Bogatzky von 1740 bis 1746 an den gräflich Reuß'schen Hof nach Saalfeld, um dort als Seelsorger und Gewissensrat zu wirken. Die beiden noch kleinen Söhne wurden auswärts in Heimen untergebracht.

1746 bekam der jetzt 56-jährige Karl Heinrich von Bogatzky ein bescheidenes Zimmerchen im Waisenhaus in Halle zugewiesen, das er bewohnte, bis man ihn 1774 im Sarg hinaustrug. 84 Jahre alt ist er geworden.

In aller Stille verbrachte er hier seinen letzten Lebensabschnitt, wie er selbst im Lied *O Gottes Sohn, du Licht und Leben* gedichtet hatte:

So lieb und lob ich in der Stille
und ruh als Kind in deinem Schoß;
ich schöpfe Heil aus deiner Fülle,
das Herz ist aller Sorgen los.

Ich sorge nur vor allen Dingen,
wie ich zum Himmel möge dringen;
ich bin zu deinem Dienst bereit.
Ach zieh mich, zieh mich weit von hinnen;
was du nicht bist, das lass zerrinnen,
o reiner Glanz der Ewigkeit!

Da im Franckeschen Waisenhaus in Halle die Mission einen zentralen Platz hatte, entstand aus der Bitte um treue Arbeiter in der Ernte zur gesegneten Ausbreitung des Wortes in aller Welt jenes erste evangelische Missionslied in deutscher Sprache, das sich streng an biblischen Texten orientiert:

Wach auf, du Geist der ersten Zeugen,
die auf der Mau'r als treue Wächter stehn,
die Tag und Nächte nimmer schweigen
und die getrost dem Feind entgegengehn,
ja deren Schall die ganze Welt durchdringt
und aller Völker Scharen zu dir bringt.

So gib dein Wort mit großen Scharen,
die in der Kraft Evangelisten sein;
lass eilend Hilf uns widerfahren
und brich in Satans Reich mit Macht hinein.
O breite, Herr, auf weitem Erdenkreis
dein Reich bald aus zu deines Namens Preis!

Ach lass dein Wort recht schnelle laufen,
es sei kein Ort ohn dessen Glanz und Schein.
Ach führe bald dadurch mit Haufen
der Heiden Füll zu allen Toren ein!
Ja wecke dein Volk Israel bald auf,
und also segne deines Wortes Lauf!

Du wirst dein herrlich Werk vollenden,
der du der Welten Heil und Richter bist;
du wirst der Menschheit Jammer wenden,
so dunkel jetzt dein Weg, o Heilger, ist.

Drum hört der Glaub nie auf, zu dir zu flehn;
du tust doch über Bitten und Verstehn.

Schon als Student im Alter von 28 Jahren hatte Karl Heinrich von Bogatzky eine Sammlung von Bibelworten mit Gebeten und Liedversen für jeden Tag des Jahres zusammengestellt. Er gab sie 1718 erstmals als *Güldnes Schatzkästlein der Kinder Gottes* heraus. Weit über 60 Auflagen wurden gedruckt.

Manche haben sich an der einfachen und nüchternen Sprache von Bogatzky gestoßen. Aber gerade diese schlichte Redeweise hat wohl am meisten angesprochen und kräftig gewirkt.

So singt man bis heute noch sein Lied, das ursprünglich *O Vaterherz, o Licht und Leben* lautete:

O Gottes Sohn, du Licht und Leben,
o treuer Hirt, Immanuel!
Nur dir hab ich mich übergeben,
nur dir gehöret Leib und Seel.
Ich will mich nicht mehr selber führen,
du sollst als Hirte mich regieren;
so geh denn mit mir aus und ein.
Ach Herr, erhöre meine Bitten
und leite mich auf allen Tritten;
ich gehe keinen Schritt allein.

Wenn du mich führst, kann ich nicht gleiten,
dein Wort muss ewig feste stehn;
du sprichst: »Mein Auge soll dich leiten,
mein Angesicht soll vor dir gehn.«
Ja, dein Erbarmen, deine Güte
umfass allmächtig mein Gemüte!
O dass ich nur recht kindlich sei,
bei allem zu dir gläubig flehe
und stets auf deinen Wink nur sehe,
so stehest du mir täglich bei.

Lass deinen Geist mich täglich treiben
zum Wachen, Ringen, Flehn und Schrein;

Lass mir dein Wort im Herzen bleiben
und in mir Geist und Leben sein,
dass ich nach deinem Wohlgefallen
in Ehrfurcht möge vor dir wallen;
zieh ganz zu dir die Seele hin!
Vermehr in mir dein innres Leben,
dir unaufhörlich Frucht zu geben,
und bilde mich nach deinem Sinn!

Bogatzky dichtete dieses Lied 1725. Er kam damals nach einer Badekur im böhmischen Karlsbad zu dem gläubigen Grafen Erdmann Heinrich Henkel zu Pölzig. Dort hielt er sich drei Monate auf und schrieb: Hier setzte ich das Lied auf *O Vaterherz, o Licht und Leben.* Es war mir nämlich die so nahe Gegenwart meines Heilandes so klar und tröstlich. Ich sah ihn als meinen Berater und Führer an. Mir war es sehr lieb und tröstlich, dass mein Heiland immer bei mir wäre. Ich bat ihn herzlich, dass er mich nur stets in genauer Aufsicht haben und mich ja keinen Schritt allein gehen lassen möchte. Alles, was damals in meinem Herzen war, brachte ich in dieses Lied.

Johann Ludwig Konrad Allendorfs fröhliche Melodien

Der Triumph über die Herrschaft des Königs Jesus

Die kleine Residenzstadt Köthen in Sachsen-Anhalt mit dem schönen Schloss im Baustil der Renaissance war der erste bedeutsame Wirkungsort von Johann Ludwig Konrad Allendorf. Schon im Alter von 30 Jahren wurde er als lutherischer Hofprediger dorthin berufen. Kurz zuvor hatte der berühmte Hofkapellmeister Johann Sebastian Bach Köthen verlassen, um der ehrenvollen Berufung als Thomaskantor nach Leipzig nachzukommen. Allendorf wurde 1693 im oberhessischen Josbach bei Marburg als Sohn eines Pfarrers geboren. Er studierte in Gießen und Halle, wo ihn besonders Professor August Hermann Francke tief prägte.

Die damals neu aufbrechende Singebewegung hatte einen starken Rückhalt an den von der geistlichen Erweckung erfassten kleinen Residenzen und Fürstenhöfen. Hier im fürstlichen Köthen fand Allendorf eine anregende und reich befruchtende Dichterfreundschaft mit Leopold Friedrich Lehr, dem Hofmeister der Prinzessinnen. Dieser hatte schon als kleiner Junge durch eine Begegnung mit August Hermann Francke Eindrücke erhalten, die sein Leben entscheidend prägten. Francke weilte damals zu einem Besuch im Elternhaus von Leopold Friedrich Lehr, dessen Vater ein Hofrat von Nassau-Idstein war. Bei diesem Besuch legte August Hermann Francke dem achtjährigen Kind die Hände auf und segnete es.

Nach seinem Abitur hatte Leopold Friedrich seine Bekehrung festgemacht. Am Sterbebett seines Vaters meinte er, der Leichnam des Vaters ermahne ihn noch: Eile, mein Sohn, errette deine Seele und sieh nicht hinter dich!

Von Lehr stammen die Evangelisationslieder: *Mein Heiland nimmt die Sünder an* und *Was hinket ihr, betrogne Seelen*. Durch seine evangelistische Predigt in Halle kam der bekannte Liederdichter Schlesiens, Ernst Gottlieb Woltersdorf, zum persönlichen Glauben.

Dieser enge Freund Leopold Friedrich Lehr starb schon mit 34 Jahren auf der Reise nach Magdeburg. Er war ein gefragter Seelsorger und Tröster von Angefochtenen gewesen. In seinen letzten Tagen sorgte er sich in anteilnehmender Liebe nur um die Besucher an seinem Sterbebett und warnte sie vor faulen Kompromissen im Glauben, Heuchelei, Ehrsucht und Anpassung an die Welt.

In der Residenz von Köthen hatten Allendorf und Lehr in den zwölf Jahren ihrer Freundschaft eine ganze Anzahl von neuen Liedern des jubelnden Gotteslobes und des sieghaften Glaubens geschaffen. Sie sind voll von biblischen Bezügen und zitierten Bibelworten.

Allendorf wollte mit seinen Liedern, die er bei der einen und anderer Gelegenheit nur zu einer Privat-Ermunterung aufgesetzt hatte, Leute persönlich aufmuntern, wie er selbst sagte. Die Lieder gingen meist als Einzelstücke auf Flugblättern oder auch mehrere gesammelt durchs Land. Dazu kamen auch noch andere Lieder aus erweckten Kreisen in Halle. Zunächst wurden sie in der Sammlung *Einige besondere geistliche Lieder* zusammengefasst.

Von dieser neuen Frische und Erweckung zeugen auch die fröhlichen und beschwingten Melodien, von manchen auch heftig kritisiert und als nicht ernsthaft, andächtig und gottselig abgelehnt. Es waren gerade die als Frömmler verspotteten Pietisten, die nun weltliche Melodien im ¾-Takt zum Singen der geistlichen Lieder einführten. Sie wollten auf diese Weise umso mehr und freier der Freude ihres Glaubens Ausdruck verleihen. Von ihnen wurden diese neuen Choräle so gerne gesungen wie das jetzt noch im Gesangbuch erhaltene Lied:

Jesus ist kommen, Grund ewiger Freude;
A und O, Anfang und Ende steht da.
Gottheit und Menschheit vereinen sich beide;
Schöpfer, wie kommst du uns Menschen so nah!
Himmel und Erde, erzählet's den Heiden:
Jesus ist kommen, Grund ewiger Freuden.

Jesus ist kommen, die Ursach zum Leben.
Hochgelobt sei der erbarmende Gott,
der uns den Ursprung des Segens gegeben;
dieser verschlinget Fluch, Jammer und Tod.
Selig, die ihm sich beständig ergeben!
Jesus ist kommen, die Ursach zum Leben.

Jesus ist kommen, sagt's aller Welt Enden.
Eilet, ach eilet zum Gnadenpanier!
Schwöret die Treue mit Herzen und Händen.
Sprechet: wir leben und sterben mit dir.

Amen, o Jesu, du wollst uns vollenden.
Jesus ist kommen, sagt's aller Welt Enden!

1736 wurde eine Reihe dieser Lieder von Johann Ludwig Allendorf als *Cöthensche Lieder* herausgegeben und später durch eine weitere Sammlung ergänzt. Sie waren zur gewünschten reichen Erbauung vieler Menschen herausgegeben.

Sie beschreiben mit sieghaften Worten die ganze Fülle des Glaubens. So auch das heute noch gern gesungene Jesuslied:

Einer ist König, Immanuel sieget!
Bebet, ihr Feinde, und gebet die Flucht!
Zion hingegen, sei innig vergnüget,
labe dein Herze mit himmlischer Frucht!
Ewiges Leben, unendlichen Frieden,
Freude die Fülle hat er uns beschieden.

Stärket die Hände, ermuntert die Herzen,
trauet mit Freuden dem ewigen Gott!
Jesus, die Liebe, versüßet die Schmerzen,
reißet aus Ängsten, aus Jammer und Not.
Ewig muss unsere Seele genesen
in dem holdseligsten, lieblichen Wesen.

Laufet nicht hin und her, eilet zur Quelle!
Jesus, der bittet: Kommt alle zu mir!
Sehet, wie lieblich, wie lauter und helle
fließen die Ströme des Lebens allhier!
Trinket, ihr Lieben, und werdet erquicket;
hier ist Erlösung für alles, was drücket.

Nach dem Tod der lutherischen Fürstin am Hof von Köthen wurde auch die Pfarrstelle Allendorfs aufgehoben, weil der reformierte Fürst, ihr verwitweter Mann, jetzt keinen besonderen Hofprediger für das lutherische Bekenntnis mehr brauchte. Allendorf wurde vom Grafen Christian Ernst von Stolberg als Pfarrer für Nöschenrode gerufen, heute einem Stadtteil von Wernigerode im Harz. Später diente er noch 13 Jahre als Pfarrer an St. Ulrich in Halle.

Insgesamt 132 Lieder hat Allendorf gedichtet, aber keines dieser Lieder hat er unter seinem Namen herausgegeben. Der Grund lag in einer ihm besonders eigenen Demut. Von ihm wurde gesagt: Er vermied mit Fleiß allen gelehrten Ruhm und hatte die seltene Eigenschaft, in verborgener Stille viel Gutes zu wirken.

Wie Allendorf um die Heiligung seines Lebens kämpfte, beschreibt sein tief eindrückliches Lied:

Herr, habe Acht auf mich
und reiß mich kräftiglich
von allen Dingen!
Denn ein gefesselt Herz
kann sich ja himmelwärts
durchaus nicht schwingen.

Herr, habe Acht auf mich!
Hast du allmächtiglich
den Strick zerrissen,
so lass, dem Feind zum Trutz,
mich deinen starken Schutz
nun stets genießen!

Herr, habe Acht auf mich
und lass mich ritterlich
den Kampf bestehen;
wenn Satan, Sünd und Welt
mich stürmend überfällt
nicht untergehen.

Herr, habe Acht auf mich!
O zieh mich ganz in dich
mit Leib und Seele!
Dein bin ich, du bist mein,
du, den ich mir allein
zum Hort erwähle.

Herr, habe Acht auf mich
beim letzten Kampf, wenn ich

von hinnen scheide;
führ mich durch dein Geleit
in deine Herrlichkeit
zur ewgen Freude!

1773 ging Johann Ludwig Konrad Allendorf im Alter von 80 Jahren heim. Den Schmerz des Todes musste er 1756 bei seinem Sohn Gottlob, kurz nach der festlichen Konfirmation, hart erleben und zwei Jahre später auch beim Sterben seiner 22-jährigen Tochter Friederike Marie.

Geschätzt und beliebt war lange Zeit das von ihm verfasste Sterbelied *Unter Lilien jener Freuden*, unter Anspielung auf Jesu Wort von den Lilien auf dem Feld. Es war auch das Lieblingslied von Ludwig Hofacker. Dort heißt die sechste Strophe:

O wie bald kannst du es machen,
dass mit Lachen
unser Mund erfüllet sei!
Du kannst durch des Todes Türen
träumend führen
und machst uns auf einmal frei.

Ernst Gottlieb Woltersdorf – mit 36 Jahren im Dienst verzehrt

Die große Freude: Dass ich einen Heiland habe!

Über dem Leben des Pfarrerssohns Ernst Gottlieb Woltersdorf lag eine große Eile. Man meint, er hätte sein frühes Ende geahnt und darum so rastlos gewirkt.

Er sagte einmal: Für uns ist hier keine bleibende Stadt, kein fester und ruhiger Sitz. Unsere Herzen sollen sich in diesem Land niemals niederlassen, festsetzen oder anbauen. Wir brauchen, was wir als Durchreisende brauchen müssen. Unser Geist aber ist losgerissen, und unsere Füße eilen weiter. Unser Auge geht in die andere Welt. Hier ist Jesus selbst zu Hause.

Sein Vater war Pfarrer in Friedrichsfelde bei Berlin, wo Ernst Gottlieb Woltersdorf 1725 geboren wurde. Er war das sechste von 12 Kindern der Eheleute.

Ursprünglich wollte Woltersdorf Apotheker werden. Deshalb zog er im Alter von 17 Jahren zusammen mit seinem Bruder ins Waisenhaus von August Hermann Francke nach Halle und absolvierte dort eine Lehre. Damit konnte er sich seinen Lebensunterhalt verdienen, begann dann aber mit dem Theologiestudium.

Es war in der Gemeinschaft der Mitarbeiter im Waisenhaus eine evangelistische Predigt eines Gastes über die Liebe Jesu, die bei ihm die Bekehrung auslöste. Der da so gütig und freundlich zu Jesus einlud, war der 32-jährige Leopold Friedrich Lehr aus Köthen, ein enger Freund des Dichters und Pfarrers Johann Ludwig Konrad Allendorf.

Durch diese Predigt von der Liebe Jesu wurde Ernst Gottlieb Woltersdorf seine Schuld vor Gott bedrückend bewusst. Er wollte sich aber zuerst durch eigenen Eifer und Hingabe selbst bessern. Später hat Woltersdorf dann immer wieder von diesem Fehler gesprochen, dass man meint, in eigenen Anstrengungen sich selbst erst bessern zu müssen, bevor man Jesus als seinen Erlöser begreifen und annehmen kann.

Eineinhalb Jahre lang dauerten diese schweren inneren Kämpfe, die immer wieder in erfolglosen Niederlagen enden mussten. Dann setzte er sein Vertrauen allein auf Jesus, der ihn durch sein Blut frei und los macht von aller Schuld.

Man kann den Jubel nachempfinden, wie es Woltersdorf erlebte, als er von aller anklagenden Schuld frei wurde:

Die Handschrift ist zerrissen,
die Zahlung ist vollbracht.
Er hat mich's lassen wissen,
den man für mich geschlacht,
dem meine Not sein Blut geraubt,
an welchen meine Seele
von ganzem Herzen glaubt.

Ich weiß sonst nichts zu sagen,
als dass ein Bürge kam,
der meine Schuld getragen,
die Rechnung auf sich nahm
und sie so völlig hingezählt,
dass von der ganzen Menge
auch nicht ein Pfennig fehlt.

Wenn ich mich selbst betrachte,
so wird mir angst und weh;
wenn ich auf Jesus achte,
so steig ich in die Höh,
so freut sich mein erlöster Geist,
der durch das Blut des Lammes
gerecht und selig heißt.

Mit dieser echten und persönlichen Glaubensentdeckung hat Woltersdorf nun, wo er hinkam, anderen den Weg gewiesen. Zunächst war er Hauslehrer und Vikar in der Uckermark, in der Nähe von Prenzlau, dann Katechet und Hilfsprediger in der Niederlausitz. Dorthin hatte ihn die Gräfin von Prommitz zur Hilfe bei der Erziehung ihres Sohnes gerufen. An beiden Orten gab es Aufbrüche und Erweckungen in den Kreisen traditioneller Christen.

Doch dann wurde Woltersdorf in seine große Lebensaufgabe gerufen. Niederschlesien, das gerade damals im Jahr 1742 nach dem ersten Schlesischen Krieg durch König Friedrich den Großen aus dem österreichischen-habsburgischen Herrschaftsgebiet in preußischen Besitz überging, sollte das große Wirkungsgebiet von Woltersdorf werden.

Es begann – wie alle Führungen Gottes – äußerlich sehr unscheinbar. 1748 wurde Woltersdorf zu einer Gastpredigt nach Bunzlau in Schlesien gerufen, das jetzt erst sechs Jahre preußisch war. Die zweite Pfarrstelle musste dort wieder besetzt werden. Joachim Andreas Rothe, der Dichter des Liedes *Ich habe nun den Grund gefunden*, wirkte dort in Thommendorf im schlesischen Fürstentum Liegnitz ganz in der Nähe von Bunzlau als Pfarrer und fädelte das alles ein.

Woltersdorf wurde auch gleich als Pfarrer in der Gemeinde Bunzlau gewählt. Plötzlich war die Kirche viel zu klein für die vielen Zuhörer. Oft musste wegen Platzmangel der Gottesdienst unter freiem Himmel im nahen Stadtwald gehalten werden. Das war kein Strohfeuer.

Gleich von Anfang an regte sich in Bunzlau auch empörter Widerstand gegen die evangelistische Verkündigung von Ernst Gottlieb Woltersdorf. Seine Widersacher erreichten beim preußischen König sogar, dass ein Feldprediger auf seine Pfarrstelle berufen wurde. Jetzt aber kämpfte die Bürgerschaft für ihren Prediger Woltersdorf und erreichte schließlich, dass die Kabinettsorder zurückgenommen wurde.

Kennzeichnend für Ernst Gottlieb Woltersdorf war aber, wie er den Menschen nachging, in denen lebendiger Glauben aufbrach. Er richtete Erbauungsstunden ein, um Anfänger im Glauben besser betreuen und aufbauen zu können. Solche wöchentlichen Zurüstungen fanden in Bunzlau sowie in neun weiteren Orten statt. Schon nach einem Jahr kam es zu einer Erweckung in der Bevölkerung, die weit nach Schlesien hinein wirkte.

Das war Woltersdorf wichtig in seinem Dienst: Er wollte alle zu Jesus führen. Das war seine Botschaft: Eilt zu Jesus; denn seine Arme stehen noch offen.

Ausgehend von dem Gleichnis vom großen Abendmahl dichtete er das Lied:

Es ist noch Raum!
Mein Haus ist noch nicht voll,
mein Tisch ist noch zu leer.
Der Platz ist da, wo jeder sitzen soll;
ach bringt doch Gäste her!
Geht, nötigt sie auf allen Straßen;
ich habe viel bereiten lassen.
Es ist noch Raum.

Es ist noch Raum! Die Arme Jesu sind
zum Tragen stark und weit;
die Hände stehn für jedes Gnadenkind
zum Heben ausgebreit'.

Er will sie auf die Achseln legen
und ihrer als ein Hirte pflegen.
Es ist noch Raum.

Es ist noch Raum auch für das schwächste Kind,
das gar nicht gehen kann;
und derer auch, die alt und müde sind,
nimmt er sich treulich an.
O Kinder, kommt, er will euch wiegen;
ihr sollt ihm in den Armen liegen.
Es ist noch Raum.

Dringlich wurde Woltersdorf bei seinem Predigen: Höret's alle, die ihr eure Ruhe im irdischen Sinn sucht, im Geiz, in der Augenlust und Fleischeslust und in hoffärtigem Leben! Höret's alle, die ihr auf dem breiten Weg mit dem größten Haufen so ruhig und sicher dahingeht! Höret's alle, die ihr in dem äußerlichen Gottesdienst Ruhe sucht, die ihr euch durch gute Werke, durch Beten, Singen und Abendmahlgehen eine falsche Ruhe macht; alle, die ihr meint, ihr seid gut genug und es gebe für eure Seelen keine Gefahr. Höret's alle, die ihr euch nicht von ganzem Herzen zum Herrn Jesus bekehren wollt!

Brennend, wie Woltersdorf war, wollte er die noch Zögernden einladen. So schuf er das Lied:

Kommt ins Reich der Liebe,
o ihr Gotteskinder,
ihr durchs Blut erlöste Sünder!
Lernt von eurem Heiland
eure Brüder lieben
und euch recht darinnen üben!
Folgt dem Herrn; traget gern
seines Leibes Glieder,
auch die schwachen Brüder!

Sünde zu vergeben
und auch zu vergessen,
das hat keiner so besessen
als der Freund der Sünder,

der mit eignem Blute
seinen Feinden selbst zugute,
alle Schuld – o der Huld!
auf sich hat genommen
und getilgt vollkommen.

Wirft der Feind der Seelen
zwischen eure Herzen
Streit, Verdacht und Haderschmerzen,
o so seid nicht stille,
wartet nicht so lange
bis zum Sonnenuntergange;
tötet bald die Gewalt
aller Zwistigkeiten,
die den Fall bereiten!

Bleibt nicht so beständig
auf dem eignen Rechte;
werdet gern der andern Knechte!
Denn die süße Liebe
deckt der Sünden Menge,
duldet ohne Maß der Länge.
Liebt euch sehr, liebet mehr;
nährt das Liebesfeuer
alle Tage treuer!

Woltersdorf klagte die neumodischen Liederdichter seiner Zeit an: Warum reimen sie nur Texte mit moralischen Appellen? Warum dichten sie allein lobpreisende Anbetungslieder, in denen sie die Macht und Größe des herrlichen Schöpfers und seine große Majestät besingen?

Wie kommt es aber, dass die heimliche Weisheit des herrlichen Evangeliums von Jesus Christus, der gekommen ist, Sünder selig zu machen, in euren Gedichten so selten oder gar nicht sich finden lässt? Ihr müsst den Schönsten unter den Menschenkindern nie gesehen haben. Ihr habt ohne Zweifel die Herrlichkeit seiner Kreuzesschöne, außer der es kein anderes Heil gibt, noch nicht erblickt. Sie würde sonst aus den Früchten eurer Feder hervorstrahlen.

Ein besonders großes Herz hatte Ernst Gottlieb Woltersdorf für Kinder. Ob Schüler, Konfirmanden oder jüngere Kinder, für alle richtete er eigene Bibelstunden ein. Für die Kinder dichtete er viele Kinderlieder. Er wollte, dass sie früh den Heiland finden. Davon sprach er in einem Fliegenden Brief evangelischer Worte an die Jugend von der Glückseligkeit solcher Kinder und junger Leute, die sich frühzeitig bekehren. Wie sehr Woltersdorf damit ins Schwarze traf, zeigt die große Nachfrage nach dieser Schrift. Sie erschien in 18 Auflagen.

Bekannt ist heute noch sein Lied:

Blühende Jugend, du Hoffnung der künftigen Zeiten,
höre die Stimme des Hirten und lass dich bedeuten.
Folge der Hand, die sich oft zu dir gewandt,
dein Herz zu Jesus zu leiten.

Ein Maurermeister namens Gottlieb Zahn hatte in Bunzlau auf Anregung von August Hermann Francke ein kleines Waisenhaus gegründet. Das war ein mutiger Glaubensschritt, denn fast immer fehlte das nötige Geld, besonders in zwei harten Kriegsjahren. Dann brannte ein Teil des Hauses nieder.

Zu allem hin starben kurz hintereinander der Gründer und dann auch noch der Waisenhausvater. Jetzt übernahm Woltersdorf selbst noch die Leitung des Waisenhauses, obwohl er schon gesundheitlich angeschlagen war. Er war sich ganz sicher, dass Gott so eindrucksvoll aus allen Schwierigkeiten heraushelfen werde, dass man sich nur wundern könne.

1760 konnte Woltersdorf als einen Triumph des Glaubens über den Unglauben noch den Grundstein zum Neubau eines großen Waisenhauses legen. Er predigte nach Jesaja 40,26-31 über das Harren auf den Herrn, der dem Müden Kraft und Stärke genug den Unvermögenden gibt und dichtete:

Weicht, ihr finstern Sorgen!
Denn für heut und morgen
sorgt ein andrer Mann.
Lasst mich nur in Frieden!
Dem hab ich beschieden,

der es besser kann.
Schreit die Welt gleich immer: Geld!
Ich will Hosianna schreien,
glauben und mich freuen.

Auch wenn Woltersdorf nur in der Nacht Zeit blieb zur Schriftstellerei, fiel ihm das Dichten leicht. Die Verse flogen ihm nur so zu.

Bekannt ist auch aus dem Abendmahlslied *Komm, mein Herz, in Jesu Leiden,* das 1760 kurz vor seinem Tod entstanden ist, die besonders eindrückliche Strophe:

Will hinfort mich etwas quälen
oder wird mir etwas fehlen
oder wird die Kraft zerrinnen,
so will ich mich nur besinnen,
dass ich einen Heiland habe,
der vom Kripplein bis zum Grabe,
bis zum Thron, wo man ihn ehret,
mir, dem Sünder, zugehöret.

Gern gesungen wird von seinen 218 bekannten Liedern auch bis heute noch sein Passionslied *Sünder, freue dich von Herzen,* wo er in diesen Strophen seinen erfolglosen Bußkampf beschreibt:

Ach wie groß ist dein Verderben!
Ohne Jesus musst du sterben:
blind und tot sind deine Kräfte;
Sünde, das ist dein Geschäfte;
dein Verdienst ist Zorn und Rache.
Es ist aus mit deiner Sache;
ja, im Himmel und auf Erden
kann dir nicht geholfen werden.

Fühlst du nun die Macht der Sünden,
wie sie deine Seele binden,
wie sie dein Gewissen quälen,
wie der Jammer nicht zu zählen:
O, so komm mit deinen Ketten,

wag es nicht, dich selbst zu retten;
sieh am Kreuze Jesus hängen:
Er muss deine Fesseln sprengen.

O, so gib dem Sohn die Ehre,
dass ihm aller Ruhm gehöre;
suche nicht erst zu verdienen,
was am Kreuz vollbracht erschienen;
suche nicht, was schon gefunden;
preise fröhlich seine Wunden
und bekenn es bis zum Grabe,
dass er dich erlöset habe.

Vom aufreibenden Dienst verzehrt, starb Ernst Gottlieb Woltersdorf 1761, im Alter von nur 36 Jahren. Er hinterließ seine treue Frau Johanna Sabina, eine Predigerstochter aus der Uckermark, und sechs unmündige Kinder.

Sein letzter Dienst vor seinem Tod war eine Kinderstunde gewesen. Kinder zu Jesus zu bringen, war seine Leidenschaft. Einst bei seinem Kommen nach Bunzlau hatte er einem Freund geschrieben: Ich hoffe, mit den Kindern werden wir noch den Teufel aus Bunzlau jagen. Amen. Es geschehe also!

Der erste Pfarrer der Brüdergemeine – Johann Andreas Rothe

Eine Freundschaft zerbricht – und trotzdem ein guter Weg

Es war eine Freundschaft, wie sie die Bibel von David und Jonathan erzählt. Nikolaus Ludwig Reichsgraf von Zinzendorf war 21 und Magister Johann Andreas Rothe 33 Jahre alt, als sie sich zum ersten Mal begegneten. Rothe verdiente sich damals seinen Unterhalt als Hauslehrer und Zinzendorf hörte ihn mehrmals predigen. Sie verstanden sich auf Anhieb.

Als Patronatsherr berief Zinzendorf 1722 diesen neu gewonnenen Freund Rothe als Gemeindepfarrer in seine Standesherrschaft nach Berthelsdorf. Bisher hatte Rothe nur deshalb kein Pfarramt erhalten, weil er aus Gewissensgründen und Bescheidenheit sich nicht selbst an der Jagd um eine Stelle beteiligen wollte. Er wollte warten, bis er von einer Gemeinde gerufen wurde.

Maßgeblich war Rothe an der Gründung der Brüdergemeine beteiligt. Er knüpfte auch die ersten Beziehungen zu den mährischen Flüchtlingen um den Zimmermann Christian David, der ihn nach einer Predigt in Görlitz angesprochen hatte. Die ganze Geschichte Herrnhuts und der Brüdergemeine samt ihrer weltweiten Mission ist ohne diese Mähren nicht zu denken.

Man hat lange angenommen, Johann Andreas Rothe hätte sein bekanntestes Lied auf den Geburtstag Zinzendorfs 1728 gedichtet. Das Lied stammt aber schon aus der Zeit, bevor Rothe nach Berthelsdorf kam:

> Ich habe nun den Grund gefunden,
> der meinen Anker ewig hält;
> wo anders als in Jesu Wunden?
> Da lag er vor der Zeit der Welt,
> der Grund, der unbeweglich steht,
> wenn Erd und Himmel untergeht.

Wir sollen nicht verloren werden,
Gott will, uns soll geholfen sein;
deswegen kam der Sohn auf Erden
und nahm hernach den Himmel ein,
deswegen klopft er für und für
so stark an unsers Herzens Tür.

O Abgrund, welcher alle Sünden
durch Christi Tod verschlungen hat!
Das heißt die Wunde recht verbinden,
da findet kein Verdammen statt,
weil Christi Blut beständig schreit:
Barmherzigkeit, Barmherzigkeit!

Johann Andreas Rothe stammte aus Lissa in der Nähe von Görlitz, wo er 1688 als Pfarrerssohn geboren wurde. Er war ein mitreißender Prediger des Bibelwortes, voller Klarheit und Schärfe gegen alle Heuchelei, der ins Herz und ins Gewissen der Menschen zielte. Ein großer Mann und ein wahres Licht, eine flammende Kanzel und eine gewaltige Predigt. So hat ihn Zinzendorf lebenslang geschätzt. Seine Predigt war keinem Bauern zu dunkel und keinem Philosophen zu seicht.

In großer Zahl strömten die Leute zu seinen Predigten, auch aus den umliegenden Orten der Oberlausitz. Das löste große Verärgerung bei den Pfarrkollegen aus. Schon bald musste die Kirche in Berthelsdorf erweitert und das Platzangebot verdoppelt werden.

Kaum war Rothe in Berthelsdorf als Pfarrer aufgezogen, schloss Zinzendorf mit ihm und zwei anderen engen Freunden einen missionarischen Viererbund zur Sicherung der Herrschaft Christi, des Gekreuzigten, im Herzen der Menschheit.

Andreas Rothe schrieb seine Gedanken im Lied *Unverwandt auf Christus sehen* nieder:

Wenn doch alle Menschen wüssten,
wie es uns bei Jesus geht,
wenn man in der Zahl der Christen,
wahrer Streiter Jesu, steht!

Da lässt keinen er zurück,
er zerreißet jeden Strick;
man ist auf dem Lebenspfade
und nimmt immer Gnad um Gnade.

Aber freilich kann nichts taugen
als nur das, was Christus tut.
Lassen wir ihn aus den Augen,
finden wir was andres gut,
so erfahren wir gewiss,
unser Licht sei Finsternis,
unser Helfen sei Verderben,
unser Leben lauter Sterben.

Wären wir doch völlig seine!
Rührte sich doch keine Kraft,
da der Heiland nicht alleine,
was sie wirkt, in uns geschafft!
Jesu, richte unsern Sinn
ungeteilt auf dich nur hin;
dann belebt uns deine Wahrheit,
und das Auge wird voll Klarheit.

Und doch kam es unter diesen beiden so herzlich verbundenen Freunden Zinzendorf und Rothe bald zur Spaltung und Trennung. Wie war das möglich?

Johann Andreas Rothe war lutherischer Prediger, der sich ganz bewusst nicht der Brüdergemeine anschließen wollte. Er wollte sich in seiner eigenen, besonderen Art auch nicht von der genialen Persönlichkeit Zinzendorfs völlig erdrücken lassen. War Rothe anfangs noch stark kirchenkritisch gewesen, so wurde er im Lauf der Jahre in der Auseinandersetzung mit manchen sonderbaren Entwicklungen in Herrnhut immer kirchlicher und verteidigte deren Ordnungen. Auch im Streit über einige extreme Lehrmeinungen Zinzendorfs nahm Rothe einen gut lutherischen Standpunkt ein. So gerieten die beiden nicht selten hart aneinander.

So wollte schon nach zehn Jahren die Brüdergemeine einen eigenen Pfarrer für Herrnhut berufen und sich aus der Abhängigkeit vom Pfarrer in Berthelsdorf lösen.

Es gelang aber erst 1737 nach 15 Jahren. Da war es Johann Andreas Rothe, der sich völlig von der Brüdergemeine trennte und in Hermsdorf bei Görlitz und dann schließlich in der Grenzkirche Thommendorf, die für die Evangelischen aus Schlesien solch eine wichtige Bedeutung hatte, ein Pfarramt übernahm.

Graf Zinzendorf hatte Rothe tief gekränkt. Auch wenn sich Zinzendorf später dafür entschuldigte und ihn gerne wieder zurückgeholt hätte, kamen die beiden nicht mehr zusammen.

Rothe hat viele ehrenvolle Berufungen abgelehnt. Er ließ sich bewusst von Gott in die neuen Aufgaben führen. Trennungen können eben auch von Gott gesegnet sein. Und dieser Weg Rothes wurde von Gott benützt, um viel Segen in Schlesien zu stiften. Eigentlich sah alles ganz unbedeutend aus, wenn man es aus unserem oberflächlichen Blickwinkel betrachtet. Doch Gottes Reich und seine Sache wurde dadurch stark ausgebreitet.

Von Hermsdorf aus hat Rothe den Pfarrer und Liederdichter Ernst Gottlieb Woltersdorf nach Niederschlesien gerufen, das eben 1742 nach dem 1. Schlesischen Krieg durch Friedrich den Großen von den österreichischen Habsburgern unter preußische Herrschaft gekommen war. Nach langer römisch-katholischer Unterdrückung herrschte dort wieder Glaubensfreiheit. Überall im Land konnten jetzt evangelische Gottesdienste eingerichtet werden. Und dort konnte sich Ernst Gottlieb Woltersdorf mit seinen diakonischen Werken und seinen evangelistischen Gaben eindrucksvoll entfalten.

Johann Andreas Rothe starb 1758 in Thommendorf bei Bunzlau in Schlesien. 80 Jahre später nahm sich die Herrnhuter Brüdergemeine seines Grabes an und beschaffte einen neuen Grabstein, auf dem mit einem Ankerzeichen der Anfang dieses Liedes *Ich habe nun den Grund gefunden* eingekerbt ist.

Die Bibel – für Johann Albrecht Bengel das Allerbewährteste

Glaubende fliehen nicht, sondern blicken auf den Sieg

Obwohl er zu den größten wissenschaftlichen Theologen seiner Zeit gehörte, wurde Dr. Johann Albrecht Bengel nie Professor an einer Universität. Stattdessen unterrichtete der bedeutende Gelehrte von 1713 ab insgesamt 28 Jahre lang nur 300 zwölf- bis vierzehnjährige Jungen als schlichter Klosterpräzeptor im stillen Denkendorf in lateinischer und griechischer Sprache. Für einige Zeit war dort in einem ehemaligen Kloster, einst von Kreuzfahrern erbaut, diese Schule eingerichtet worden, die zum System der althergebrachten württembergischen Begabtenförderung gehörte.

Demütig und mit ganzer Hingabe hat sich Bengel dieser pädagogischen Aufgabe gestellt und damit viele junge Menschen für ihr Leben geprägt. So findet man heute manche bekannte Namen unter seinen ehemaligen Schülern: Der Liederdichter Philipp Friedrich Hiller; der Kanzler der Tübinger Universität Jeremias Friedrich Reuß; Hofprediger Johann Christian Storr; der originelle Pfarrer Johann Friedrich Flattich; der geniale Denker und Prälat Friedrich Christoph Oetinger.

Nicht wenige von ihnen haben später dankbar davon gesprochen, was sie an umfassender und prägender Bildung von Bengel erhalten haben. Und wenn es nur der abendliche Gruß nach der Andacht war, wenn Bengel rief Colligite animas! – Sammelt eure Sinne! Denn das wollte dieser bewährte Pädagoge, nicht bloßes Fachwissen vermitteln, sondern den Jugendlichen zurechthelfen. Dies sollte vor allem dadurch geschehen, dass jungen Menschen zuerst die Ehrerbietung vor den heiligen Dingen eingepflanzt wurde.

Dabei hatte Bengel eine große Scheu, von sich aus mit Druck und als Treiber in das innere Leben der Jugendlichen einzugreifen und sie geistlich zu überfordern. Man schneide und schnipfle nicht zu viel an jungen Bäumen herum. Sie wachsen darum nicht besser, sondern schlechter! Er wollte durch Geschichten und Beispiele zum Guten motivieren und nicht, dass sich die Herzen verhärten und sie dann durch gar nichts mehr zu rühren seien.

Weil ein Kind Gottes Eigentum ist, dürfe man es nicht nach unserem Bild zurechtbiegen. Er konnte sagen: Wenn ich einen Klosterschüler gesehen habe, so habe ich diesen immer höher geachtet als mich selbst; denn ich dachte, dieser Mensch hat noch nicht so viel versäumt, noch nicht so viel Gnade verschleudert wie ich.

Die tiefste Wirkung zur Erziehung junger Menschen traute Johann Albrecht Bengel dem Wort Gottes zu. Deshalb legte er große Sorgfalt jeweils auf die Morgen- und Abendandachten, weil er Gottes Wort in die Herzen der Schüler pflanzen wollte. Weil man aber dies selbst weder machen noch erzwingen kann, hatten die jungen Schüler schon morgens in der Frühe ihre eigene stille Zeit über der Bibel. Bengel meinte, es ist besser, wenn eine einzige Taube selber geflogen kommt, als wenn viele in den Schlag getrieben werden.

Wegen seiner umfassenden Bibelauslegung des Neuen Testaments und vieler wissenschaftlicher Arbeiten an der Bibel bezeichnet man Johann Albrecht Bengel als Bibeltheologen. Was unterscheidet ihn dabei von anderen? Für Bengel ist in der Bibel selbstverständlich gar nichts enthalten, was nichts tauge. Weil die Bibel Gottes Werk ist, waltet in ihr die vollkommenste Übereinstimmung, bis auf den Buchstaben genau eine vollkommene Harmonie. Es gibt kein Häkchen darin, das nicht dauerhafter ist als Himmel und Erde.

Bengel hat auch deutlich betont, dass der Zustand der Kirche und ihres geistlichen Lebens entscheidend davon abhängt, welche Stellung die Bibel bei ihr hat: Die Schrift hilft der Kirche auf und unterhält sie. Die Kirche gibt der Schrift Zeugnis und bewahrt sie. Wenn die Kirche wacker ist, so glänzt die Schrift; wenn die Kirche kränkelt, so verliegt die Schrift.

Seine Mutter war es, die ihn schon in früher Jugend zu dieser hohen Achtung und Wertschätzung der Bibel erzog. Sie stammte als Tochter des Konsistorialrats und Stiftspredigers Schmidlin aus der Familie des Reformators Johannes Brenz, der ihr Urgroßvater war.

Johann Albrecht Bengel war 1687 in Winnenden als Sohn eines Pfarrers geboren. Sein Vater starb schon im Alter von nur 43 Jahren. Johann Albrecht war damals gerade sechs Jahre alt. Der Vater hatte sich bei seinen unermüdlichen Besuchen in der Gemeinde mit einer tödlichen Krankheit angesteckt. Das war im Frühjahr 1693.

Schon wenig später, im Sommer des gleichen Jahres, fielen die brandschatzenden französischen Truppen ins Land. Was sie greifen konnten, plünderten sie. Unzählige Häuser steckten sie in Brand. Allein in dem kleinen Städtchen Winnenden wurden 240 Häuser zerstört. Darunter war auch das kleine Häuschen, das die Witwe Bengel eben gekauft hatte. Jetzt stand sie völlig mittellos da. Auch die wertvolle Bibliothek ihres Mannes war ein Raub der Flammen geworden.

Die Aufgabe, ihre beiden Söhne allein zu erziehen, überstieg die Kraft der verwitweten Mutter. Vier ihrer Kinder waren schon früh gestorben. Nun gab sie den sechsjährigen Johann Albrecht in die Hände von Pflegeeltern.

In wenigen Monaten hatte das äußerst empfindsame Kind beide Eltern und die Heimat verloren. Aus der bergenden Familie herausgerissen zu sein, war schon schwer genug. Aber in der neuen, mehrfach wechselnden Umgebung keine gleichaltrigen Freunde zu finden, hat die Kindheit von Johann Albrecht Bengel zusätzlich überschattet.

Später konnte Bengel sagen, dass sie alle durch diese schweren Erlebnisse gelernt hätten, sich in die Arme des himmlischen Vaters zu flüchten und seine Fürsorge deutlicher zu erkennen.

Und als Wichtigstes von dieser Zeit hält er fest: Von meiner Kindheit an hat Gott es so gefügt, dass ich sein Wort hören, lesen und lernen konnte. Die Kraft davon ist ohne mein Zutun derart in mein Herz eingedrungen, dass ein kindliches Verlangen zu ihm entstand.

Für Bengel war die Bibel die Sonne, die alle Nebel durchbricht. Hier ist die einzige Schrift, die niemals veraltet. Das Wort Gottes hat sogar die Kraft, dass sie Blinde sehend macht.

Die Heilige Schrift ist eben das Allerbewährteste. Wohl dem, der recht damit umgeht! Was hat Bengel damit gemeint? Er sagt es selbst: Wende dich ganz dem Text zu; wende das ganz auf dich an!

Wie Gottes Wort das Leben eines Menschen verwandelt, darüber hat Johann Albrecht Bengel 1738 das Lied gedichtet:

Du Wort des Vaters, rede du und stille meine Sinnen;
sag an, ich höre willig zu,
ja lehre frei von innen.
So schweigt Vernunft mit ihrem Tand,
und du bekommst die Oberhand
nach deinem Recht und Willen.
Dir räum ich all mein Innres ein,
das wollest du, ja du allein
mit deinem Geist erfüllen.

Ach präge deinen Tod in mich,
der all mein böses Wesen
in mir ertöte kräftiglich,
so werd ich recht genesen!

Gieß aus dir selber in mich ein
dein Leben, das so heilig, rein,
holdselig, ohne Tadel;
mach mich von aller Heuchelei,
ja allen Missetaten frei
und schenk mir deinen Adel.

Kurz nach seinem Amtsantritt in der Klosterschule von Denkendorf heiratete Bengel im Alter von 27 Jahren seine Johanna Regina. In ihrer langen Ehe lebten sie in harmonischer und glücklicher Gemeinschaft. Miteinander mussten sie aber auch schweres Leid tragen: sechs ihrer zwölf Kinder wurden ihnen schon früh wieder genommen.

Welch ein sonderbares Leben!, schrieb Bengel in großem Schmerz nach dem Tod des erstgeborenen Kindes. Wir trauern, schreien, seufzen, hoffen, beten, harren.

Beim Sterben seines Töchterchens Regina saß der damals kranke Vater am Bett des Kindes und konnte kaum das erbärmliche Schnappen und Zucken ertragen. Wie froh war er, dass er dann doch ohne Scheu vor den Umstehenden das Kind mit Gebet, Flehen und Tränen begleiten konnte, bis es überwunden hatte. Ihm sei damals aufgegangen, dass wir Menschen nur deshalb so unglücklich sind, weil die sichtbaren Dinge so viel Macht über uns haben. Es sei ihm plötzlich bewusst geworden, dass dieses Kind dadurch ein gar gutes Los erlangt habe, dass es in die andere Welt hingerückt worden sei.

Als schon fünf Kinder gestorben waren, trat der Tod der drei Monate alten Anna Sophia unerwartet plötzlich ein. Die Mutter war zu einem Besuch in Stuttgart. Als sie von der Reise heimkam, fragte sie ihren Mann: Wie geht es der Kleinsten? Bengel sagte nur: Es liebt und lobt!

Bei dem großen Schmerz des Vaters mit viel Tränen konnte er doch sagen: Wenn bei der Einfahrt eines Pilgers in jene bessere Welt die Türe aufgeht, so streichet allemal denen, die es nahe angeht, ein Himmelslüftlein entgegen, das stärkt, bis auch an sie die gute Reihe kommt.

Später – 1738 – hat Bengel für seine Tochter Sophia Elisabetha ein Lied gedichtet. Sie hatte mit Schwermut zu kämpfen. Bengel wollte sie durch die Freude an Gottes Zusagen aufrichten und ermutigen.

Gott lebet! Sein Name gibt Leben und Stärke,
er heißet der Seinigen Sonne und Schild.
Sobald ich, sooft ich sein Regen vermerke,
so spür ich mich innig mit Kräften erfüllt.
Sein bin ich ganz Eigen, das muss sich wohl zeigen;
lass alles, was widrig und trotzig ist, kommen,
mir wird doch mein Ruhm und mein Gott nicht
genommen.

Wer glaubet, der flieht nicht, es muss ihm wohl gehen,
es birget vor ihm sich die Furcht und Gefahr;
und ehe die Trägen den Gegner ersehen,
wird jener des Siegs und des Preises gewahr.
Er find't sich berufen von Stufen zu Stufen;
indem er auf Gottes Zusage sich lehnet,
so wird er mit himmlischem Segen gekrönet.

Von seiner bescheidenen Arbeit in Denkendorf wurde Bengel 1741 als Prälat nach Herbrechtingen bei Heidenheim/Brenz gerufen. Es folgte die Berufung in den Großen Ausschuss, kurz darauf auch in den Engeren Ausschuss des Landtags. Mit der Berufung zum Prälaten von Alpirsbach 1749 war auch die Mitarbeit in der Kirchenleitung im sumpfigen Gewühl der Großstadt Stuttgart verbunden. Weil er das königliche Recht Christi wiederherstellen wollte, belastete es ihn schwer, wie stark die Kirche durch die Abhängigkeit von den staatlichen Mächten in die Welt und ins Fleisch gesunken ist.

Dort in Stuttgart ist Johann Albrecht Bengel 1752 auch im Alter von 65 Jahren heimgegangen, nachdem er schon mehrmals am Rand des Todes gewesen war. In den letzten Krankheitstagen wies er nochmals darauf hin: Mein ganzes Christentum besteht darin, dass ich meines Herrn Jesu Christi Eigentum bin und dass ich eben dies allein für meinen einzigen Ruhm und für alle meine Seligkeit halte.

Warum man sich über Zahnschmerzen von Johann Anastasius Freylinghausen freuen musste

Zum neuen Lied die schönsten Melodien

Schreckliche Zahnschmerzen hatte Johann Anastasius Freylinghausen. Ein Wundarzt hatte einst beim Ziehen eines Zahns gepfuscht. So blieb ihm neben einer entstellenden Narbe auch eine Fistel im Mund, die ihm zeitlebens qualvolle Schmerzen verursachte.

Unter dieser Not dichtete Freylinghausen viele Lieder. Sein Pfarrkollege in Glaucha und Halle, Wiegleb, sagte von ihm: Wenn unser Freund Zahnweh hat, so sollte man sich allemal darüber freuen; denn wie wenn die Hennen schreien, so hat man allemal ein Ei zum Besten.

So dichtete Freylinghausen das Lied:

Mein Herz, gib dich zufrieden
und bleibe ganz geschieden
von Sorge, Furcht und Pein.
Durch Stillesein und Hoffen
wird, was dich jetzt betroffen,
erträglich, sanft und lieblich sein.

Es ist ja abgemessen
die Last, die uns soll pressen,
auf dass wir werden klein.
Was aber nicht zu tragen,
darf sich nicht an uns wagen;
er weiß, was wir vermögend sein.

Johann Anastasius Freylinghausen stammte aus dem braunschweigischen Gandersheim, wo er 1670 als Sohn eines Kaufmanns und Bürgermeisters geboren wurde.

Als 20-jähriger Student war er mit Freunden einst im Frühling 1691 mit anderen von Jena nach Erfurt gewandert. Man hatte begeisterte Stimmen von den ernstlichen Predigten des jungen Magisters August Hermann Francke gehört und wollte nun selbst einmal dabei sein, wenn er predigte. Freylinghausen war so beeindruckt und angesprochen von dem, was er hörte, dass er an Pfingsten wieder nach Erfurt wanderte, um noch einmal eine Predigt von Francke zu hören.

Eine neue Welt tat sich für ihn auf. Nicht Moral und viel spezielles Wissen war nötig für einen Christen, sondern Bekehrung seines Herzens und lebendiger Glaube an Jesus Christus.

Die Eltern von Johann Anastasius Freylinghausen waren entsetzt, als sie hörten, ihr Sohn wolle nach Erfurt ziehen und sich Francke anschließen. Sie schrieben ihrem Sohn, das seien doch irrige und verführerische Menschen, die im Christentum zu weit gingen. Er solle sich doch nicht sein Glück und seine Beförderung im Vaterland verscherzen.

Freylinghausen war hin- und hergerissen, erst das Wort Jesu brachte ihm Klarheit: Wer Vater oder Mutter mehr liebt als mich, der ist mein nicht wert. Bald fand sich zum Schrecken der Eltern der Name ihres hoffnungsvollen Sohnes auf einem spöttischen Flugblatt Prophetenkinder und Pietistenschüler. Da waren alle namentlich aufgeführt, die auf den Kanzeln Erfurts vom Predigen ausgeschlossen waren.

Jetzt schickten die Eltern ihren älteren Sohn nach Erfurt, um den ins Zwielicht geratenen Bruder rasch nach Hause zu holen. Das gelang ihm aber nicht, sondern nach Kurzem wurde auch er von Franckes Bibelauslegung getroffen und konnte schließlich auch die Eltern zu einem lebendigen Glauben führen.

Als August Hermann Francke Erfurt verlassen musste und neben seiner Professur an der Universität Halle auch noch Pfarrer von Glaucha wurde, fragte er den 23-jährigen Freylinghausen, ob er nicht sein persönlicher Vikar und Hilfsprediger werden wolle. In seiner Heimat konnte er keine Anstellung finden, wenn er nicht die landesherrliche Verordnung gegen die pietistische Sektiererei unterschrieb.

So zog Freylinghausen 1695 in Halle ein. Er war froh über die Aufgabe als Hauslehrer am Waisenhaus in Halle, wo im sogenannten Pädagogium Söhne wohlhabender und adliger Familien ihre Ausbildung bekamen. Allerdings gab es dafür nie einen Pfennig Bezahlung, nur freie Kost und Wohnung im Waisenhaus. In den ersten Jahren konnte Francke seine diakonischen Einrichtungen nur so führen, indem er bedürftige Studenten als Lehrer einsetzte und ihnen als Entlohnung den freien Mittagstisch bot. Francke brauchte alles Geld für seine weit gespannte diakonische Arbeit.

Freylinghausen verzichtete gerne auf alles Geld und war zufrieden. Er konnte zum Lob Gottes sagen, dass ihn in diesen 20 Jahren nie eine Versuchung angefochten habe, mehr zu haben oder einträglichere oder ansehnlichere Dienste zu erlangen. Nie habe er Schulden gemacht, sondern immer noch so viel übrig gehabt, dass ich Notleidenden etwas zuwenden konnte.

Besonders gerne hielt Freylinghausen Katechesen, also Bibelunterricht für Schüler. Daneben gab der begabte Mann Kinderlehren in den Armenschulen und hielt Wochenpredigten und Erbauungsstunden in der Kirche. Er gab auch das erste Religionsbuch für Gymnasien unter dem Titel Grundlegung der Theologie heraus, das in 14 Auflagen erschien und auch ins Russische und Lateinische übersetzt wurde.

1715, als Francke auf das Pfarramt St. Ulrich in Halle berufen wurde, übernahm Freylinghausen im Alter von 45 Jahren das Pfarramt in Glaucha. Erstmals hatte der demütige Mann eine richtige Anstellung und ein eigenständiges Amt.

Im gleichen Jahr heiratete Johann Anastasius Freylinghausen Johanna Anastasia, die einzige Tochter von August Hermann Francke, seine Patentochter, die einst nach ihm benannt worden war.

Nach dem Tod Franckes 1727 wurde Freylinghausen dessen Nachfolger im Pfarramt, im Waisenhaus und im Pädagogium als Direktor. Als nüchterner Christ ließ er nichts gelten neben der Bibel, auch keine neuen schwärmerischen Formen. Er konnte sagen: Eine Methode, die nicht biblisch ist und nicht nach der kräftigen Einfalt der Apostel schmeckt, ekelt mich von ganzem Herzen an.

An der Universität hielt Freylinghausen auf Bitten der Theologischen Fakultät Vorlesungen über Predigtlehre. Er führte erste praktische Predigtübungen ein und gab auch einen Predigtband heraus.

Am bekanntesten wurde er aber durch seine Lieder. Schon um 1704 ist das Geistreiche Gesangbuch, meist nur das Freylinghausensche Gesangbuch genannt, mit 683 Liedern erschienen. Die Ausgabe von 1741 umfasste schon 1582 Lieder. Viele bekannte, heute noch gesungene Choralmelodien stammen aus diesem Gesangbuch von Freylinghausen. Er selbst hat 44 Lieder und viele wertvolle Melodien geschaffen.

Die Lieder aus diesem Halleschen Gesangbuch sind bewegt und fröhlich. Sie eigneten sich zum Singen in der Küche oder in der Werkstatt. Die bisherigen stark rhythmischen Lieder wurden dadurch verdrängt.

Am bekanntesten wurde das Lied von der Sanftmut und Demut, das nach der Melodie *Jesu, geh voran* gesungen wird:

Wer ist wohl wie du, Jesu, süße Ruh?
Unter vielen auserkoren,
Leben derer, die verloren,
und ihr Licht dazu, Jesu, süße Ruh!

Leben, das den Tod, mich aus aller Not
zu erlösen, hat geschmecket,
meine Schulden zugedecket
und mich aus der Not hat geführt zu Gott.

Deiner Sanftmut Schild, deiner Demut Bild
mir anlege, in mich präge,
dass kein Zorn noch Stolz sich rege;
vor dir sonst nichts gilt als dein eigen Bild.

Hier lag die Wurzel und die Ursache, warum der immer bescheidene Freylinghausen gerne still im Hintergrund als rechte Hand Franckes wirken wollte. Mehrere ehrenvolle Berufungen als Theologieprofessor lehnte Freylinghausen ab.

In den letzten zehn Jahren seines Lebens hatte der schwächliche und oft von Fieber heimgesuchte Mann mehrere Schlaganfälle. Schließlich war er halbseitig gelähmt und konnte nicht mehr sprechen. Der Geist aber war bis kurz vor seinem Tod 1739 ganz klar. Er hat mit seinem Leben bestätigt, was er in seinem Lied beschrieben hat: *Geduld ist Not, wenn's übel geht.*

Ach, dass doch Gott ein Wunder tät!,
spricht man, so bald das erste Weh sich regt,
ein Wunder, dadurch das, was früh und spät
mich quält, zu Boden würde stracks gelegt.
Das Fleisch erzittert stets vor seinem Tod.
Drum scheut's die Not.

Sei männlich und steh felsenfest,
lass keinen Sturm zum Unmut dich bewegen,
und wenn er dich ein wenig zappeln lässt,
getrost! so wird das Wetter sich bald legen.
Denk, wenn er dich führt mitten in den Tod:
Geduld ist Not.

Massenweise strömten die Schlesier sonntags zu Johann Christoph Schwedlers Predigt

Wollt ihr hören, was mein Ruhm? Jesus, der Gekreuzigte!

Schlesien hat furchtbar gelitten in den langen, notvollen Jahren der katholischen Gegenreformation im 17. Jahrhundert. Weit über 1 000 evangelische Kirchen wurden weggenommen, alle evangelischen Schulen geschlossen, Pfarrer und Lehrer wurden vertrieben. Lange Zeit waren nur drei Kirchen für die riesige Zahl der Gläubigen erlaubt. Die Gemeinden trafen sich an abgelegenen Orten im Wald zum Gottesdienst.

Da bekam ein kleines unbekanntes Fleckchen Land plötzlich große Bedeutung für die verfolgten Flüchtlinge. Es ist der Queiskreis, am Flüsschen Queis gelegen, unmittelbar an der Grenze nach Schlesien. In diesem Gebiet fanden schon lange Zeit Glaubensflüchtlinge Zuflucht. Man wusste nicht viel darüber, es geschah in aller Stille.

Als der Queiskreis 1635 von Böhmen Kursachsen zugeschlagen wurde, gewann dieses Gebiet als Asyl für schlesische Flüchtlinge noch mehr Bedeutung. Gleichzeitig war es ein Stützpunkt für die Buschprediger, die von dort über die Grenze nach Schlesien hinübergingen und heimliche Gottesdienste in den Wäldern abhielten.

Als nun die kursächsische Regierung den Bau einer Kirche in Nieder-Wiesa bei Greifenberg in der Oberlausitz erlaubte, war das für die bedrängten Glaubensbrüder drüben in Schlesien ein Stück Freiheit in Reichweite.

Seit der Einweihung dieser Kirche in Nieder-Wiesa 1669 strömten die Menschen aus Schlesien in unglaublich großer Zahl dorthin. Auch mit drastisch angedrohten Strafen ihrer Behörden ließen sich die Schlesier nicht vom Kirchgang über die Grenze hinweg abhalten.

Die Leute in Schlesien sagten damals: Eher würden sie aus dem Land fliehen, als sich den Besuch des Gottesdienstes verbieten lassen. Ja wenn auch Rad und Galgen auf der Grenzbrücke ständen, so wollten sie das nicht scheuen.

Fast unmenschlich war die Belastung für den 26-jährigen Johann Christoph Schwedler, als er 1698 Pfarrer an dieser Kirche in Nieder-Wiesa wurde. Zu seinem Pfarrbezirk gehörten sieben Städte und 92 Dörfer. Dabei hatte er zeitlebens nur eine schwache körperliche Kraft.

Johann Christoph Schwedler zog durch seine eindringlichen und volkstümlichen Predigten die Menschen an. Schon als er zum Pfarramt ordiniert wurde, lastete die ungeheure Verantwortung für die ihm anvertrauten Menschen schwer auf seinem Gewissen: Schrecken und Furcht haben mein Herz sehr eingenommen.

Er war 1672 in Krobsdorf am Isergebirge an der Grenze zwischen Niederschlesien und der Lausitz in einer Bauernfamilie geboren, wo er schon als Kind tüchtig mitarbeiten musste. Als Student in Leipzig empfing er wichtige geistliche Anstöße durch August Hermann Francke. Mit Graf von Zinzendorf war er eng befreundet und übernahm viel von der Brüdergemeine. In großer

Bewunderung sagte Zinzendorf von dem mit Glaubensfreudigkeit kämpfenden Schwedler, dass er lichterloh in der Liebe Christi brenne. Und er nannte ihn ein muntres Heldenross.

So hat der Grenzprediger Schwedler oft in der Frühe am Sonntagmorgen um fünf oder sechs Uhr mit seinen Gottesdiensten begonnen. Neben Morgenandacht, Kinderlehre, Katechismus, Abendmahl und Predigt prüfte der Prediger auch jeden Sonntag durch Abfragen, ob die Hörer wirklich das Wort begriffen hatten.

Leidenschaftlich rang er um seine Gemeindeglieder. Oft unterbrach er mit laut donnernder Stimme selbst das lauteste Orgelgetöse und Gesänge, um seine Ermahnung zu sprechen: Was singt ihr da? Dann zeigte er anschaulich und praktisch die Wahrheit des Evangeliums.

Dass nichts versäumt werde! war Schwedlers Lebensmotto. Deutlich und klar nannte er auch Missstände beim Namen. Auch vor wirtschaftlichen und sozialen Übeln wich er nicht zurück. Darum strömten auch die Massen zu den Predigten nach Nieder-Wiesa. Da auch alle evangelischen Schulen in Schlesien unter Androhung massiver Strafen verboten waren, lag die gesamte Verantwortung für die Unterweisung der Jugend neben dem Elternhaus ganz beim Pfarrer.

Konsequent und gewissenhaft war Schwedler in seinem Dienst. Als der König von Sachsen katholisch wurde, nur um die Krone Polens zu bekommen, schloss Schwedler ihn nicht aus dem Fürbittegebet aus, betete aber öffentlich für unseren verirrten, verführten und irrigen König.

Johann Christoph Schwedler dichtete 462 Lieder, hauptsächlich Jesuslieder und Kampflieder. Sein Passionslied ist unvergänglich:

Wollt ihr wissen, was mein Preis?
Wollt ihr lernen, was ich weiß?
Wollt ihr sehn mein Eigentum?
Wollt ihr hören meinen Ruhm?
Jesus, der Gekreuzigte!

Wer ist meines Glaubens Grund?
Wer stärkt und erweckt den Mund?

Wer trägt meine Straf und Schuld?
Wer schafft mir des Vaters Huld?
Jesus, der Gekreuzigte!

Wer ist meines Leidens Trost?
Wer schützt, wenn der Feind erbost?
Wer erquickt mein mattes Herz?
Wer verbindet meinen Schmerz?
Jesus, der Gekreuzigte!

Wer ist meines Todes Tod?
Wer hilft in der letzten Not?
Wer versetzt mich in sein Reich?
Wer macht mich den Engeln gleich?
Jesus, der Gekreuzigte!

Und so wisst ihr, was ich weiß:
Ihr wisst meinen Zweck und Preis;
Glaubt, lebt, duldet, sterbet dem,
der uns Gott macht angenehm:
Jesus, dem Gekreuzigten!

Neben seiner eigenen Schwäche und Kränklichkeit hatte Johann Christoph Schwedler in seiner Familie viel Not zu tragen. Vier Kinder starben bald nach der Geburt. Seine Frau musste außerdem acht Fehlgeburten erleiden.

Als Schwedler 1730 starb, sagten die Leute in seiner Gemeinde: Er hat sich aus der Welt herausgebetet. Und Zinzendorf, der zu seinem Tod ein Lied dichtete, sagte darin: Der treue Schwedler hat sich als ein Licht verzehrt. Ohne Zweifel ist der Knecht unter seiner Last erlegen.

August Hermann Francke und sein Lebenswerk in Halle

Die auf den Herrn harren, kriegen neue Kraft

Als August Hermann Francke 1727 starb, hinterließ er mit seinem sogenannten Waisenhaus in Halle mit seinen Stiftungen ein gewaltiges und weitverzweigtes Unternehmen. Dazu gehörten qualifizierte Schulen mit modellartigem Internat, auch eine zukunftsweisende Mädchenoberschule, ein modernes Lehrerseminar, ein Naturalienkabinett sowie ein botanischer Garten, die Bibelanstalt mit preisgünstiger Druckerei, weiter Buchhandlung, Apotheke, Krankenhaus, Wirtschaftshof und Landwirtschaft. Alles wurde ganz aus Glauben finanziert, ohne irgendwelche wirtschaftlichen

Absicherungen. 3 000 Personen waren da beschäftigt oder wurden als Schüler betreut. Bis in ferne Kontinente wirkten seine Mission und die veröffentlichten Bücher seiner Pädagogik.

Aus ganz kleinen Anfängen heraus hat August Hermann Francke dieses Werk aufgebaut. Wer war dieser Mann?

Als Sohn eines Justizrates war er 1663 in Lübeck geboren. Schon mit fünf Jahren verlor er seinen Vater. Während seiner Schulzeit träumte er davon, später als Hochschullehrer zu wirken.

Begabt wie er war, gelang ihm dies auch. Schon im Alter von 21 Jahren wurde er als Professor für hebräische Sprache an die Universität von Leipzig berufen.

Drei Jahre später, 1687, machte Francke bei einem Studienaufenthalt seine wichtigste Entdeckung. Als junger gelehrter Theologe sollte er eine Predigt in der Johanniskirche in Lüneburg halten. Dazu hatte er das Wort ausgesucht: Dieses ist geschrieben, dass ihr glaubt, Jesus sei der Christus, und dass ihr durch den Glauben das Leben habt in seinem Namen.

Je länger Francke sich mit diesem Wort für seine Predigt beschäftigte, umso klarer wurde ihm, dass er solch einen Glauben ja überhaupt nicht besaß. Er war zwar sehr stolz auf sein erlerntes Wissen und konnte damit Menschen imponieren. Aber was war dieser Glaube wirklich? Hatte er sich alles nur selbst eingeredet?

Von Zweifeln und innerer Unruhe geplagt, rang Francke in dieser Nacht mit Gott im Gebet: Gott, wenn du bist, so offenbare dich mir!

Dieses Gebet wurde erhört. Gott schenkte ihm diesen echten und lebendigen Glauben, der ihn und sein ganzes Leben veränderte und erneuerte. Wie man eine Hand umwendet, so waren alle meine Zweifel hinweg. August Hermann Francke konnte jetzt Gott seinen Vater nennen und empfand darüber unbeschreibliche Freude.

Das, was er erlebt hatte, erfüllte August Hermann Francke nun in seinem Dienst. Die Predigt wurde ein mächtiges Glaubensbekenntnis.

Als er nach seiner Rückkehr in Leipzig mit einem Bibelkolleg begann, bezeugte er auch dort den lebendigen Glauben an Jesus Christus. Davon war er völlig überzeugt: Glauben wie ein Senfkorn gilt mehr als hundert Säcke Gelehrsamkeit.

Der Zulauf von Studenten, aber auch von Bürgern der Stadt, war groß. Oft hatte Francke bis zu 400 Studenten als Zuhörer. Unter den Studenten setzte eine große Erweckung zum lebendigen und tätigen Glauben ein. Gleichzeitig aber war Francke auch plötzlich sehr umstritten.

Es war ja auch für manche Ohren wirklich unerhört, wie eindeutig er vom lebendigen Glauben an Jesus Christus sprach, und auch, dass dazu eine klare Bekehrung nötig sei. Es war dieses mächtige Zeugnis einer persönlichen Veränderung, das 1690 schließlich zum strikten Lehrverbot für August Hermann Francke in Leipzig führte.

Jetzt wich Francke nach Erfurt aus und übernahm dort an der Augustinerkirche ein Pfarramt. Den Ruf dorthin sah er als Gottes Finger an. Einstimmig wählte ihn die Gemeinde als ihren Prediger. Francke kümmerte sich mit viel Fleiß und großem Einsatz um die Gemeinde, es ging ihm aber auch hier um klare Bekehrung und Änderung der Lebenspraktiken. So brach auch in Erfurt bald ein Sturm gegen ihn los. Innerhalb von 48 Stunden musste er die Stadt verlassen. Ohne irgendein ordentliches Rechtsurteil wurde dies verfügt, weil Francke angeblich Verwirrung und Unruhe anstifte. Es war die Ordnung einer in Paragrafen verfassten Staatskirche, die das geistliche Leben von neuen Bibelkreisen nicht dulden wollte. Mit starren Verwaltungsgesetzen und ungerechten Verboten wollte man den Urheber einer neuen Sekte und mit ihm das neue erweckliche Leben bekämpfen. Die Polizei wurde zu Hilfe gerufen, um August Hermann Francke aus der Stadt auszuweisen. Für Francke war diese Feindschaft das unvermeidliche Malzeichen der Nachfolge des gekreuzigten Jesus Christus.

Nach seiner Vertreibung aus Erfurt dichtete er 1691 das Lied *Gott Lob, ein Schritt zur Ewigkeit* mit den Strophen:

Vom Feuer deiner Liebe glüht
mein Herz, das du entzündet;
du bist's, mit dem sich mein Gemüt
aus aller Kraft verbindet.
Ich leb in dir und du in mir;
doch möcht ich, o mein Heil, zu dir
noch immer näher dringen.

Wenn auch die Hände lässig sind
und meine Knie wanken,
so biet mir deine Hand geschwind
in meines Glaubens Schranken,
damit durch deine Kraft mein Herz
sich stärke und ich himmelwärts
ohn Unterlass aufsteige.

Geh, Seele, frisch im Glauben dran
und sei nur unerschrocken!
Lass dich nicht von der rechten Bahn
die Lust der Welt ablocken.
So dir der Lauf zu langsam deucht,
so eile, wie ein Adler fleucht,
mit Flügeln süßer Liebe.

Am gleichen Tag, an dem Francke Erfurt verlassen musste, wurde ihm eine Professur für orientalische Sprachen an der neuen Universität von Halle angeboten. Hinter dieser Berufung stand der Kurfürst von Brandenburg, den der einflussreiche Pfarrer Philipp Jakob Spener bemüht hatte. Gleichzeitig wurde ihm auch das Pfarramt von Glaucha in einer armen und bisher schlecht betreuten Gemeinde übertragen. Das war nun der Platz, wo sich seine vielfältigen Gaben entfalten sollten.

Francke dichtete 1711 ein Lied aus Anlass der Beerdigung einer Professorenfrau, die sehr schwer zu leiden hatte. Darin spiegeln sich aber auch seine eigenen Erfahrungen im stillen Harren auf die Hilfe des Herrn, wie er sie auch in den Segensvollen Fußspuren des noch lebenden und waltenden, liebreichen Gottes erlebt hatte.

Was von außen und von innen
täglich meine Seele drückt
und hält Herz, Gemüt und Sinnen
unter seiner Last gebückt,
in dem allem ist dein Wille,
Gott, der aller Unruh wehrt
und mein Herz hält in der Stille,
bis es deine Hilf erfährt.

Denn du bist mein Fels auf Erden,
da ich still und sicher leb;
deine Hilfe muss mir werden,
so ich mich dir übergeb.
Dein Schutz ist mein Trutz alleine
gegen Sünde, Not und Tod;
denn mein Leiden ist das deine,
weil ich dein bin, o mein Gott.

Auf dich harr ich, wenn das Leiden
nicht so bald zum Ende eilt;
dich und mich kann's nimmer scheiden,
wenn's gleich noch so lang verweilt.
Und auch dies mein gläubig Hoffen
hab ich nur allein von dir;
durch dich steht mein Herz dir offen,
dass du solches schaffst in mir.

Bei dir ist mein Heil und Ehre,
meine starke Zuversicht;
willst du, dass die Not sich mehre,
weiß ich doch, du lässt mich nicht.
Meint der Feind mich zu erreichen
und zu werfen unter sich,
will ich auf den Felsen weichen;
der wirft alles unter mich.

Neben seinem Pfarramt in der kleinen Amtsstadt Glaucha war Francke also auch noch Professor für orientalische Sprachen und Theologie in Halle. Auf die Bibel konzentrierte er alles Studieren. Der Theologe muss in der Schrift geboren sein. Die Kraft und Frucht der Erkenntnis muss sich darin zeigen, dass sein Herz gebessert wird. Ein Tropfen wahrer Liebe ist mehr wert als ein ganzes Meer der Wissenschaft aller Geheimnisse, so konnte Francke sagen.

Als er 1698 mit seinem Gemeindedienst begann, erschrak er, als er die verwahrloste Jugend erlebte. Wie das Vieh – ohne jedes Wissen von Gott wachsen sie auf. Wegen ihrer Armut konnten sie keine Schule besuchen und waren allen schlechten Einflüssen ausgesetzt. Kein Wunder, wenn viele von ihnen sich schon früh auf Diebstähle verlegten oder andere kriminelle Wege einschlugen.

Francke ließ in seinem Wohnzimmer eine Opferbüchse für Arme anbringen und schrieb darüber das Bibelwort: Wenn jemand der Welt Güter hat und sieht seinen Bruder darben und schließt sein Herz vor ihm zu, wie bleibt dann die Liebe Gottes in ihm?

Mancher seiner vielen Gäste steckte etwas hinein. Als nach einem Vierteljahr eine Frau den großen Betrag von vier Talern und sechzehn Groschen spendete, beschloss Francke, im Glauben zu handeln: Das ist ein ehrlich Kapital! Davon muss man etwas Rechtes stiften. Ich will eine Annenschule damit anfangen.

Aus diesen geringen Anfängen im Jahr 1698 entstand allein durch freie Spenden und unglaublichen Mut im Vertrauen auf Gottes Wirken das große Werk des Waisenhauses in Halle mit Bibelanstalt und Missionswerk. Zukunftsweisend hatte Francke erkannt, dass die wichtigste und weitreichendste Hilfe für Arme eine gute Bildung ist. Darum legte er zunächst den Schwerpunkt auf die Armenschule.

In seinem Lied *Was von außen und von innen* schrieb Francke seine Erfahrungen mit dem lebendigen Gott nieder, auf dessen Hilfe Gläubige geduldig harren sollen:

Liebe Leute, traut beständig
auf ihn als auf euern Hort!
Er ist Gott und heißt lebendig,
ist euch nah an jedem Ort.
Wann und wo euch Hilfe nötig,
da klopft an: er ist zu Haus,
kommt und ist zur Hilf erbötig;
schüttet euer Herz nur aus!

Im Giebel des Hauptgebäudes ist heute noch sein Wahlspruch zu lesen: Die auf den Herrn harren, kriegen neue Kraft, dass sie auffahren mit Flügeln wie Adler.

1727 ging August Hermann Francke heim. Er ließ sich im Sterben noch sein Lied vorlesen:

Gott Lob, ein Schritt zur Ewigkeit
ist abermals vollendet;
zu dir im Fortgang dieser Zeit
mein Herz sich sehnlich wendet,
o Quell, daraus mein Leben fließt
und alle Gnade sich ergießt
in meine Seel zum Leben.

Lorenz Lorenzen – mit 24 Jahren Kantor am Dom zu Bremen

Von der großen Osterfreude mitgerissen

Heftig umkämpft war der Erweckungsprediger Theodor Undereyck, der 1670 zum ersten Pastor an der Kirche St. Martini in Bremen berufen wurde. Er war verspottet und verlästert bei seinen Kollegen, weil er auf eine Erneuerung des Gemeindelebens hin arbeitete.

Dieser Pastor Undereyck sorgte dafür, dass Lorenz Lorenzen im Alter von 24 Jahren zum Domorganist in Bremen berufen wurde. Lorenz Lorenzen stammte aus Husum, der Stadt an der nordfriesischen Küste Schleswigs. Dort war sein Vater ein angesehener Patrizier, dem die musikalische Förderung seines Sohnes sehr am Herzen lag.

Lorenz Lorenzen gehörte zu denen, die sich um Philipp Jakob Spener sammelten und die man verächtlich und voll Spott Pietisten nannte. Er gab 150 Lieder in Druck, geordnet nach dem Sonn- und Festtagsevangelium, gesammelt unter dem Titel *Evangelia melodica*. Einfach und direkt wollte Lorenz Lorenzen dichten, ganz ohne Wortgepränge, wie es leider oft aus Ehrsucht geschieht. Auf der Schrift, dem Wort Gottes, sollte jeder Vers stehen.

Ihm ging es immer um die geistliche Anwendung des Glaubens im Leben. Das Christentum besteht nicht in Worten, sondern in der Kraft. Das innere Zentrum des Menschen, sein Herz soll gerührt, geändert werden. So soll das Reich Gottes und seine Herrschaft in uns gefördert werden. Dazu ruft Lorenz Lorenzen auf:

Drum auf, mein Herz, fang an den Streit,
weil Jesus überwunden;
er wird auch überwinden weit
in dir, weil er gebunden
der Feinde Macht, dass du aufstehst
und in ein neues Leben gehst
und Gott im Glauben dienest.

Scheu weder Teufel, Welt noch Tod,
noch gar der Hölle Rachen.
Dein Jesus lebt, es hat kein Not,
er ist noch bei den Schwachen
und den Geringen in der Welt
als ein gekrönter Siegesheld;
drum wirst du überwinden.

Ach mein Herr Jesu, der du bist
vom Tode auferstanden,
rett uns aus Satans Macht und List
und aus des Todes Banden,
dass wir zusammen insgemein
zum neuen Leben gehen ein,
das du uns hast erworben.

In diesem bekannten Osterlied beginnt der Text von Lorenz Lorenzen fast wie ein Morgenlied. Dann aber geht es um das neue Leben mit der Auferstehung am Ostermorgen. Die uns noch umgebende Todesnacht soll durchbrochen und überwunden werden.

Wach auf, mein Herz,
die Nacht ist hin,
die Sonn ist aufgegangen.
Ermuntre deinen Geist und Sinn,
den Heiland zu empfangen,
der heute durch des Todes Tür
gebrochen aus dem Grab herfür
der ganzen Welt zur Wonne.

Quält dich ein schwerer Sorgenstein,
dein Jesus wird ihn heben;
es kann ein Christ bei Kreuzespein
in Freud und Wonne leben.
Wirf dein Anliegen auf den Herrn
und sorge nicht, er ist nicht fern,
weil er ist auferstanden.

Nach dem von Jesus erzählten Gleichnis der törichten und klugen Brautjungfern dichtete Lorenz Lorenzen das eindrückliche Ewigkeitslied, das sich als Wächterruf an die ganze schläfrig gewordene Gemeinde wendet:

Ermuntert euch, ihr Frommen,
zeigt eurer Lampen Schein!
Der Abend ist gekommen,
die finstre Nacht bricht ein.
Es hat sich aufgemachet
der Bräutigam mit Pracht.
Auf, betet, kämpft und wachet!
Bald ist es Mitternacht.

38 Jahre lang hat Lorenz Lorenzen sein Amt als Kantor und Musikdirektor an der Domkirche zu Bremen treu versehen, bis er es aus Krankheitsgründen aufgeben musste. Bald darauf, im Jahr 1722, starb er im Alter von 61 Jahren.

Heinrich Georg Neuß wollte unter Christen fröhliche Manieren

Aus dem Pfarramt in Wolfenbüttel vertrieben

Wenn sich gläubige Christen zum gemeinsamen Bibellesen in ihren Wohnungen trafen, hat das bei Kirchenoberen viele Jahrhunderte lang unbegreifliche Ängste ausgelöst. Man fürchtete sofort Abspaltung und Verrat und schrie empört: Sektiererei!

So war es auch, als Heinrich Georg Neuß 1690 sein Pfarramt in Wolfenbüttel antrat. Er war erschüttert und betroffen, als er sah, wie verdorben und erstarrt das Leben der Christen in dieser Stadt war. Da musste doch eine Änderung geschehen, eine wirkliche Besserung! Um einen tätigen Glauben bei den Menschen zu wecken, richtete Neuß zusammen mit dem Hofprediger Justus Lüders und dem Generalsuperintendenten Bartholomäus Meier Bibelstunden ein, damals Erbauungsstunden genannt. Zuvor holte er eine fürstliche Genehmigung dafür ein.

Solche Bibelstunden in den Wohnungen hin und her hatte 15 Jahre vorher Pfarrer Philipp Jakob Spener in seiner Reformschrift Pia desideria gefordert. Unter den Pfarrern der Stadt lösten diese Zusammenkünfte aber empörten Protest und Widerspruch aus. Sie wollten solche Versammlungen außerhalb des Gottesdienstes keinesfalls hinnehmen.

Faule Kompromisse um des Friedens willen aber waren für die drei mutigen Seelsorger nicht möglich. In ihrem Gewissen waren sie gebunden. Sie wollten allein Gott gehorsam sein und ihm dienen. So entschlossen sie sich, lieber ihr Amt aufzugeben, als ihrem Herrn Jesus untreu zu sein.

In diesen schwierigen und dunklen Tagen schuf Heinrich Georg Neuß nach dem Psalm 51 jenes Bußlied, das bis heute viel und gerne gesungen wird. Es zeigt, wie Neuß sich bei allen Anfeindungen und Lästerungen stark bemühte, sich selbst zu ändern und zu bessern und alle bösen Gedanken aus seinem Herzen zu bannen.

Ein reines Herz, Herr, schaff in mir,
schließ zu der Sünde Tor und Tür;
vertreibe sie und lass nicht zu,
dass sie in meinem Herzen ruh.

Dir öffn ich, Jesu, meine Tür,
ach komm und wohne du bei mir;
treib all Unreinigkeit hinaus
aus deinem Tempel, deinem Haus.

Lass deines guten Geistes Licht
und dein hell glänzend Angesicht
erleuchten mein Herz und Gemüt,
o Brunnen unerschöpfter Güt;

und mache dann mein Herz zugleich
an Himmelsgut und Segen reich;
gib Weisheit, Stärke, Rat, Verstand
aus deiner milden Gnadenhand.

So will ich deines Namens Ruhm
ausbreiten als dein Eigentum
und dieses achten für Gewinn,
wenn ich nur dir ergeben bin.

Jetzt fand Heinrich Georg Neuß in dem frommen Reichsgrafen Ernst von Stolberg-Wernigerode einen Förderer. Der ernannte ihn 1696 in der am Nordrand des Harz gelegenen Stadt Wernigerode zum Hauptpastor. Dort wirkte Dr. Heinrich Georg Neuß an der zentralen frühgotischen Oberpfarrkirche St. Silvester und gleichzeitig auch als Superintendent und Konsistorialrat in der Umgebung der Stadt.

Schon bei seiner Antrittspredigt schlug Neuß viel Feindschaft entgegen. Neuß aber bemühte sich um geduldige Nachsicht und viel Liebe auch zu all denen, die ihm feindlich gesonnen waren. Er wollte immer mehr Geduld üben, Liebe lernen, gelassen reagieren und barmherzig sein. So fand er auch in diesen Spannungen rasch Zugang zur Gemeinde und wirkte ganze 20 Jahre in Wernigerode.

Insgesamt 134 Lieder hat Heinrich Georg Neuß gedichtet. In dem 1714 von Freylinghausen herausgegebenen Gesangbuch fanden sich allein 33 Lieder von ihm. So sehr waren seine Lieder damals geschätzt.

Heinrich Georg Neuß wurde 1654 in Elbingerode im Harz geboren. Dort war sein Vater Wundarzt, starb aber schon früh.

Ob man sich heute noch vorstellen kann, wie hart damals eine Mutter kämpfen und arbeiten musste, um ihre beiden Söhne allein mit dem Verdienst von Näharbeiten zu ernähren und durchzubringen? An ein Studium war bei der Armut nicht zu denken.

Da bot an seinem zehnten Geburtstag sein Pate Heinrich Georg Neuß ein Stipendium an, wenn er nur fleißig wäre. Das war eine große Herausforderung für den heranwachsenden Jungen.

Er besuchte mit gutem Erfolg die Schulen in Quedlinburg und Halberstadt, um dann in Erfurt Theologie zu studieren.

Von schweren Krankheiten wurde Heinrich Georg Neuß mehrfach heimgesucht. Er nahm sie als besondere Herausforderungen an. Er nannte sie sonderliche Bissen von der Tafel Christi für seine Gläubigen, dass sie der Welt entsagen und tiefer in Gott eindringen.

Neuß wollte etwas unternehmen gegen die lähmende Feierlichkeit im Gottesdienst. Es war der Einfluss der pietistischen Erweckung, in der man endlich die traurigen und getragenen Melodien mit fröhlichen und bekennenden Liedern überwinden wollte.

Heinrich Georg Neuß fragte: Wer hat mehr Ursache als die Kirche, fröhlich zu singen über dem großen Heil in Christus? Eine traurige Melodie bringt keine Freude hervor, eine freudige Melodie keine Traurigkeit. Fröhliche Manieren gehören nicht den Saufbrüdern, sondern der christlichen Gemeinde.

Heinrich Georg Neuß war ein Freund der Musik. Sie war für ihn ein Werkzeug des Heiligen Geistes, auch im Gemüt eines Menschen geistliche Regungen zu wecken und hervorzubringen.

Noch im Alter von 50 Jahren ließ er sich vom Kantor Unterricht im Contrapunkt geben. So wurde damals der Gottesdienst in Wernigerode führend in Deutschland im vierstimmigen Gemeindegesang. Man sprach vom rührendsten und herrlichsten Choralgesang.

Heinrich Georg Neuß starb 1716. Er hatte selbst das Bibelwort für seine Beerdigung ausgesucht: Ein Mensch ist in seinem Leben wie Gras, er blüht wie eine Blume auf dem Felde; wenn der Wind darüber geht, so ist sie nimmer da, und ihre Stätte kennt sie nicht mehr. Die Gnade aber des Herrn währt von Ewigkeit zu Ewigkeit über denen, die ihn fürchten, und seine Gerechtigkeit auf Kindeskind bei denen, die seinen Bund halten.

Johann Jakob Schütz und sein Leiden an einer erstarrten Kirche

Sein fröhliches Singen: Gott hat alles, alles recht gemacht!

Man schrieb das Jahr 1669. In Frankfurt, einer der bedeutendsten Reichsstädte Deutschlands, hatte der angesehene Pastor Philipp Jakob Spener gepredigt. Mit seinen gerade 31 Jahren war er zum Senior einer ehrwürdigen Pfarrerschaft berufen worden, in der die meisten doppelt so alt waren wie er.

Was Philipp Jakob Spener verkündigte, ließ die Menschen aufhorchen. Manche reagierten auch empört und ärgerlich. Offen, ohne jede Scheu, forderte Spener eine völlige Erneuerung der Kirche nach dem Wort Gottes. Formelle Mitgliedschaft nütze nichts, eine persönliche Entscheidung für Christus sei nötig. Bewusste Christen sollten in überschaubaren Hausgruppen gemeinsam in der Bibel lesen, sich darüber austauschen und sich gegenseitig im Glauben stärken. Junge Leute, die noch kaum das Wort Gottes kennen, sollten Information über den Glauben bekommen. Das war ihm besonders wichtig.

Nach dem Gottesdienst kamen zwei Männer auf Pastor Spener zu und sprachen ihn auf diese Hausversammlungen hin an. Es waren der bekannte Jurist und Frankfurter Reichsrat Dr. Johann Jakob Schütz und sein Freund, ein Gymnasiallehrer. Sie drängten Spener, doch gleich mit solch einem ständigen Hausbibelkreis zu beginnen. Viele Christen seien im Glauben total verunsichert und voller Zweifel. Allein und auf sich gestellt hätten sie als Gemeindeglieder keinen seelsorgerlichen Zuspruch, keine Stärkung und Ermutigung, aber auch keine Korrektur.

Viele geistlich wache Christen damals sehnten sich in der erstarrten orthodoxen Kirchenform nach echter biblischer Gemeinschaft. Rechtsanwalt Dr. Johann Jakob Schütz hatte sich schon oft darüber Gedanken gemacht.

Schütz war 1640 als Sohn eines einflussreichen Rechtsanwalts und Reichsrats in Frankfurt am Main geboren, hatte aber seinen Vater schon mit 14 Jahren verloren. Sein schwäbischer Urgroßvater Jakob Andreä war nicht nur Kanzler der Universität Tübingen gewesen, sondern hatte sich auch als der entscheidende Mann bei der Neuordnung der evangelischen Kirche in ganz Deutschland einen Namen gemacht.

Ganz pessimistisch hatte sein bekannter Onkel Prälat Johann Valentin Andreä die Zukunft der Kirche beurteilt. Er litt am Übel des Auftretens der Theologen als viele kleine Päpste. Stattdessen forderte er ein echt gelebtes Christentum aller Gläubigen. Alle wahren Christen könnten sich in kleinen christlichen Bruderschaften, die Christus in Liebe nachfolgen möchten, beim Lesen der Bibel treffen.

Dr. Johann Jakob Schutz war ein hervorragender Jurist. Als Rechtsanwalt wurde er mit Prozessen und Streitigkeiten überhäuft. Darunter litt er, weil sein Gewissen durch das Wort Gottes sehr empfindsam geworden war. In der städtischen Gesellschaft waren Lüge, Betrug und Beugung des Rechts erschreckend weit verbreitet.

Einst hatte Schütz in seiner Doktorarbeit unter dem Thema Der betrügerische Verwalter geschrieben: Nichts ist fest und beständig, als was auf Tugend und Wahrheit sich stützt.

Ihm war das Gesetz Jesu Christi und Liebe aus reinem Herzen wichtig. So schrieb er es im Vorwort einer lateinischen Rechtssammlung, die er schon während seines Studiums zusammenstellte und später als Buch herausgab. Dort heißt es kurz und bündig, wie es die Art von Schütz war: Der heilige Namen der Gerechtigkeit wird durch Unerfahrenheit, Nachlässigkeit und Bosheit der Richter, Anwälte und streitenden Parteien entweiht. Alles wird durch deren frevelhafte Versuche zerrüttet. Er nannte es einen traurigen Nutzen, die ganze Welt zu gewinnen und dabei seine Seele zu verlieren.

Deshalb zog sich Schütz mehr und mehr von Prozessen zurück und beschränkte sich auf wissenschaftliche Aufgaben und Beratungen. Immer wichtiger wurde ihm die Einrichtung des Hausbibelkreises. Dort konnte man wertvolle Gespräche führen, von denen man innerlich gestärkt und aufgerichtet wurde.

Zweimal in der Woche traf man sich zunächst im Amtszimmer von Philipp Jakob Spener zum Austausch über das Wort Gottes. Einflussreiche Ratsherren wie einfache Leute aus dem Volk nahmen daran teil. Selbstverständlich fanden sich auch bald Angehörige anderer Konfessionen ein, was damals noch ganz ungewohnt war. Natürlich kamen auch Frauen und angesehene Leute aus den Patrizierfamilien der Stadt. Als junger Student gehörte Joachim Neander, der bekannte Lobsänger Gottes, eine Zeit lang zu diesem Kreis.

Durch diese Zusammenkünfte entstand geistlich neues Leben: Laue Christen wurden wieder brennend, Zweifelnde gewiss, Spannungen zwischen den Konfessionen wurden abgebaut. Spener schrieb später, dass er von diesem lieben Freund Johann Jakob Schütz mehr in seinem Christentum gelernt habe als vielleicht jemand von ihm.

Im Jahr 1675 brachte Philipp Jakob Spener seine viel beachtete Reformschrift Pia Desideria, also Vorschläge zur Besserung kirchlicher Missstände heraus.

Im gleichen Jahr veröffentlichte Schutz anonym in seinem kleinen Christlichen Gedenkbüchlein zur Beförderung eines anfangenden neuen Lebens neben anderen Dichtungen und Besinnungen sein großartiges Lied:

Sei Lob und Ehr dem höchsten Gut,
dem Vater aller Güte,
dem Gott, der alle Wunder tut,
dem Gott, der mein Gemüte
mit seinem reichen Trost erfüllt,
dem Gott, der allen Jammer stillt.
Gebt unserm Gott die Ehre!

Ich rief zum Herrn in meiner Not:
»Ach Gott, vernimm mein Schreien!«
Da half mein Helfer mir vom Tod
und ließ mir Trost gedeihen.
Drum dank, ach Gott, drum dank ich dir;
ach danket, danket Gott mit mir!
Gebt unserm Gott die Ehre!

Großen Ärger löste Schütz mit dieser Schrift aus, weil er darin nach seiner Art ganz ehrlich und offen schrieb: Unter denen, die sich Geistliche nennen ließen, sind in allen Konfessionen viele nichts anderes als Mietlinge und Schulzänker, die da süchtig sind in Fragen und Wortkriegen und ein Gewerbe aus der Frömmigkeit machen.

Jetzt bliesen die Theologen zur Hatz auf Johann Jakob Schütz. Man könnte fragen, warum Schütz die wahren Missstände öffentlich anprangerte? Wahrscheinlich war er damals schon sehr verwundet durch Angriffe gehässiger Theologen. Man nahm ihm übel, dass er sich mit Christen in Frankfurt traf, die noch viel kirchenkritischer als er eingestellt waren. Und weil man ihm selbst konkret nichts Verwerfliches nachsagen konnte, prangerte man eben jene an, mit denen er zusammenkam.

Jahrhundertelang sahen es fanatische Kirchenfunktionäre als schlimmste Sünde eines biblisch gesinnten Christen an, aus der Kirche auszutreten und sich einer freikirchlichen Gruppe anzuschließen. Separatismus und Ketzerei waren die Schlagworte, mit denen man würdige Menschen kurzerhand zur Unperson erklären konnte, meist weit über ihren Tod hinaus.

So geschah es auch mit Johann Jakob Schütz. Und das, obwohl er sich nie förmlich von seiner lutherischen Kirche lossagte, sondern bis zu seinem Tod ihr Mitglied blieb.

Irgendeine verdammungswürdige Ketzerei muss ihm doch nachzuweisen sein, meinten seine hartnäckigen Verfolger. War es nicht verdächtig, dass er sich so stark für die Heiligung des praktischen Lebens einsetzte? Wollte er vielleicht damit die alleinige Erlösung durch Jesus Christus entwerten?

Manche Theologen glaubten gar allen Ernstes, Schütz ein absichtliches Bestreiten der Gottheit Christi in der achten Strophe seines Liedes nachweisen zu können:

Ihr, die ihr Christi Namen nennt,
gebt unserm Gott die Ehre;
ihr, die ihr Gottes Macht bekennt,
gebt unserm Gott die Ehre!
Die falschen Götzen macht zu Spott;
der Herr ist Gott, der Herr ist Gott!
Gebt unserm Gott die Ehre!

Schon bald drohte ein neuer Konflikt. Schütz wollte im Gottesdienst nicht auf theatralische Weise beim Abendmahl Brot und Kelch empfangen. Ein pflichteifriger Küster wies den erfahrenen Juristen Schütz zurecht mit dem Verweis auf die gebräuchliche Ordnung. Wen wundert es, wenn Schütz von da an nicht mehr zum Abendmahl ging. Das Fernbleiben aber wurde ihm erst recht verübelt.

Mehrmals bat Schütz um eine Hausabendmahlsfeier. Das aber lehnten die Frankfurter Pfarrer strikt ab. Ohne Zweifel fühlte sich Johann Jakob Schütz in seiner Kirche nicht mehr wohl. Statt der erstarrten orthodoxen Kirche mit ihren streitsüchtigen Theologen hoffte er auf eine wahrhaft urchristliche Gemeinschaft nach dem Wort Gottes.

Im ehrwürdigen Saalhof am Main wohnte zu dieser Zeit eine gläubige Hofdame namens Johanna Eleonora von Merlau, die neben einem Bibelkreis auch einen Gesprächskreis nach dem sonntäglichen Gottesdienst um sich sammelte. In diesem Kreis wurden neben der Bibel auch Schriften der englischen Puritaner gelesen. Außerdem beschäftigte man sich mit dem Weltende und der Wiederkunft Jesu. Auch ein Jugendkreis traf sich dort. Der spätere Ehemann von Frau von Merlau, Johann Wilhelm Petersen, der auch am Bibelgesprächskreis teilnahm, hatte immerhin so viel Nähe zur Kirche, dass es noch zum Superintendent in Eutin und Lüneburg reichte, bis man ihn auch dort vom Amt entfernte.

Die Kritiker dieses Bibelkreises nahmen vor allem Anstoß daran, dass im Saalhof 1677 mehrmals William Penn sprach und nach Quäkersitte am nächsten Morgen ein stilles Treffen hielt. Penn war Sohn eines angesehenen englischen Admirals mit großem Einfluss am Londoner Hof. Wegen seines Übertritts zu den Quäkern wurde er in England verfolgt und von der Universität in Oxford ausgeschlossen.

Was der 33-jährige William Penn als Quäker lehrte, entsprach nicht der Auffassung von Schütz. Was den Juristen Schütz aber faszinierte, waren dessen Ausführungen über größtmögliche Gewissensfreiheit und religiöse Toleranz ohne Staatskirche, die schließlich mit den unveräußerlichen Menschenrechten in den Vereinigten Staaten zur amerikanischen Verfassung und zum modernen bürgerlichen Demokratieverständnis führen sollten. Hier war die Gerechtigkeit, nach der er dürstete, und die im Prozesswesen in Deutschland so schrecklich mit Füßen getreten wurde.

Der ganz praktisch denkende William Penn lud alle, die wollten, nach Amerika zur Gründung einer christlichen Freistatt ein, um den unausweichlichen Verfolgungen und Martyrien aus Glaubensgründen zu entfliehen.

Während Schütz schon die neuzeitliche Luft der Freiheit und Gerechtigkeit spürte, war die Verwaltung der Reichsstadt Frankfurt noch völlig im Obrigkeitsdenken von Kirche und Staat verhaftet. So plante bald nach diesen Treffen der Magistrat in Frankfurt tatsächlich, die Rädelsführer der Versammlung vom Saalhof auszuweisen. Gegen Schütz wagte man aus einem simplen Grund nicht vorzugehen: Mit Blick auf die städtischen Steuereinkünfte war man bemüht, eine Übersiedlung dieses hoch vermögenden Steuerzahlers nach Amerika möglichst zu verhindern. Die Pläne einer Auswanderung nach Amerika wurden in der Gruppe immer konkreter besprochen. Als Zufluchtsort für alle im Glauben Verfolgten hatte William Penn in Amerika das riesige Gebiet des heutigen US-Staates Pennsylvania als Ausgleich für Zahlungen erworben, die der englische König seinem Vater schuldete.

1682 segelte William Penn dann mit einhundert Kolonisten nach Amerika und gründete Philadelphia, die Stadt brüderlicher Liebe. Allein ihrem Gewissen wollten diese ehrlichen und anständigen Siedler folgen und friedlich und fair mit den Indianern zusammenleben. Mehrere Abkommen zwischen Indianern und Siedlern wurden gewissenhaft eingehalten und brachten bleibenden Frieden in die Wildnis.

Eine Frankfurter Kompanie hatte dort bald Germantown gegründet, das heute zur Großstadt Philadelphia gehört. Philipp Jakob Spener aber riet den Frankfurter Gläubigen: Meine Gedanken sind, allezeit zu bleiben, wo uns der Herr hinsetzt und wie lange er uns daselbst lässt.

So hielt es auch Johann Jakob Schütz und blieb in Frankfurt. Erst im Alter von 40 Jahren heiratete er die sehr reiche Elisabeth Katherine geb. Bartels, die ihn in seiner scharfen Kritik an den Schäden der Volkskirche voll unterstützte. Seine Gegner sagten von ihr, sie sei weit halsstarriger gewesen als ihr Mann. Das hatte einen besonderen Grund. Mehrere aus ihrer Familie waren als Märtyrer um ihres unbeugsamen Bekenntnisses zum Evangelium willen hingerichtet worden. Das hatte diese Frau unbeugsam gemacht.

Im einzigen heute von Schütz erhaltenen Brief lesen wir: Die werden nicht zuschanden, welche bei dem Wort der Wahrheit bleiben. Gott sei Dank, dass er den Unmündigen offenbart, was er den klugen Schriftgelehrten dieser Welt verborgen hat. Ihm sei Ehre von Ewigkeit zu Ewigkeit!

Kurz vor seinem Tod verfolgte Schütz noch voll freudiger Hoffnung das mutige Auftreten eines Christuszeugen in Leipzig. Es war der junge Magister August Hermann Francke, eben 26 Jahre alt.

Schütz hat nur ahnen und nicht mehr erleben können, welch neues geistliches Leben mit August Hermann Francke und seinen Freunden einmal aufbrechen würde. Knapp 50 Jahre später dichtete Johann Ludwig Konrad Allendorf das Lied *Dein Wort, o Herr, bringt uns zusammen*, wo es klar und eindeutig von der wahren Gemeinschaft unter Christus heißt:

> Nur Menschen, die von Gott geboren,
> die unter einem Haupte stehn,
> die hat der Herr sich auserkoren,

die lässt er Wunderliebe sehn,
Gemeinschaft mit dem Vater haben
und mit dem Sohn im Heilgen Geist,
das ist's, was ihre Seele speist;
nur das kann sie vollkommen laben.

Der Glaubensgrund, auf dem wir stehen,
ist Christus und sein teures Blut;
das ein'ge Ziel, darauf wir sehen,
ist Christus, unser höchstes Gut;
sein Wort die Regel, die wir kennen,
nicht dieser oder jener Ort;
das ist's, was wir mit einem Wort
die heilige Gemeinde nennen.

Der Menschen Werk, Joch, Zwangeswalten,
Meinung- und Formelwiderstreit,
man kann sie nicht für Seligkeit,
nicht für des Herrn Gemeinschaft halten.

Als Schütz 1690 auf dem Sterbebett lag, suchte ihn der Frankfurter Senior des Pfarrkollegiums, der Philipp Jakob Spener in diesem Amt gefolgt war, völlig unerwartet auf. Ob er jetzt ein Hausabendmahl wolle, das ihm vorher immer verweigert worden war? Der entkräftete Schütz war etwas überrumpelt und meinte, dazu sei er im Augenblick nach all den Vorgängen nicht richtig disponiert.

Der Pastor fragte weiter, wie er zum Augsburger Bekenntnis stehe. Der sterbende Schütz meinte, dazu hätte er diese Schrift nicht bedächtig genug gelesen. Er halte sich an die Bibel. Das war die letzte Begegnung mit den überaus pflichteifrigen Vertretern einer orthodoxen Amtskirche, die sicher immer korrekt und paragrafentreu nach verstaubten Erlassen und verklausulierten Gesetzestexten handelte.

Es sollte der damaligen Kirchenbehörde von Frankfurt auch vorbehalten bleiben, an der Verketzerung und Schmähung von Johann Jakob Schütz als Separatist auch noch über seinen Tod hinaus unversöhnlich festzuhalten.

Manchen Hund hat man würdiger und ehrenvoller bestattet als diesen feinsinnigen und edlen Rechtsgelehrten und Reichsrat der Stadt Frankfurt. Ausdrücklich auf Anordnung der Kirchenleitung musste der Leichnam des 50-jährigen Dr. Johann Jakob Schütz ohne Zeremonie und ohne jeden geistlichen Zuspruch für die Trauernden bei Nacht ins Grab gelegt werden.

Es wird berichtet: Nur einige Verwandte und etliche Bekannte, welche sich seiner Schmach nicht geschämt haben, folgten der Leiche in der Dunkelheit auf den Peterskirchhof.

In diesem Grab lag schon sein vierjähriges Töchterlein Katharina, das drei Jahre früher gestorben war. An ihrem Todestag schrieb Schütz: Das liebreiche Kind entschlief unter dem Gebet ihres Vaters. Der Herr, unser Vater, tröste ihre Seele an seinem Ort. Sein Name sei hoch gelobt über alles! Vier Töchter im Alter von neun, fünf, drei und einem Jahr überlebten den Vater. Die letzten Worte von Schütz bei seinem Sterben sind Psalm 119,52 entnommen: Herr, wenn ich gedenke, wie du von Ewigkeit her die Welt gerichtet hast, so werde ich getröstet.

In Gott, der allen Jammer stillt, fand dieser von angemaßter Macht und Arroganz geschmähte Jesusjünger seinen Frieden. Darum konnte er auch auf alle kirchlichen Zeremonien verzichten. Das wollte er sein Leben lang mit seinem einmaligen Loblied besingen: *Gott hat alles, wirklich alles recht gemacht!* Darum hat Schütz auch diesem Gott allein die Ehre gegeben.

Trotz viel Unrecht und Not – ausgerechnet vonseiten seiner eigenen Kirche – hat Johann Jakob Schütz erfahren, wie Gott ihn durch die Wüste dieser armen Welt führt. Ohne Kreuz keine Krone! Vielleicht hat dieses Wort Schütz einst bei seiner Begegnung mit dem verachteten Admiralssohn William Penn am meisten fasziniert, dessen Lebensmotto war: No cross – no crown!

Sein herrliches Loblied war einst durch einen Vers aus dem Lied Moses angeregt worden, das am Ende der beschwerlichen Wüstenreise Israels stand: Ich will den Namen des Herrn preisen. Gebt unserm Gott allein die Ehre! (5. Mose 32,3) So dichtete auch Schütz:

Der Herr ist noch und nimmer nicht
von seinem Volk geschieden;

er bleibet ihre Zuversicht,
ihr Segen, Heil und Frieden.
Mit Mutterhänden leitet er
die Seinen stetig hin und her.
Gebt unserm Gott die Ehre!

Ich will dich all mein Leben lang,
o Gott, von nun an ehren,
man soll, Gott, deinen Lobgesang
an allen Orten hören.
Mein ganzes Herz ermuntre sich,
mein Geist und Leib erfreue dich!
Gebt unserm Gott die Ehre!

So kommet vor sein Angesicht
mit jauchzenvollem Springen;
bezahlet die gelobte Pflicht
und lasst uns fröhlich singen:
Gott hat es alles wohl bedacht
und alles, alles recht gemacht.
Gebt unserm Gott die Ehre!

Als Ernst Christoph Homburg durch schwere Leiden ging

Für den Lobpreis musste das Instrument erst zerbrochen werden

Ausgerechnet Juristen, die man mehr mit trockener und korrekter Gesetzesauslegung in Verbindung bringt, haben uns sehr viele Glaubenslieder geschenkt, die in der Gemeinde Jesu unvergänglich bleiben werden.

Ernst Christoph Homburg arbeitete gerne als Rechtsanwalt. Sein Beruf führte ihn zunächst nach Dresden, dann nach Jena und schließlich nach Naumburg, wo er als Gerichtsschreiber und Rechtskonsulent sehr geschätzt war.

Aber noch mehr wurde er wegen seiner dichterischen Begabung gefeiert. Es war eine hohe Ehrung, dass Ernst Christoph Homburg 1648 sogar in die Fruchtbringende Gesellschaft aufgenommen wurde. Man gab ihm dort in ironischer Anspielung auf seine erotischen Lieder den Namen der Keusche.

Unter dem Titel Clio hatte er schon 1638 und 1642 zwei Sammlungen von weltlichen Gedichten herausgebracht. Darin finden sich auffallend freizügige Liebeslieder, dazu deftige Trinklieder.

1645 erschien die *Tragico-Comoedia von der verliebten Schäferin Dulcimunda* und 1658 *Wann ein Turtel-Täubelein traurig sitzt in den Matten.*

Doch dann kam plötzlich alles ganz anders. 1659 erschien eine Sammlung Lieder aus der Feder von Ernst Christoph Homburg. Jetzt waren es aber geistliche Lieder des Glaubens von außerordentlicher Tiefe. Darunter war das Passionslied:

Jesu, meines Lebens Leben,
Jesu, meines Todes Tod,
der du dich für mich gegeben
in die tiefste Seelennot,
in das äußerste Verderben,
nur dass ich nicht möchte sterben:
Tausend-, tausendmal sei dir,
liebster Jesu, Dank dafür.

Du hast lassen Wunden schlagen,
dich erbärmlich richten zu,
um zu heilen meine Plagen,
um zu setzen mich in Ruh;
ach du hast zu meinem Segen
lassen dich mit Fluch belegen.
Tausend-, tausendmal sei dir,
liebster Jesu, Dank dafür.

Nun, ich danke dir von Herzen,
Herr, für alle deine Not:
für die Wunden, für die Schmerzen,
für den herben, bittern Tod;

für dein Zittern, für dein Zagen,
für dein tausendfaches Plagen,
für dein Angst und tiefe Pein
will ich ewig dankbar sein.

Was hatte solch eine Wende im Leben des sinnlichen Dichters bewirkt?

Ernst Christoph Homburg wurde schwer krank. Eine Hautkrankheit plagte ihn schrecklich. Seine Frau Justine hatte zur gleichen Zeit ein qualvolles Steinleiden. Beide hatten kaum eine Stunde ohne schlimmste Schmerzen.

Homburg hat sich in diesen Leiden nicht gegen Gott erhoben, sondern wurde geläutert wie das Edelmetall im Feuer. Unter diesen Qualen fand Ernst Christoph Homburg wie einst der verlorene Sohn wieder heim zu seinem himmlischen Vater. In tiefer Reue wollte er jetzt nichts mehr von seinen alten Reimen wissen.

Er wusste, dass seine alten Freunde ihn nicht verstehen würden. Er ahnte schon den Spott, als sie nun verwundert und spöttisch fragten über seinem geistlichen Liederdichten: Ist Saul auch unter den Propheten? Davon schrieb er im Vorwort seiner Liedersammlung. Homburg erwartete auch Vorwürfe, als ob er nur wie alle andern die Blüte und der Jugend bestes Teil der Welt opfern würde, die Hefe des Alters dagegen Gott und dem Himmel.

Darum verwies er in jenem Vorwort auf sein angstvolles, schweres Hauskreuz. Er erkannte es als ihm auferlegt vom frommen und getreuen Gott nach seinem väterlichen Willen. In diesem Kreuz hat Homburg nach seinen eigenen Worten die Kraft des Wortes Gottes entdeckt, das am besten trösten, stärken und aufrichten kann.

Denn Kreuz lehrt Gottseligkeit üben, und Anfechtung auf das Wort merken. Der Christ ohne Kreuz und Widerwärtigkeit ist nichts anderes als ein Schüler ohne Buch oder eine Braut ohne Kranz.

Ja, der himmlische Vater hat die Art an sich, dass er lehrt, wenn er beschwert, – viel geistliche Geheimnisse entdeckt, wenn er unser Fleisch züchtigt, – fröhlich macht, wenn er betrübt, – lebendig wenn er tötet.

150 Lieder hat Ernst Christoph Homburg gedichtet. Einen Choral hat Johann Sebastian Bach in der Kantate *Der Herr ist mein getreuer Hirt* vertont:

Ist Gott mein Schutz und treuer Hirt,
kein Unglück mich berühren wird:
Weicht, alle meine Feinde,
die ihr mir stiftet Angst und Pein,
es wird zu eurem Schaden sein,
ich habe Gott zum Freunde.

Es ist eine Strophe aus dem Lied Ernst Christoph Homburgs:

Ist Gott mein Schild und Helfersmann,
was ist dann, das mir schaden kann?
Weicht, alle meine Feinde!
Die ihr der Schmach entgegengeht,
wie listig auch ihr mir nachsteht:
Ich habe Gott zum Freunde.

Ist Gott mein Beistand in der Not,
was kann mir schaden Sund und Tod?
Weicht, alle meine Feinde!
Tod, Sünde, Teufel, Höll und Welt,
ihr müsset räumen doch das Feld.
Ich habe Gott zum Freunde.

1681 starb Ernst Christoph Homburg, zwei Jahre nach seiner Frau. Er hatte zuvor in dem Osterlied in Reime gefasst, welch ein Triumph das Sterben für alle ist, die zu Jesus gehören. Johann Sebastian Bach hat den Choral eindrücklich vertont:

Jesus, unser Trost und Leben,
der dem Tode war ergeben,
der hat herrlich und mit Macht
Sieg und Leben wieder bracht.
Er ist aus des Todes Banden
als ein Siegesfürst erstanden;
Halleluja, Halleluja.

Was Johann Franck aus einem weltlichen Liebeslied machte

Die große Freude des Bürgermeisters an Jesus

Es war bestimmt kein Zufall, dass Johann Franck zum Studium der Rechte an die Universität nach Königsberg zog. Die Freude am Dichten scheint Johann Franck erst richtig in dieser ostpreußischen Stadt bekommen zu haben. Und so kam dieser reich begabte junge Mann schließlich zu seiner besonderen Bedeutung als Liedermacher. Man kann sich unsere Gesangbücher ohne Johann Franck kaum vorstellen.

Die ostpreußische Stadt Königsberg war damals als einzige deutsche Stadt vom 30-Jährigen Krieg nur wenig erschüttert worden. Als polnisches Lehensgebiet profitierte das Herzogtum Preußen von der vereinbarten Waffenruhe zwischen Schweden und Polen. Es gab fast keine Kriegshandlungen oder Zerstörungen. Dort in dieser Oase des Friedens mitten im Feuerstum der schrecklichen Kriegsjahre konnten sich die Künste noch uneingeschränkt entfalten.

Johann Franck war 1618 in Guben im Tal der Lausitzer Neiße geboren, das heute unmittelbar an der Grenze nach Polen liegt. Im gleichen Jahr begann das Morden des 30-Jährigen Krieges. Schon im Alter von zwei Jahren verlor Johann Franck seinen Vater, der Rechtsanwalt und Ratsherr war. Verwandte und gute Freunde unterstützten ihn kräftig und verhalfen ihm zu einer guten Schulbildung und zum Studium. So war er nach Königsberg gezogen, um Jura zu studieren. Das hat er an der Universität auch fleißig getan. Noch wichtiger für sein Leben wurde aber die Begegnung mit dem bekannten Dichter Simon Dach. Dieser hatte mit Scharfblick rasch die schlummernde dichterische Begabung bei dem jungen Jurastudenten entdeckt. Sie konnte sich in dem Dichterkreis, der sich um Dach gesammelt hatte, künstlerisch ideal entfalten. Zeitlebens blieb Johann Franck seinem Lehrer und Meister Simon Dach dankbar und in Verehrung verbunden.

Gerne wäre Johann Franck deshalb auch in Königsberg geblieben. Seine Mutter aber bat ihn dringend, wegen der schlimmen Kriegsnöte wieder in seine sächsische Heimatstadt zurückzukehren. Als langjährige böhmische Stadt war Guben 1620 von sächsischen Truppen besetzt worden. So arbeitete Johann Franck von 1640 ab zunächst als Rechtsanwalt und Ratsherr in seiner Vaterstadt Guben, bis er 1661 schließlich dort Bürgermeister wurde.

Für diesen Mann in öffentlicher Verantwortung war die Dichtkunst geistlicher Lieder eine Säugamme der Frömmigkeit, Mehrerin der Fröhlichkeit, Verstörerin der Traurigkeit und ein Vorgeschmack himmlischer Herrlichkeit. 110 Lieder des Glaubens hat er verfasst.

In seinem bekanntesten Lied *Jesu, meine Freude* spricht Johann Franck von eitlen Ehren, die er nicht hören mag und die ihm unbewusst bleiben sollen. Man kann sich gut vorstellen, wie sein verantwortungsvolles Amt ihm manchmal auch zu einer gefährlichen

Versuchung wurde, das ihn aus dem Gehorsam und der Nachfolge Jesu wegtreiben wollte.

Nun kann man bei diesem Lied des mutigen Vertrauens feststellen, dass Johann Franck dazu Vorlagen benützte, die er kunstvoll umdichtete. Aus einer Arie, einem Liebeslied an Flora, das auf den Königsberger Domorganist Heinrich Albert und den Lehrer an der Altstädtischen Schule dort, Christoph Kaldenbach, zurückgeht, schuf Franck dieses Lied. Sollte an solch einer Umdichtung etwas schlecht sein?

Die weite Beliebtheit, die sein Lied durch die Jahrhunderte gefunden hat, gibt ihm vollständig recht. So ist gerade dieses Lied aus unserem kirchlichen Leben nicht wegzudenken.

Johann Franck hat manche originelle Formulierung in das Lied hineingedichtet, um es noch schöner und eindrücklicher zu machen. So kennen wir heute das bekannte Vertrauenslied. Und so lieben wir es.

Wie gewaltig beschreibt Johann Franck in seinem Lied die sichere Ruhe und den unbeschreiblichen Frieden, den glaubende Menschen unter dem Schirm Gottes finden, mitten in einer erzitternden Welt, wo es kracht und blitzt. Dreimal klingt dieses feste Trotz an, das den Schrecken des Satans, der Hölle und des Todes nicht fürchtet. Ebenso wird mit einem kurzen Weg alles Elend, Not, Kreuz, Schmach und Tod einfach wie weggewischt. Jetzt wird aus allem Betrüben und Trauern lauter Freude.

Johann Sebastian Bach hat diesen Choral in einer Motette eindrucksvoll mit weiteren Bibelabschnitten aus Römer 8 vertont:

Jesu, meine Freude,
meines Herzens Weide,
Jesu, meine Zier:
ach, wie lang, ach lange
ist dem Herzen bange
und verlangt nach dir!
Gottes Lamm, mein Bräutigam,
außer dir soll mir auf Erden
nichts sonst Liebers werden.

Unter deinem Schirmen
bin ich vor den Stürmen
aller Feinde frei.
Lass den Satan wettern,
lass die Welt erzittern,
mir steht Jesus bei.
Ob es jetzt gleich kracht und blitzt,
ob gleich Sünd und Hölle schrecken,
Jesus will mich decken.

Weicht, ihr Trauergeister,
denn mein Freudenmeister,
Jesus, tritt herein.
Denen, die Gott lieben,
muss auch ihr Betrüben
lauter Freude sein.
Duld ich schon hier Spott und Hohn,
dennoch bleibst du auch im Leide,
Jesu, meine Freude.

Wenn man die Sprache des Lieds anschaut, weiß man, welche Erbauungsbücher Johann Franck besonders schätzte und liebte. Es sind Johann Arndts Wahres Christentum und sein Paradiesgärtlein. Sie gehören zu den am meisten verbreiteten Büchern der Weltliteratur.

Für die Lieder von Johann Franck war es ein besonderer Glücksfall, dass er eng mit Johann Crüger befreundet war. Crüger, Kantor an St. Nikolai in Berlin, hat zu den Liedern von Johann Franck und Paul Gerhardt viele bis heute gesungene Melodien geschaffen. Das von ihm herausgegebene Gesangbuch Praxis pietatis melica wurde mit 44 Auflagen das führende deutsche Gesangbuch im 17. Jahrhundert.

Dass Johann Franck auch mit Paul Gerhardt zusammengetroffen ist, kann man als sicher annehmen. Dazu gab auch das Amt Anlass, in das Franck 1670 berufen wurde. Als bürgerlicher Landesältester der Markgrafschaft Niederlausitz nahm er an den Ständeversammlungen in Lübben im Spreewald teil, wo Paul Gerhardt in seinen letzten sieben Lebensjahren einsam als Pfarrer wirkte, allein mit seinem letzten ihm gebliebenen Sohn.

Johann Crüger

Damals war der etwas jüngere Johann Franck als Liederdichter bekannter und angesehener als Paul Gerhardt. Heute ist es genau umgekehrt. In unseren Gesangbüchern sind nur noch wenige Lieder von Johann Franck in Gebrauch. Dagegen finden sich im offiziellen lutherischen Gesangbuch der Vereinigten Staaten von Amerika noch heute fünf übersetzte Lieder von Johann Franck.

Franck starb 1677 im Alter von 59 Jahren in seiner Heimatstadt Guben, ein Jahr nach Paul Gerhardt. Seine Frau Anna war neun Jahre vor ihm gestorben.

Im Abendmahlslied Johann Francks wird jenes tiefe Geheimnis empfunden und geahnt, wenn unter Brot und Wein der ewige Herr bei sündigen Menschen einkehren will:

Schmücke dich, o liebe Seele,
lass die dunkle Sündenhöhle,
komm ans helle Licht gegangen,
fange herrlich an zu prangen!
Denn der Herr voll Heil und Gnaden
will dich jetzt zu Gaste laden;
der den Himmel kann verwalten,
will jetzt Herberg in dir halten.

Ach wie hungert mein Gemüte,
Menschenfreund, nach deiner Güte;
ach wie pfleg ich oft mit Tränen
mich nach deiner Kost zu sehnen;
ach wie pfleget mich zu dürsten
nach dem Trank des Lebensfürsten,
dass in diesem Brot und Weine
Christus sich mit mir vereine.

Jesu, wahres Brot des Lebens,
hilf, dass ich doch nicht vergebens
oder mir vielleicht zum Schaden
sei zu deinem Tisch geladen.
Lass mich durch dies heilge Essen
deine Liebe recht ermessen,
dass ich auch, wie jetzt auf Erden,
mög dein Gast im Himmel werden.

Mitten im Krieg dichtete Christian Keimann von der Freude

Meinen Jesus lass ich nicht!

Grausam wüteten die mordenden Horden der Soldaten im 30-Jährigen Krieg. Sterbende lagen am Straßenrand. Andere hatten die Feinde gegriffen und ließen sie am Galgen hängen. Sinnlos, aber mit fanatischem Eifer, wurden eroberte Dörfer und Städte niedergebrannt. Man hörte das Seufzen der Kranken und Sterbenden, deren sich keiner mehr annahm. Durchziehende Truppen plünderten Felder und Häuser. Pest und Armut suchten die Letzten heim, die noch übrig geblieben waren. Überall Hunger, Leid und Verzweiflung.

14 Jahre alt war Christian Keimann, als die evangelischen Landstände Böhmens in der großen Schlacht am Weißen Berg vom katholischen König vernichtend geschlagen wurden. Danach setzte unerbittlich das grausame Auslöschen aller evangelischer Spuren und Reste ein.

1627 wurden die letzten lutherischen Prediger verjagt. Kaiser Ferdinand II. versuchte, die Evangelischen gewaltsam zur alten Religion zurückzuzwingen. Die bestehenden Gemeinden wurden zerstört. Viele evangelische Bekenner flohen ins Ausland, so auch die Familie Keimann mit ihren fünf Söhnen und einer Tochter.

Vater Keimann war zunächst armer Dorfpfarrer im böhmischen Pankraz bei Pilsen gewesen. Dort war sein ältester Sohn Christian 1607 geboren.

Später wirkte der Vater in Allendorf unweit Zittaus, aber ebenfalls auf böhmischem Boden. Hier traf ihn die volle Wucht der Verfolgung durch die kaiserliche Gegenreformation. Jetzt suchte die Familie Keimann in der nahen Heimat der Mutter, in Zittau, Zuflucht.

Es war für Vater Keimann bezeichnend, dass er nicht klagte, sondern es als eine Ehre achtete, dass er um Christi willen solches leiden sollte. Zeitlebens schrieb er stolz, wenn er mit seinem Namen zeichnete: Exul Christi – ein Vertriebener um Christi willen.

Mittellos wie er war, konnte der Vater zum Studium seines ältesten Sohnes Christian nichts beisteuern. Es müssen sehr entbehrungsreiche Jahre des Studiums in Wittenberg – einer Hochburg der Theologie – mitten im schrecklichen Krieg gewesen sein, unter viel Armutei.

Der Vater hatte nur ganz geringe Einkünfte und starb schon 1632 an der Pest, die in kurzer Zeit 3000 Bürger wegraffte. Es wurde viel gehungert in jenen trostlosen Kriegsjahren, die Sachsen besonders heimsuchten. Dankbar blieb Keimann dem Bürgermeister für den freien Mittagstisch, den er als junger Student zwei Jahre lang genießen durfte.

Als Christian Keimann seine Magisterprüfung 1634 mit gutem Ergebnis bestand, berief ihn kurz darauf der Magistrat von Zittau zuerst als Konrektor und dann 1639 als Rektor des dortigen Gymnasiums.

Die Arbeit als Pädagoge an der Schule sollte sein großes Lebenswerk werden. Neben christlichen Schulbüchern verfasste er verschiedene Rechenbücher, die mehrmals aufgelegt wurden.

Es herrschte damals schlimmste Armut in der Stadt Zittau, die von sächsischen Truppen gestürmt und brutal geplündert worden war. Erpresst und besetzt von grausamen Soldaten litt die Bevölkerung unsagbar. Es gab nichts mehr zu essen. Viele flohen.

Auch die Schweden und die kaiserlichen Truppen suchten als Feinde noch schlimm die Stadt Zittau heim. Erst als die fürchterlichen Kriegsnöte ein Ende hatten, konnte sich das Gymnasium richtig entfalten, das Keimann als verantwortlicher Leiter durch die schweren Jahre bringen musste.

In seinen Liedern und Gedichten wollte Christian Keimann junge Menschen mit dem Wort Gottes vertraut machen. Seine dichterische Gabe war schon im Studium von einem Poesieprofessor entdeckt und gefördert worden. Später wurde er dafür mit kaiserlichem Dichterlorbeer geehrt.

Damals wurde an den höheren Schulen häufig lateinisch oder deutsch Theater gespielt. Das war für die Schüler eine gute Übung im Auftreten vor vielen Zuhörern. Keimann hat zu diesem schulischen Zweck geistliche Schulkomödien getextet und auch aufgeführt, um den Schülern wichtige ethische oder biblische Wahrheiten bewusst zu machen. In dieser Tradition entstand 1645 für seine Schüler auch das Weihnachtsspiel mit dem Titel *Der neugeborene Jesus, den Hirten und Weisen geoffenbart*. Darin findet sich das bekannte Lied:

Freuet euch, ihr Christen alle,
freue sich, wer immer kann;
Gott hat viel an uns getan.
Freuet euch mit großem Schalle,
dass er uns so hoch geacht',
sich mit uns befreund't gemacht.
Freude, Freude über Freude:
Christus wehret allem Leide.
Wonne, Wonne über Wonne:
Christus ist die Gnadensonne.

Jesu, wie soll ich dir danken?
Ich bekenne, dass von dir
meine Seligkeit herrühr;
so lass mich von dir nicht wanken;
nimm mich dir zu eigen hin,
so empfindet Herz und Sinn
Freude, Freude über Freude:
Christus wehret allem Leide.
Wonne, Wonne über Wonne:
Christus ist die Gnadensonne.

Das wollte Keimann seinen Schülern zeigen und wichtig machen: Wie die Geburt Jesu an Weihnachten sündigen Menschen eine ganz neue Wertschätzung Gottes und eine unverdiente Würde bringt. Das ist allein der Grund der großen, nicht endenden Freude.

Und dann klingt in der vierten Strophe, zwei Jahre vor dem Ende des 30-Jährigen Krieges, die große Sehnsucht nach einem baldigen und wirklich echten Frieden im neuen Jahr auf:

Jesu, nimm dich deiner Glieder
ferner noch in Gnaden an:
schenke, was man bitten kann,

zu erquicken deine Brüder;
gib der ganzen Christenschar
Frieden und ein selges Jahr.
Freude, Freude über Freude:
Christus wehret allem Leide.
Wonne, Wonne über Wonne:
Christus ist die Gnadensonne.

Mit diesem überschwänglichen Freudenlied hat Christian Keimann den Gemeinden das wichtigste Weihnachtslied des 17. Jahrhunderts geschenkt. Es war das beliebteste und damals am meisten gesungene Weihnachtslied. Die herrliche Melodie dazu stammt von Andreas Hammerschmidt, der wie Keimann aus Böhmen vertrieben war. Sie hat zur weiten Verbreitung des Weihnachtslieds kräftig beigetragen.

Andreas Hammerschmidt lebte und wirkte als Kantor an der Johanneskirche in Zittau und gehört nach Heinrich Schütz zu den beliebtesten Musikern seiner Zeit.

Als 1656 der sächsische Kurfürst Johann Georg im Alter von 72 Jahren starb, war das Volk tief betroffen. 55 Jahre lang hatte er die Geschicke seines Landes geführt, besonders in den grausamen Kriegsjahren.

Beim Sterben begleitete ihn sein Oberhofprediger und fragte ihn, ob er noch Jesus im Herzen trage. Und ob er sich noch zu dem Lied *Von Gott will ich nicht lassen* bekenne, das er früher so gerne gesungen hatte.

Fest und gewiss antwortete der sterbende Kurfürst: Meinen Jesus lass ich nicht! Und wenig später betete er dann: Ach Jesus, erbarme dich meiner: Jesus, ich lasse dich nicht! Herr Jesus, dir leb ich, dir sterb ich, dein bin ich tot und lebendig. Amen. Das waren seine letzten Worte.

Wenig später hat Rektor Christian Keimann ein Glaubenslied gedichtet, in dem jede Strophe mit einem Wort dieses letzten Bekenntnisses des sterbenden Kurfürsten beginnt und dann auch endet.

Meinen Jesus lass ich nicht;
weil er sich für mich gegeben,
so erfordert meine Pflicht,

unverrückt für ihn zu leben.
Er ist meines Lebens Licht;
meinen Jesus lass ich nicht.

Jesus lass ich nimmer nicht
hier in diesem Erdenleben;
ihm hab ich voll Zuversicht,
was ich bin und hab ergeben.
Alles ist auf ihn gericht';
meinen Jesus lass ich nicht.

Lass vergehen das Gesicht,
Hören, Schmecken, Fühlen weichen;
lass das letzte Tageslicht
mich auf dieser Welt erreichen:
wenn der Lebensfaden bricht,
meinen Jesus lass ich nicht.

Ich werd ihn auch lassen nicht
wenn ich nun dahin gelanget,
wo vor seinem Angesicht
meiner Väter Glauben pranget.
Mich erfreut sein Angesicht;
meinen Jesus lass ich nicht.

Nicht nach Welt, nach Himmel nicht
meine Seel sich wünscht und sehnet;
Jesum wünscht sie und sein Licht,
der mich hat mit Gott versöhnet,
mich befreiet vom Gericht;
meinen Jesus lass ich nicht.

Jesus lass ich nicht von mir,
geh ihm ewig an der Seiten;
Christus lässt mich für und für
zu dem Lebensbächlein leiten.
Selig, wer mit mir so spricht:
Meinen Jesus lass ich nicht.

In der letzten Strophe hat er als besonderes dichterisches Kunststück auch noch in den Zeilenanfängen die ersten Buchstaben eingeflochten: Johann Georg Churfürst zu Sachsen.

Ursprünglich hatte Christian Keimann in der ersten Strophe gedichtet:

> So erfordert meine Pflicht
> klettenweis an ihm zu kleben.

Christian Keimann nahm mit dieser bildhaften Formulierung des Haftens einer Klette Bezug auf das letzte Wort der hundert Jahre vorher gestorbenen Herzogin Katharina von Sachsen. Sie sagte damals, was im Volk tiefen Eindruck machte und im Gedächtnis blieb: Ich will an meinem Herrn Christus klebend bleiben wie die Klette am Rock!

Über dem letzten Lebensabschnitt von Christian Keimann liegt ein dunkler Schatten schwerer Anfechtungen. Was es genau war, wissen wir nicht. Da wird von Umständen absonderlicher Art berichtet, die ihm einen tödlichen Seelenkummer bereiteten. Je länger diese unheimliche Last auf ihm lag, umso mehr litt er auch bis ins Körperliche darunter.

Im Januar 1662 starb Christian Keimann. Auch er hatte von Jesus nicht gelassen bis in seine Todesstunde – aller Finsternis und Anfechtung zum Trotz.

Noch zwei Tage vor seinem Tod hat er seinen Schülern als Versübung ein Abschiedswort diktiert, eines gelehrten Mannes letzte Rede aus seinem Grab.

Der kranke Simon Dach und seine Dichterfreunde in der Gartenlaube von Königsberg

Heiter und lebensfroh im Angesicht des Todes

Königsberg, diese immer etwas mit Danzig rivalisierende Stadt in Ostpreußen, erlebte im 30-Jährigen Krieg wegen des verhältnismäßig stabilen Friedens eine außergewöhnliche Blüte der Kunst und der Wissenschaften. Wie zu keiner anderen Zeit war die Universität von vielen jungen Menschen stark besucht.

Dort wohnte auch der damals schon sehr geachtete Dichter Simon Dach. Er stammte aus Memel und hatte in Königsberg die

Schule besucht. Aus Angst vor der Pest zog er 1620 für drei Jahre nach Wittenberg und anschließend nach Magdeburg. Von dort schlug er sich mitten durch Kriegswirren und Pestepidemien auf vielen Umwegen durch bis in seine Heimatstadt Königsberg. Mit 21 Jahren begann der musische Student, der so gern Geige spielte, mit dem Studium der Theologie und der Philosophie.

Über tausend Lieder von Liebe und Treue hat er gedichtet. Das Lied der bräutlichen Liebe vom *Ännchen von Tharau*, das er einem Freund zur Hochzeit in ursprünglich samländischem Dialekt schenkte, gehört zu den beliebtesten Volksliedern. Darin besingt Simon Dach, wie Liebe sich unter den heftigen Schlägen des Unwetters erst festigt: Krankheit, Verfolgung, Betrübnis und Pein soll unsrer Liebe Verknotigung sein. Und das Lied schließt mit der Strophe:

> Würdest du gleich einmal von mir getrennt,
> lebtest da, wo man die Sonne kaum kennt:
> Ich will dir folgen durch Wälder und Meer,
> Eisen und Kerker und feindliches Heer.
> Annchen von Tharau, mein Licht, meine Sonn,
> mein Leben schließt sich um deines herum.

Unvergesslich bleibt auch Simon Dachs Lied von der Freundschaft:

> Der Mensch hat nichts so eigen,
> so wohl steht ihm nichts an,
> als dass er Treu erzeigen
> und Freundschaft halten kann,
> wenn er mit seinesgleichen
> soll treten in ein Band,
> verspricht sich, nicht zu weichen
> mit Herzen, Mund und Hand.
>
> Gott stehet mir vor allen,
> die meine Seele liebt;
> dann soll mir auch gefallen,
> wer sich mir herzlich gibt.
> Mit diesen Bundsgesellen

verlach ich Pein und Not,
geh auf den Grund der Höllen
und breche durch den Tod.

Simon Dach verdiente von 1633 ab etwas Geld als Lateinlehrer an der Domschule. Später wurde er Konrektor, was für seine angeschlagene Gesundheit schon sehr hart war. Er wäre auch fast an dieser schweren Aufgabe erlegen, wenn er nicht 1639 eine Professur für Poesie an der Universität bekommen hätte. Schließlich wurde er Rektor der Universität. Um ihn bildete sich ein geachteter Dichterkreis, der neben dem gesellschaftlichen Lied auch die geistlichen Gesänge pflegte.

Es war der befreundete Domorganist Heinrich Albert, der es meisterhaft verstand, zu den Versen von Simon Dach die schönsten Melodien zu komponieren. Ihm gelang es, Text und Ton harmonisch zu einstimmigen Arien zu verbinden und damit wesentliche Stücke des deutschen Volksliedes zu schaffen. Von Simon Dach wird bis heute noch in manchen Gruppen das Lied gesungen *Wen hab ich, Herr, als dich allein,* wo es in der letzten Strophe heißt:

Ich weiß und glaub's gewiss, mein Heil,
du lässest mich, dein wahres Teil,
in deinen Wunden Zuflucht finden.
Darinnen acht ich keine Not,
weil weder Hölle, Feind noch Tod
des Glaubens Kraft mag überwinden.
Dieweil ich lebte, war ich dein;
jetzt kann ich keines andern sein.

Aus Anlass der Beerdigung des gläubigen Königsberger Bürgermeisters Lepner dichtete Simon Dach das lange Zeit beliebte Ewigkeitslied *O wie selig seid ihr doch, ihr Frommen.* Sein Leben lang war er selbst oft schwer krank. Er litt unter Atemnot und Schmerzen in der Brust und auch unter häufigen Anfällen von Schwermut.

In dem Garten des Domorganisten Heinrich Albert vor den Toren Königsbergs trafen sich meist die Freunde, um sich neue Reimereien vorzulesen. Auf den Kürbissen der Laube hatte Heinrich Albert ihre Namen eingeritzt, dazu jeweils passende kurze Verse. Die Reime vertonte er dann auch und gab sie mitten im 30-Jährigen Krieg heraus als Musikalische Kürbishütte, welche uns erinnert an menschliche Hinfälligkeit.

Mit dem Bezug zu den Kürbissen sollte wohl unter Anspielung auf die abgestorbene Staude des Propheten Jona auch an die Hinfälligkeit menschlichen Lebens erinnert werden. Kennzeichnend für diesen Freundeskreis war, trotz aller heiteren Lebensfreude, die starke Betonung des Todes und der Vergänglichkeit allen Lebens. Die Freunde, es waren etwa ein Dutzend, nannten sich selbst die der Sterblichkeit eifrig Zugewandten. So klingen auch ihre Reime:

Wenn der raue Herbst nun kommt,
fall ich ab und muss verderben:
Wenn dein Ziel dir ist bestimmt,
armer Mensch, so musst du sterben.

Daneben finden sich Naturlieder, viele Lieder von Liebe und Treue. Diese weltlichen Verse wurden als Arien gesammelt und vertont herausgegeben. Bei aller Freundschaft und Liebe und der Freude an der Schönheit der Schöpfung sollte der Güte Gottes gedacht und ihm als dem Ursprung aller guten Gaben gedankt und sein Name gelobt werden. Es war beeindruckend, wie nüchtern sich hier Freude an der Schönheit der Welt mit dem Schrecken des Sterbens und dem Ernst der Ewigkeit verband.

Diese Dichter, die sich um Simon Dach in der kürbisumrankten Gartenlaube von Heinrich Albert trafen, waren angesehene Persönlichkeiten des öffentlichen Lebens: Juristen, Mediziner, Professoren, Lehrer, Pfarrer, Musiker.

Ein Jahr nach seiner Anstellung als Professor an der Universität konnte sich Simon Dach verheiraten. Sieben Kinder wurden der Ehe geschenkt.

Auch wenn die Schrecken des 30-Jährigen Krieges Ostpreußen nicht so furchtbar heimsuchten, wie andere Gebiete Deutschlands, so verarmte das Land immer mehr. Hunger und Seuchen kamen über das Land. Viele starben an der Pest.

Im Alter von 54 Jahren starb Simon Dach 1659, nachdem er ein ganzes Jahr schwindsüchtig im Bett liegend gepflegt werden musste.

Ein weiterer Dichter, der diesem Freundeskreis nahe stand, lebte zu dieser Zeit in Königsberg. Es war Valentin Thilo, der 1620 im Alter von 13 Jahren beide Eltern durch die Pest verloren hatte. Sein Vater war Pfarrer an der Altstädtischen Kirche in Königsberg gewesen.

Valentin Thilo

Thilo wurde Rhetorikprofessor in Königsberg, ein Kollege also von Simon Dach. Bescheiden, wie er war, nahm er das Amt nicht gleich an, sondern erbat sich eine zweijährige Bedenkzeit. Er benützte diese Jahre, um sich an der Universität von Leyden gründlich auf diese verantwortungsvolle Aufgabe vorzubereiten.

In seiner Familie erlebte er schockierend die Macht des Todes. Relativ spät, im Alter von 36 Jahren, hatte er seine Frau geheiratet, die Witwe eines Ratsherrn. Ganz plötzlich starben seine beiden hoffnungsvollen Kinder, ein Junge namens Albert und seine Tochter Maria, fast zur gleichen Zeit. Auch seine Schwester, eine erst kürzlich verheiratete Pfarrfrau, musste er begraben, als sie 1639 an der Pest starb. Im Sterben noch hatte sie von der Freude auf das Heimkommen zu Jesus gesprochen und voll Zuversicht bekannt: Wer kann uns scheiden von der Liebe Gottes?

Valentin Thilo schuf auf dem Hintergrund der Bußpredigt von Johannes dem Täufer das Adventslied:

Mit Ernst, o Menschenkinder,
das Herz in euch bestellt,
bald wird das Heil der Sünder,
der wunderstarke Held,
den Gott aus Gnad allein
der Welt zum Licht und Leben
versprochen hat zu geben,
bei allen kehren ein.

Ein Herz, das Demut liebet,
bei Gott am höchsten steht;
ein Herz, das Hochmut übet,
mit Angst zugrunde geht;
ein Herz, das richtig ist
und folget Gottes Leiten,
das kann sich recht bereiten,
zu dem kommt Jesus Christ.

Ach mache du mich Armen
zu dieser heilgen Zeit
aus Güte und Erbarmen,
Herr Jesu, selbst bereit.
Zieh in mein Herz hinein
vom Stall und von der Krippen,
so werden Herz und Lippen
dir allzeit dankbar sein.

Im Lauf seiner 28-jährigen Lehrtätigkeit hatte er bedeutende wissenschaftliche Bücher verfasst. In den letzten Jahren seines Lebens wurde Valentin Thilo heftig von der Gicht geplagt. Angesichts des Todes verbat er sich als Senior der Fakultät, fünfmaliger Dekan und zweimaliger Rektor jeden Pomp bei der Beerdigung. Nur mit einem weißen Leintuch sollte sein Leichnam bedeckt sein, der Kopf sollte in einem Kranz frischer Blumen ruhen. Diese Zeichen sollten an Gottes Treue erinnern, die verheißen hat: Euer Gebein soll grünen wie Gras (Jesaja 66,14). Thilo starb 1662 in Königsberg im Alter von 55 Jahren.

Heinrich Albert auf der Flucht vor dem 30-Jährigen Krieg

Freude an der starken, schützenden Hand Gottes

Verglichen mit den grauenhaften Verwüstungen des 30-Jährigen Krieges in vielen Teilen Deutschlands ist Ostpreußen relativ glimpflich davongekommen. Zwar breiteten sich auch hier die verheerenden Pestseuchen mit unzähligen Todesopfern aus, aber von den grausamen Zerstörungen der plündernden und niederbrennenden Soldatenhorden, die andere Gebiete Deutschlands heimsuchten, blieb es weitgehend verschont. Das preußische Herzogtum stand unter polnischer Lehenshoheit. Und Polen hatte mit Schweden die meiste Zeit eine Waffenruhe vereinbart.

Das war der Grund, warum Heinrich Albert 1626 nach Königsberg floh. Er wollte in den Wohnsitz der Musen, da sie in Deutschland vom Krieg verjagt wurden, wie er selbst sagte.

Zunächst aber verlief sein Aufenthalt dort gar nicht friedlich. Aus Abenteuerlust hatte sich Heinrich Albert einer holländischen Friedensdelegation nach Warschau angeschlossen, die aber in Gefangenschaft geriet und manches durchmachen musste.

Als er 1628 freikam, widmete er sich in Königsberg seiner Musik. Durch den Kapellmeister und Komponisten Johannes Eccard und seine Preußische Tonschule wurde diese Stadt schon von 1580 an für 100 Jahre zum Mittelpunkt evangelischer Kirchenmusik. In einer Liedsammlung Eccards erschien zum ersten Mal das beliebte Abendlied *Mein schönste Zier und Kleinod bist auf Erden du, Herr Jesu Christ*, dessen Dichter man aber nicht kennt.

Wer war dieser Heinrich Albert? Er stammte aus einer angesehenen Familie und war im Jahr 1604 in Lobenstein im Vogtland geboren, wo sein Vater als Rentmeister für die kommunale Steuererhebung verantwortlich war. Seine Mutter war eine Tochter des Bürgermeisters von Gera.

Bis zu seiner Schulzeit in Gera hatte Heinrich Albert wenig musiziert. Dann aber erwachte in ihm der große Wunsch, bei seinem Vetter Heinrich Schütz, diesem herausragenden Musiker seines Jahrhunderts, Musik zu studieren. So zog er 1622 zu Schütz nach Dresden, um das Komponieren zu lernen. Seine Eltern waren aber völlig gegen dieses Studium. Sie verlangten von ihrem Sohn, dass er einen anständigen Beruf erlerne. So musste er – wie übrigens auch einst Heinrich Schütz – nach einem Jahr seine musikalische Liebhaberei abbrechen und trockene Jura in Leipzig studieren. Sicher war dies auch mit ein Grund für die Flucht nach Königsberg.

Heinrich Albert hatte in diesem einen Jahr bei Heinrich Schütz und dem Thomaskantor Johann Hermann Schein ganz wichtige musikalische Anstöße bekommen. Jetzt benutzte er das rege kirchenmusikalische Leben von Königsberg und bildete sich bei dem berühmten Kapellmeister und Komponisten Johannes Stobäus weiter, der als Musikdirektor an der Domschule lehrte. Der hatte die bekannte Melodie zu dem Lied *Such, wer da will, ein ander Ziel* komponiert, allerdings ursprünglich für ein Hochzeitslied.

Vom Rat der Stadt berufen, wirkte Heinrich Albert zunächst einige Monate probeweise und von 1631 ab fest als Organist am Dom. Das neideten ihm viele, die auch gerne diesen Posten erhalten hätten. Es bildeten sich regelrechte Feindschaften, die ihm das Leben ziemlich sauer machten.

Umso wichtiger wurde für ihn die enge und vertrauensvolle Freundschaft mit dem Dichter Simon Dach. In seiner Nähe fühlte sich Heinrich Albert wohl. Albert vertonte die Verse von Simon Dach und wurde mit seinen Arien so zum Schöpfer des deutschen Volkslieds.

Heinrich Albert hatte sich draußen vor dem Stadttor ein Gärtchen unmittelbar am Wasserlauf der Pregel auf einer ehemaligen Schwedenschanze angelegt. Eine geräumige Laube lud zum Sitzen ein. Statt Weintrauben wuchsen Kürbisranken empor, voll mit großen Früchten. Dort trafen sich seit 1636 die Dichterfreunde, alles angesehene Persönlichkeiten des öffentlichen Lebens: Juristen, Mediziner, Professoren, Lehrer, Pfarrer, Musiker.

Hier verfasste Heinrich Albert auch sein herrliches Morgenlied, das sich stark an Luthers Morgensegen anlehnt. Es durchbricht die landläufige Melancholie und Resignation, die für die Jahre des 30-Jährigen Krieges nur zu verständlich sind. Die dunklen Schatten einer trostlosen Zukunft werden vom strahlenden Licht durchbrochen, wenn man selbst aus einem Leben der Sünde ausbricht und das neue Leben mit Christus ergreift. Das ist dann im doppelten Sinn ein wirkliches Morgenlied!

Auch die Melodie dazu hat der begabte Heinrich Albert selbst komponiert:

Gott des Himmels und der Erden,
Vater, Sohn und Heilger Geist,
der es Tag und Nacht lässt werden,
Sonn und Mond uns scheinen heißt,
dessen starke Hand die Welt
und, was drinnen ist, erhält:

Gott, ich danke dir von Herzen,
dass du mich in dieser Nacht
vor Gefahr, Angst, Not und Schmerzen
hast behütet und bewacht,
dass des bösen Feindes List
mein nicht mächtig worden ist.

Führe mich, o Herr, und leite
meinen Gang nach deinem Wort;
sei und bleibe du auch heute
mein Beschützer und mein Hort.
Nirgends als von dir allein
kann ich recht bewahret sein.

Deinen Engel zu mir sende,
der des bösen Feindes Macht,
List und Anschlag von mir wende
und mich halt in guter Acht,
der auch endlich mich zur Ruh
trage nach dem Himmel zu.

Heinrich Albert heiratete 1629, im Jahr bevor er Domorganist wurde, seine Elisabeth. Mit ihr hat er manches Leid durchlitten. So war es ein großer Schmerz für die Eltern, dass von ihren sechs Kindern zwei starben.

Auch war die Besoldung als Domorganist bescheiden, ja kümmerlich. Dennoch harrte Heinrich Albert in diesem Amt aus.

Über seine 18 Kirchenlieder sagte Albert: Man solle nicht meinen, dass er denken würde, mit diesen Melodien große Kunst an den Tag zu legen. So bescheiden und demütig dachte und lebte er. Das war seine Glaubenshaltung.

Im Herbst 1651 befiel Heinrich Albert hohes Fieber. Er dichtete noch ein Lied auf den Tod einer Mutter, das mit den Worten schloss:

Und stets bereitet stehn, wann Gott will, abzuscheiden.
Ach möchte dieses auch mein Schwanengesang nur sein!

Kurz darauf, am 6. Oktober 1651, starb er im Alter von nur 47 Jahren, zehn Wochen bevor sein jüngstes Töchterlein geboren wurde.

Georg Weissel – schon nach 12 Dienstjahren als Pfarrer gestorben

Kein anderer Nothelfer als Jesus allein!

Am 3. Advent 1623 wurde Georg Weissel als Pfarrer in der neu erbauten Alt-Roßgärtner-Kirche in Königsberg eingeführt. Er hatte an diesem Tag über das Evangelium von Johannes dem Täufer zu predigen, an den traditionell an diesem Adventssonntag gedacht wird.

Im Abschnitt aus dem II. Kapitel des Matthäusevangeliums wird von heftigen Anfechtungen und bohrenden Zweifeln berichtet, die von den Anhängern Johannes des Täufers vorgetragen werden, als sie zu Jesus kamen: Bist du, der da kommen soll, oder sollen wir eines anderen warten?

Aus diesem Anlass schuf Georg Weissel im Alter von 33 Jahren das bekannte Lied:

Such, wer da will, ein ander Ziel,
die Seligkeit zu finden.
Mein Herz allein bedacht soll sein,
auf Christus sich zu gründen.
Sein Wort sind wahr, sein Werk sind klar,
sein heilger Mund hat Kraft und Grund,
all Feind zu überwinden.

Meins Herzens Kron, mein Freudensonn
sollst du, Herr Jesu, bleiben;
lass mich doch nicht von deinem Licht
durch Eitelkeit vertreiben;
bleib du mein Preis, dein Wort mich speis,
bleib du mein Ehr, dein Wort mich lehr,
an dich stets fest zu glauben.

Wend von mir nicht dein Angesicht,
lass mich im Kreuz nicht zagen;
weich nicht von mir, mein höchste Zier,
hilf mir mein Leiden tragen.
Hilf mir zur Freud nach diesem Leid;
hilf, dass ich mag nach dieser Klag
dort ewig dir Lob sagen.

Mit diesem eindeutigen persönlichen Bekenntnis wollte Georg Weissel seiner Gemeinde sagen, wie er sein Amt versteht und führen will. Er wollte Zweifelnde zu Jesus führen, der allein volle Klarheit und Erkenntnis des Heils schenkt.

Es gibt keinen anderen Grund des Glaubens, kein anderes Heil und keinen sonstigen Namen, durch den Menschen gerettet werden. Die Worte und Werke Jesu sind nicht rätselhaft und dunkel, sondern hell und wahr. Und so schließt das Lied mit einem demütigen und innigen Gebet.

Johann Stobäus

Die zuversichtliche Melodie stammt vom Königsberger Kirchenmusiker Johann Stobäus, der zunächst als Domkantor und später als Kapellmeister sehr angesehen und geachtet war.

Längst ist dieses Lied kein Adventslied mehr, sondern ein wegweisendes Bekenntnislied, das Suchende zum festen Vertrauen in Jesus einlädt.

Bevor Weissel das Pfarramt in einem stark wachsenden Stadtteil von Königsberg antrat, war er Rektor im ostpreußischen Friedland. Er wurde 1590 in Domnau in Preußen geboren und gehörte beim erlauchten Königsberger Dichterkreis um Simon Dach zu den ersten Gründungsmitgliedern.

Das andere Lied, das Georg Weissel nach Psalm 24 gedichtet hat, bekam 1704, also über 80 Jahre nach seiner Entstehung, durch Pietisten in Halle die kräftige und festliche Melodie im rhythmischen Dreivierteltakt, mit der das Lied untrennbar verbunden ist. Weit verbreitet wurde es erst im 19. Jahrhundert und gehört noch heute zu den beliebtesten Adventsliedern:

Macht hoch die Tür, die Tor macht weit!
Es kommt der Herr der Herrlichkeit,
ein König aller Königreich,
ein Heiland aller Welt zugleich,
der Heil und Leben mit sich bringt.
Derhalben jauchzt, mit Freuden singt:
Gelobet sei mein Gott,
mein Schöpfer reich von Rat.

O wohl dem Land, o wohl der Stadt,
so diesen König bei sich hat.
Wohl allen Herzen insgemein,
da dieser König ziehet ein.
Er ist die rechte Freudensonn,
bringt mit sich lauter Freud und Wonn.
Gelobet sei mein Gott,
mein Tröster früh und spat.

Komm, o mein Heiland Jesu Christ,
meins Herzens Tür dir offen ist.

Ach zieh mit deiner Gnade ein;
dein Freundlichkeit auch uns erschein.
Dein Heilger Geist uns führ und leit
den Weg zur ewgen Seligkeit.
Dem Namen dein, o Herr,
sei ewig Preis und Ehr.

Als Georg Weissel im Alter von 45 Jahren nach nur zwölf Jahren Wirksamkeit in seinem Pfarrdienst 1635 in die Ewigkeit abberufen wurde, konnte der Tod nicht seine Freude an Jesus und der Kraft des Evangeliums auslöschen. Bis heute gehört zu den sieghaften Osterliedern jener Choral, den Georg Weissel in seiner Originalfassung gedichtet hat:

O Tod, wo ist dein Stachel nun?
Wo ist dein Sieg, o Hölle?
Was kann uns jetzt der Teufel tun,
wie grausam er sich stelle?
Gott sei gedankt, der uns den Sieg
so herrlich hat nach diesem Krieg
durch Jesus Christ gegeben!

Es war getötet Jesus Christ,
und sieh, er lebet wieder.
Weil nun das Haupt erstanden ist,
stehn wir auch auf, die Glieder.
So jemand Christi Worten glaubt,
im Tod und Grabe der nicht bleibt;
er lebt, ob er gleich stirbet.

Friedrich von Spee und sein Kampf gegen den Hexenwahn

O Heiland, reiß die Himmel auf!

Missionar in Indien wollte Friedrich Spee schon als Kind werden. Dem Gekreuzigten zuliebe keine noch so erniedrigende Arbeit, nichts Ekelerregendes und keine Schmerzen scheuen. Diese verzehrende Leidenschaft glühte immer heftiger und heißer in dem jungen Jesuiten.

Indien und jene fernen Länder haben mir das Herz verwundet, schrieb er an seinen Ordensgeneral in Rom. Doch der bremste den jungen Heißsporn und verwehrte ihm den Weg der kühnen Missionare, die damals in den Fernen Osten auf den Spuren des großen Missionspioniers Franz Xavier aufbrachen.

Stattdessen wurde Friedrich Spee als Gymnasiallehrer nach Speyer und Worms gesandt. Als Angehöriger des katholischen Ordens der Societas Jesu war er das Gehorchen gewohnt, auch wenn er immer ein gespanntes Verhältnis zu seinen Vorgesetzten hatte.

Friedrich Spee von Langenfeld stammte aus einer adligen Familie. Sein Vater war Burgvogt der alten Kaiserpfalz am Rhein in der Nähe von Düsseldorf. Dort ist er 1591 in Kaiserswerth geboren. Von Jesuiten, der kirchlichen Elite, in Köln humanistisch gebildet und erzogen, führte der Weg des hoch begabten Studenten zunächst nach Trier, wo er als Novize in den Jesuitenorden eintrat. In Würzburg studierte er Philosophie und in Mainz Theologie. 1622 empfing er dort die Weihe zum Priesteramt.

Dass Glaube, Hoffnung, Liebe praktiziert und mitten in den sozialen Nöten der Zeit angewandt werden, darauf drang Spee als Professor für Moraltheologie in Paderborn. Alles ist gesagt zum Tun, nicht zum Lesen, schrieb Spee in seinem Güldenen Tugend-Buch, das aber erst 14 Jahre nach seinem Tod erschienen ist.

Von 1628 ab wurde Spee als Kämpfer für die Re-Katholisierung in der Grafschaft Peine eingesetzt. Bei dieser Kampagne der Gegenreformation mussten drei hartnäckig bekennende Evangelische innerhalb einer Woche das Gebiet verlassen. Dass sie ihren Grundbesitz nur Katholiken vermachen durften, war dabei eine der brutalen Maßnahmen. Solche Leute sind einer milderen Hand nicht würdig, meinte auch Spee. Auf einen harten Klotz gehört ein grober Keil.

Dennoch soll Spee nicht fanatisch auf Machtmittel gesetzt haben, sondern auf Überzeugung. Als Volksseelsorger bekümmerte ihn das verwilderte Volk, das durch die Verwüstungen des 30-Jährigen Krieges immer mehr verrohte.

Als Spee an einem Sonntagmorgen auf einem Waldpfad zum Gottesdienst ritt, wurde er von einem bewaffneten Reiter überfallen. Auch wenn die abgefeuerten Kugeln der Pistole ihr Ziel verfehlten, wurde Spee doch durch den Pistolenkolben am Kopf und von Degenstichen am Körper verletzt. Dennoch wollte er, notdürftig verbunden, unbedingt den angesetzten Gottesdienst halten. Es war der 29. April 1629, Sonntag Misericordias Domini – vom Guten Hirten. Spee las das Evangelium des Sonntags und begann seine Predigt: Nun urteilt selbst, ob ich ein guter Hirte oder ein Mietling bin!

Singt doch, singt!, rief Spee der Gemeinde zu. Singt das Lied *Großer Gott, wir loben dich*! Dann wurde er durch den großen Blutverlust ohnmächtig. Den Attentäter hat man nie gefasst.

Das Singen war Spee sein Leben lang wichtig. Mit seiner brennenden Jesusliebe nannte man ihn einen göttlichen Minnesänger. In seiner Sammlung Trutz-Nachtigall sang er von seiner Jesusliebe und rief die ganze Welt zum Lob Gottes auf. Die ganze Schöpfung, Blumen und Blätter, Vögel und Tiere, Sterne am Himmel und Sandkörner am Meeresstrand müssen Gott zur Ehre jubilieren. Hier muss die Musik himmlisch sein!

Schon 1622 veröffentlichte Friedrich Spee Weihnachtslieder in der Sammlung *Das allerschönste Kind in der Welt*. Andere erschienen erst nach seinem Tod im *Geistlichen Psälterlein*, so auch dieses:

Zu Bethlehem geboren
ist uns ein Kindelein,
das hab ich auserkoren,
sein Eigen will ich sein,
eia, eia, sein Eigen will ich sein.

In seine Lieb versenken
will ich mich ganz hinab;
mein Herz will ich ihm schenken
und alles, was ich hab,
eia, eia, und alles, was ich hab.

1627 wurde Friedrich Spee immer stärker mit dem grausamen Unrecht der Hexenprozesse konfrontiert. In Köln war, kurz bevor Spee dorthin versetzt wurde, eine hübsche und vermögende Witwe der Hexerei bezichtigt worden. Sie ließ jedoch die Verdächtigungen nicht auf sich sitzen, sondern wehrte sich. Doch genau damit löste sie immer neue und unsinnige Beschuldigungen aus. In einer Art Hysterie behaupteten jetzt die Leute, diese Frau hätte Menschen vergiftet, Kinder durch Zauber getötet, Unheil herbeigeführt, Priester mit sündhaften Träumen verführt.

Trotz dreimaliger grausamer Folter hatte die Frau kein Geständnis abgelegt. Beistand durch einen Anwalt war ihr nicht gestattet. Unter der unsinnigen Anschuldigung, eine Hexe zu sein, war sie öffentlich verbrannt worden.

Jetzt wurde der juristisch erfahrene Spee tätig. Als Beichtvater ging er zu den verurteilten Hexen in die dunklen Gefängnislöcher. Dort fassten die durch furchtbare Folter körperlich und seelisch misshandelten Frauen Zutrauen zu Pater Friedrich Spee. Er erfuhr, dass alle angeblichen Geständnisse nur unter unerträglichen Qualen erzwungen worden waren. Unheimlicher Aberglaube hatte zu hysterischem Wahn geführt.

Manche meinen, dass sadistische Folterknechte am Anfang der Neuzeit zwischen dem 15. und 18. Jahrhundert bis zu einer Million unschuldige Frauen als Hexen grausam verbrannt hätten. Spee berichtet, man wird sich leicht ausmalen können, mit was für Gefühlen ich solch bejammernswerten Tod mit angesehen habe.

Und er erzählt von seinen schlaflosen Nächten: Gott weiß es, wie oft ich das untertiefen Seufzern in durchwachten Nächten überdacht habe, und mir doch keine Mittel einfallen wollten, der Wucht der öffentlichen Meinung Einhalt zu gebieten.

Reiß die Wolken auseinander und komm! So konnte Friedrich Spee jetzt nur noch beten: Hier, jetzt, sei unser Gott – wer sonst? Sende einen Lichtstrahl herab und zerstreue das Dunkel. Schon lange vor diesen schrecklichen Erlebnissen hatte er 1622 nach biblischen Verheißungen des Kommens Jesu sein Adventslied veröffentlicht:

O Heiland, reiß die Himmel auf,
herab, herab vom Himmel lauf,
reiß ab vom Himmel Tor und Tür,
reiß ab, wo Schloss und Riegel für.

Wo bleibst du, Trost der ganzen Welt,
darauf sie all ihr Hoffnung stellt?
O komm, ach komm vom höchsten Saal,
komm, tröst uns hier im Jammertal.

O klare Sonn, du schöner Stern,
dich wollten wir anschauen gern;

o Sonn, geh auf, ohn deinen Schein
in Finsternis wir alle sein.

In dieser quälenden Gewissensnot gab Friedrich Spee 1631 in Rinteln anonym die Cautio Criminalis heraus. Auf 400 Seiten folgt die vernichtende Abrechnung mit den Hexenprozessen und der dabei praktizierten Folter. Sein unter Bächen von Tränen geschriebenes Urteil ist eindeutig: Die Inquisition ist vom Teufel erfunden und eine Einrichtung des Bösen. Die Anklagen sind erlogen und beruhen auf Neid, Gerüchten, Aberglauben und Missgunst.

Um aufzurütteln, forderte Spee: Auf, greift alle Ordenspersonen und foltert sie, sie werden gestehen! Weiter klagte er über die unerhörte Blindheit der Deutschen. In was für unglücklichen, unwissenden Zeiten leben wir doch! Schonungslos deckte er die Schuld der Fürsten und der Kirche auf. Das willkürliche Beschuldigen und das bloße Verdächtigen sei das Übel, aus dem es kein Entrinnen gibt, weil den Angeklagten jedes Recht und auch jeder Rechtsbeistand verweigert werde.

Spee als Verfasser dieses Buches war bald enttarnt. Zunächst empörten sich viele über seine Anschuldigungen. Einer der Ersten, der sich öffentlich für Friedrich Spee einsetzte, war der evangelische Theologe Johannes Meyfart, der Dichter des Chorals Jerusalem, du hoch gebaute Stadt.

1632 berief man Friedrich Spee als Moraltheologen nach Trier. Später hat man ihn in Anerkennung seiner Leistungen als Professor für Bibelwissenschaften eingesetzt.

Da erreichte 1635 das Morden und Wüten des 30-Jährigen Krieges auch die Stadt Trier. Zwischen kaiserlichen und französischen Truppen kam es zu heftigen Straßenkämpfen. Während die Jesuiten schon zum Verlassen der Stadt aufgefordert waren, kümmerte sich Friedrich Spee mitten in dem Chaos um Schwerverletzte, sammelte Geld und betreute Sterbende.

Da brach auch noch ein pestartiges Fieber aus. Ohne Angst vor möglicher Ansteckung sorgte Spee für Kriegsgefangene und pflegte Verwundete, bis er sich schließlich im Lazarett mit der Seuche infizierte.

An diesem Fieber starb Friedrich Spee von Langenfeld 1635 in Trier, erst 44 Jahre alt.

Das Sterben in der Familie des Johann Hermann Schein

Auf Christus bauen und ihm allein vertrauen

Schon in Kindertagen verlor Johann Hermann Schein seine Eltern. 1586 war er in dem kleinen Städtchen Grünhain bei Annaberg im Erzgebirge geboren.

Mit 13 Jahren war Johann Hermann Kantoreiknabe in der Dresdner Hofkapelle. Zunächst besuchte er die Schule in Dresden, dann die berühmte kursächsische Fürstenschule im ehemaligen Zisterzienserkloster Schulpforta zwischen Erfurt und Leipzig, die ihm eine humanistische Bildung vermittelte.

Anschließend studierte er in Leipzig Jura. Es zog ihn aber immer mehr zur Musik.

Obwohl er schon viel komponiert hatte, verdiente Schein zunächst sein Brot als Hauslehrer, wie es damals meist üblich war. Er bekam eine Stelle im Haus des Schlosshauptmanns von Weißenfels. In dieser Stadt an der Saale traf er mit dem gleichaltrigen, genialen Heinrich Schütz zusammen, der hier sein Elternhaus hatte. Mit ihm und dem Komponisten Samuel Scheidt verband ihn eine enge Freundschaft.

Schon 1613 bekam Johann Hermann Schein eine Stelle als Hofkapellmeister in Jena. 1616 berief man den 30-Jährigen als Kantor an die berühmte Thomaskirche nach Leipzig. Dort konnte er sich als Komponist und Dichter entfalten, sodass Schein zu den Bedeutendsten seiner Zeit gehört. Ganz wichtig war ihm der evangelische Choral. 79 Melodien gehen auf ihn zurück.

In seinem Leben wurde der immer kränkliche Schein hart geprüft. In nur 13 Jahren sind ihm von seinen neun Kindern sieben gestorben. Auch seine erste Frau starb schon früh.

Nicht nur die Melodie, sondern auch den Text des folgenden Liedes hat Johann Hermann Schein zwei Jahre vor seinem Tod aus Anlass der Beerdigung der Frau Margarita des Ratsherren und Kirchenvorstehers Kaspar Werner in Leipzig verfasst. Es findet sich noch heute in unseren Gesangbüchern:

Mach's mit mir, Gott, nach deiner Güt,
hilf mir in meinem Leiden;
ruf ich dich an, versag mir's nicht:
wenn sich mein Seel will scheiden,
so nimm sie, Herr, in deine Händ;
ist alles gut, wenn gut das End.

Auch zu einem anderen Trostlied scheint Johann Hermann Schein die Melodie in einem vierstimmigen Satz gegeben zu haben. Offenbar stammt sie von einem Volkslied und wurde schon vor ihm auch für geistliche Lieder benützt. Johann Hermann Schein hat sie dann mit diesem Lied zusammengebracht und in seinem Gesangbuch veröffentlicht. Wir wissen nicht, wer dieses Lied vom getrosten Vertrauen verfasst hat.

Es muss schon vor 1600 entstanden sein und ist ein seit Jahrhunderten gern gesungenes Lied von überwundenen Anfechtungen:

Auf meinen lieben Gott
trau ich in Angst und Not;
der kann mich allzeit retten
aus Trübsal, Angst und Nöten,
mein Unglück kann er wenden,
steht alls in seinen Händen.

Ob mich der Tod nimmt hin,
ist Sterben mein Gewinn,
und Christus ist mein Leben;
dem tu ich mich ergeben;
ich sterb heut oder morgen,
mein Seel wird er versorgen.

Amen zu aller Stund
sprech ich aus Herzensgrund;
du wollest selbst uns leiten,
Herr Christ, zu allen Zeiten,
auf dass wir deinen Namen
ewiglich preisen. Amen.

Im Herbst 1630 ließ Johann Hermann Schein seinen Freund, den bedeutendsten Musiker seines Jahrhunderts, Heinrich Schütz, an sein Krankenbett nach Leipzig rufen. Er bat den Freund, dass er ihm eine Trauermotette komponiere nach dem von ihm selbst ausgewählten Wort aus 1. Timotheus 1,15: Das ist gewisslich wahr und ein teuer wertes Wort, dass Christus Jesus kommen ist in die Welt, die Sünder selig zu machen. Als letztes Zeugnis sollte das bei seiner Beerdigung erklingen.

Vergeblich hatte Schein zweimal im Kurbad in Karlsbad Linderung von seinem Steinleiden gesucht. Schließlich hatte ihn auch noch die Schwindsucht befallen.

Heinrich Schütz konnte seinem treuen Freund die sechsstimmige Komposition noch zukommen lassen. Wenige Tage später starb

Johann Hermann Schein im Alter von nur 44 Jahren. Am Grab ihres langjährigen Kantors sangen die Thomaner erstmals diese Motette von Heinrich Schütz: Das ist je gewisslich wahr.

Bedrängt und umkämpft in der Verbannung – Martin Schalling

Jesus Christus – meines Herzens Trost!

Schon der Vater von Martin Schalling, Prediger in Straßburg, war ein mutiger Bekenner. Als die kaiserlichen Truppen auch in Straßburg während des sogenannten Interims das alte Bekenntnis wieder erzwingen wollten, floh der mutige Bekenner des Evangeliums wegen seines reformatorischen Glaubens in das einsame Vogesendorf Weitersweiler im Unterelsass.

Dieses Schicksal des Vaters hat auch den Sohn Martin, der 1532 in Straßburg geboren wurde, tief geprägt. Er bezeichnete sich später gerne als der Wahrheit Freund, der Lüge Feind.

Martin Schalling liebte seinen Vater sehr, der ihn auch in der Bildung umfassend förderte. Mit zehn Jahren begann der Junge, die hebräische Sprache zu erlernen. Schon mit 15 Jahren konnte er das Neue Testament in der Ursprache lesen, bevor er dann mit dem Studium der Theologie in Wittenberg begann. Dort lernte er seinen großen und einflussreichen reformatorischen Lehrer Philipp Melanchthon besonders schätzen und lieben und wurde sein begeisterter und treu ergebener Schüler.

Martin Schalling war seinem ganzen Wesen nach ein gütiger und freundlicher Mensch, der immer den ausgleichenden Frieden suchte. Das wurde ihm aber in den großen Lehrstreitigkeiten zum Verhängnis, als er zwischen den fanatisch sich bekämpfenden evangelischen Theologenparteien schlichten sollte. Er geriet selbst zwischen die sich befehdenden Fronten und wurde schließlich von beiden Gruppen gehasst und angegriffen.

Nachdem Martin Schalling in Wittenberg den Magistertitel erworben hatte, zog er zunächst als Prediger nach Regensburg. Bald schon kam er auch dort wieder in feindliche Spannungen. Melanchthon schaltete sich ein und Schalling wurde 1558 nach Amberg in die Oberpfalz versetzt.

Aber auch hier gab es erbitterte Kämpfe. Kurfürst Friedrich III. war zur Reformierten Kirche übergetreten und wollte nun seine Untertanen auch zu dem Glauben nach dem Verständnis Calvins zwingen. Die Bevölkerung aber wehrte sich heftig dagegen. Die Bürger waren sogar bereit, mit Leib und Leben für ihre lutherischen Prediger einzustehen. Für den bewusst lutherisch denkenden Theologen Martin Schalling war ein Vermitteln zwischen dem Kurfürsten und der Bevölkerung nicht mehr möglich.

Der Kurfürst entfernte kurzerhand die Hauptgegner seiner Pläne aus Amberg. Auch Martin Schalling musste gehen. Er fand 1568 Zuflucht im kleinen Städtchen Vilseck in der Oberpfalz.

Am 2. Juli 1569 hielt Schalling in Waldsassen im Fichtelgebirge eine Predigt, die heute noch handschriftlich erhalten ist. Beigeheftet ist das Lied, ein *Gebet zu Christus, des Herzens Trost im Leben und im Tod:*

Herzlich lieb hab ich dich, o Herr.
Ich bitt, wollst sein von mir nicht fern
mit deiner Güt und Gnaden.
Die ganze Welt erfreut mich nicht,
nach Erd und Himmel frag ich nicht,
wenn ich dich nur kann haben.
Und wenn mir gleich mein Herz zerbricht,
so bist du doch mein Zuversicht,
mein Teil und meines Herzens Trost,
der mich durch sein Blut hat erlöst.
Herr Jesu Christ, mein Gott und Herr,
mein Gott und Herr,
in Schanden lass mich nimmermehr!

Dieses Lied war in der schweren Bedrängnis der Verbannung entstanden. Das wird in den Bitten der zweiten Strophe deutlich, wo er von Satans Mord und Lügen, aber auch vom geduldigen Tragen des Kreuzes spricht. Martin Schalling musste seine Frau und sieben Kinder zurücklassen, als er des Landes verwiesen wurde.

Sein Lied ist aber bezeichnenderweise kein Klagelied, sondern das liebende Bekenntnis zu Jesus Christus. Wie hat hier Schalling Psalm 18 und 73 direkt auf Jesus Christus bezogen und ausgelegt!

Es ist ja, Herr, dein G'schenk und Gab
mein Leib und Seel und was ich hab
in diesem armen Leben.
Damit ich's brauch zum Lobe dein,
zu Nutz und Dienst des Nächsten mein,
wollst mir dein Gnade geben.
Behüt mich, Herr, vor falscher Lehr,
des Satans Mord und Lügen wehr;
in allem Kreuz erhalte mich,
auf dass ich's trag geduldiglich.
Herr Jesu Christ, mein Herr und Gott,
mein Herr und Gott,
tröst mir mein Seel in Todesnot!

Mit der letzten Strophe schloss später Johann Sebastian Bach seine große Johannespassion ab:

Ach Herr, lass dein lieb' Engelein
an meinem End die Seele mein
in Abrahams Schoß tragen.
Der Leib in seim Schlafkämmerlein
gar sanft ohn alle Qual und Pein
ruh bis zum Jüngsten Tage.
Alsdann vom Tod erwecke mich,
dass meine Augen sehen dich
in aller Freud, o Gottes Sohn,
mein Heiland und mein Gnadenthron.
Herr Jesu Christ, erhöre mich, erhöre mich!
Ich will dich preisen ewiglich.

Nach dem Tod des Kurfürsten wurde Schalling wieder nach Amberg zurückgerufen und 1576 in das Amt eines Oberhofpredigers und Generalsuperintendenten eingesetzt. Die Spannungen und die theologischen Kämpfe gingen aber weiter. Von Martin Schalling wurde eine Unterschrift unter ein Bekenntnis verlangt, die er aus Gewissensgründen so nicht geben konnte. Seine Bedenken waren nicht berücksichtigt worden. Jetzt war sein Kurfürst von ihm enttäuscht und stellte ihn für zwei Jahre unter Hausarrest. 1583 wurde er ganz formell amtsenthoben.

Zwei Jahre später rief man ihn als Prediger an die Frauenkirche in der Freien Reichsstadt Nürnberg, wo er noch zwanzig Jahre lang im Segen wirkte. Nach insgesamt 50 Dienstjahren mit vier Vertreibungen musste er, der inzwischen völlig erblindet war, sein Amt aufgeben.

Am 29. Dezember 1608 starb Martin Schalling im Alter von 76 Jahren. Auf dem Johannisfriedhof in Nürnberg wurde er beerdigt, ganz in der Nähe des Grabes von Albrecht Dürer.

Manch Tröpflein Tränen von Cornelius Becker und Heinrich Schütz

Wie die Psalmen wieder zum Klingen gebracht wurden

Es sah damals trostlos aus. Die evangelischen Kreise waren zutiefst zerstritten, wie das Evangelium recht theologisch formuliert werden solle. Fast fanatisch wurde mit letztem Eifer an des Herrn Christi Ehr und Wehr voll fleischlicher Leidenschaft gekämpft.

In Leipzig wurde Cornelius Becker, der dort 1561 in einer Kaufmannsfamilie geboren und aufgewachsen war, nach sechsjährigem Pfarrdienst zum Professor der Theologie in seiner Vaterstadt berufen. Weil aber Dr. Cornelius Becker bei anderen evangelischen

Theologen eine Abweichung und Verfälschung der Lehre Luthers meinte brandmarken zu müssen, wurde er von seinem Lehramt für einige Zeit abgesetzt. Er nutzte die jetzt gewonnene freie Zeit nicht für neue Säbelfechtereien unter Brüdern, sondern schuf jene unvergänglichen biblischen Psalmlieder.

Schon Luther wollte zunächst in Reime gebrachte Psalmen zum Singen für die Gemeinde schaffen. Wer kennt nicht die herrliche Vertonung *Ein feste Burg* oder *Aus tiefer Not schrei ich zu dir?* Weil aber Luther aus den Psalmen nur sieben Lieder schuf, wollte jetzt Cornelius Becker diese Lücke ausfüllen. Er fasste mit der ihm eigenen Begabung die übrigen 143 Psalmen in Verse und Reime.

Bei dieser Beschäftigung hat er aus Schmerz über sein Berufsverbot manch Tröpflein Tränen vergossen. Sicher aber hat er durch diese Arbeit an dem biblischen Psalmenbuch auch eine neue Einschätzung dessen gewonnen, was vor Gott und den Menschen wirklich wichtig und was nur vorläufig von Bedeutung ist.

Cornelius Becker schrieb in der Widmung seiner Psalmensammlung an die Kurfürstin von Sachsen: Weil Luther nicht die Zeit und Muße gehabt, den ganzen Psalm in deutsche Gesänge zu bringen, müssen wir hernach stoppeln, so gut wir können, und da wir auf dem gelegten prophetischen und apostolischen Grund nicht mit Wacken und Werkstücken wie der Herr Lutherus bauen können, so müssen wir mit kleinen Füllsteinen die Lücken ausfüllen, so gut als Gott das Vermögen durch die Gabe des Heiligen Geistes darreicht.

Zuvor schon lagen 1562 alle 150 Psalmen in Text und Melodie gesammelt vor, allerdings in französischer Sprache. In nur drei Jahren hatte dieses Gesangbuch 62 Ausgaben erlebt. Dieser so weit verbreitete Genfer Psalter wurde 1573 von Ambrosius Lobwasser, einem Professor der Rechte in Königsberg, ins Deutsche übersetzt. Doch die Übersetzung hatte gegenüber der originalen Vorlage im Genfer Psalter manche Mängel. Lobwasser räumte selbst ein, diese Psalmen zunächst zu seiner Kurzweil in Reime gezwängt zu haben. Sie waren also anfangs nicht für den Gottesdienst entstanden, sondern nur zu seiner eigenen Freude. Zu allem hin waren seine Lieder nicht aus dem Bibelwort, sondern Silbe um Silbe nach der französischen Reimform der Psalmen gedichtet.

Kein Wunder, dass man Lobwassers Reimerei als holprig und schwerfällig empfand. Dennoch fanden seine Texte in den reformierten Gemeinden 200 Jahre lang weite Verbreitung, bis Matthias Jorissen auch dort in den calvinistischen Gemeinden flüssigere Verse schuf. Als Cornelius Becker 1602 seine in Reime gesetzten Psalmen herausbrachte, waren sie ganz bewusst zum gottesdienstlichen Gebrauch lutherischer Gemeinden gedichtet. Becker lehnte die Psalmentexte von Lobwasser auch wegen ihrer fremden französischen und für die weltlüsternen Ohren lieblich klingenden Melodien ab, die zudem die Gefahr mit sich führen, dem hochschädlichen Calvinismus den Weg zu bahnen.

Auch hat Becker – anders als die reformierten Gemeinden – das Psalmwort viel freier gebraucht, als es bislang beim Genfer Psalter möglich war. Bewusst hat Becker etwa die neutestamentliche Erfüllung durch Christus mit hinein in seine Psalmendichtung genommen.

So geschah es im Psalm 100, den man noch heute gerne in einer hannoveranischen Umdichtung von 1646 singt:

Nun jauchzt dem Herren, alle Welt!
Kommt her, zu seinem Dienst euch stellt,
kommt mit Frohlocken, säumet nicht,
kommt vor sein heilig Angesicht.

Erkennt, dass Gott ist unser Herr,
der uns erschaffen ihm zur Ehr,
und nicht wir selbst: durch Gottes Gnad
ein jeder Mensch sein Leben hat.

Dankt unserm Gott, lobsinget ihm,
rühmt seinen Namen mit lauter Stimm;
lobsingt und danket allesamt!
Gott loben, das ist unser Amt.

Es war dann der große und geniale Schöpfer kirchlicher Musik, Heinrich Schütz, der zu allen Psalmen von Cornelius Becker nach dessen Tod herrliche Melodien und vierstimmige Sätze in rhythmischer Vielfalt geschrieben hat.

Heinrich Schütz

All seine Kraft brachte Schütz in dieses Werk ein, nachdem ihn 1625 unendliches Leid getroffen hatte. Zuerst starb die jüngere Schwester seiner Ehefrau, Anna Maria, innerhalb von drei Tagen an Typhus. Sie war als junges Mädchen mit dem Hofrat und Konsistorialpräsidenten Dr. Martin Mende verlobt. Schütz komponierte in den Tagen bis zu ihrer Beerdigung verschiedene Variationen über den Choral:

> Ich hab mein Sach Gott heimgestellt,
> er mach's mit mir, wie's ihm gefällt.
> Soll ich allhier noch länger leben,
> ohn Widerstreben, sei'm Willen tu ich mich ergeben.

In diesen Tagen überfielen seine schöne, blühende, junge Ehefrau Magdalena, die 16 Jahre jünger war als er, unheimliche Todesahnungen. Sie habe sich mit ihrem Sterben abgefunden, erzählte sie plötzlich ihrem Mann. Und Heinrich Schütz, dem die Ehe mit Magdalena eine solche Kraftquelle war, musste mit ansehen, wie die 24-jährige Geliebte und Mutter seiner zwei noch ganz kleinen Kinder die Lieder für ihre Beerdigung aussuchte. Schon wenige Tage später trat bei Magdalena Schütz hohes Fieber auf, das eine Woche anhielt. Es waren die Blattern, die sie unheimlich schwächten.

Schütz wich Tag und Nacht nicht von ihrem Bett. Magdalena betete aus den Psalmen 6 und 130, die fast am Anfang des Psalters Davids standen, mit denen ihr gemeinsamer Lebensweg begonnen hatte:

Ach Herr, strafe mich nicht in deinem Zorn und züchtige mich nicht in deinem Grimm! Herr, sei mir gnädig, denn ich bin schwach; heile mich, Herr, denn meine Gebeine sind erschrocken und meine Seele ist sehr erschrocken. Ach du, Herr, wie lange.

Aus der Tiefe rufe ich, Herr, zu dir. Herr, höre meine Stimme. Wenn du, Herr, Sünden anrechnen willst – Herr, wer wird bestehen?

Ihr Beichtvater berichtet, wie sie sich mit dem gewissen Wort Ich weiß, dass mein Erlöser lebt! und den Worten des 73. Psalms tröstete: Wenn ich nur dich habe, so frage ich nichts nach Himmel und Erde. Wenn mir gleich Leib und Seele verschmachtet, so bist du doch, Gott, allezeit, meines Herzens Trost und mein Teil.

Und dann schlief Magdalena Schütz still ein, nur drei Wochen nach ihrer Schwester. Wenig mehr als sechs Jahre hatte die Ehe von Heinrich Schutz gedauert. Trauer und Verzweiflung brachen mit aller Wucht auf den einsamen Mann herein, der allein dastand mit seinen beiden Kindern, die ihre treuherzige Mutter verloren, ehe sie sie recht haben kennenlernen können. So sagte es der Oberhofprediger am Grab.

Bevor sie 1619 heirateten, hatte Schütz seinen tief eindrücklich komponierten Psalter Davids auf den Hochzeitstag vordatiert und damit seiner Magdalena gewidmet.

In seinem grenzenlosen Schmerz suchte der 40-jährige Schütz Trost und Zuversicht im Wort Gottes. Anders als damals meist üblich, hat Schütz nie mehr geheiratet, nicht einmal davon gesprochen. Zu tief und bitter war für ihn der Schmerz, der seine große Liebe zerstört hatte.

Nun fand Heinrich Schütz in den Psalmen, die Cornelius Becker gereimt hatte, Halt, Hilfe und Trost. Das trug ihn durch das Leid und die Anfechtungen dieser Wochen und Monate hindurch.

So entstanden zunächst jene 101 eindrücklichen Vertonungen in ihrer schlichten und direkt ansprechenden Art, dem Gedenken seiner Frau gewidmet. Später fügte Schütz 58 weitere Melodien hinzu und wechselte auch einige frühere aus.

Für die erste Veröffentlichung seines von ihm vertonten Becker'schen Psalters wählte er den zweiten Todestag seiner Frau.

Er wollte, dass man sich an diese tief bewegte Arbeit als eine Trösterin meiner Traurigkeit erinnern sollte, wenn man noch heute nach der Melodie von Heinrich Schütz singt:

Wohl denen, die da wandeln
vor Gott in Heiligkeit,
nach seinem Worte handeln
und leben allezeit,
die recht von Herzen suchen Gott
und seine Zeugniss' halten,
sind stets bei ihm in Gnad.

Mein Herz hängt treu und feste
an dem, was dein Wort lehrt.
Herr, tu bei mir das Beste,
sonst ich zuschanden werd.
Wenn du mich leitest, treuer Gott,
so kann ich richtig laufen
den Weg deiner Gebot.

Dein Wort, Herr, nicht vergehet,
es bleibet ewiglich,
so weit der Himmel gehet,
der stets beweget sich;
dein Wahrheit bleibt zu aller Zeit
gleichwie der Grund der Erden,
durch deine Hand bereit'.

Bedauerlich ist aber, dass in den Gesangbüchern später meist zur Vereinfachung nur noch die Melodie abgedruckt wurde und damit der vierstimmige Gemeindegesang verdrängt wurde. Weitere Psalmenmelodien von Heinrich Schütz sind heute in den Gesangbüchern noch in Gebrauch, und zwar bei den Liedern: *Kommt her, des Königs Aufgebot; Ich weiß, woran ich glaube* und in einer zweiten Melodie bei *Kommt, Kinder, lasst uns gehen*. Aus der großen Trauer seines Lebens wollte Heinrich Schütz die in der Kriegsnot angefochtenen Gemeinden mit dem Wort Gottes aufrichten. Es ging ihm dabei nicht nur um Musik, sondern um die Vermittlung des rechten Glaubenstrostes. Komponieren war für Schutz ein Dienst am Wort Gottes. Heinrich Schütz schrieb selbst dazu: Der getreue Gott wolle zu diesen letzten betrübten Zeiten sein heiliges, reines, unverfälschtes Wort in Kirchen, Schulen und bei jedem Hausvater in seinem Haus, wie durch reine gottselige Lehrer als auch durch geist- und trostreiche Lieder und Psalmen wohnen lassen, bis zu seines lieben Sohnes, unseres Erlösers und Seligmachers gewünschter Zukunft, damit wir denselben in Liebe, Geduld und fröhlicher Hoffnung erwarten und zu derselben stets bereit erfunden werden mögen. Amen. Im evangelischen Gesangbuch findet sich auch noch der Psalm 121 *Ich heb mein Augen sehnlich auf* in Reimen von Cornelius Becker, wo sich die Strophen finden:

Mein Hilfe kommt mir von dem Herrn,
er hilft uns ja von Herzen gern;
Himmel und Erd hat er gemacht,
hält über uns die Hut und Wacht.

Der treue Hüter Israel'
bewahret dir dein Leib und Seel;
er schläft nicht, weder Tag noch Nacht,
wird auch nicht müde von der Wacht.

Der Sonne Hitz, des Mondes Schein
sollen dir nicht beschwerlich sein.
Gott wendet alle Trübsal schwer
zu deinem Nutz und seiner Ehr.

Cornelius Becker war auch ein rechter Freund der Kinder, die er unmittelbar mit seinen Versen ansprechen konnte. Es klingt eine friedvolle Geborgenheit an, wenn Becker aus dem Schluss des 4. Psalms den Vers vertont: Ich liege und schlafe ganz mit Frieden; denn allein du, Herr, hilfst mir, dass ich sicher wohne.

Daraus wurde die Abendstrophe:

Mit meinem Gott geh ich zur Ruh
und tu in Fried mein Augen zu,
denn Gott von's Himmels Throne
über mich wacht
bei Tag und Nacht,
damit ich sicher wohne.

Cornelius Becker starb 1604 schon mit 42 Jahren, zwei Jahre nach der Veröffentlichung seines Psalter Davids gesangweis. Er hat es noch erlebt, dass alle gegen ihn erhobenen Vorwürfe als unrichtig festgestellt und er wieder in seine vollen Rechte als Professor eingesetzt wurde.

Bei seiner Beerdigung 1604 in Königsberg wurde über dies Wort aus 4. Mose 27,16 gepredigt: Der Herr … wolle einen Mann setzen über die Gemeinde, der vor ihnen aus- und eingeht …, damit die Gemeinde des Herrn nicht sei wie die Schafe ohne Hirten.

Allein auf Gott setzte Ludwig Helmbold sein Vertrauen

»... und wenn's auch wär der Tod!«

Pest hieß das schreckliche Wort, das augenblicklich Furcht und lähmendes Entsetzen verbreitete. Kaum waren die ersten Flecken auf der Haut eines Kranken entdeckt, ging die furchtbare Kunde von Mund zu Mund.

Kein Arzt konnte helfen. Man wusste nicht einmal, dass sich die ansteckende Krankheit nur durch die Luft ausbreitete. Die Epidemie kam schicksalhaft. Tag und Nacht wurden die Toten auf den Friedhof gekarrt. Oft reichte der Platz nicht mehr aus. Massengräber mussten geschaufelt werden. Ganze Dörfer, ja Landstriche wurden entvölkert. Der Schwarze Tod bestimmte als unbesiegbare Macht das Leben und Denken der Menschen.

So war es auch in Erfurt, als 1563 die Pest über die Stadt hereinbrach. In kürzester Zeit raffte sie 4000 Bürger hinweg. In panischer Angst verließen die Menschen die Stadt. Ludwig Helmbold, Professor an der Universität zu Erfurt, aber wollte mit seiner Familie in der verseuchten Stadt bleiben.

Viele wunderten sich über diese Entscheidung. Die Familie des befreundeten Medizinprofessors Pankratius Helbich rüstete sich zur Flucht.

Da verfasste Ludwig Helmbold für seine Freunde ein Abschiedslied. Die Gedanken entnahm er den Worten des 73. Psalms. Hier betet ein schwer Angefochtener, jedoch getrost und in der Gewissheit des Glaubens: Dennoch bleibe ich stets an dir; denn du hältst mich bei meiner rechten Hand, du leitest mich nach deinem Rat und nimmst mich am Ende mit Ehren an. Wenn ich nur dich habe, so frage ich nichts nach Himmel und Erde. Wenn mir gleich Leib und Seele verschmachtet, so bist du doch, Gott, allezeit meines Herzens Trost und mein Teil.

Ludwig Helmbold wusste nicht, ob er noch einmal in dieser Welt die lieben Freunde sehen würde. Doch in großer Ruhe singt er von seinem Glauben:

> Von Gott will ich nicht lassen,
> denn er lässt nicht von mir,
> führt mich durch alle Straßen,
> da ich sonst irrte sehr.
> Er reicht mir seine Hand,
> den Abend und den Morgen
> tut er mich wohl versorgen,
> wo ich auch sei im Land.
>
> Auf ihn will ich vertrauen
> in meiner schweren Zeit;
> es kann mich nicht gereuen,
> er wendet alles Leid.
> Ihm sei es heimgestellt;
> mein Leib, mein Seel, mein Leben
> sei Gott dem Herrn ergeben;
> er schaff's, wie's ihm gefällt!

Ludwig Helmbold stammte aus Mühlhausen in Thüringen, wo sein Vater Wollweber war. 1532 war er als einziges Kind seiner Eltern dort geboren. Als er 10 Jahre alt war, traten seine Eltern zur evangelischen Kirche über. Ludwig studierte mit 15 Jahren zunächst in Leipzig, dann in Erfurt. Schon im Alter von 18 Jahren wurde ihm die Schulleitung in seiner Heimatstadt anvertraut und mit 22 Jahren durfte er an der Universität von Erfurt Vorlesungen über Dichtkunst halten. Seine lateinischen Gedichte fanden damals rasch Anklang und Bewunderung.

Er war so anerkannt, dass Kaiser Maximilian II. ihn mit dem Dichterlorbeer ehren wollte. Ludwig Helmbold aber lehnte die ihm zugedachte Auszeichnung ab, weil er die anmaßende Eitelkeit und den Hochmut einer ehrsüchtigen Schickeria nicht ausstehen konnte. Er blieb an der Universität Erfurt, wo er bis zum Dekan der Philosophischen Fakultät aufstieg.

Es sollte sich zeigen, wie rasch Ehre und Anerkennung sich wenden können. Ein Gedicht Helmbolds, das er dem Gedächtnis seiner Eltern gewidmet hatte, erregte Ärgernis. Darin hatte er seinen Eltern gedankt, dass sie ihn im evangelischen Glauben erzogen hatten und auch in Zeiten der Bedrängnis treu bei diesem Glauben geblieben waren. Solche Stimmen aber waren in der Zeit der feindseligen Gegenreformation nicht erwünscht. Starker Druck wie mit Mauerbrechern wurde von seinen Gegnern auf die Verantwortlichen der Stadt ausgeübt. So musste Helmbold 1570 als Professor der Philologie von der Universität abtreten und mit seiner Frau und den sechs Kindern Erfurt verlassen.

Helmbold war ein mutiger und tapferer Kämpfer, jedoch ohne engherzigen Fanatismus. Unter diesem frostigen Klima zog es ihn wieder heim in seine Vaterstadt Mühlhausen in Thüringen. Zunächst leitete er dort die Schule, dann wechselte er ins Pfarramt, wo er schließlich zum Superintendenten gewählt wurde.

Über all dem erlittenen Unrecht und der unversöhnlichen Feindschaft wurde Ludwig Helmbold nicht verbittert. Er wusste auch seinen wirren Lebensweg unter Gottes Führung und seinem Schutz. Er hat ja in seiner Vaterstadt einen Platz gefunden und musste nicht, wie viele andere, heimatlos und ziellos herumirren. So hat Helmbold auch das Danklied nach dem Essen und sonst für allerlei Wohltaten Gottes verfasst:

Nun lasst uns Gott dem Herren
Dank sagen und ihn ehren
für alle seine Gaben,
die wir empfangen haben.

Ein Arzt ist uns gegeben,
der selber ist das Leben:
Christus, für uns gestorben,
der hat das Heil erworben.

Durch ihn ist uns vergeben
die Sünd, geschenkt das Leben.
Im Himmel solln wir haben,
o Gott, wie große Gaben!

Erhalt uns in der Wahrheit,
gib ewigliche Freiheit,
zu preisen deinen Namen
durch Jesus Christus. Amen.

Ludwig Helmbold starb 1598 an der Pest. Es war 35 Jahre nach der großen Epidemie in Erfurt. Seine letzten Worte waren aus Psalm 118,17: Ich werde nicht sterben, sondern leben und des Herrn Werke verkündigen!

Nikolaus Selnecker – bekämpft, gehetzt und zerrieben

Nur ganz beständig bei Jesus bleiben!

Schon bald nach Luthers Reformation versteiften sich viele evangelische Theologen in fruchtlose Diskussionen um Details einer Formulierung der rechten Glaubenslehre. Zwangsläufig musste bei diesem intellektuellen Gezänk die Kraft des Evangeliums und die Freude eines Lebens mit Jesus auf der Strecke bleiben.

Leidenschaftlich und mit bösartigen Schimpfworten bekämpften sich die verschiedenen theologischen Lager. Zwischen den sich befehdenden Fronten wurde ein Mann wie Nikolaus Selnecker, der kein Kämpfer war, schier aufgerieben.

Ihm ging es nie rechthaberisch um spitzfindige Wortklaubereien und tote Richtigkeiten. Ihm als Theologen ging es vielmehr um den persönlich gelebten Glauben in der konsequenten Nachfolge Jesu. Dazu hatte ihn schon beim Studium in Wittenberg sein theologischer Lehrer Philipp Melanchthon angeleitet. Der hatte Theologie nie als Denk-Akrobatik verstanden. Er stellte vielmehr fest: Ich bin mir bewusst, niemals aus einem anderen Grund Theologie getrieben zu haben als nur, um mich selbst zu vervollkommnen, die Flecken in mir fortzuschaffen, die Mängel in meinem eigenen Wesen wegzuräumen.

Deshalb wollte Dr. Nikolaus Selnecker als treuer Schüler Melanchthons mit aller Sorgfalt seine Zunge zähmen, geduldig auch Unrecht ertragen und seinen Glauben in einem reinen und unverletzten Gewissen bewahren.

Auch Melanchthon war als Reformator kein Freund schneller Verurteilungen gewesen, sondern suchte in seiner gütigen und milden Art einen Ausgleich zwischen den zerstrittenen Parteien, soweit das überhaupt möglich sein konnte.

So war dies das Lebensmotto von Nikolaus Selnecker, wie er es selbst gedichtet hat:

Lass mich dein sein und bleiben,
du treuer Gott und Herr,
von dir lass mich nichts treiben,
halt mich bei deiner Lehr.
Herr, lass mich nur nicht wanken,
gib mir Beständigkeit;
dafür will ich dir danken
in alle Ewigkeit.

Von Haus aus war Nikolaus Selnecker nicht nur intellektuell, sondern auch musikalisch sehr begabt. Er stammte aus Hersbruck bei Nürnberg, wo er 1530 geboren wurde. Sein Vater hatte als erster Ratsschreiber in Nürnberg häufig Kontakte mit Kaisern und Fürsten und war auch mit bekannten Reformatoren persönlich befreundet.

So besuchte Nikolaus Selnecker in Nürnberg die Schule. Schon im Alter von zwölf Jahren versah er das Organistenamt in der Burgkapelle.

König Ferdinand, der ihn dort mehrfach hörte, hätte ihn gerne in seine Hofkantorei aufgenommen. Sein Vater aber erkannte die Gefahr und fürchtete nicht ohne Grund, dass sein Sohn nach Böhmen oder Spanien geschafft werden sollte. So versteckte sich Nikolaus Selnecker und ging dann zum Theologiestudium nach Wittenberg.

Der dort lehrende Reformator Philipp Melanchthon erkannte rasch die großen Gaben des jungen Studenten und nahm ihn an seinem Tisch auf. Schon nach fünf Jahren durfte er als Magister Vorlesungen halten.

Später machte sich Selnecker um den berühmten Thomanerchor in Leipzig verdient. Noch stärker aber schlug sein Herz für die theologische Wissenschaft.

Nach zehnjährigem Aufenthalt in Wittenberg, zuletzt als Privatdozent, wurde Nikolaus Selnecker 1557 zum zweiten Hofprediger in Dresden ernannt. Wegen einer Predigt, in der er den Kurfürst wegen der Entheiligung des Sonntags durch die großen Sonntagsjagden öffentlich und scharf angriff, wurde er aus seinem Amt kurzfristig entlassen.

1565 erfolgte die Berufung als Professor für Theologie nach Jena, später wurde er aber auch hier vertrieben, weil man ihn nicht genehmer theologischer Positionen verdächtigte. Als er dann in Leipzig den Doktortitel erwerben wollte, traf ihn wieder die erbitterte Gegnerschaft jener zänkischen Theologen.

Selnecker litt schwer an diesen feigen, falschen Anschuldigungen und wäre gerne auf allen vieren davongekrochen, nur um den Kampf und Streit los zu sein. Voller Spott verdrehten seine Gegner seinen Namen und nannten ihn: Schelmlecker oder Seelhenker, auch lateinisch Seelnecator, was Seelentöter bedeutet.

Selnecker schreibt: Ich bin wohl vertraut worden mit der Wildheit, der Heimtücke, der Gehässigkeit, der Wut, der Lüge und Verachtung. Dabei war er selbst von zarter Statur, häufig krank, fast keinen Tag ganz gesund.

Er klagte, wie die Menschen über Jesu heilsamem, wahren Wort allerlei Gezänk anrichten und Christus selbst meistern wollen. Sie halten sich und ihre Vernunft höher und größer als Jesus und sein Wort. Darüber werden alle, die sich an Gottes Wort halten, gräulich gelästert, verlacht und verachtet.

In dieser Not der zerstrittenen und unglaubwürdigen Kirche dichtete Nikolaus Selnecker nach einer ersten Strophe, die auf eine lateinische Vorlage von Philipp Melanchthon zurückgeht, jene bekannten eigenen Strophen:

Ach bleib bei uns, Herr Jesu Christ,
weil es nun Abend worden ist;
dein göttlich Wort, das helle Licht,
lass ja bei uns auslöschen nicht.

Erhalt uns nur bei deinem Wort
und wehr des Teufels Trug und Mord.
Gib deiner Kirche Gnad und Huld,
Fried, Einigkeit, Mut und Geduld.

Die Sach und Ehr, Herr Jesu Christ,
nicht unser, sondern dein ja ist;
darum so steh du denen bei,
die sich auf dich verlassen frei.

Dein Wort ist unsers Herzens Trutz
und deiner Kirche wahrer Schutz;
dabei erhalt uns, lieber Herr,
dass wir nichts andres suchen mehr.

Wie oft hat Nikolaus Selnecker wegen gehässiger Feindschaften seine Wirkungsstätte verlassen müssen! 1568 wurde er nach Kursachsen als Professor in Leipzig gerufen. Später kam er als Generalsuperintendent von Braunschweig nach Wolfenbüttel. Wegen neuer Angriffe ging es zurück nach Leipzig, zunächst als Professor und zwei Jahre später auch als Superintendent. Nach 15 Jahren musste er wegen kirchenpolitischer Spannungen als Superintendent nach Hildesheim ausweichen und am Ende seines Lebens – kurz vor seinem Tod im Alter von 61 Jahren – wieder als Professor nach Leipzig übersiedeln.

Er sagte einmal: An meiner Ehre, meinem Namen und Titel ist nichts gelegen. Ich weiß von keiner anderen Ehre, denn dass ich Gottes Kind durch Christus bin.

Insgesamt 170 Schriften hat Nikolaus Selnecker verfasst. Er war entscheidend am Entstehen des großen Einigungswerks evangelischer Kirchen, dem Konkordienbuch, beteiligt. Dort sind die zehn großen Bekenntnisse der alten Kirche wie der Reformation zusammengefasst. 86 Reichsstände sowie 9000 Theologen unterzeichneten das für die Zukunft und das gegenseitige Verständnis so wichtige Einigungspapier, die 1577 verabschiedete Konkordienformel.

Kurz vor seinem Tod 1592 in Leipzig wurde er gefragt, ob er auch auf das sterben könne, was er zeitlebens gelehrt habe. Selnecker bekräftigte es mit einem lauten Ja!

An seinem Grab konnte der Prediger sagen: Er war kein Wetterhahn und Wendehals, sondern in einmal erkannter und bekannter Wahrheit ist er die Zeit seines Lebens fest und treu verblieben.

Albrecht, der letzte Hochmeister des Deutschen Ordens

Fest und voll Vertrauen in Gottes Willen ergeben

Der aus der Familie der Hohenzollern stammende Markgraf Albrecht von Brandenburg-Ansbach trat ein fast aussichtsloses Amt an, als er 1510 im Königsberger Schloss in Abwesenheit zum Hochmeister des Deutschen Ordens gewählt wurde.

Dieser geistliche Ritterorden war bereits in seinem Niedergang begriffen. Es schien unmöglich, Polens Ansprüche auf Herrschaft über das Ordensland abzuwehren. Unsicher, bedrängt von allen

Seiten, ohne Hilfe von Kaiser und Reich stand der junge, tatkräftige Herrscher auf verlorenem Posten. Dabei hatte der Deutsche Orden in Jahrhunderten in Ostpreußen Eindrucksvolles aufgebaut. Eine gewaltige Kultur und ein blühendes Land hatten sich entwickelt.

Man hatte gehofft, der neue Hochmeister des Ordens könnte durch seine verwandtschaftlichen Beziehungen als Neffe des polnischen Königs die Spannungen mit dem Nachbarland Polen entschärfen. Aber alle Versuche, die polnische Oberherrschaft abzuschütteln, blieben erfolglos. Auch der zwei Jahre lang mit Söldnern geführte sogenannte Reiterkrieg gegen seinen Onkel, den polnischen König, endete 1521 mit einer bitteren Niederlage von Hochmeister Albrecht.

Was sollte er in dieser kritischen Lage der Abhängigkeit von Polen jetzt noch tun können?

In den nächsten zwei Jahren seiner Regierung finden wir den Hochmeister Albrecht, wie er ruhelos durchs deutsche Reich zieht und verzweifelt unter den Fürsten nach Bündnisgenossen sucht. Aber niemand wollte oder konnte ihm helfen.

Enttäuscht von so viel Abweisung hörte er beim Reichstag in Nürnberg in der Sankt-Lorenz-Kirche eine eindrückliche Predigt von Andreas Osiander. Dieser bedeutende Theologe hatte eben 1522 in Nürnberg die Reformation eingeführt. Das Bibelwort packte Albrecht von Preußen und ließ ihn von da an nicht mehr los. Osiander wurde sein geistlicher Vater. Von jetzt an war sein Motto: Vertraue Gott allein!

Albrecht benützte den Heimweg, um heimlich über Wittenberg zu reiten und bei Martin Luther einen Rat durch Gott einzuholen. Dieser Besuch sollte für Albrecht, den Hochmeister des Deutschen Ordens, von großer Tragweite für sein ganzes künftiges Leben sein. Wie Melanchthon, der dem Gespräch beiwohnte, berichtete, riet Luther, Albrecht möge die törichte und verkehrte Ordensregel beiseitewerfen, in den Ehestand treten und den Ordensstaat in einen weltlichen Staat, sei es Fürstentum oder Herzogtum, verwandeln.

Nach seiner Rückkehr vom Reichstag zu Nürnberg und der vergeblichen Suche nach Unterstützung bei den Fürsten reifte bei Albrecht der Entschluss, das Ornat als Hochmeister des Ordens abzulegen und als weltlicher Fürst zu herrschen.

1625 machte er seine Entscheidung öffentlich, nachdem schon im Jahr davor einschneidende Reformen des Gottesdienstes durchgeführt worden waren. Als erster deutscher Fürst führte er die Reformation ein.

Er bekannte sich zur evangelischen Sache und ritt nach Krakau, um mit Polen Frieden zu schließen. Gegenüber dem polnischen König erklärte er sich bereit, als weltlicher Fürst das Land als polnisches Lehen zu führen. Aus dem Ordensstaat war somit ein weltliches Herrschaftsgebiet geworden, wenn auch als polnisches Lehen.

Damit war Albrecht von Preußen auch vom polnischen König Sigismund als erblicher Herzog anerkannt und eingesetzt. Dafür durfte er nach eigenen Vorstellungen das Land verwalten und reformieren. Dazu gab es in dem zerrütteten Land genügend Anlass.

Dass Albrecht als ehemaliger Ordensmann auch gleichzeitig heiratete, war ein mutiger Schritt, der ihm außerhalb Preußens viel Feindschaft einbrachte. Er verehelichte sich am 1. Juli 1526 auf ostpreußischem Boden im Schloss zu Königsberg mit Dorothea, einer Tochter König Friedrichs von Dänemark.

Schon gleich als die Reformation in Preußen zu wirken begonnen hatte, rief dies die anderen Oberen des Deutschen Ritterordens auf den Plan. Sie ruhten nicht, bis über Albrecht von Preußen die Reichsacht verhängt wurde. Selbst diese Androhung aber konnte den preußischen Herzog nicht mehr einschüchtern. Unbeirrt ging er den eingeschlagenen Weg weiter, getreu seiner Losung: Vertraue Gott allein!

Seinen Bruder, den Markgrafen Georg, beschwor er, standhaft zu bleiben und mutig zu bekennen: Lieber Bruder, ich bitte dich und ermahne dich durch Gott, alle Furcht wegzulegen, Land, Leute, Frau und Kind, auch euren eigenen Leib nicht zu achten und allein Christus, unserem Heiland, auf jede Weise zu vertrauen. Man muss das Ewige vor dem Zeitlichen bedenken und annehmen, dem Evangelium seinen Gang und Schwang lassen und bedenken: Der euch Leib und Seele gegeben und von Jugend an ernährt, der kann euch vor Teufel, König, Fürsten erhalten. Den Rittern Gottes gebührt, mit dem Schwert des Geistesfest zu streiten und beständig ohne alle Fahnenflucht bei Christus, dem einzigen Haupt, zu stehen.

Tatsächlich war dieser Markgraf Georg dann einer der tapfersten Bekenner der Reformation. Er erklärte vor Kaiser Karl V. auf dem Reichstag zu Augsburg, sich lieber den Kopf abschlagen zu lassen, als noch einen faulen Kompromiss im Glauben zu machen. Der Kaiser soll darauf nur gesagt haben: Nicht Kopf ab, lieber Fürst, nicht Kopf ab!

Für sein Land Preußen sah Albrecht zunächst die Aufgabe, die Kirche nach dem Evangelium neu zu ordnen. Er erließ eine neue Kirchenordnung, die überall evangelische Gottesdienste möglich machte. Das Lateinische im Gottesdienst wurde abgeschafft und es wurden auch deutsche Lieder gesungen. Die Bischöfe gaben ihre weltlichen Vollmachten auf und konzentrierten sich von nun an ganz auf ihr geistliches Amt.

Es war Albrecht von Preußen eine Herzenssache, dass Gottes Wort rein und lauter gepredigt wird. So ließ er den Pfarrern eine Predigtsammlung Luthers überreichen.

Ein weites Herz hatte er, der ein aufrichtiger evangelischer Fürst des Glaubens war, gegenüber den verschiedenen evangelischen Gruppen. Er nahm alle um ihres Glaubens willen Vertriebenen gerne in seinem Land auf, ob das nun Wiedertäufer, Reformierte oder Böhmische Brüder waren.

Auf der Basis der einst von dem Liederdichter Johann Gramann geschaffenen Schule in Königsberg hat Herzog Albrecht 1544 die neue Universität errichtet, die auch armen Freien und preußischen Bauernkindern offenstehen sollte. Aus diesem Anlass ließ er eine Gedenkmünze prägen mit der Inschrift: Großen Frieden haben, o Herr, die dein Gesetz lieben.

An Melanchthon schrieb Albrecht über das Ziel dieser Universität: … dass der heilige Name des Herrn gepriesen, sein allein selig machendes Wort gemehrt und die Jugend zu rechtschaffener christlicher Lehre und anderen guten Künsten unterwiesen werden soll.

Mit seiner Frau Dorothea war Albrecht tief im gemeinsamen Lesen der Bibel verwurzelt. Er dichtete ein Lied, das die Schönheit einer christlichen Ehe beschrieb. Ihr Familienleben war sehr glücklich. Doch die Eheleute wurden besonders hart geprüft, indem der Tod von ihren Kindern nur eine Tochter verschonte.

1547 starb auch Dorothea, die herzliebste Gemahlin, edle Gottesgab. Herzog Albrecht war durch ihren Tod ein völlig gebrochener Mann. Er sah darin ein Gericht Gottes über seine Sünde. Durch den Verlust wäre er fast am Leben verzweifelt. Er meinte, sein Herz müsse darüber zerbrechen.

Erst nach Wochen konnte er andern gegenüber wieder aussprechen, dass er nicht gegen Gottes Willen aufbegehren wolle. Trotz aller Traurigkeit wollte er an seinem Vertrauen in Gottes Güte festhalten. So entstand in dieser schweren Zeit das Lied:

Was mein Gott will, gescheh allzeit,
sein Will, der ist der beste.
Zu helfen dem er ist bereit,
der an ihn glaubet feste.
Er hilft aus Not,
der treue Gott,
er tröst' die Welt ohn Maßen.
Wer Gott vertraut,
fest auf ihn baut,
den will er nicht verlassen.

Gott ist mein Trost, mein Zuversicht,
mein Hoffnung und mein Leben;
was mein Gott will, das mir geschicht,
will ich nicht widerstreben.
Sein Wort ist wahr,
denn all mein Haar
er selber hat gezählet.
Er hüt' und wacht,
stets für uns tracht',
auf dass uns gar nichts fehlet.

Drum, muss ich Sünder von der Welt
hinfahrn nach Gottes Willen
zu meinem Gott, wenn's ihm gefällt,
will ich ihm halten stille.
Mein arme Seel
ich Gott befehl
in meiner letzten Stunden:
du treuer Gott,

Sünd, Höll und Tod
hast du mir überwunden.

Eine vierte Strophe wurde schon wenige Jahre später von anderer Seite hinzugefügt:

Noch eins, Herr, will ich bitten dich,
du wirst mir's nicht versagen:
Wenn mich der böse Geist anficht,
lass mich, Herr, nicht verzagen.
Hilf, steu'r und wehr,
ach Gott, mein Herr,
zu Ehren deinem Namen.
Wer das begehrt,
dem wird's gewährt.
Drauf sprech ich fröhlich: Amen.

Im gleichen Jahr, in dem seine Frau starb, beschloss der Reichstag von Augsburg, die schon vor 15 Jahren verhängte Reichsacht an Albrecht von Preußen zu vollstrecken.

Hinzu kamen manche politischen Fehlschläge sowohl in der Außenpolitik wie in der Innenpolitik. Leider waren falsche Ratgeber an seiner Seite. Das Land schien immer mehr an den Gegensätzen zu zerbrechen.

Auch die zweite Heirat mit der Herzogin Anna-Maria von Braunschweig-Lüneburg am 5. Februar 1550 brachte Albrecht von Preußen kein Glück. Diese Ehe war nicht harmonisch und der heiß ersehnte Thronerbe war schwachsinnig.

In den letzten Jahren seiner Herrschaft wurde der liebenswürdige Herzog vom polnischen König und adligen Untertanen entmachtet und peinlich gedemütigt. Ihm blieb schließlich nur noch sein Name, sonst eigentlich nichts mehr.

An Leib und Seele gebrochen, starb Herzog Albrecht von Preußen 1568 auf der Burg Tapiau nach längerer Leidenszeit durch einen schweren Schlaganfall. Seine Gemahlin folgte ihm am gleichen Tag auf dem Schloss zu Neuhausen.

Herzog Albrecht hielt bis zuletzt an seinem vertrauensvollen Glauben an Gott fest. Er war ein Mann des Gebets, der nicht vorformulierte Gebete gebrauchte, sondern gerne mit eigenen Worten betete. Das gab ihm Kraft und Mut.

In den letzten Tagen vor seinem Tod betete er: Du hast mich, Herr, mein Gott, mein Leben lang viele und große Angst erfahren lassen und hast mich aus der Tiefe wieder heraufgeholt. Jetzt ist noch der letzte Feind vorhanden. Von dem wollest du mich, weil ihm dein geliebter Sohn durch seinen Tod und seine Auferstehung die Macht genommen hat, gnädig erlösen und mir ein seliges Stündlein verleihen.

77 Jahre alt ist der hohenzollernsche Herzog geworden. Im Dom zu Königsberg wurde er begraben. In deine Hände befehle ich meinen Geist; du hast mich erlöst, Herr, du treuer Gott! Das waren seine letzten Worte.

Nikolaus Herman und die Silbertaler im böhmischen Joachimstal

Der Fels, wo man in Sturm und Wetter sicher wohnen kann

In einem Winkel Westböhmens, im Erzgebirge nördlich von Karlsbad, gab es vom Jahr 1516 an einen ungeahnten wirtschaftlichen Aufschwung. Graf Stephan von Schlick förderte Silber aus einem verfallenen Bergwerk und prägte in riesigen Stückzahlen den Joachimstaler: Diese Großmünze aus Silber wurde bald in ganz Europa als Zahlungsmittel geschätzt. Ihre Bedeutung war so groß, dass der spätere Münzname Taler auf dieses heute in Tschechien gelegene Joachimstal zurückgeht.

Dort, nahe zum sächsischen Grenzübergang nach Oberwiesental, lag im 16. Jahrhundert ein Zentrum des Silber-Bergbaus. Das an der Stelle des Dorfes Konradsgrün gegründete Joachimstal wurde 1520 zur Bergstadt erhoben. Viele Leute zogen dorthin, um am Wirtschaftsboom teilzuhaben. Heute heißt der Ort, in dessen Bergwerken man noch vor 50 Jahren Uranpecherz abbaute, Sankt Joachimstal oder Jáchymov.

Damals, als die Erzbergwerke und Silbergruben jener Gegend neu erschlossen worden waren, erlaubte der weitsichtige Graf Schlick auch den Hussiten, jenen evangelischen Nachfolgern des Reformators Johann Hus, hier in dieser neu gegründeten Stadt ihrem Glauben gemäß zu leben und entsprechend Kirche und Schule zu gestalten. Dort im abgelegenen Erzgebirge wurde um 1518 – ganz genau weiß man es nicht – Nikolaus Herman als Schulmeister an der Lateinschule der Bergwerksstadt Joachimstal angestellt.

Es ist auch nicht genau bekannt, wann Nikolaus Herman in Altdorf bei Nürnberg geboren wurde. Weil er sich später immer gerne als wohlbetagter, alter Greis bezeichnete, setzte man seine Geburt etwa ins Jahr 1480. Man kann aber mit Recht vermuten, dass er erst um 1500 geboren ist.

In den ersten Jahren war es für Nikolaus Herman nicht leicht, seinen Weg zwischen Böhmischen Brüdern, römischer Kirche und anderen Gruppen zu finden. Anfangs gab es schwere Spannungen mit seinem Rektor wegen des evangelischen Glaubens. Herman dachte daran, Joachimstal zu verlassen, und bat Luther um Rat. Der antwortete ihm 1524 in einem Brief: Ich bin jedoch der Meinung, nachdem du den vergangenen Fall geduldig überwunden hast, dass du ausharren musst, bis du aller Schwierigkeiten endgültig Herr wirst. Wer weiß, was Gott über dich denkt und was er durch dich zu tun vorhat? Überwinde also das Böse mit Gutem!

Tatsächlich hat sich Luther in der Sache auch energisch genug beim Berghauptmann von Joachimstal eingesetzt, sodass Herman 40 Jahre dort blieb, heiratete und Kinder erzog. Sein Amt als Schulmeister und Kantor hat er in großer Treue und mit viel Kleinarbeit ausgeführt, bis er es wegen Gebrechlichkeit nicht mehr konnte. Auf vorbildliche Weise lehrte und prägte er Kinder und

Jugendliche, weil er sie von Herzen liebte. So stellte man ihm das Zeugnis aus:

1. Er ist den Kindern ein Kind gewesen und geblieben um Jesu Christi willen, welcher das A und O, der Oberste und Unterste in seiner Schule war, sodass alle Kinder neben diesem Kinderfreund saßen.

2. Er hat ein großes Ziel in seiner Schule vor Augen gehabt, nämlich seinen Kindern den Fels zu zeigen, an welchem die Kleinen und Großen ihren Anker anlegen und sicher in Sturm und Wetter wohnen können.

3. Er hat gemeint, ein betendes Volk sei das beste auf Erden und der Schulmeister der beste, der dem Apostel Paulus an die Seite treten könne, da er schreibt: »Wir aber haben Christi Sinn!«

Kindgemäßes Singen und biblisches Musizieren war Nikolaus Herman eine Lust. Er konnte sich das Leben anders nicht vorstellen. Und weil es in dieser Welt durch Fehler und Confusion oft unlustig macht, freute er sich auf das Musizieren im Himmel, ob als Kantorist oder Lautenist.

Nikolaus Herman war früh von den Schriften Luthers tief angesprochen. Der hatte schon 1521 gefordert, dass man das junge Volk nicht aufwachsen lasse wie das Holz im Wald, sondern zusehe, dass man's lehre und ziehe. Es ist der Auftrag Gottes, Jugend in der Gottesfurcht zu erziehen. Das war dem Schulmeister Herman aus dem Herzen gesprochen.

Schon bald bekräftigte Nikolaus Herman den Auftrag Christi an alle seine getreuen Christen, dass sie das verlorene Schloss – des Glaubens an das Wort Gottes – dem Teufel wieder abgewinnen sollten. Die vielfältigen Gaben von Nikolaus Herman kamen erst richtig zur Entfaltung durch eine tiefe und innige Freundschaft mit dem neuen Schulrektor, der 1532 in Joachimstal eintraf. Er hieß Johann Mathesius und war von Martin Luther auf diesen Posten an der Lateinschule empfohlen worden. Mit ihm drang die Reformation erst richtig in Joachimstal durch. Mathesius als Pädagogen ging es auch im Dienst an der Schule vorrangig um das christliche Zeugnis. Er konnte sagen: Alles Wissen ohne Christus taugt nichts. Er führte den Kleinen Katechismus Luthers als offizielles Lehrmittel in der Schule ein und überzuckerte das Studieren mit dem Mehl des Evangeliums.

Als 1542 eine Pfarrstelle frei wurde, haben die Joachimstaler aus großer Liebe ihren Schulrektor Johann Mathesius als lutherischen Pfarrer ihrer Bergwerkstadt berufen. Das wurde möglich, weil Martin Luther ihn schon drei Jahre vorher ordiniert hatte. Durch seine engen Kontakte zum Reformator schrieb er auch die erste Biografie über Luther und wurde dadurch weit bekannt.

Dieser Freund Johann Mathesius mit seinem biblischen und zeugnishaften predigen bedeutete für den Kantor Nikolaus Herman eine starke Unterstützung und einen großen Rückhalt. In einem alten Bericht heißt es: Wenn Herr Mathesius eine gute Predigtgetan hat, so ist der fromme Kantor geschwind dagewesen und hat den Text in Reime und in Form gebracht. Durch seine Lieder wurde Nikolaus Herman weit bekannt.

Zusammen mit dem Grafen Schlick ist es diesen Männern zu verdanken, dass Joachimstal eine evangelische Stadt des Glaubens wurde. Das ist nicht selbstverständlich in einer aufstrebenden Wirtschaftsmetropole, die in kurzer Zeit einen solchen wirtschaftlichen Aufschwung erlebte und dadurch auch bald von der lockenden Macht des Geldes beherrscht wurde.

Noch bevor Nikolaus Herman 60 Jahre alt wurde, musste er sich wegen vieler Gebrechen in den Ruhestand versetzen lassen. Besonders die Gicht verursachte ihm heftige Schmerzen. So wurde der verdiente Schulmeister im Betsaal der Schule verabschiedet. Da es damals noch keine Rente gab, bedeutete das eine ungewisse Zukunft. Die begrenzten Mittel seines Gehalts musste er mit seinem Nachfolger teilen.

Erst in diesen beschwerlichen Tagen des Alters, im Ruhestand, soll Nikolaus Herman seine unvergesslichen Lieder gedichtet haben. Der Schwachheit halber – wie er dem Rat der Stadt schrieb – konnte er nicht mehr länger die Kantorei versorgen. Er wollte aber gerne seine noch übrigen wenigen Tage, die er noch zu leben habe, dem Dienst an der Gemeinde zur Verfügung stellen. Und die geringe Gabe, die ihm Gott gegeben habe, anderen mitteilen. Gleichzeitig übersandte er eine Sammlung seiner Lieder.

Beim näheren Betrachten und wenn man andere Berichte berücksichtigt, ist aber anzunehmen, dass manche der 176 Lieder doch schon früher entstanden sind.

Erschienen ist der herrlich Tag,
dran niemand g'nug sich freuen mag:
Christ, unser Herr, heut triumphiert,
all sein Feind er gefangen führt. Halleluja.

Sein' Raub der Tod musst geben her,
das Leben siegt und ward ihm Herr,
zerstöret ist nun all sein Macht.
Christ hat das Leben wiederbracht. Halleluja.

Wie eindrücklich ist hier der Triumph über alle Macht Satans ausgedrückt! Diese leicht fassbaren Lieder mit gewichtigen Bekenntnissen des Glaubens, die Herman oft auch selbst mit ganz schlichten Melodien vertonte, waren vor allem für Kinder im Schulunterricht gedacht, aber auch zum Singen daheim in der Familie und an den Sonn- und Festtagen. Aber auch zum *Kurrendesingen* vor den Haustüren der Bürger sollten diese Lieder sich eignen. Darum waren die Texte einfach und leicht verständlich. Sie fanden rasch Eingang im Liederschatz des Volkes. Demütig und bescheiden, wie Nikolaus Herman war, hat er seine Gesänge nur für Kinder- und Hauslieder ausgegeben und gehalten.

Achtet sie jemand wert, dass er sie in der Kirchen brauchen will, der mag es tun auf sein Abenteuer. Ich hab sie vornehmlich dahin nicht gerichtet. Ich will solches Gelehrten und Geistreichen befehlen, die in der Heiligen Schrift geübter sind, denn ich bin.

So hat er für die Hausandacht der Familie jenen eindrücklichen Morgensegen nach der Vorlage aus dem Kleinen Katechismus Luthers verfasst:

Die helle Sonn leucht' jetzt herfür,
fröhlich vom Schlaf aufstehen wir;
Gott Lob, der uns heut diese Nacht
behüt' hat vor des Teufels Macht.

Herr Christ, den Tag uns auch behüt
vor Sünd und Schand durch deine Güt.
Lass deine lieben Engelein
unsre Hüter und Wächter sein,

dass unser Herz in G'horsam leb,
deim Wort und Willn nicht widerstreb,
dass wir dich stets vor Augen han
in allem, das wir heben an.

Lass unser Werk geraten wohl,
was ein jeder ausrichten soll,
dass unsre Arbeit, Müh und Fleiß
gereich zu deim Lob, Ehr und Preis.

Auch sein Abendlied nimmt die Bedrohung durch Angst machende Gefahren auf, wie sie von Luther im Abendgebet angesprochen waren:

Hinunter ist der Sonne Schein,
die finstre Nacht bricht stark herein;
leucht uns, Herr Christ, du wahres Licht,
lass uns im Finstern tappen nicht.

Dir sei Dank, dass du uns den Tag
vor Schaden, G'fahr und mancher Plag
durch deine Engel hast behüt'
aus Gnad und väterlicher Güt.

Der zarten Jugend habe ich in Sonderheit damit dienen wollen, schreibt der Dichter Herman, der vom Größten und Wunderbarsten der Offenbarung Gottes so schlicht und kindlich reden konnte. Er wusste, was im Gesang verfasst ist, lässt sich leichter lernen und besser behalten, als was man sonst liest und hört. Wie hat er selbst im Wort Gottes gelebt! Weit bekannt ist bis heute sein jubelndes Weihnachtslied:

Lobt Gott, ihr Christen alle gleich,
in seinem höchsten Thron,
der heut schließt auf sein Himmelreich
und schenkt uns seinen Sohn.

Er wird ein Knecht und ich ein Herr;
das mag ein Wechsel sein!
Wie könnt es doch sein freundlicher,
das herze Jesulein!

Heut schließt er wieder auf die Tür
zum schönen Paradeis;
der Cherub steht nicht mehr dafür.
Gott sei Lob, Ehr und Preis!

Die einfache und praktische Art des Glaubens und Redens zeichnet die eindrücklichen Lieder von Nikolaus Herman aus. Er wollte Kindern das Evangelium nahebringen, dass sie neben dem Katechismus die Evangelientexte auswendig lernen und also von Kind auf in die Heilige Schrift geleitet werden. Man spürt durch seinen pädagogischen Bezug zu Kindern so stark das Echte aus seinen Worten, die er singt.

Über seinen Tod 1561 hinaus klingt sein bekanntes Sterbelied, das er kurz vor seinem Sterben als ein persönliches Bekenntnis verfasste und in seinen Sonntagsevangelia über das ganze Jahr, in Gesänge verfasst für die Kinder und christlichen Hausväter, veröffentlichte:

Wenn mein Stündlein vorhanden ist
und soll hinfahrn mein Straße,
so g'leit du mich, Herr Jesu Christ,
mit Hilf mich nicht verlasse.
Mein Seel an meinem letzten End
befehl ich dir in deine Händ,
du wollst sie mir bewahren!

Ich bin ein Glied an deinem Leib,
des tröst ich mich von Herzen;

von dir ich ungeschieden bleib
in Todesnot und Schmerzen;
wenn ich gleich sterb, so sterb ich dir;
ein ewig Leben hast du mir
mit deinem Tod erworben.

Weil du vom Tod erstanden bist,
werd ich im Grab nicht bleiben;
mein höchster Trost dein Auffahrt ist,
Todsfurcht kann sie vertreiben;
denn wo du bist, da komm ich hin,
dass ich stets bei dir leb und bin;
drum fahr ich hin mit Freuden.

Der Pfarrer von Joachimstal, Johann Mathesius, der Herman nur um vier Jahre überlebte, schrieb in das amtliche Sterberegister: Nikolaus Herman, ein guter Musikus, der viele gute Choräle und deutsche Lieder gemacht, im Herrn entschlafen. Die Veröffentlichung des zweiten Bands seiner Lieder im gleichen Jahr hat Nikolaus Herman nicht mehr erleben dürfen. Seine Lieder aber werden weiter gesungen – und nicht nur von Kindern – bis heute.

Verhaftet und vertrieben – Paul Speratus und Johann Gramann

Allein die Gnade Gottes steht absolut fest!

Ursprünglich waren die Altpreußen oder Prußen im Mittelalter ein heidnisches und wildes Volk und gehörten zu den baltischen Stämmen. Politisch nur wenig organisiert, lebten sie hauptsächlich als freie Bauern in kleinen Stammesverbänden. In ihrer Naturreligion war der Ahnenkult tief verankert. Mit den polnischen Fürsten lieferten sie sich erbitterte Kämpfe.

Es war dann der Deutsche Ritterorden, der in Absprache mit dem staufischen Kaiser Friedrich II. beauftragt wurde, das Preußenland militärisch zu befrieden und kulturell zu erschließen. In einer jahrhundertelangen Herrschaft wurden große Handelsstädte gegründet und das eroberte Land christianisiert. Unzählige Bauernfamilien wurden neu angesiedelt, um das weite Land zu kultivieren.

Von der guten Verwaltung in den ersten hundert Jahren der Herrschaft des Deutschen Ritterordens legt die Gründung von 94 Städten und 1400 Dörfern Zeugnis ab. Bis heute kann man die herausragenden architektonischen Leistungen sehen. Der Handel blühte, wenn auch in Konkurrenz mit den Städten der Hanse. Bei allen großen Erfolgen blieb aber die preußische Herrschaft des Deutschen Ritterordens immer von der polnisch-litauischen Umklammerung und deren hohen Finanzforderungen abhängig.

Alle Versuche, die polnische Oberherrschaft abzuschütteln, blieben erfolglos. Was sollte am Vorabend der Reformation Albrecht, der Hochmeister des Ordens, auch tun können?

Dass eine Reformation vom Wort Gottes her, durch eine neue Glaubensbeziehung mit Gott, möglich sei, das muss den Hochmeister besonders angesprochen haben. Schließlich war das große Erbe des Deutschen Ritterordens, der preußische Ordensstaat, zerrüttet und in einer tiefen äußeren und inneren Krise.

1525 fällte der Hochmeister Albrecht eine bahnbrechende Entscheidung. Er löste den Ordensstaat auf und erkannte für das Herzogtum Preußen die polnische Oberhoheit an. Als Herzog Albrecht führte er vor den andern deutschen Fürsten in Preußen die Reformation öffentlich ein. Die zum größten Teil evangelisch gewordenen Landstände wünschten sich nichts anderes als einen evangelischen Landesherrn.

Durch seine Beziehung zu Luther wurden von Wittenberg aus evangelische Prediger nach Preußen gesandt, um der Reformation den Weg zu bereiten.

Dazu gehörte Paul Speratus, ein unerschrockener Mann der Reformation. Aus adligem Geschlecht der Offer von Spretten in der Gegend von Ellwangen stammend, hatte er seinen Namen nach dem Brauch der damaligen humanistischen Zeit verändert. Als Student zog er nach Wien, Paris, Italien und Freiburg. Neben der theologischen Doktorwürde hatte er auch die juristische und philosophische erworben und wurde sogar zum päpstlichen und kaiserlichen Pfalzgrafen erhoben.

Als er sich aber der reformatorischen Erkenntnis öffnete und sich auch verheiratete, wurde er wegen Ketzerei vertrieben. So als Domstiftprediger in Würzburg oder in Salzburg, wo er eine evangelische Gemeinde aufgebaut hatte. Eine Predigt im Stephansdom in Wien war der Anlass zu seiner Exkommunikation als Ketzer.

In Iglau in Mähren wurde Speratus schließlich eingekerkert und zum Tod auf dem Scheiterhaufen verurteilt. In einer Predigt hatte er gefordert, allein auf das Kreuz zu bauen und fest am Evangelium zu halten. Zwölf Wochen saß er in Haft, immer den Tod vor Augen. Vermutlich in dieser Zeit hat er dies reformatorische Lied gedichtet:

> Es ist das Heil uns kommen her
> von Gnad und lauter Güte;
> die Werk, die helfen nimmermehr,
> sie mögen nicht behüten.
> Der Glaub sieht Jesum Christum an,
> der hat für uns genug getan,
> er ist der Mittler worden.

Dieses Bekenntnislied sollte die angefochtene Gemeinde stärken, die hin- und hergerissen war, ob sie den Kaiser gnädig stimmen oder dem Evangelium treu bleiben sollte. Rat und Bürgerschaft von Iglau entschieden sich für das Evangelium vom Kreuz. Öffentlich gelobten sie, eher Leib und Leben herzugeben, als vom Evangelium abzuweichen. In kürzester Zeit ging dieses Lied durch Deutschland und fand sich bald in allen Gesangbüchern.

Einige aber ließen sich doch ängstigen und meinten: Evangelium hin, Evangelium her, wir wollen einen gnädigen Kaiser haben! Als Paul Speratus durch die Fürsprache königlicher und markgräflicher Persönlichkeiten begnadigt und aus der Haft entlassen wurde, wollten diese eingeschüchterten Gemeinden seinen Dienst nicht mehr. So wandte sich Speratus 1524 Wittenberg zu.

Dort folgte er auf Luthers Rat dem Ruf Albrechts von Preußen als Schlossprediger nach Königsberg. Fünf Jahre wirkte er hier, bis er zum ersten lutherischen Bischof des westlich gelegenen preußischen Landesteils Pomesanien mit Sitz in Marienwerder bestellt wurde. Das Bistum umfasste die ganze südliche Hälfte des früheren Ordenslands, von der Weichselniederung bei Marienwerder bis zur östlichen Grenze von Masuren. In großer Treue übte Speratus dieses Hirtenamt aus unter Deutschen, Polen, Litauern und Emigranten aus Holland, Böhmen und Mähren bis zu seinem Tod 1551.

Ein anderer Prediger, den Albrecht in dieser Zeit nach Königsberg rief, war Johann Gramann, der zunächst Rektor an der Leipziger Thomasschule war. Er stammte aus dem fränkischen Neustadt an der Aisch, wo er 1487 geboren wurde. Als Humanist nannte er sich – der damaligen Zeit entsprechend auf Griechisch – Poliander:

Schon 1519 – damals noch als Protokollführer von Dr. Eck, dem erbitterten Gegner Luthers – begegnete er zum ersten Mal dem reformatorischen Bekenntnis. Bei seinen genauen Nachschrieben beeindruckte ihn besonders, wie Luther immer auf die Bibel und das Evangelium verwies. Da kehrte er dem päpstlichen Fechtmeister Eck den Rücken und ging zu dem Gewissensstreiter Luther über.

Ohne sein Schulamt als Rektor der berühmten Thomasschule in Leipzig aufzugeben, hörte Gramann an der Universität in Wittenberg Vorlesungen von Luther und Melanchthon und studierte ihre Predigten. So wuchs er immer tiefer im reformatorischen Bibelglauben.

Als Gramann im bischöflichen Würzburg wegen seiner biblischen Predigt vertrieben wurde, sandte Luther den evangelista Prussorum – wie er ihn nannte – 1525 nach Königsberg. Um Gramanns Predigten in der am Fuß des Königsberger Schlossbergs gelegenen Altstädter Kirche leichter besuchen zu können, ließ Herzog Albrecht einen gedeckten Gang zwischen Schloss und Kirche bauen. Bald verband Herzog Albrecht und Gramann eine enge Freundschaft. Beide stammten aus Franken.

Bei einer Generalvisitation, die der Herzog 1531 persönlich leitete, bat er Johann Gramann, seinen Lieblingspsalm 103 in Gedichtform zu bringen. Johann Gramann schuf zur Ermutigung des demütigen und oft angefochtenen Herzogs die herrlichen Strophen:

Nun lob, mein Seel, den Herren,
was in mir ist, den Namen sein.

Sein Wohltat tut er mehren,
vergiss es nicht, o Herze mein.
Hat dir dein Sund vergeben
und heilt dein Schwachheit groß,
errett' dein armes Leben,
nimmt dich in seinen Schoß,
mit reichem Trost beschüttet,
verjüngt, dem Adler gleich;
der Herr schafft Recht, behütet,
die leidn in seinem Reich.

Die Gottesgnad alleine
steht fest und bleibt in Ewigkeit
bei seiner lieben G'meine,
die steht in seiner Furcht bereit,
die seinen Bund behalten.
Er herrscht im Himmelreich.
Ihr starken Engel, waltet
seins Lobs und dient zugleich
dem großen Herrn zu Ehren
und treibt sein heiligs Wort!
Mein Seel soll auch vermehren
sein Lob an allem Ort.

Diese von Wittenberg ausgesandten Reformatoren haben das Land mit dem Evangelium erneuert. Johann Gramann war nicht nur ein guter Prediger, sondern auch ein gelehrter und bewährter Pädagoge. Seine gesamte Erziehungsarbeit stand unter dem Motto: In Christus liegen verborgen alle Schätze der Weisheit und der Erkenntnis. Der Ausbau der Schlossbibliothek, wichtige Entscheidungen in Schulfragen und nicht zuletzt die spätere Gründung der Königsberger Universität sind von der Freundschaft zwischen Herzog Albrecht und Gramann beeinflusst.

Leider ist nichts von den verschiedenen Schriften, die Johann Gramann verfasst hat, bis heute erhalten geblieben. Nur ein Bund mit Predigtentwürfen wurde aufbewahrt. Johann Gramann starb 1541, nachdem ein Schlaganfall ihn lange leiden ließ, im Alter von 54 Jahren.

Wie Johannes Zwick sein Leben für Pestkranke opferte

Wo Scheiterhaufen brannten, tönt jetzt das Gotteslob

Das furchtbare Geschehen beim Konzil bleibt für immer mit Konstanz am Bodensee verbunden. Eigentlich sollte es ein glanzvolles Ereignis werden, zu dem sich 26 Fürsten, 140 Grafen, 20 Kardinäle, 111 Bischöfe und 4000 Priester neben Kaiser und Papst festlich gekleidet in der Stadt versammelten. Als das große Konzil am 6. Juli 1415 zu seiner 15. Vollsitzung zusammentrat, wurde an diesem Tag seine folgenschwerste Entscheidung gefällt. Sie war noch bedeutsamer als die Absetzung von drei tätigen Päpsten und die Wahl eines neuen Papstes. Der tschechische Reformator Jan Hus und sein Freund Hieronymus wollten in freier Disputation eine Reform der Kirche nach dem Evangelium verteidigen. Man hatte Hus aber gefangen genommen und wartete nur auf seinen Widerruf.

Hus protestierte ruhig gegen offenkundige Unrichtigkeiten in der Anklage, die gegen ihn vorgebracht wurde. Er konnte um seines Gewissens und der Wahrheit willen nicht widerrufen. Daraufhin verbrannte man seine Bücher. Er selbst wurde der Ketzerei bezichtigt und dem Vogt von Konstanz mit den Worten übergeben: Nimm ihn und verbrenn ihn als einen Ketzer!

Die Schergen banden Hus an einen Pfahl. Bis zum Hals hinauf wurde um ihn Holz und Stroh aufgeschichtet. Als der Henker den Holzstoß anzündete, sang Hus mit lauter Stimme: Christus, du Sohn des lebendigen Gottes, erbarme dich mein! Seine Asche wurde in den Rhein gestreut.

Über 100 Jahre später konnte man die Stimme des Evangeliums in Konstanz nicht mehr zum Schweigen bringen. 1519 waren Luthers Schriften überall bekannt. Die Stadt zählte damals etwa 6000 Einwohner.

Das Evangelium muss her!, forderten die Leute von Konstanz, als wieder eine schwere Pest die Stadt heimsuchte. Die evangelische Predigt in dieser traditionsreichen Stadt am Bodensee wurde neben den beiden Brüdern Ambrosius und Thomas Blarer ganz entscheidend durch den Pfarrer Johannes Zwick vorwärtsgetrieben. Dabei war Zwick von Haus aus eigentlich Jurist.

Später hat er oft bedauert, dass er die besten Jahre seines Lebens für juristische Studien vergeudet hatte. Er wollte viel lieber ein bekennender Zeuge Jesu sein. Christus hat mich zurückgerufen, konnte er im Rückblick auf seinen Wechsel in den Pfarrdienst sagen. Gott kehrt alles zum Guten.

So ist schließlich der Konstanzer Dr. jur. Johannes Zwick zum Bahnbrecher des Gotteslobs im oberschwäbischen und schweizerischen Gebiet um den Bodensee geworden.

Johannes Zwick stammte aus einer vornehmen Patrizierfamilie der Oberschicht in Konstanz am Bodensee, wo er 1496 geboren wurde. Schon als Kind wurden ihm vom Abt des Klosters Reichenau die Pfründe der oberschwäbischen Pfarrei Riedlingen an der Donau übertragen.

Zwick begann schon im Alter von 13 Jahren mit dem Jurastudium in Freiburg. Später zog er mit seinem Bruder durch Frankreich und Italien, um die besten europäischen Rechtsgelehrten zu hören. In Siena erwarb er den juristischen Doktortitel. Anschließend lehrte er als Dozent in Basel.

Zu dieser Zeit hatte er Luthers Schriften gelesen und war davon beeindruckt. Jetzt interessierte ihn die Theologie. Es kam auch zu einer Begegnung mit dem schweizerischen Reformator Ulrich Zwingli. Unter seinem Einfluss übernahm Johannes Zwick dann 1522 die Pfarrei im oberschwäbischen Riedlingen an der Donau. Verständlich und eindringlich legte Zwick dort das Evangelium aus.

Dies ist meine höchste Arbeit gewesen, euch Christus zu verkünden, sein Wort und Werk euch einzuprägen, um euch zu christlicher Liebe in Wort und Tat zu reizen.

Schon früh kam es zum heftigen Konflikt mit den traditionellen Priestern. Als einer der ersten Pfarrer überhaupt hatte Johannes Zwick geheiratet. Dies war für ihn nur konsequent für seine evangelische Haltung. Da aber brach der ganze Widerstand der noch im alten Denken verhafteten Hierarchie gegen ihn los.

Mitten unter raubenden und brüllenden Löwen fühlte sich 1525 Johannes Zwick, weil damals auch der revolutionäre Bauernkrieg tobte. Man machte kurzen Prozess mit Zwick und setzte ihn im Namen des Erzherzogs nach 3½-jährigem Dienst als Pfarrer ab. Jetzt kehrte er 30-jährig wieder in seine Vaterstadt Konstanz zurück. Dieses Konstanz, wo vor über einhundert Jahren der tschechische Reformator Johannes Hus auf dem Scheiterhaufen verbrannt worden war.

Inzwischen aber hatte die evangelische Reformation die Stadt verändert. Stück um Stück wurden bürgerliches und kirchliches Leben vom Evangelium her erneuert.

Johannes Zwick kümmerte sich besonders um das Schulwesen und die Armenfürsorge und um Jugend und Familie. Zusammen mit den Brüdern Ambrosius und Thomas Blarer prägte er das Bild des öffentlichen Lebens einer jetzt durch und durch evangelischen Stadt.

Vom Zorn des Kaisers und immer von der Reichsacht bedroht, ließ sich der Rat der Stadt nicht einschüchtern. Der Bischof grollte und zog von Konstanz nach Meersburg. Von dort aus wollte man das Feuer des Evangeliums mithilfe österreichischer Soldaten eindämmen. So wurde 1527 in Meersburg der evangelische Prediger Johannes Heuglin als Ketzer verurteilt und verbrannt.

Viel Mut erforderte der Weg der Reformation für die Stadt Konstanz. Eine lebendige, in Glauben und Liebe tätige Gemeinde musste gebaut werden. Armenpflege und Dienste für Kranke wurden eingerichtet, Schulen eröffnet.

Vor allem als Prediger, aber auch als Erzieher der Jugend wirkte Zwick in Konstanz. Im Rückblick auf sein Leben sagte später einer seiner Freunde: Seine Lehre und Predigt war ganz rund und gesund, hell und klar, weit weg von aller unnützen spitzigen und zänkischen Art. Sie war nur auf des Menschen Besserung gerichtet. Mehr als gut und treu hat er es mit den armen, unerzogenen jungen Menschen gemeint, denen er viele Jahre mit Predigten und Ermahnung nicht ohne trefflichen Nutzen ist vorgestanden.

Johannes Zwick war ein großer Kinderfreund. Er konnte sehr anschaulich und einfach mit Kindern über den Glauben reden. So verfasste er neben einem Katechismus auch ein kleines Büchlein mit Gebeten und Liedern für Kinder. Sein Herz schlug für Kinder. Das merkt man auch an seinen Liedern. Umso schwerer war es für ihn, dass seine Ehe kinderlos blieb.

1533/34 erschien das erste Konstanzer Gesangbuch, zunächst in kleiner Auflage. Doch war es von großer Bedeutung, weil anfangs bei dem Reformator Zwingli trotz seiner musikalischen Begabung Gesänge ganz aus dem Gottesdienst verbannt waren. 1540 wurde in Zürich das *Neu Gsangbüchl von vil schönen Psalmen und geistlichen Lidern* in 3. Auflage mit insgesamt 151 Liedern gedruckt. Zwick schrieb darin ein Vorwort, das ihn zum Bahnbrecher des Kirchengesangs im gesamten evangelischen Gebiet Oberschwabens und der benachbarten schweizerischen Gebiete machte.

Am meisten bekannt von den Liedern Johannes Zwicks wurde jenes vom Wandel als Kinder des Lichts, das für die Morgenandacht in Familie und Schule gedacht war:

All Morgen ist ganz frisch und neu
des Herren Gnad und große Treu;
sie hat kein End den langen Tag,
drauf jeder sich verlassen mag.

O Gott, du schöner Morgenstern,
gib uns, was wir von dir begehrn:
Zünd deine Lichter in uns an,
lass uns an Gnad kein Mangel han.

Treib aus, o Licht, all Finsternis,
behüt uns, Herr, vor Ärgernis,
vor Blindheit und vor aller Schand
und reich uns Tag und Nacht dein Hand,

zu wandeln als am lichten Tag,
damit, was immer sich zutrag,
wir stehn im Glauben bis ans End
und bleiben von dir ungetrennt.

Konstanz hatte bei seinem Trotzen gegen den Kaiser ein schützendes Bündnis mit Zürich, Straßburg und den oberdeutschen evangelischen Städten. Als aber 1531 Zwingli auf dem Schlachtfeld von Kappel starb, wurde die Lage für Konstanz bedrohlich. Die Bürgerschaft aber stand unerschrocken zusammen und beugte sich nicht dem Kaiser und seiner Religionspolitik.

Was die Konstanzer so fest machte, war das Licht Jesu, das ihnen den Weg wies durch Finsternis und Ausweglosigkeit ihrer Zeit. Der Herr wird dein ewiges Licht sein und die Tage deines Leidens sollen ein Ende haben (Jesaja 60,20). Johannes Zwick schuf auch jenes Morgenlied, das sich bis heute in den Gesangbüchern findet:

Du höchstes Licht, du ewger Schein,
du Gott und treuer Herre mein,
von dir der Gnaden Glanz ausgeht
und leuchtet schön so früh wie spät.

Das ist der Herre Jesus Christ,
der ja die göttlich Wahrheit ist,
mit seiner Lehr hell scheint und leucht',
bis er die Herzen zu sich zeucht.

Zuletzt hilf uns zur heilgen Stadt,
die weder Nacht noch Tage hat,
da du, Gott, strahlst voll Herrlichkeit,
du schönstes Licht in Ewigkeit.

Da brach 1541 in Konstanz die Pest aus. Mit ganzer Hingabe pflegte Margaretha Blarer, Diakonisse und Schwester der beiden Reformatoren Ambrosius und Thomas Blarer, die Sterbenden. Das Inselkloster musste jetzt als Spital dienen. Allein in der Stadt Konstanz starben 1600 Menschen, etwa ein Viertel der ganzen Bevölkerung.

Konrad Zwick, der in der Stadtverwaltung von Konstanz tätige Bruder von Johannes Zwick, schrieb damals:

Auf eine besondere Weise sterben die Leute in Konstanz mit Seelenfrieden, unverzagtem Gewissen, sicherem Trost und herrlichem Bekennen ihres unangezweifelten Glaubens. Will man sie lehren und trösten, so trösten und lehren sie andere. Und das ist schier allen Sterbenden gemeinsam.

Es konnte nicht ausbleiben, dass Zwick sich auch selbst infizierte. In seinen letzten Lebensjahren erkrankte er zweimal schwer an der Pest. Halbwegs war er wieder genesen.

Da wurde er in das benachbarte Bischofszell im schweizerischen Thurgau gerufen. Dort waren beide Pfarrer an der Pest gestorben und ließen die Not leidende Gemeinde ohne Hirten zurück. Ohne Rücksicht auf seine eigene Gesundheit besuchte und betreute Zwick die Pestkranken nach Kräften.

Dabei wurde er selbst wieder pestkrank. Als er vor Schwäche schon nicht mehr sprechen konnte, deutete er noch mit dem Finger zum Himmel. Der Konstanzer Arzt Jörg Vögeli, der den sterbenden Zwick betreute und wenig später auch an der Pest starb, berichtete damals, der Herr habe ihn ein Stück Herrlichkeit sehen lassen. So starb Johannes Zwick 1542 in Bischofszell im Alter von 46 Jahren an der Pest.

Sein treuer Freund, der Reformator Ambrosius Blarer, meinte im Blick auf Zwicks frühen Tod: Ihm hat es der liebe Gott aus besonderer Gnade gegönnt, dass er mitten in einem Werk voll höchster Treue und Liebe sein zeitliches Leben in das ewige Leben eintauschte.

Johannes Zwick hat mit seinen geistlichen Liedern den Weg der von Zwingli geprägten evangelischen Gemeinden bestimmt. Hatte der schweizerische Reformator nur Gesänge aus der Bibel im Gottesdienst dulden wollen, so wurden jetzt auch in den von Zwingli reformierten Gemeinden die Lieder von Johannes Zwick gesungen.

Das Neue Gesangbüchlein wurde immer wieder gedruckt und durch zusätzliche Lieder erweitert. Allein in Zürich, der Stadt Zwinglis, erschienen acht Auflagen und machten auch dort den Gemeindegesang heimisch.

Zwick musste nicht mehr miterleben, wie König Ferdinand in kaiserlichem Auftrag die Reichsacht an Konstanz vollzog und die Stadt an Österreich übergab. Viele Bürger wanderten aus. Der Glaube an Jesus war ihnen mehr wert als Haus, Hof und Heimat. Die Stadt war weithin fast menschenleer.

Wie Johannes Zwick sich auf die Ewigkeit freute und daraufhin lebte, zeigt das Lied, das er in der Freude über die Himmelfahrt Jesu verfasst hat:

Auf diesen Tag bedenken wir,
dass Christus aufgefahren,
und danken Gott von Herzen hier
und flehn, er woll bewahren
uns arme Sünder hier auf Erd,
die wir, von mancher Not beschwert,
Trost nur in Hoffnung haben.
Halleluja, Halleluja.

Gott Lob, der Weg ist nun gemacht,
uns steht der Himmel offen;
Christus schließt auf mit großer Pracht,
was vorhin war verschlossen.
Wer's glaubt, des Herz ist freudenvoll;
dabei er sich doch rüsten soll,

dem Herren nachzufolgen.
Halleluja, Halleluja.

Dann wird der Tag erst freudenreich,
wann Gott uns zu sich nehmen
und seinem Sohn wird machen gleich,
wie wir es jetzt bekennen.
Da wird sich finden Freud und Mut
zu ewger Zeit beim höchsten Gut.
Gott woll, dass wir's erleben!
Halleluja, Halleluja.

Als Michael Weiße die bedrängte Böhmische Brüderkirche zum Singen brachte

Das festliche Abendessen wurde zum tödlichen Verhängnis

Schlimmer als damals um 1400 konnte es mit dem Niedergang der Kirche kaum mehr kommen. Die römische Kirche plünderte als größter Bankier der Welt bedenkenlos die Christen aus.

Die Leute wehrten sich. In Böhmen wurde der Ruf immer lauter: Reformiert die Kirche! Allein die Bibel! Trennt euch von der Welt!

Wortführer des Protests wurde der aufrüttelnde Prediger Jan Hus in der Bethlehemskapelle in Prag. Mit seinen einfachen Evangeliumspredigten von Jesus war er zum Sprecher der tschechischen Reformbewegung geworden.

Da geschah jener verhängnisvolle Wortbruch des Kaisers. Entgegen der Zusage des freien Geleits wurde Jan Hus beim Konzil in Konstanz auf dem Scheiterhaufen verbrannt. In wildem Aufruhr erhob sich jetzt das tschechische Volk gegen die Verbrechen der geldgierigen Kirchenmacht. Man nannte die Krieg führenden Heere nach dem Reformator Hussiten. Sie fochten in erbitterten Kämpfen für eine Erneuerung der Kirche und wollten mit blutiger Gewalt die riesigen sozialen Gegensätze überwinden.

Ganz anders als die Hussiten verstanden sich die Böhmischen Brüder. Zwar lehnten auch sie unerbittlich alle kirchlichen Missstände ab, aber sie versuchten auch, Friedensstifter zu sein in dem blutigen Bürgerkrieg, der zwischen den traditionellen römischen Katholiken und den radikalen tschechischen Hussiten entbrannt war. Auf den Einsatz von Waffen oder Gewalt wollten sie vollständig verzichten. Geistlich sollte ihr Kampf um Erneuerung der Kirche geführt werden, also nur mit dem Wort Gottes in der Kraft des Heiligen Geistes.

Die Böhmischen Brüder waren anfangs neben den Hussiten nur eine kleine Gruppe biblisch gesinnter Christen in Tschechien, die auch aus der Reformbewegung des Jan Hus in Prag entstanden war. Zunächst siedelten sie als eine treu nach der Bibel lebende Gemeinschaft um 1450 im stillen Kunwald in Ostböhmen.

Dort wuchsen sie rasch zu einer großen Volksbewegung von über 100 000 überzeugten Anhängern an. 1467 schlossen sie sich mit einer strengen Gemeindeordnung als Freikirche zusammen, nannten sich Unitas fratrum oder Brüder-Unität und tauchten als Stille im Lande unter. Sie wollten ganz in der Spur Jesu bleiben und konsequent nach dem Evangelium leben. Kritisch standen sie der Kirche gegenüber. Sie suchten keinen neuen Mönchsorden, sondern bejahten Ehe, Arbeit und persönliches Eigentum.

Ursprünglich nannten sie sich Brüder des Gesetzes Christi. Die Bergpredigt war ihre Richtschnur. Eid und Kriegsdienst sowie öffentliche Ämter lehnten sie ab. Umso stärker betonten sie Sanftmut, Armut, Feindesliebe und Geduld. Wie die ersten Christen wollten sie herzliche Liebe und tätige Gemeinschaft praktizieren.

Die damaligen Machthaber verweigerten 1508 diesen Böhmischen Brüdern jedes Recht auf Anerkennung. Man bekämpfte und unterdrückte sie mit ganzer Härte.

Trotz dieser Not nahmen sie sich der verfolgten Waldenser in der Mark Brandenburg an und gaben ihnen in Böhmen an den südlichen Ausläufern des Altvatergebirges in Landskron und Fulnek eine neue Heimat. Deutsch sprechende Evangelische von Leitomischl schlossen sich ihnen an. So entstanden in Böhmen Deutsch sprechende Gemeinden der Brüderkirche.

Die Verbindung mit den Waldensern verschaffte den Böhmischen Brüdern die für sie wichtige Verbindung mit einer alten und ursprünglichen Kirche, einer unverfälschten Urkirche und ihrem Priestertum.

Trotz der einsetzenden harten Verfolgung konnten die Böhmischen Brüder sich entfalten und ihre Gemeinden aufblühen, weil der böhmische Adel sie weithin schützte, ja ihnen zum größten Teil anhing.

Für die Brüder war Nachfolge Jesu ganz selbstverständlich ein geistlicher Kampf. Von Angst und Not, Schrecken und Gefahr für die Gemeinde, aber auch von starkem Trost und gewisser Freude spricht das Bekenntnislied der Böhmischen Brüder:

Lob Gott getrost mit Singen,
frohlock, du christlich Schar!
Dir soll es nicht misslingen,
Gott hilft dir immerdar.
Ob du gleich hier musst tragen
viel Widerwärtigkeit,
sollst du doch nicht verzagen;
er hilft aus allem Leid.

Dich hat er sich erkoren,
durch sein Wort auferbaut,
bei seinem Eid geschworen,
dieweil du ihm vertraut,
dass er deiner will pflegen
in aller Angst und Not,
dein Feinde niederlegen,
die schmähen dich mit Spott.

Der Text dieses mutmachenden Liedes der Böhmischen Brüder geht vermutlich auf den Dichter Michael Weiße zurück. Der war 1488 in Neiße in Oberschlesien geboren und hatte in Krakau an der Universität studiert. Damals musste er durch einen akademischen Eid den Lehren des Jan Hus absagen.

Etwa um 1518 floh er zusammen mit zwei Freunden aus dem Breslauer Mönchskloster. Wir kennen den genauen Grund dafür nicht. Aber es wird wohl die Sehnsucht nach Reformation und kirchlicher Erneuerung gewesen sein.

Auf der Flucht vom Klosterleben und auf der Suche nach echtem geistlichem Leben nach biblischer Ordnung fand Michael Weiße zu den Böhmischen Brüdern nach Leitomischl und wurde Mitglied in der Gemeinde der Böhmischen Brüder. Das Leben dort und die Gottesdienste sprachen ihn unmittelbar an.

1522, im Alter von 34 Jahren, übernahm Michael Weiße die geistliche Leitung als Pfarrer der Gemeinden Landskron in Böhmen und Fulnek in Mähren. Zwischen den beiden Gemeinden lag eine Entfernung von fast 100 Kilometern. Wohl fünfmal hat Michael Weiße zusammen mit Johann Horn, dem Bischof der Böhmischen Brüder, Martin Luther in Wittenberg aufgesucht.

Von Michael Weiße stammt das Morgenlied, das in den Kämpfen und Auseinandersetzungen mit den Feinden des Evangeliums entstanden ist:

Es geht daher des Tages Schein.
So lasst uns alle dankbar sein
dem gütigen und milden Gott,
der uns die Nacht bewahret hat.

O starker Gott von Ewigkeit,
der du uns aus Barmherzigkeit
mit deiner großen Kraft und Macht
bewahret hast in dieser Nacht,

du wollest uns durch deinen Sohn
an diesem Tag auch Hilfe tun,
dass nimmermehr ein Feind uns fällt,
wenn unsern Seelen er nachstellt.

Leider fehlt im neuen Evangelischen Gesangbuch jetzt die eindrückliche Strophe vom Schutz Gottes für seine Leute:

O Herre Gott, nimm unser wahr,
sei unser Wächter immerdar;
sei Schutzherr, König uns und Held,
der uns voranzieht in das Feld.

Nachdem schon um 1500 ein tschechisches Gesangbuch mit 88 Liedern erschienen war, kam das erste deutsche Gesangbuch der Brüderkirche etwa 30 Jahre später im Frühjahr 1531 heraus. Michael Weiße hatte dazu den Auftrag von den Ältesten und Seelsorgern der deutschen Gemeinden erhalten. 16 Gesänge mussten aus dem Tschechischen, vier aus dem Lateinischen übersetzt und in gutes Deutsch gebracht werden. 130 Lieder hat Weiße selbst gedichtet oder überarbeitet. In der Tat war dieses Gesangbuch eine große Leistung von Michael Weiße, ein bleibendes Vermächtnis für alle deutschen Gemeinden.

Dieses Gesangbuch war mit 157 Liedern für die damalige Zeit außerordentlich umfangreich. Hier finden sich manche Melodien, die noch heute in unseren Gesangbüchern gebräuchlich sind.

Im Lied *O gläubig Herz, gebenedei* singt Michael Weiße von der Güte Gottes, bittet aber auch um die richtige Ausrüstung mit der Kraft Gottes zur recht geistlichen Ritterschaft:

Er ist barmherzig und sehr gut
den Armen und Elenden,
die sich von allem Übermut
zu seiner Wahrheit wenden;
er nimmt sie als ein Vater auf
und gibt, dass sie den rechten Lauf
zur Seligkeit vollenden.

Wie sich ein treuer Vater neigt
und Guts tut seinen Kindern,
also hat sich auch Gott erzeigt
allzeit uns armen Sündern;
er hat uns lieb und ist uns hold,
vergibt uns gnädig alle Schuld,
macht uns zu Überwindern.

O Vater, steh uns gnädig bei,
weil wir sind im Elende,
dass unser Tun aufrichtig sei
und nehm ein löblich Ende;
o leucht uns mit deim hellen Wort,
dass uns an diesem dunklen Ort
kein falscher Schein verblende.

Diese Lieder sollten bei der Arbeit gesungen werden. Ob Handwerker oder Magd, Bauer oder Weingärtner – unter der Bevölkerung und mitten im Leben hatten diese Lieder in den deutschen Gemeinden Böhmens und Mährens ihren Platz gefunden.

Schon bald nach Herausgabe dieses Gesangbuches ist Michael Weiße 1534 mitten im blühenden Leben plötzlich verstorben. Was war geschehen? Sein guter Freund Adalbert von Pernstein, der adlige Herr vom böhmischen Landskron, hatte den 46-jährigen Michael Weiße zu einem festlichen Gastmahl geladen, bei dem als besonderer Höhepunkt richtiges Wolfsfleisch aufgetragen wurde. Keiner bemerkte, dass dieses Fleisch nicht mehr genießbar war. So sind alle nach dem Verzehr des verdorbenen Fleisches gestorben, sowohl der adlige Gönner des Mahls wie auch der mit eingeladene katholische Priester von Landskron und Michael Weiße selbst.

Die Lieder von Michael Weiße aber klingen als Gruß des mutigen und bekennenden Glaubens der bedrängten Böhmischen Brüder weiter, so das Osterlied *Gelobt sei Gott im höchsten Thron*, das Adventslied *Gottes Sohn ist kommen* oder das Morgenlied *Der Tag bricht an und zeiget sich*.

Viele Dichter noch unbekannt, doch Gott bekannt

Ach, ich bin viel zu wenig, zu rühmen seinen Ruhm!

Wie soll ich den Ruhm Gottes besingen können, wo ich doch selbst nur eine welke Blume bin? So empfanden es häufig die Liederdichter.

Darum wurden Lieder oft bewusst ohne jeden Hinweis auf den Namen des Dichters veröffentlicht. Dahinter stand die Sorge, man könnte statt Gottes Ehre die eigene Ehre suchen. Sie wollten aber in ihren Liedern nur den einen Namen groß machen, der über alle anderen Namen ist. So sind viele Lieder ohne weitere Angaben ihren Weg gegangen. Gerne wüssten wir, wann und wo sie entstanden sind, ob sie aus dem Mund von Bedrängten oder Verfolgten kamen oder was der Anlass für solch ein Lied war.

So finden wir das Lied *Christus, der ist mein Leben* in der Form, wie es 1609 erstmals gedruckt im Gesangbuch des thüringischen Kantors Melchior Vulpius von Weimar erschienen ist.

Ein Jahr zuvor wurde das Lied schon in einer Predigt des schlesischen Predigers Valerius Herberger in Fraustadt erwähnt. Es muss also noch früher entstanden sein.

Es ist ein großes Lied des Sieges über alle Macht des Todes. Das Leben wird als verlöschende, flackernde Flamme begriffen. Das Lied greift das Wort des Paulus am Anfang des Briefs an die Gemeinde in Philippi auf: Ich … hoffe, dass … Christus verherrlicht werde an meinem Leibe, es sei durch Leben oder durch Tod. Denn Christus ist mein Leben und Sterben ist mein Gewinn.

Christus, der ist mein Leben,
Sterben ist mein Gewinn;
ihm will ich mich ergeben,
mit Fried fahr ich dahin.

Mit Freud fahr ich von dannen
zu Christ, dem Bruder mein,
auf dass ich zu ihm komme
und ewig bei ihm sei.

Ich hab nun überwunden
Kreuz, Leiden, Angst und Not;
durch seine heilgen Wunden
bin ich versöhnt mit Gott.

In dir lass gleich den Reben
mich bleiben allezeit,
und ewig bei dir leben
in Himmels Wonn und Freud.

Lange Zeit hat man das Lied *Jesus, meine Zuversicht* der Kurfürstin Louise Henriette von Brandenburg (1627–1667) zugeschrieben. Ein Missverständnis war daran Schuld. In einem 1653 erschienenen Gesangbuch waren verschiedene Lieder der Kurfürstin gewidmet und deshalb als ihre eigenen Lieder bezeichnet worden.

Dass sie dieses Lied damals nicht gedichtet haben konnte, ist als sicher anzunehmen. Die Kurfürstin war eine holländische Prinzessin. Und 1653 konnte sie noch nicht so gut Deutsch, um solch ein Lied dichten zu können.

Jesus, meine Zuversicht
und mein Heiland, ist im Leben.
Dieses weiß ich; sollt ich nicht
darum mich zufrieden geben,
was die lange Todesnacht
mir auch für Gedanken macht?

Jesus, er mein Heiland, lebt;
ich werd auch das Leben schauen,
sein, wo mein Erlöser schwebt;
warum sollte mir denn grauen?
Lässet auch ein Haupt sein Glied,
welches es nicht nach sich zieht?

Ich bin durch der Hoffnung Band
zu genau mit ihm verbunden,
meine starke Glaubenshand
wird in ihn gelegt befunden,
dass mich auch kein Todesbann
ewig von ihm trennen kann.

Man meint deshalb heute, das Lied sei von Otto Freiherr von Schwerin (1616–1679) gedichtet. Immer höher stieg er am Hof des großen Kurfürsten auf, bis er als Hofmeister und Oberpräsident des Geheimrats und aller Kollegien das volle Vertrauen der Herrscherfamilie bekam. Deshalb wurde ihm auch die Erziehung der Prinzen übertragen, die er täglich mit Gebet begann und abschloss. Es war sein Anliegen, dass die Prinzen Männer nach dem Herzen Gottes werden sollten.

Otto von Schwerin verfasste als die rechte Hand des Fürsten auch das Gesangbuch für Louise Henriette, die Gattin von Friedrich Wilhelm von Preußen. Dieser Otto von Schwerin war es auch, der die ersten Hugenotten nach Berlin holte. Man glaubt, dass er auch der Verfasser des Lieds *Die Sonn hat sich mit ihrem Glanz gewendet* ist.

Lange Zeit hat man das Lied *Schönster Herr Jesu* den Kreuzfahrern zugeschrieben. Der große Publizist und Missionsmann Dr. Christian Gottlob Barth sprach von einem Kreuzfahrerlied und meinte, es sei im 12. Jahrhundert von den Rittern auf dem Weg nach Jerusalem gesungen worden.

Andere träumten voll Fantasie davon, wie ein Pilger des Kreuzzugs von 1189 auf dem Weg nach Kleinasien unter der sengenden Sonne im schweren Waffenrock sich nach den kühlen Mondscheinnächten gesehnt hat. Die nächste Strophe mit ihrer harten Aussage Alles muss sterben hätte dann ergänzt, wie das ganze Kreuzheer durch Schwert, Hunger und Krankheit weggerafft wurde. Doch kein einziger Hinweis deutet auf solch eine Entstehung. Vom Stil her ist solch eine Entstehungszeit undenkbar.

Heute wissen wir, dass der Text des Lieds erstmals in Münster in Westfalen in den Jahren 1662–1673 aufgetaucht ist. Dann finden wir das Lied in zwei weiteren katholischen Gesangbüchern der Jahre 1677 und 1695. Der Stil des Liedes weist auch in die Mitte des 17. Jahrhunderts.

Manche nahmen deshalb an, dieses Lied könnte aus dem Kreis Friedrich Spees von Langenfeld oder gar von ihm selbst stammen, den man auch als den Minnesänger Jesu bezeichnete. Er veröffentlichte alle seine Lieder ohne Namen. Andere vermuten Erzbischof Johann Philipp von Schönborn als Dichter.

Man wird bis auf Weiteres nur das sicher sagen können, dass wir den Dichter nicht kennen. Das Lied war auch lange Zeit vergessen, bis es erst 1842 durch Heinrich August Hoffmann von Fallersleben wieder entdeckt und als *schlesisches Volkslied* neu belebt und durch die zweite Strophe ergänzt wurde:

Schönster Herr Jesu,
Herrscher aller Herren,
Gottes und Marien Sohn,
dich will ich lieben,
dich will ich ehren,
du meiner Seele Freud und Kron.

Schön sind die Blumen,
schöner sind die Menschen
in der frischen Jugendzeit;
sie müssen sterben,
müssen verderben:
doch Jesus bleibt in Ewigkeit.

Alle die Schönheit
Himmels und der Erden
ist gefasst in dir allein.
Nichts soll mir werden
lieber auf Erden
als du, der liebste Jesus mein.

Auch vom Lied *Mein schönste Zier* kennen wir den Dichter nicht. Bei uns wird es meist als Abendlied gesungen. Es eignet sich aber auch als Ewigkeitslied. Verschiedene Stätten, wo das Lied erstmals gedruckt wurde, sind genannt worden: Leipzig 1597 oder bei Johann Eccard in Königsberg 1598. Leider lässt es sich nicht mehr sicher nachweisen, weil wichtige Dokumente im Krieg zerstört wurden.

Mein schönste Zier und Kleinod bist
auf Erden du, Herr Jesu Christ;
dich will ich lassen walten
und allezeit in Lieb und Leid
in meinem Herzen halten.

Dein Lieb und Treu vor allem geht,
kein Ding auf Erd so fest besteht;
das muss ich frei bekennen.
Drum soll nicht Tod, nicht Angst, nicht Not
von deiner Lieb mich trennen.

Dein Wort ist wahr und trüget nicht
und hält gewiss, was es verspricht,
im Tod und auch im Leben.
Du bist nun mein, und ich bin dein,
dir hab ich mich ergeben.

Der Tag nimmt ab. Ach schönste Zier,
Herr Jesu Christ, bleib du bei mir,
es will nun Abend werden.
Lass doch dein Licht auslöschen nicht
bei uns allhier auf Erden.

Literatur

Allgemeine Deutsche Biographie, 55 Bände, Leipzig 1875 ff.

Helmut Ackermann, Joachim Neander, Düsseldorf 1980

Erich Beyreuther, Der junge Zinzendorf, Marburg 1957

Erich Beyreuther, Zinzendorf und die sich allhier beisammen finden, Marburg 1959

Erich Beyreuther, Zinzendorf und die Christenheit, Marburg 1961

Gerhard Blail, O du fröhliche, Die Geschichte unserer schönsten Weihnachtslieder, Stuttgart 1994

Friedrich Blume, Geschichte der evangelischen Kirchenmusik, Kassel 1965

Wilhelm Brandt, Friedrich von Bodelschwingh 1877–1946, Nachfolger und Gestalter, Bethel 1967

Emily R. Brink und Bett Polman, Psalter Hymnal Handbook, Grand Rapids, Michigan, 1998

Christian Brunners, Paul Gerhardt, München/Berlin 2. Aufl., 1994

Arno Büchner, Das Kirchenlied in Schlesien und der Oberlausitz, Düsseldorf 1971

Wilhelm Busch, Die von Herzen dir nachwandeln, Gladbeck, 2. Aufl., 1950

Hans Dannenbaum, Sie werden leuchten wie die Sterne, Berlin, o. J.

Hermann Dechent, Johann Jakob Schütz, in der Zeitschrift Christliche Welt, Leipzig 1889 Nr. 43–48

E. Dönges, Das Leben von Paul Gerhardt und K. Johann Philipp Spitta, Dillenburg 1989

Paul Dorsch, Das deutsche evangelische Kirchenlied, Stuttgart, 3. Aufl., 1940

Hellmut Eberlein, Lobgesänge in der Nacht, München 1954

Lieselotte von Eltz-Hoffmann, Lobt Gott getrost mit Singen, Stuttgart, 1980

Jörg Erb, Dichter und Sänger des Kirchenlieds, 4 Bände, Lahr-Dinglingen 1970 ff.

Jörg Erb, Die Wolke der Zeugen Band I–IV, Kassel 1951-1963

Jörg Erb, Geduld und Glaube der Heiligen, Kassel-Wilhemshöhe 1965

Heinrich Fausel, D. Martin Luther, Stuttgart 1955
Christian Feldmann, Friedrich Spee, Freiburg, Basel, Wien 1993
Paul Gabriel, Das Frauenlied der Kirche, Leipzig und Hamburg
Paul Gabriel, Das deutsche evangelische Kirchenlied von Martin Luther bis zur Gegenwart, Berlin 1951
Paul Gennrich, Die ostpreußischen Kirchenlieddichter, Leipzig und Hamburg o. J.
Gott ist mein Lied, Zürich 1942
Martin Gregor-Dellin, Heinrich Schütz, München – Zürich 1984
Friedemann Hägele (Hrsg.), Friedrich Traub, Neuhausen 1995
Friedrich Hauss, Väter der Christenheit, Band 2 und 3, Wuppertal 1957 und 1959
Werner Hehl, Johann Albrecht Bengel, Stuttgart 1987
Wolfgang Heiner, Bekannte Lieder – wie sie entstanden, Neuhausen 1979
Siegfried Heinzelmann/Karl Hesselbacher, Ich danke Gott und freue mich, Werk und Glauben des Matthias Claudius, Konstanz 1985
Siegfried Heinzelmann/Karl Hesselbacher, Paul Gerhardt, Konstanz, 7. Aufl., 1982
Manfred Hellmann, Friedrich von Bodelschwingh d. J, Wuppertal und Zürich 1990
Donald P. Hustad, Dictionary-Handbook for Hymns for the living church, Carol Streams, Illinois, 1978
Kurt Ihlenfeld, Freundschaft mit Jochen Klepper, Witten und Berlin 1958
Grace Irwin, Rebell aus Liebe, Wuppertal 1978
Jochen Klepper, Unter dem Schatten deiner Flügel, Stuttgart 1956
Jochen Klepper, Ziel der Zeit, Witten und Berlin 1962
Albert Knapp, Evangelischer Liederschatz, Stuttgart 1865
Eduard Emil Koch, Geschichte des Kirchenlieds und Kirchengesangs, 8 Bände, Stuttgart 3. Aufl., 1866–1876
Gottlob Lang, Michael Hahn, Stuttgart 1921
Karl Friedrich Ledderhose, Leben Johann Gottfried Schöners, Bielefeld 1854
Hans Graf von Lehndorff, Ostpreußisches Tagebuch, München 1961
Hans Graf von Lehndorff, Die Insterburger Jahre, München 1969

Herbert Lölkes, Rudolf Alexander Schröder, Stuttgart 1983
Wilhelm Lueken, Lebensbilder der Liederdichter und Melodisten, (Handbuch zum Evang. Kirchengesangbuch II,1) Göttingen 1957
Christhard Mahrenholz und Oskar Söhngen, Handbuch zum Evangelischen Kirchengesangbuch, Band III Liederkunde, 1. und 2. Teil, Göttingen, 1970 und 1990
Wolfgang Martens, Literatur und Frömmigkeit in der Zeit der frühen Aufklärung, Tübingen 1989
Bruno Mascher, Jochen Klepper, Stuttgart 1977
Markus Matthias, Johann Wilhelm und Johanna Eleonora Petersen, Göttingen 1993
Hans Mayr, Glaubenszeugen der Einen Kirche, Kassel 1984
Heinrich Merz, Das Leben des christlichen Dichters und Ministers Christoph Karl Ludwig von Pfeil, Stuttgart 1863
Otto Michaelis, Erlebtes Kirchenlied, Leipzig und Hamburg, o. J.
Die Musik in Geschichte und Gegenwart, 17 Bände, Kassel und Basel, 1949 ff.
Joachim Neander, Bundeslieder und Denkpsalmen von 1680, Köln 1984
Wilhelm Nelle, Geschichte des deutschen evangelischen Kirchenliedes, Leipzig und Hamburg, 3. Aufl., 1928
Wilhelm Nelle, Unsere Kirchenlieder, Hamburg 1905
Walter Nigg, Das Buch der Ketzer, Zürich 1949
Walter Nigg, Friedrich von Spee, Paderborn 1991
Arno Pagel, Ehret, liebet, lobet ihn!, Bad Liebenzell 1986
Arno Pagel, Gerhard Tersteegen, Gießen, 5. Aufl., 1986
Erhard Peschke, Die Böhmischen Brüder im Urteil ihrer Zeit, Stuttgart 1964
Hermann Petrich, Das Lied der Väter, Gütersloh 1921
Hermann Petrich, Paul Gerhardt, Gütersloh 1914
Hermann Petrich, Unser geistliches Volkslied, Gütersloh 1920
Helmut Pfeifer, Zum 100. Geburtstag von Otto Riethmüller, in: »Im Streite zur Seite«, Sonderausgabe, Frühjahr 1989
Werner Raupp, Gelebter Glaube, Metzingen 1993
Realenzyklopädie für protestantische Theologie und Kirche, 24 Bände, Leipzig, 1896 ff.
Theologische Realenzyklopädie, Berlin – New York, Bände 1–25, 1977 ff.

Hedwig von Redern, Knotenpunkte, Lahr-Dinglingen o. J., Religion in Geschichte und Gegenwart, 5 Bände, Tübingen, 3. Aufl., 1957 ff.

Alfred Ringwald (Hrsg.), Menschen vor Gott, Band 1–4, Stuttgart 1957–1968

Martin Rößler, Liedermacher im Gesangbuch, Band 1–3, Stuttgart 1990 ff.

Bernard Ruffin, The Hymn Writer Fanny Crosby, Uhrichsville, OH, USA 1995

Heinz Schäfer, Dichter und Sänger des Kirchenlieds, Band VI: Heilslieder, Lahr 1995

Friedrich Seebaß, Matthias Claudius, Gießen, 3. Aufl., 1986

Friedrich Seebaß, Paul Gerhardt, Gießen, 4. Aufl., 1986

Horst Dietrich Schlemm (Hrsg.), Beiträge zur Geschichte evangelischer Posaunenarbeit, Gütersloh 1991

Otto Schlißke, Handbuch der Lutherlieder, Göttingen 1948

Martin Schmidt, Wiedergeburt und neuer Mensch, 1969, Seiten 112–128

Jakob Schmitt, Die Gnade bricht durch, Weidenau 1953

Elisabeth Schneider-Böklen, Der Herr hat Großes mir getan, Stuttgart 1995

Rudolf Alexander Schröder, Dichtung und Dichter der Kirche, Witten und Berlin, 2. Aufl., 1964

Hans Jürgen Schulz, Liebhaber des Lebens, Stuttgart 1991

Walter Schulz, Reichssänger, Gotha 1930

Matthias Simon, Evangelische Kirchengeschichte Bayerns, München 1942

Erik Thomson, Marion von Klot, Stuttgart 1959

Walter Trittelvitz, Friedrich von Bodelschwingh, der Sohn, Bethel 1950

Johannes Westphal, Das evangelische Kirchenlied, Berlin 1925

Irmgard Weth-Scheffbuch, Philipp Friedrich Hiller, Das Wort und Christus in dem Wort, Metzingen 1969

Adam Weyer, Sei Stimm und Saite ihm geweiht, Neukirchen 1989

Eugen Zeller, Aus sieben Jahrhunderten der Geschichte Beuggens 1246–1920, Wernigerode (Harz) o. J.

Quellennachweis

Verzeichnis der Lieder und Strophen

Verzeichnis der Dichter und Komponisten